3.—

KÖPRUNER   REISEN IN DAS LAND
DER KRIEGE

KURT KÖPRUNER

REISEN IN DAS LAND DER KRIEGE

ERLEBNISSE EINES FREMDEN
IN JUGOSLAWIEN

MIT EINEM VORWORT VON PETER GLOTZ

Diederichs

Bibliografische Information Der Deutschen Bibliothek
Die Deutsche Bibliothek verzeichnet diese Publikation in der
Deutschen Nationalbibliografie; detaillierte bibliografische
Daten sind im Internet unter http://dnb.ddb.de abrufbar.

Dieser Titel erschien in einer früheren Ausgabe im Espresso
Verlag, Berlin.
© der überarbeiteten und aktualisierten Neuausgabe
Heinrich Hugendubel Verlag, Kreuzlingen/München 2003
Alle Rechte vorbehalten

Umschlaggestaltung: Zembsch' Werkstatt, München
unter Verwendung eines Fotos von Jürgen Holtfreter, Berlin
Produktion: Maximiliane Seidl
Druck und Bindung: GGP Media, Pößneck
Printed in Germany

ISBN 3-7205-2413-2

INHALT

11 Vorwort zur Neuausgabe *von Peter Glotz*

15 Weltpolizei – 1900, 1999
18 Wie dieses Buch entstand
20 Tito, Tito, Tito

25 Krieg in Kroatien, 1991 bis 1995
25 Die letzten Monate vor dem Krieg
Snjezana 25 • Hier liegt was in der Luft 26 • »Das Selbstbestimmungsrecht der Völker« – Das Wort des Jahres 1991 29 • Die Wahl des jugoslawischen Staatspräsidenten 31 • Die Haltung des deutschsprachigen Auslands 33
35 Die Zeichen stehen auf Sturm
»Roter Stern Belgrad« 35 • Fahrt durch die Krajina 36 • Josip – oder: »Die bitten Gott um Krieg« 38 • Cupe – oder: Die dalmatinische Kristallnacht 42 • Maria – oder: Eine Kerze im Fenster 48 • Von Medien und Wahlen – oder: »Wir wollen Serbenblut spritzen sehen!« 50 • Arif – oder: Die Geschichte eines kroatischen Muslims 53 • »Die kroatische Armee kämpft nicht in Bosnien« 55
57 »Prijatno« – oder: Die Geburt einer Sprache
Kleine Rassenlehre – oder: 99,9 Prozent Kroate und doch Serbe 60 • »Pro Kroatien« – »Pro Vorarlberg« 62
65 Jetzt müssen die Landkarten neu erstellt werden
Slowenien – oder: »Wer hat da auf wen geballert?« 67 • Die Wende in Deutschland – oder: »Terror der Serben« 70 • Nächtliche Explosionen 72 • Bei Mirko, dem Einsiedler 74 • Roman und Nina - oder: »Wenn du willst, blasen wir den morgen Nacht in die Luft« 75 • »Bumm, fertig!« 77 • Abschied von Snjezana 79 • Neubeginn in Deutschland 80

82 Exkurs: Fragen an die Geschichte
*Was heißt da schon »Geschichte«? 82 • Prinz Eugen, die
Türken und die Serben 83 • Die Geburt Jugoslawiens 86 •
Ein uraltes Phänomen 88 • Ustascha 89 • Die Partisanen 92
• Titos Gräuel 94 • Titos Jugoslawien 95 • Titos Volksgrup-
penpolitik 97 • Das Ende des Bundes der Kommunisten 99 •
Erste freie Wahlen 101*

102 Tudjman, der Vater des neuen Kroatiens
*Die Ustascha-Renaissance 103 • Wie reagierten Deutschland
und Österreich auf die Ustascha-Renaissance? 106 • Reaktionen der kroatischen Serben 106*

108 Krieg an allen Fronten
*Die Kriegsberichterstattung 110 • Die HOS und ihre Söld-
ner 111 • Der Konflikt in der EG wird offensichtlich 115 • Ein
vergeblicher Brief an Kanzler und Minister 116 • Ein Vergleich:
Deutschland – Bayern – Niederbayern 117 • Milosevic und
Tudjman 118 • Die UNO schaltet sich ein 120 • Deutschland
setzt Fakten 121*

124 Der kroatische Winter
*Von lieben Nachbarn in schützenden Kellern 124 • Genschers
Friede 125 • Ohnmächtige UNO 127 • Schwerer Kater nach
dem nationalistischen Rausch 129*

133 Krieg in Bosnien, 1992 bis 1995
134 Die Kettenreaktion nimmt ihren Lauf
*Der Mythos vom multikulturellen Bosnien 136 • Jeder
gegen jeden 138 • Zum Kriegsverlauf 140 • Die UNO in
Bosnien 143 • Massakerpolitik (1) 146 • Dayton 149 •
»Journalismus« - oder: Vom Glück und Unglück des neunjährigen Edin 153*

155 Nach dem Krieg in Bosnien
*Ein kleines Lehrstück in Sachen Korruption 157 • »Glauben
Sie kein Wort!« 157*

158 Anmerkungen zur Architektur eines Krieges (1)
*Ruder Finn – oder: Dementis sind wertlos 159 • »Serben
sind Monster« 163 • »Ich weiß doch, was meine Chefs
wollen!« 164*

165 Bosnien am Ende des Jahrhunderts
»Brüderlichkeit« 166 • Ergina 167 • In Ivo Andrics Heimat-

stadt *169* • *Zwei junge Muslime erzählen von Himmel und Hölle 170* • *Marshallplan im Jahre 1999 172* • *Erlebnisse in der deutschen Botschaft 174* • *Eine zum Himmel stinkende Show 177* • *Eine wertlose Telefonnummer und ein Brief an Schröder und Fischer 178* • *Im Mekka des Multikulturalismus 180* • *Jasminka und Igor 181*

182 Auf dem Weg ins »Neue Reich des Bösen«
Olovo und Kladanj 184 • *In der Serbischen Republik Bosnien 185*

189 Krieg in Serbien, 1998 bis 1999

189 Das Problem »Kosovo«
Zu den Mehrheitsverhältnissen im Kosovo 192 • *Zuspitzung der Lage nach Titos Tod 194* • *Milosevics Aufstieg 195* • *Zur Aufhebung der Autonomie des Kosovo 196* • *Die Unabhängigkeitserklärung des Staates »Kosova« 198* • *Die UCK 201* • *Sieg oder »Schutt und Asche«! 202*

204 Die letzten Monate vor den Nato-Bomben
Der Bürgerkrieg im Jahre 1998 205 • *Das Holbrooke-Abkommen und die OSZE-Mission 207*

210 Anmerkungen zur Architektur eines Krieges (2)
Bomben auf Belgrad – oder: Die Mutation von Tauben zu Falken 210 • *Racak – oder: Massakerpolitik (2) 215* • *»Rambouillet« – die Friedenskonferenz, die den Krieg bringen sollte 217*

228 Die Nato-Luftschläge
Sauberer High-tech-Krieg oder Bombenterror? 230 • *Die ersten Monate nach den Luftschlägen 232* • *Neue Erkenntnisse über einen Bundesgenossen 234*

235 Serbien im Winter nach den Natobomben
Beim Konsulat in München 237 • *Von Todesängsten und Vorurteilen 238* • *Erste »Interviews« 242* • *In Sremska Mitrovica 243* • *Belgrad fünf Monate nach den Bomben, ein Jahr vor Milosevics Sturz 245* • *Die Serben und Milosevic 254* • *Zrenjanin, Kikinda und weitere Begegnungen 256* • *Dusan 258* • *Der 42. Tag 261* • *Ich gebe ein Interview 265* • *Bombensightseeing 267*

268 Der Nebel lichtet sich, die Sicht bleibt schlecht
Wer flüchtete wann, vor wem und warum? 271 • *Wer oder was tötete wen? 278*

284 Völkermord? – oder: Asyl nein – Bomben ja
Ging die deutsche Bundesregierung davon aus, dass Völker-
mord stattfand? 285 • Die Lageberichte des deutschen Außen-
ministeriums 287 • Hatte die Nato das Recht, militärisch zu
intervenieren? 290

293 Als Tourist im Kosovo, Oktober 2000
Wie kommt man als Tourist in den Kosovo? 293 • Fahrt nach
Orahovac 296 • Heidi 301 • »Seither bin ich kaputt« 303 •
Bei der OSZE 304 • Von Bürgerkriegs- und Bombenzeiten 309
• Pec 313 • Decani 317
320 Im serbischen Getto
Cica 321 • »Wir haben gemeinsam gelitten« 324 • »Was
haben wir den Albanern getan?« 326 • Der Wurm im Lügen-
gebäude 327 • Die Kinder von Kragujevac 330
331 Am Ende des Jahrzehnts

342 Die Nato-Luftschläge in Zahlen und Stichworten
344 Zeittafel
348 Literatur
350 Der Autor
351 Karten

FÜR AIDA, ERGINA, ADRIANA UND CICA
stellvertretend für alle Opfer
der Kriege am Balkan

Die Wahrheiten des Menschen sind die
unwiderlegbaren Irrtümer.

Friedrich Wilhelm Nietzsche

VORWORT ZUR NEUAUSGABE
VON PETER GLOTZ

Auch einer wie ich erlebt am Bücher- und Medienmarkt so seine Überraschungen: Da landete vor bald drei Jahren ein dickes Manuskript eines mir gänzlich unbekannten Menschen auf meinem überladenen Schreibtisch. Schon wieder was über das Ende Jugoslawiens, war mein erster Gedanke; wer interessiert sich heute noch dafür? (Die Nato-Luftschläge gegen Serbien lagen zu diesem Zeitpunkt gerade ein Jahr zurück.) Irgendetwas machte mich neugierig, ich geriet in den Sog der Erzählung und legte sie nicht mehr aus der Hand bis zum Ende. »Ein umgrabendes Buch«, sollte Peter Handke eineinhalb Jahre später darüber schreiben. Zunächst allerdings war es noch eine eher lausig gebundene Anhäufung von Seiten. Ich lud den Autor zu einem Gespräch, wünschte ihm viel Erfolg und gab ihm noch ein Vorwort mit auf den Weg. Das sollte ihm auch bei der Verlagssuche helfen, hatte der Mann doch bis dahin noch keine Zeile publiziert.

Monate zogen ins Land, als der Text erneut auf meinem Schreibtisch landete, diesmal in hübsch gebundener Form. Glückwunsch! Doch der Autor hatte ein Problem: Das Buch kam just an jenem entsetzlichen Tag auf den Markt, an dem die New Yorker Twin Towers zerbrachen. Und dachte schon zuvor kaum mehr jemand an die jugoslawische Tragödie, so waren die blutigen Balkankriege der neunziger Jahre spätestens jetzt auf dem besten Weg, in der öffentlichen Wahrnehmung rasch dorthin zu gelangen, wo die zwei Schüsse von Sarajevo aus dem Jahr 1914 längst angekommen waren: in die Bücher für den Geschichtsunterricht.

Das war's dann wohl, war folglich mein Gedanke.

Trotzdem ließ ich mir immer wieder berichten, was aus dem Buch geworden ist. Und ich war nicht schlecht erstaunt, dass seine erste Auflage schon nach wenigen Monaten vergrif-

11

fen war. Die Rezensenten überboten sich förmlich mit Lob: »Spannend, sehr spannend«, heißt es da immer wieder, und – wie ich schon im Vorwort zur ersten Ausgabe schrieb – »hinreißend erzählt«. Kostprobe: »Es gibt wahrscheinlich nur wenige politische Bücher, die hochkomplexe Zusammenhänge und Hintergründe auf derart anschauliche Art zu zeichnen in der Lage sind, dass man sie nicht weglegen mag, sondern gespannt ist auf die nächste Seite, das nächste Kapitel, bis zum Ende.«

Ja, so ist es auch mir beim Lesen des Manuskriptes gegangen. Das wohl schönste Kompliment für das Buch kam aus New York. Meinem alten Bekannten David Binder, früher Bonner Korrespondent der *New York Times*, der selbst viel über den Zerfall Jugoslawiens publiziert hat, entlockte das Buch die folgenden Zeilen:

»Kurt Köpruners Reisebericht liest sich wie ein tiefes, faszinierendes und langes Gespräch in einem Kaffeehaus auf dem Balkan; ein Gespräch mit einem freundlichen Fremden, der keine Mühe scheute, alles über seine Umgebung zu erfahren. Seine Augen und Ohren sind weit offen, wie auch sein Verstand und sein Herz. Das macht ihn zu einem wunderbaren Führer durch die Täler der Wahrheit und Berge der Lüge auf einer quälenden Reise durch die vier jugoslawischen Kriege der neunziger Jahre. Konsequenterweise hat er sein Werk, ›stellvertretend für alle Opfer der Kriege am Balkan‹, vier Frauen gewidmet, einer Kroatin, einer Bosnierin, einer Albanerin und einer Serbin, die ihm geholfen haben, die vielen Facetten der jugoslawischen Tragödie zu verstehen.«

Auch andere Experten zeigten sich beeindruckt. Heinz Loquai etwa, jener couragierte Ex-General der Bundeswehr, der Scharpings »Hufeisenplan« entzauberte, hat, wie er schrieb, das Buch »ohne es wegzulegen, in einem Zug durchgelesen. Für mich, der ich die Gegend nur von der Karte und aus Berichten kenne, füllten sich Orte mit Menschen, mit Leben.«

Das sind bemerkenswerte Kommentare, zumal über einen Autor, der nach eigener Aussage zuvor nichts als Geschäftsbriefe verfasste.

Doch das Buch taugt für mehr. Peter Handke verglich es mit Rebecca Wests Klassiker »Black Lamb and Grey Falcon«, andere mit John Reeds »Zehn Tage, die die Welt erschütterten«. Es ist

12

auch »eine Anklage gegen die Verlogenheit der Medien und der deutschen und österreichischer Außenpolitik«, wie im renommierten *Buchjournal* zu lesen war. Und die *Financial Times Deutschland* brachte auf den Punkt, worin vielleicht das Geheimnis, wo der eigentliche Wert des Buches liegt: »Gerade in Zeiten, in denen Frieden klingt wie ein Begriff aus einer untergegangenen Welt, hilft das Buch, Kriegspropaganda von Berichterstattung zu unterscheiden.«

In der Tat, Krieg steht heute (mehr noch als zu Zeiten des Kalten Krieges) auf der Tagesordnung. Um Krieg, um die vier Kriege der neunziger Jahre, die den Zerfall Jugoslawiens besiegelten, geht es auch in Köpruners Buch. Wer es liest, wird erschreckt feststellen, wie sehr sich das hier präsentierte Bild von jenem unterscheidet, das die meisten westlichen Medien (und die maßgeblichen Politiker) aufgetischt haben. Und es drängt sich fast zwangsläufig die Frage auf, ob denn die Nachrichtenlage im Falle von Konflikten, die in weit entfernter gelegenen Regionen stattfinden, womöglich noch weitaus erbärmlicher ist als bei dem nur wenige Autostunden entfernten »Ex-Jugoslawien«.

Es ist offenbar Köpruners Absicht, Misstrauen zu stiften, wenn allzu einfache Erklärungen für komplexe Ereignisse geboten werden. Anlässe für Misstrauen bieten die Balkankriege mehr als genug. Alle wesentlichen Ungereimtheiten des westlichen Befriedungs-Engagements am Balkan kommen bei Köpruner zur Sprache. Doch sie werden nicht einfach trocken aufgelistet, wie es in Sachbüchern in der Regel geschieht. Die besondere Stärke dieses Buches liegt im Gewebe persönlicher Erlebnisse, über die der Verfasser berichtet und die einen tiefen Einblick in das Geschehen vermitteln.

Kurt Köpruner bereiste die südslawische Region (vor allem Kroatien) als Manager eines Maschinenbaubetriebs, aber auch als persönlich engagierter Zeitgenosse, der im früheren Jugoslawien viele Freunde gefunden hatte. Und er fragte sich mit bestechender Klarheit und ohne vorgefertigte Vorurteile: Wie hat das, was da kam, kommen können? Antworten suchte er im Gespräch mit einfachen Leuten, mit Geschäftspartnern, Freunden und Zufallsbekanntschaften, die ihm erzählen, was sie erlebt hatten, wie sie in ihre jeweilige Lage geraten waren, welche Geschichte sie hinter sich hatten, wie sie sich die Zukunft vorstellten. Dadurch entsteht für den Leser ein höchst instruktives Bild, das er der Lektüre der meisten Zeitungen nie entnehmen könnte.

Köpruner ist weit davon entfernt, sich als Balkanexperte auszugeben. Er sprach am Anfang seiner vielen Reisen kaum ein Wort Serbokroatisch und schlug sich mit Englisch und Deutsch durch. Er verschweigt nicht, dass er sich über die Geschichte dieser Region erst Schritt für Schritt informierte. Doch genau darin liegt ein weiteres Geheimnis des Buches: Gerade *weil* Köpruner mit einem durchschnittlich informierten Leser auf der gleichen Stufe steht, kann er gar nicht mit erhobenem Zeigefinger als Lehrmeister auftreten. Vielmehr lässt er die Leser an seinen wachsenden Erfahrungen teilnehmen. Der erste Teil des Buches ist nichts als ein schlicht (und vorzüglich) erzählter Erlebnisbericht. So gewinnt der Leser Vertrauen in den Autor. Er wird aufnahmebereit auch für Köpruners Reflexionen über historische Hintergründe und tagespolitische Entwicklungen. Diese werden geschickt (und in sanft steigender Dosierung) in Form von unbestreitbaren Zitaten und Dokumenten aus der wissenschaftlichen Literatur und sekundären Quellen serviert, die bislang noch keiner der vielen Rezensenten zu zerpflücken vermochte.

Trotzdem muss man nicht alle Wertungen des Autors übernehmen. Die Wahrheit hat bekanntlich viele Gesichter. Auch wenn Köpruners Bild nicht in allen Zügen richtig sein mag, so ist es aber in jedem Fall richtiger als das offizielle Bild, das die Mainstream-Medien in Mitteleuropa gezeichnet haben und noch immer zeichnen.

Es hat was Ermutigendes an sich, wenn das Buch nach zwei Auflagen bei einem kleinen Verlag nun von einem renommierten, wohl etablierten Haus übernommen wird. In meinem Vorwort zu den beiden ersten Auflagen wünschte ich dem Buch eine weite Verbreitung. Dieser Wunsch ist (wenigstens zum Teil) bereits in Erfüllung gegangen. Jetzt bleibt zu hoffen, dass die Chance entsteht, dass Köpruners Konterbande auch in Schulen, Universitäten und politischen Zirkeln einsickert.

München, im November 2002   PETER GLOTZ

WELTPOLIZEI – 1900, 1999
Einige Vorbemerkungen

»Das 20. Jahrhundert begann voller Zuversicht.
Man blickte optimistisch in die Zukunft und vertraute so blind
auf die Kraft der Intelligenz und des technischen Fortschrittes,
dass einen heute die abgrundtiefe Kluft zwischen den Erwartungen
und dem, wie es dann kam, sehr nachdenklich stimmen muss.
Niemand konnte sich am Silvesterabend des Jahres 1899 vorstellen,
dass die künftigen Entscheidungen der Staatsmänner sich als
verheerend für die gesamte Menschheit erweisen würden.«
(Gabriel Kolko in »Das Jahrhundert der Kriege«)

Das 20. Jahrhundert war erst wenige Monate alt, da ereignete
sich in der Weltpolitik bisher nicht Dagewesenes: Alle militärischen Großmächte der Erde schlossen sich zu einer mächtigen
Allianz zusammen und führten *gemeinsam* Krieg. Nachdem sie
sich all die vorangegangenen Jahrhunderte, in sieben-, dreißig-,
ja hundertjährigen Kriegen gegenseitig bekämpft hatten, standen sie jetzt erstmals alle auf der gleichen Seite der Front: in
Peking. Dort rebellierten Mitglieder einer religiösen Sekte – man
nannte sie »Boxer« –, weil in ihre Köpfe nicht eingehen wollte,
warum sie sich von den Kolonialmächten mit Opium vergiften
und auch anderweitig drangsalieren lassen sollten. Sie forderten
die Statthalter der Westmächte ultimativ auf, das Land zu
verlassen. Das konnte man nicht durchgehen lassen und Kaiser
Wilhelm verkündete die Devise: »Pardon wird nicht gegeben!«
Wie Engländer, Franzosen, Deutsche, Österreicher, Amerikaner
und andere diesen Boxern dann rasch gemeinsam Vernunft
einbläuten – man hackte ihnen die Köpfe massenweise ab –, das
kann man in Geschichtsbüchern nachlesen. Günter Grass hat
es im ersten Kapitel von »Mein Jahrhundert« beschrieben.
Nach dieser beispiellosen Wende in der internationalen
Bündnispolitik – der gemeinschaftlichen Mordaktion im fer-

nen China – bestand die berechtigte Erwartung, dass die großen Nationen in der Zukunft Kriege, wenn überhaupt, nur noch *gemeinsam* führen würden: gegen irgendwelche »Derwische« oder andere »böse Mächte« der Erde. Man durfte hoffen, dass dem »zivilisierten« Teil der Welt ein sehr friedliches Jahrhundert bevorstehe.

Es kam, wie wir wissen, ganz anders. In den Kriegen der folgenden hundert Jahre sind weitaus mehr Menschen getötet worden als in all den zahllosen Kriegen der vorangegangenen Jahrtausende insgesamt – die wahrlich trostlose Bilanz eines Jahrhunderts. Und fast ist man geneigt, an eine höhere Regie zu glauben, wenn wir nun sehen, dass das 20. Jahrhundert endete wie es begann: Wieder schlossen sich die mächtigsten Staaten der Erde als Weltpolizei zusammen – diesmal nicht im fernen Asien, sondern gleichsam zu Haus, in Europa.

Achtundsiebzig Tage und Nächte lang bombardierten die neunzehn Nato-Staaten im Frühling 1999 militärische und zivile Ziele in Jugoslawien. Sie warfen in achtunddreißigtausend Angriffen zwanzigtausend Tonnen Sprengstoff ab, töteten nach eigenen Angaben tausende Menschen und zerstörten die gesamte Infrastruktur des Landes: Fabriken und Brücken, Schulen, Krankenhäuser und Kindergärten, Stromversorgung und Telekommunikation. Doch sie taten dies, nicht anders als hundert Jahre zuvor in China, unter dem Beifall des zivilisierten Teils der Welt.

Während sich jedoch die berühmten »Fünfundfünfzig Tage in Peking« aus heutiger Sicht als imperiale Machtdemonstration darstellen, bei der es um nichts anderes als um die Sicherung politischer und wirtschaftlicher Einflussspähren ging, wird die Nato-Aktion am Balkan als der erste Krieg der Weltgeschichte bezeichnet, der ausschließlich im Namen der Menschenrechte geführt wurde.

War er das wirklich? Oder laufen wir vielleicht Gefahr, dass künftige Generationen über den Gemeinschaftskrieg am Ende des 20. Jahrhunderts nicht besser urteilen werden als über jenen am Beginn dieser Epoche?

Schwer wiegen die Argumente derer, die da ein reines Gewissen haben. Worte wie »ethnische Säuberungen«, »Massenvergewaltigungen«, »Völkermord«, das Benennen von Orten des Schreckens, »Srebrenica« etwa oder »Racak«, und allein schon der Hinweis auf den »Balkanschlächter Milosevic« machen es leicht, auch letzte Zweifel zu zerstreuen. Mit Fragen wie:»Hätte man etwa die Nazis mit pazifistischen Methoden bekämpfen sollen?«, oder:»Könnte die Welt untätig zusehen, wenn die französische Regierung alle Korsen umbrächte, damit Korsika endlich ganz allein den Franzosen gehörte?« werden die wenigen, die den Nato-Bomben kritisch gegenüberstehen, wirkungsvoll als romantische Träumer oder unverbesserliche Querulanten entlarvt. Geschlossener noch als damals, als es, wie nun wieder, gegen Saddam Hussein ging – »Hitlers arabischen Wiedergänger«, der Kuwait überfiel –, steht die Welt heute hinter den Entscheidungen der Staatsmänner, die Jugoslawien bombardieren ließen. Riefen damals noch auch in unseren Landen einige Zehntausend »Kein Blut für Öl«, so war es im Falle Jugoslawiens, sieht man von ein paar protestierenden Serben ab, völlig ruhig auf unseren Straßen.

Nur einige wenige gab es, von denen kritische Töne zu den »humanitären Bomben« zu hören waren. Seltsamerweise kamen diese nicht etwa aus den Reihen jener, die sich erst wenige Jahre zuvor politisch zusammengeschlossen hatten, um die Nato abzuschaffen, und auch nicht von den so genannten Intellektuellen, die bei ähnlichen Gelegenheiten oft mahnend ihre Stimme erhoben. Nein, Leute wie Henry Kissinger oder Helmut Schmidt, wahrlich keine pazifistischen Utopisten, bekleckerten, teils mit beißender Ironie, teils mit fundierten Statements, die sonst so weiß strahlende Weste der Mächtigen.

Hin und wieder erschienen auch kritische Bücher; etwa jenes von Heinz Loquai, einem ehemaligen General der deutschen Bundeswehr, das schon mit dem Untertitel – »Wege in einen vermeidbaren Krieg« – kurzfristig für Verunsicherung sorgte. Verwirrung stiftete auch Willy Wimmer, immerhin höchster deutscher Funktionär bei der OSZE, der unverblümt feststellte:»Wir sind gnadenlos hinters Licht geführt worden. Noch nie haben so wenige so viele so gründlich belogen wie im Zusammenhang mit dem Kosovo-Krieg. Dafür sind Menschen gestorben.« Auch ihn konnte man schwerlich von vornherein als »Berufsnörgler« einstufen, war er doch Abgeordneter zum

Deutschen Bundestag, nicht etwa als Mitglied der PDS, sondern der CDU.

Doch die Irritationen, die durch solch kritische Stimmen ab und zu kurzfristig ausgelöst wurden, wichen stets rasch wieder der Gewissheit, dass die Welt keine Wahl hatte, als sie beschloss, dem Morden der serbischen Soldateska mit Feuer und Schwert entgegenzutreten.

WIE DIESES BUCH ENTSTAND

»Bist du vielleicht der Meinung, man hätte Slobodan Milosevic noch länger höflich bitten sollen, doch nicht noch weitere Massaker anzurichten?« – so oder ähnlich wurde ich immer wieder entrüstet gefragt, wenn ich im Freundeskreis nicht in die Bombeneuphorie mit einstimmen wollte. Nein, das wollte ich keineswegs. Mord bleibt Mord, Verbrechen Verbrechen und, für mich keine Frage, einem Killer kann man das Handwerk nicht mit Glacéhandschuhen legen. Doch so unbestritten dies auch war, so wenige Zweifel hatte ich andererseits, dass der Nato-Krieg am Balkan und die Politik, die zu ihm geführt hat, ein verlogenes Spektakel war, eine Schande für die Menschheit.

Diese Ansicht löste meist heftigen Widerspruch aus. Zu klar schienen die Dinge zu liegen, zu einhellig war weltweit die Meinung, Tag für Tag kundgetan, in balkengroßen Schlagzeilen mit eingängigen Phrasen, aber auch in fundierten Analysen. Und vermutlich wäre es auch für mich eine eindeutige Sache gewesen, hätten es nicht meine Lebensumstände mit sich gebracht, dass sich mir die Geschichte ganz anders darstellte, als sie auf unseren Bildschirmen gezeigt wurde.

Dutzende Reisen in das Land, das einmal Jugoslawien hieß, ließen mich die Konflikte, die dort ab dem Jahre 1991 eskalierten, intensiv miterleben. Geschäftliche und private Besuche aus Ex-Jugoslawien, insbesondere aus Kroatien, erhielt ich fast wöchentlich, ganz abgesehen davon, dass der vierköpfige Haushalt, in dem ich seit Ausbruch der Kämpfe lebte, zu drei Vierteln aus Kroaten bestand. Die zahllosen Eindrücke, die ich durch die vielen Kontakte in all den Jahren über Ablauf und

Hintergründe der kriegerischen Auseinandersetzungen gewann, passten meist gar nicht zu dem, was bei uns darüber berichtet wurde. Menschen, die von den Ereignissen am Balkan sehr viel stärker betroffen waren als ich, teilten oft meine Sicht der Dinge, doch erlebte ich immer wieder, dass einige von ihnen zu ganz anderen, auch zu völlig entgegengesetzten Folgerungen kamen. Eines haben mich meine persönlichen Erfahrungen jedenfalls gelehrt: alles zu hinterfragen, was mir, von wem auch immer, an Interpretationen aufgedrängt wurde.

Freunde, die mich nicht als Nestbeschmutzer sahen, ermunterten mich, meine Erfahrungen niederzuschreiben, und das habe ich hier getan. Es ist ein sehr persönliches Buch geworden – ein Bericht über meine Begegnungen im Land der Kriege. Oft war ich dort fassungslos mit Vorgängen konfrontiert, die ich nicht für möglich gehalten hätte. Denn ich war schlecht vorbereitet in die Ereignisse »gestolpert«, mein damaliges Wissen um die Verhältnisse am Balkan war bestenfalls durchschnittlich und hatte große Lücken. Dies veranlasste mich jedoch, mich mit den geschichtlichen Wurzeln dieser Ereignisse zu beschäftigen.

Soweit es meine Zeit zuließ, war ich im Laufe der zehn Jahre, über die ich hier schreibe, fortwährend bestrebt, Antworten auf Fragen über Ursachen und Anlässe der Kriege zu suchen. Dadurch stieg zwar meine Sicherheit bei der Beurteilung der komplexen Geschehnisse, nicht jedoch mein Vertrauen in die Berichterstattung unserer Medien und in die Entscheidungen unserer Politiker – ganz im Gegenteil. Auch das findet in meiner Chronologie seinen Niederschlag. Denn an zahlreichen Stellen des Buches schien es mir notwendig, das, was ich selbst erlebt habe, in einen Zusammenhang mit den historischen und aktuellen Hintergründen zu bringen und im Lichte der öffentlichen und der veröffentlichten Sicht der Ereignisse zu hinterfragen.

Blenden wir ein paar Jahre zurück: Ab 1989 vollzog sich mit dem Fall der Berliner Mauer, dem Niedergang der Sowjetunion und der Auflösung des Warschauer Paktes ein epochaler Wandel. Die Welt hatte sich innerhalb kürzester Zeit dramatisch verändert. Die Karten der internationalen Politik wurden in einem Ausmaße neu gemischt, das allenfalls mit dem Ende des

Zweiten Weltkrieges vergleichbar war. Der weltweite Sieg unserer Demokratie schien unaufhaltsam eingeleitet.

Und das schien wieder einmal Anlass zu größtem Optimismus zu sein, zumal uns nicht mehr das Gleichgewicht des Schreckens vage Sicherheit vor einem Dritten Weltkrieg verschaffte, sondern der Sieg von Vernunft und Zivilisation. Gorbatschow, dem Herrn des ehemaligen »Reiches des Bösen«, wurde der Friedensnobelpreis verliehen und von Ost bis West waren fast alle davon überzeugt, er habe ihn redlich verdient. Konnte man sich eine schönere Entwicklung vorstellen? Die ständig schwelende Angst vor einem Atomkrieg zwischen den zwei Supermächten wich der begründeten Hoffnung, dass die Menschheit jetzt endlich einen großen Sprung nach vorne gemacht habe und die Zeit der großen Kriege für immer vorbei sei – mindestens in Europa.

Nur wenige Jahre später zerplatzte diese Hoffnung. Wieder fielen Bomben. Sie haben – das gilt es zu zeigen – kein einziges ihrer hehren Ziele erreicht. Zudem bekam auch das Völkerrecht schwere Treffer ab: Die in der UNO-Charta zusammengefassten Regeln für das Zusammenleben der Staaten, die uns wenigstens in Europa einige friedliche Jahrzehnte beschert hatten, dürften für künftige Konflikte wohl nicht einmal mehr das Papier wert sein, auf denen sie stehen. Und das Fiasko der Politik am Balkan ließ die Mächtigen der Welt beängstigende Schlüsse ziehen: Noch mehr, noch raffiniertere Bomben müssen her, der Rüstungswettlauf der großen Mächte geht verschärft in die nächste Runde. Und man muss kein Pessimist sein, wenn man sich die bange Frage stellt, ob denn das Bündnis der Mächtigen diesmal länger halten wird als damals, am Beginn des 20. Jahrhunderts, oder ob uns womöglich ein noch blutigeres 21. Jahrhundert bevorsteht.

TITO, TITO, TITO

Meine ersten mehr oder weniger intensiven Kontakte mit Jugoslawen gehen noch auf meine Jahre in der Vorarlberger Politik – 1979 bis 1989 – zurück. Vom Geschichte- und Geographieunterricht der Mittelschule hatte ich über Jugoslawien nicht viel mehr herübergerettet, als dass dort unten der Erste Weltkrieg ausgelöst wurde, dass das ein Vielvölkerstaat sei, in dem irgendeine nicht näher durchschaubare liberalere Spielart des Kommunismus gepflegt werde, und dass nach dem Tod von Tito mit großer Wahrscheinlichkeit Probleme zu erwarten seien. Warum Probleme? Welche Probleme? Davon hatte ich keine Ahnung, ebensowenig von der Rolle, die wir Österreicher beziehungsweise die Deutschen in den zwei Weltkriegen dieses Jahrhunderts in dieser Region gespielt haben. Und schließlich konnte ich mir noch ausrechnen, dass die »dort unten« sehr arm sein müssten, sonst wären ja nicht so viele zu uns zum Arbeiten gekommen.

In den siebziger und achtziger Jahren lebten in Vorarlberg, meiner Heimat im Westen Österreichs, zirka zwanzigtausend Jugoslawen, die wie alle so genannten Gastarbeiter bei den Arbeiterkammerwahlen – eine interessenpolitische Besonderheit Österreichs – stimmberechtigt waren. Die etwa gleich starke Gruppe türkischer Arbeitnehmer eingerechnet, wies Vorarlberg mit seinen dreihunderttausend Einwohnern eine der höchsten Ausländerraten Europas auf. Das war auch der Grund, weshalb alle Parteien, sogar jene, die ansonsten eher ausländerfeindlich eingestellt waren, so taten, als ob sie sich um die Belange der Gastarbeiter sorgten. Bei den Sozialdemokraten war ich einer jener, denen – neben einigem anderen – diese Aufgabe zufiel. Abgesehen von Ein-zelinterventionen bestand diese Arbeit darin, unsere Partei bei den zahlreichen gesellschaftlichen Ereignissen der Vorarlberger Jugoslawen zu vertreten.

Das klingt nicht aufregend, war jedoch einerseits eine durchaus reizvolle Sache, andererseits sehr zeitaufwendig. Die in Vorarlberg lebenden Jugoslawen waren zu einem großen Teil Mitglieder in einem von mehr als zwei Dutzend Kultur- und Sportvereinen. Die Vereine hatten Namen, die in vielen Fällen Rückschlüsse auf die Region gaben, aus der ihre Mitglieder vorwiegend stammten: Kosara, Velebit, Djerdap, Galeb, Bosna, Mura, Mladost, Jedinstvo und wie sie alle hießen.

Jeder dieser Vereine organisierte pro Jahr mindestens zwei große Feste, zu denen auch österreichische Parteienvertreter eingeladen waren. Ein Besuch war für mich also praktisch verpflichtend. Dazu kamen die zentralen Großveranstaltungen des Dachverbandes, der als Trägerverein für die zahlreichen jugoslawischen Vereine in Vorarlberg fungierte. Da all diese Veranstaltungen in der Regel an Samstagabenden stattfanden, kann man sich ausrechnen, dass ein Samstag ohne »Jugo-Fest«, wie man das nannte, für mich eher die Ausnahme denn die Regel war. Glücklicherweise haben die Vereine die Termine nicht genau koordiniert, sodass nicht selten mehrere Veranstaltungen gleichzeitig stattfanden. Da konnte man sich dann gleich mehrerer solcher Verpflichtungen an einem Abend entledigen. Mein stolzer Rekord lag bei fünf Veranstaltungen an einem einzigen Tag.

Bei allen Festen wurde nicht nur fest getrunken, gegessen und getanzt, stets war auch ein »offizieller« Teil abzuspulen. Da wurden Pokale überreicht, Urkunden verteilt und als festen Bestandteil gab es immer Begrüßungsreden durch die österreichischen Gäste. Ich habe sicher weit über hundert solcher Reden gehalten, im Prinzip natürlich stets die gleiche. Sehr häufig waren auch Gegenspieler anderer Parteien dabei, die ebenso wie ich ans Mikrophon mussten beziehungsweise durften. Klar, dass das dann jedes Mal in einen kleinen Wettbewerb ausartete, wer den stärkeren Beifall bekam.

Dabei gab es einen einfachen, garantiert wirkenden Trick, den Applaus zu maximieren: Man musste nur den Anlass der jeweiligen Veranstaltung in irgendeinen Zusammenhang mit Marschall Tito bringen – in welchen, das war vollständig egal, Hauptsache, sein Name kam in der Rede vor. Das wurde stets mit sofortigem, langanhaltendem, begeistertem Beifall quittiert, und wenn man das Wort »Tito« besonders laut ins Mikrophon brüllte, gar mit Standing ovations belohnt.

Das war vor Titos Tod (1980) nicht anders als danach. Natürlich wussten das auch meine politischen Gegner, sodass wir jedes Mal fast zwangsläufig ein ziemlich verlogenes Schauspiel geboten haben. Doch was sollte es? Die Leute haben das erwartet, wir haben die Erwartungen erfüllt und wurden dafür mit Beifall bedacht. Und ich mochte die Leute und sie mochten mich.

Das Vereinsleben der Jugoslawen wurde, nicht nur in Vorarlberg, intensiv vom jugoslawischen Konsulat gefördert, ein heutiger Balkanexperte würde wohl sagen: kontrolliert und bespitzelt, was dahingestellt sei, jedenfalls schien mir die Betreuung im Vordergrund zu stehen. Tatsächlich waren die Vereine, trotz häufiger Streitereien wegen der Obmann-Wahlkämpfe und anderer Vereinsinterna, erstaunlich gut organisiert. Auf jedem Fest gab es ein Quiz für die Kinder, eine Tombola und vor allem viel Folklore, dargeboten von vereinseigenen Bands sowie Tanz- und Trachtengruppen, wobei jedes Mal alle jugoslawischen Republiken, Völker und Regionen musikalisch beziehungsweise volkstänzerisch vorgestellt wurden.

Das waren eigentlich die einzigen Gelegenheiten, bei denen mir bewusst wurde, dass es in Jugoslawien verschiedene Völker gab. Ansonsten waren das alles einfach Jugoslawen, was denn sonst? Und jedes Mal, wenn mir einer ins Ohr flüsterte oder – infolge der lauten Musik – brüllte, dass dies jetzt ein bosnisches Lied sei oder jenes ein dalmatinischer Tanz, fragte ich mich, warum denn das so erwähnenswert sei. Niemals wäre ich auf die Idee gekommen, dass sich diese Völker durch mehr unterschieden, als dass die einen eben rot-schwarze Trachten haben, die anderen grün-blaue, die einen nach einer schnellen Tanzdrehung zweimal in die Hände klatschen, die anderen meinetwegen dreimal.

Dass das ständige Hervorheben der jeweils anderen Volksgruppen eine ganz gezielt von Tito eingeführte Maßnahme war, um die Herzen der jugoslawischen Völker miteinander zu verbinden, das habe ich erst erfahren, als das Scheitern dieser gut gemeinten Idee bereits besiegelt war.

Nicht so recht begriffen habe ich außerdem, was es damit auf sich hatte, dass es da in Vorarlberg auch noch einen kroatischen Verein gab, der *nicht* Mitglied im jugoslawischen Dachverband war und zu diesem sogar in einem gewissen Konkurrenzverhältnis zu stehen schien. Die Verantwortlichen dieses Vereines haben mich, den Sozialdemokraten, nie eingeladen, was ich leicht verschmerzen konnte, da es genügend andere Einladungen gab, und zwar durchaus *auch* von kroatischen Dachverbands-Vereinen. Aus heutiger Sicht könnte man dieses Konkurrenzverhältnis zu den »offiziellen« jugoslawischen Vereinen beinahe als Fanal für die späteren Sezessionen bezeichnen.

KRIEG IN KROATIEN
1991 bis 1995

Nach Beendigung meiner Politkarriere im Juni 1989 verschwanden die Jugoslawen zunächst völlig aus meinem Blickfeld. Bei meiner neuen Maschinenbau-Tätigkeit im selbst gewählten deutschen »Exil« begann ich zwar recht bald, mich in Osteuropa umzusehen, vorwiegend aber in Richtung Tschechoslowakei, Polen und Ungarn. Nur vereinzelt gab es Kontakte mit jugoslawischen Firmen.

DIE LETZTEN MONATE VOR DEM KRIEG

Snjezana

Das änderte sich schlagartig am 23. November 1990. An diesem Tag kam Snjezana erstmals zwecks Absprache eines konkreten Geschäftsfalles in meine Firma nach Deutschland. Freunde mit guten Beziehungen in Jugoslawien hatten ein knappes Jahr zuvor für mich erste Kontakte zu jugoslawischen Firmen hergestellt, denen ich in der Folge per Post Anfragen über die Nutzung ihrer maschinellen Kapazitäten zukommen ließ. Diese Anfragen, meist versehen mit vielen technischen Zeichnungen, wurden von den Adressaten teils mit Angeboten beantwortet, teils an andere Firmen weitergegeben. Eines dieser Zeichnungspakete landete damals durch eine Verkettung glücklicher Umstände auf dem Schreibtisch von Snjezana.

Sie führte zu diesem Zeitpunkt in der dalmatinischen Stadt Zadar ihr eigenes Ingenieurbüro, hatte jedoch bislang ausschließlich für jugoslawische Firmen gearbeitet. Für die von uns angefragten technischen Produkte sah sie in Jugoslawien gute Fertigungsmöglichkeiten und sie sandte mir per Fax einige interessante Angebote. Solche Angebote erhielt ich damals sehr viele, doch jene von Snjezanas Firma vermittelten so viel Kompetenz, dass es Sinn zu machen schien, alle Fragen einer konkreten Geschäftsbeziehung persönlich zu besprechen. Ich lud sie nach Deutschland ein.

Als sie dann vor mir stand, verliebte ich mich sofort in sie – und das beruhte auf Gegenseitigkeit, wie sich noch am gleichen Tage herausstellte. Es war wirklich wie im Märchen. Sie blieb drei Tage in Regensburg, und als sie zurückflog, war klar, dass ich alles daran setzen würde, unsere Kontakte nach Jugoslawien auszubauen, zumal sie mir die tollsten Dinge von der jugoslawischen Maschinenbauindustrie erzählt hatte. Wir vereinbarten, dass sie unverzüglich eine einwöchige Tour zu interessanten Betrieben in Jugoslawien vorbereiten sollte. Das tat sie auch in vorbildlicher Weise. Und schon Mitte Dezember, keine drei Wochen nach Snjezanas Rückreise, flog ich nach Zagreb, wo sie mich erwartete, und wir besichtigten dort und in Banja Luka, in Sarajevo, Konjic und Travnik zahlreiche Betriebe, die maschinell wirklich hervorragend ausgestattet waren. Überall trafen wir ausgesprochen liebenswürdige, aber auch fachlich sehr kompetente Leute.

Hier liegt was in der Luft

Dass es in dem Land gewaltig rumorte, hatte ich zu diesem Zeitpunkt durch erste, mir reichlich verworren erscheinende Berichte von Snjezana bereits erfahren. Wie sehr der Zerfall Jugoslawiens jedoch jedes Gespräch beherrschte, war für mich dann aber doch sehr überraschend. Alle Betriebe, die wir besuchten, durchwegs exportorientierte Maschinen- und Anlagenbaufirmen, hatten aktuell ein gewaltiges Auftragsproblem: das völlige, fast schlagartig eingetretene Wegbrechen des osteuropäischen Marktes, des sowjetischen insbesondere, für den enorme Produktionskapazitäten aufgebaut worden waren. Da zudem das Geschäft mit den so genannten »Blockfreien Staaten«, zu denen dank Tito jahrzehntelang hervorragende Beziehungen bestanden hatten, infolge der dortigen Rezessionen gegen Null tendierte, blieb als mit Abstand wichtigster Markt das Inland. Trotz dieser existenziellen Sorgen, vielleicht aber auch gerade deswegen, war nicht so sehr die Ökonomie das Hauptthema unserer Gesprächspartner als vielmehr die Politik; konkret die Frage, ob Jugoslawien künftig eine *Föderation* oder eine *Kon*föderation sein solle.

Es dauerte eine Weile, bis ich den Unterschied begriff: Föderation, das war ein Bundesstaat mit mehr oder weniger starkem Zentrum, Konföderation ein mehr oder weniger loser Zusammenschluss unabhängiger Staaten. Die Diskussionen spießten sich verständlicherweise im »Mehr oder Weniger«. Da hatte jeder seine eigene Definition. Alle, aber auch wirklich alle meine ersten Gesprächspartner in den von uns besuchten Firmen waren sich jedoch darüber einig, dass man den Staat Jugoslawien nicht so ohne weiteres auflösen könne. Zahlreiche Gründe wurden mir dafür genannt: Alles sei ethnisch vermischt in Jugoslawien, fast jede Familie, die Politik, das Militär, der Sport und die Wirtschaft ganz besonders.

Da Letztere in der Regel den Ausschlag gibt und meine Gesprächspartner ja durchwegs aus Chefetagen großer Unternehmen kamen, habe ich mich dafür am meisten interessiert und erfahren, dass Tito die Betriebe äußerst geschickt regional verzahnt hatte: Es existierte kein größerer Betrieb, der nicht den Großteil seines Inlandsumsatzes in anderen jugoslawischen Republiken erzielte, fünfundsiebzig Prozent oder noch mehr. Dazu kam, und dies war genauso wichtig, dass die oft zahlreichen Betriebsstätten größerer Firmen sowie deren Zulieferbetriebe fast ausnahmslos in zwei oder mehr Republiken angesiedelt waren.

Sicher, so meine Gesprächspartner, theoretisch könnte man auch nach einer Auflösung Jugoslawiens über die dann entstandenen neuen Grenzen hinweg Geschäfte machen – produzieren, zuliefern, verkaufen –, aber, und auch da waren sich alle einig, sollte es wirklich zu einer Auflösung Jugoslawiens kommen, so würde das unmöglich ohne schreckliche Gemetzel abgehen, mit hunderttausenden Toten.

Mir kam das maßlos übertrieben vor, doch da waren sich seltsamerweise alle absolut sicher. Soweit werde es aber ganz bestimmt nicht kommen und zwar genau deshalb, weil nun wirklich jedem in Jugoslawien bewusst sei, dass dies einem kollektiven Selbstmord gleichkäme. Warum davon alle so überzeugt waren, dämmerte mir erst, als ich später, etwa bei Karlheinz Deschner und in verschiedenen weiteren Publikationen, gelesen habe, wie der Zweite Weltkrieg am Balkan verlaufen ist. Dabei erfuhr ich von den Massenschlächtereien der Ustascha, der Tschetniks, der muslimischen und albanischen SS-Divisionen, die an der eigenen Bevölkerung und im Kampf mit den Tito-Partisanen begangen wurden.

Diese Tage in Jugoslawien waren für mich sehr eindrucksvoll. Snjezana hatte alles wunderbar vorbereitet, sie hielt wirklich viel mehr, als sie mir in Regensburg angekündigt hatte. Ich habe sie da erst so richtig kennen gelernt, wie sie voller Energie mit manchmal bis zu zehn Direktoren gleichzeitig verhandelt hat, ganz oben etwa, in einem der beiden UNIS-Tower in Sarajevo, die später so oft ausgebombt im Fernsehen zu sehen waren.

Wir haben, das nebenbei, auch privat eine wunderschöne Zeit verbracht, in den romantischen Gassen der Altstadt von Sarajevo oder im Schneetreiben, hoch oben in den bosnischen Bergen. Auf der Rückreise nach Zagreb habe ich dann noch einen gewaltigen Crash mit unserem Mietwagen gebaut, es gab großes Palaver bei der Polizei, aber selbst das hatte etwas Gutes: Zwar verpasste ich mein Flugzug, versäumte unsere Betriebs-Weihnachtsfeier in Regensburg, gewann aber eine weitere Nacht mit Snjezana. Kurzum, meine erste Reise nach Jugoslawien war äußerst faszinierend, weckte mein Interesse für das, wie es dort weitergehen würde, und von dieser Zeit an verschlang ich alles, was in unseren Medien zu diesem Thema angeboten wurde.

Silvester 1990 zog es mich nach Berlin, wo man bereits ahnen konnte, dass dieser Stadt ein gewaltiges Comeback bevorstand. Doch schon am 3. Januar 1991 landete ich wieder in Jugoslawien; diesmal in Belgrad, wo ich mit Snjezana beim zweiten Teil unserer Besichtigungstour Unternehmen in der Vojvodina und in Belgrad besuchte. Wieder fand ich sehr modern ausgestattete Betriebe vor, zum Beispiel in Kikinda (Nord-Ost-Vojvodina) einen eindrucksvollen General-Motors-Joint-venture-Betrieb. Und wieder gab es während der von kulinarischen Köstlichkeiten begleiteten inoffiziellen Teile unserer Besuche nur ein Thema: die Zukunft Jugoslawiens. Auch in diesen Tagen erfuhr ich von meinen, diesmal vorwiegend wohl serbischen, Gastgebern wieder viel Interessantes; über die Verfassung des Staates etwa, seine föderalen Strukturen, die ökonomischen und sonstigen Notwendigkeiten, den gemeinsamen Staat aufrechtzuerhalten. Und natürlich wusste jeder von zahllosen gerade aktuellen Streitereien zwischen serbischen, kroatischen und slowenischen Politikern zu berichten.

Wir verbrachten auch zwei schöne Sight-seeing-Tage in Belgrad, besuchten eine Verdi-Oper, residierten im vornehmen Hotel Moskva. Die Stadt war voller verwelkter Eichenblatt-Zweige – das sind dort die Christbäume – und voller politischer Plakate, es stand wohl gerade eine Wahl an (in Wirklichkeit war sie gerade vorüber, wie ich später erfuhr). Besonders auffallend war ein bärtiger Typ namens Vuk Draskovic, der aussah, wie man sich Jesus Christus bei uns vorstellt.

Von Belgrad wollten wir in Snjezanas Heimatstadt Zadar fliegen, was jedoch nicht möglich war, da an diesem Tag ein Flug nach dem anderen gestrichen wurde. Nach einem vollen Tag vergeblichen Wartens am Flughafen gaben wir auf und fuhren per Mietwagen nach Zagreb.

In den folgenden Monaten telefonierte ich nahezu täglich mit Snjezana und wir sahen uns auch einige Male in Regensburg, in Wien und in Zagreb, jeweils aber nur für ein oder zwei Tage. Unsere Gespräche waren beherrscht von den laufenden Ereignissen in Jugoslawien. Snjezana hatte viele absonderliche Dinge zu erzählen, die sich angeblich in ihrer Heimat Tag für Tag ereigneten. Von schweren Diskriminierungen war da etwa die Rede – ich war mir aber nie ganz sicher, ob sie nicht übertrieb, zu absurd und verwirrend klang alles, zudem unterschied es sich sehr stark von dem, was bei uns zu lesen war.

»Das Selbstbestimmungsrecht der Völker« – Das Wort des Jahres 1991

Jugoslawien stand schon damals im Brennpunkt des Interesses unserer Medien. Zeitungen und Fernsehen waren voll von Berichten über größere und kleinere Zwischenfälle in Jugoslawien. Der Grundtenor war unmissverständlich antijugoslawisch beziehungsweise antiserbisch. Wolf Martin, Stammtischpoet von Österreichs auflagenstärkster Tageszeitung, reimte in etwa: »Sollen wir's von ihnen erbien, dass Serbien muss sterbien?« Das dominierende Thema waren die immer konkreter werdenden Ankündigungen Sloweniens und Kroatiens, die völlige Unabhängigkeit von Jugoslawien zu erklären, wozu sie von Politikern aller Parteien Österreichs massiv gedrängt wurden. Alois Mock, Österreichs damaliger Außenminister, der Wiener Bürgermeister Helmut Zilk, die Landeshauptmänner der Steiermark und Kärntens, Josef Krainer und – ab 25. Juni 1991 – Christoph Zernatto, sowie manche andere gaben sich in Ljubljana und Zagreb die Türklinken in die Hand. Das Wort des Jahres war zweifellos das vom »Selbstbestimmungsrecht der Völker«, auch die Deutschen stimmten da mehr und mehr mit ein.

Ich selbst stand dem sehr reserviert gegenüber, war aber auch verunsichert, denn gegen das Selbstbestimmungsrecht konnten schwerlich Einwände erhoben werden. Andererseits waren die Eindrücke meiner ersten Jugoslawienreisen noch sehr präsent, insbesondere die Worte meiner dortigen Gesprächspartner, die ja für den Fall eines Auseinanderbrechens des Staates unisono fürchterliche Prophezeiungen gemacht hatten. Auch stimmten meine damals wichtigsten Informationsquellen, »Der Spiegel« und das »Profil«, keineswegs in den Chor der übrigen Slowenien- und Kroatienenthusiasten mit ein, standen den Separatismus-Befürwortern nicht unkritisch gegenüber. Vor allem aber konnte man in diesen Medien auch etwas über die Haltung der übrigen europäischen Staaten lesen, die unmissverständlich gegen eine Teilung Jugoslawiens waren. Die so genannte EG-Troika[1] – die Außenminister jener Staaten, die im laufenden, im vorangegangenen sowie im folgenden Halbjahr gerade den EG-Vorsitz führten – schien ausschließlich mit dem Balkankonflikt beschäftigt zu sein, reiste pausenlos von einer Hauptstadt zur anderen, eine Konferenz jagte die nächste.

Eine dieser Tagungen fand in Den Haag statt. Alle Größen der jugoslawischen Republiken waren dort versammelt, unter anderem auch der in den meisten Medien damals schon als Gottseibeiuns gehandelte Slobodan Milosevic. Dies ist mir so gut im Gedächtnis geblieben, weil ich damals eine wörtliche

Übersetzung von Milosevics dort gehaltener Rede in die Hände bekam. Und die enthielt durchaus Überraschendes. Im Gegensatz zu dem, was ansonsten über diesen Herrn zu lesen war, erfuhr man da, dass er sich doch tatsächlich *für* das Selbstbestimmungsrecht der Völker aussprach und meinte, *jedes* Volk müsse das Recht haben zu entscheiden, in welchem Staat es leben wolle. Das impliziere selbstverständlich auch das Recht, einen Staat verlassen zu *können* – gemeint war das Ausscheiden von Slowenien und Kroatien aus Jugoslawien –, aber selbstverständlich auch das Recht, einen Staat nicht verlassen zu *müssen*.

Er verwies auf die über sechshunderttausend in Kroatien lebenden Serben, die in einzelnen Regionen Slawoniens und in der Krajina klar die Bevölkerungsmehrheit stellten. Auch diesen müsse das Selbstbestimmungsrecht zugestanden werden. Die bisherigen Republiksgrenzen in Jugoslawien, so Milosevic weiter, seien reine Verwaltungsgrenzen, die keineswegs die ethnischen Realitäten widerspiegelten. Sofern also Jugoslawien tatsächlich geteilt werden sollte und man den Volkswillen respektieren wolle, komme man nicht umhin, über diese Grenzen neu zu verhandeln. Serbien, dessen Präsident Milosevic damals war, sei zu diesen Verhandlungen bereit, wenngleich diese nicht einfach würden, was jedermann sofort begreife, der eine Karte über die ethnische Zusammensetzung Jugoslawiens betrachte. Milosevic schloss seine Rede mit der Aufforderung, nicht zuzulassen, dass eine der Streitparteien vollendete Tatsachen schaffe, bevor ein Konsens gefunden sei. Andernfalls sei eine nicht kontrollierbare Eskalation in ganz Jugoslawien unvermeidlich.

Schon oft habe ich bedauert, dass ich nicht schon damals begonnen habe, ein Archiv anzulegen; diese Rede hätte ich sicher abgeheftet. Denn auch dagegen konnten schwerlich Einwände erhoben werden: Selbstbestimmung ja – aber natürlich für alle.

Die Wahl des jugoslawischen Staatspräsidenten

Einen weiteren Aspekt will ich darstellen, der für das groteske Klima im Frühjahr 1991 kennzeichnend war: die Bestellung des jugoslawischen Staatspräsidenten. Über Wochen, wenn nicht Monate, schien dieser Vorgang die EG-Troika wie kaum etwas anderes zu beschäftigen.

Die jugoslawische Verfassung sah vor, dass jedes Jahr ein neues Staatsoberhaupt gewählt wird, nicht direkt vom Volk, sondern von einem sehr kleinen Gremium, dem Staatspräsidium, wobei ein strenges Rotationsprinzip festlegte, aus welcher jugoslawischen Republik der jeweils nächste Präsident zu kommen hatte. Wie es der Zufall wollte, wäre im Jahre 1991 ausgerechnet ein Kroate an die Reihe gekommen, wofür Stipe Mesic, ein Vertrauter Franjo Tudjmans, nominiert wurde. Tudjman, der kroatische Präsident, war bekanntlich absolut antijugoslawisch eingestellt, war die treibende Kraft, um die kroatische Unabhängigkeit zu verwirklichen. Und auch Mesic ließ kaum Zweifel daran, dass er seine Präsidentschaft zur Auflösung Jugoslawiens nützen wolle.

So konnte man es also denjenigen, die gegen eine Zerstückelung Jugoslawiens waren – das waren vorwiegend die Serben – schwerlich verdenken, dass sie eine Wahl Mesics ablehnten. Die oberste Aufgabe eines Staatspräsidenten sei es ja wohl, so wurde seitens der Serben argumentiert, die Interessen des *Gesamt*staates zu vertreten. Die Auflösung desselben, die zudem zweifelsfrei zu viel Blutvergießen führen müsse, sei doch das genaue Gegenteil dessen, was man von einem Bundespräsidenten erwarten dürfe. Kurzum, eine Wahl von Mesic kam für die Serben nicht in Frage und sie verweigerten ihm im Staatspräsidium bei mehreren Abstimmungsterminen die Stimme.

Andererseits erforderte die Erhaltung des Gesamtstaates natürlich, dass alle Teilrepubliken die Verfassung respektierten, und diese sah nun einmal die Wahl eines Kroaten vor. Die EG-Troika – führend damals der Luxemburger Jacques Poos sowie der Holländer Hans van den Broek, beide erklärte Befürworter eines Weiterbestehens von Jugoslawien – stand vor keiner leichten Aufgabe, aber sie kämpfte wacker.

Letztlich, nach endlosem Hin und Her, setzte sich die Troika doch durch und Mesic wurde am ersten Juli tatsächlich zum Präsidenten gewählt – *mit* den Stimmen der Serben. Ein bemerkenswerter Kompromiss, denn wie man weiß hat Mesic seine Ankündigung rasch wahr gemacht: Er *war* der letzte gesamtjugoslawische Präsident, wofür er sich später, etwa bei einer Veranstaltung im burgenländischen Mattersburg, selbst rühmte. Doch mit dem Durchsetzen seiner Wahl hatte Europa kurzfristig einen großen Erfolg errungen – einen Erfolg im Interesse des friedlichen Fortbestands von Jugoslawien, was das oberste Ziel all dieser europäischen Bemühungen war.

Die Haltung des deutschsprachigen Auslands

Ganz im Gegensatz dazu standen Österreichs Politiker. Allen voran war es Außenminister Dr. Alois Mock, der damals so gut wie täglich am Bildschirm zu sehen war. Sehr emotionsreich analysierte und kommentierte er die jugoslawischen Verhältnisse, sodass jeder Konsument des österreichischen Fernsehens den Eindruck gewinnen musste, es gäbe für Österreich keine wichtigere Aufgabe, als hier Partei zu ergreifen.

Mock schreckte auch vor offenen Sezessionsaufforderungen nicht zurück: Des öfteren erklärte er, das Maß sei nun voll, Agram – österreichisch für Zagreb – und Laibach (Ljubljana) könnten sich die rücksichtslose Politik der Serben nicht länger bieten lassen, müssten jetzt handeln, die Unabhängigkeit einfach einseitig erklären. Die weltweite völkerrechtliche Anerkennung der Sezession sei nur eine Frage der Zeit und werde sich ergeben. Und mit dieser Haltung stand der Außenminister nicht alleine da. Er hatte zahllose Vor- und Nachbeter bei den Freiheitlichen, den »Grünen«, zum Teil auch bei führenden »Roten«, nicht darunter jedoch Kanzler Franz Vranitzky.

Mich empörte das außerordentlich und zwar nicht so sehr aufgrund meines damals noch sehr unscharfen Kenntnisstandes, sondern allein schon deswegen, weil Österreich ja ein *neutraler* Staat war. Gerade zu dieser Zeit war Österreichs Neutralität ein innenpolitisches Topthema. Und Neutralität, zumal immerwährende, impliziert ja nun wirklich unmissverständlich, dass sich Österreich in diesen innerjugoslawischen Konflikt gar nicht hätte einmischen *dürfen*. Sein Außenminister ignorierte diese Verfassungslage aber mit einer Penetranz sondergleichen. Doch in keinem einzigen Kommentar, den ich damals las oder hörte, spielte dieser offensichtliche Widerspruch eine Rolle. Im Gegenteil, fast alle der damals führenden Journalisten Österreichs – Lingens, Schulmeister, Rauscher, Dalma, usw. – waren glühende Befürworter einer Zerschlagung Jugoslawiens, hetzten gegen die Serben, stachelten auf, wo sie konnten, geißelten Vranitzky, der als Einziger bremsend auftrat, hoben den früher von den gleichen Journalisten regelrecht verspotteten und selbst von seiner eigenen Partei vielfach geschmähten Alois Mock in den Rang eines großen, mutigen Staatsmannes, forderten, dass Österreich eine Vorreiterrolle bei der Anerkennungsfrage spielen müsse.

Was Mock, nach dem heute ein Kaffeehaus am Bulevar in Zadar benannt ist, zu dieser Anerkennung beitragen konnte, das hat er zweifellos getan. Er war des Öfteren in den diversen europäischen Hauptstädten unterwegs, auch in Washington, und man konnte sich leicht ausmalen, was er dort zu erreichen versuchte und wie er dabei argumentierte. Beispielsweise in Berlin, wo er, der Außenminister eines neutralen Staates, slowenische Minister im Schlepptau, den Ausschluss Jugoslawiens aus internationalen Gremien forderte. Sein Wort als österreichischer Außenminister hatte zwar nicht allzuviel Gewicht, aber irgendwie wurde er als Balkan-Intimkenner respektiert und mit seinem ganzen Habitus – von seiner Krankheit wusste man damals noch nichts – signalisierte er seinen in Balkanfragen offensichtlich hilflosen Minister-Kollegen, dass da einer war, der als erfahrener, alter Mann, zudem aus einem Nachbarstaat Jugoslawiens kommend, wusste, was da unten wirklich los war und was zu tun sei. Und so hat sein Einsatz die Wirkung wohl nicht ganz verfehlt.

Von deutscher Seite konnte man zwar durchaus Stimmen hören, die einer Teilung Jugoslawiens das Wort redeten, sie waren aber keineswegs so schrill. Außenminister Hans-Dietrich Genscher etwa war damals sogar ein eindeutiger *Befürworter* des Erhaltes von Jugoslawien, Kanzler Helmut Kohl äußerte sich eher selten zum Thema und wenn, dann zwar voller Sympathie für Slowenen und Kroaten, aber eher zurückhaltend, und ich hatte den Eindruck einer zumindest nach außen hin geschlossen agierenden EG, die alles daran setzte, die Spannungen am Balkan zu entschärfen. Kohl schien da nicht ausscheren zu wollen, wenngleich er von maßgeblichen Teilen der deutschen Medien massiv dazu gedrängt wurde.

DIE ZEICHEN STEHEN AUF STURM

Meine nächste größere Reise nach Jugoslawien fand Ende Mai 1991 statt. Sie begann an jenem Tag, an dem das Fußball-Europacup-Finalspiel zwischen »Roter Stern Belgrad« und »Olympique Marseille« stattfand. Diese Reise habe ich noch in sehr lebhafter Erinnerung. Sie war gespickt mit Erlebnissen, die mein Bild über den ganzen folgenden Konflikt stark prägen sollten.

»Roter Stern Belgrad«

Es begann schon bei der Anreise: Ich war mit Snjezana im Hotel »International« in Zagreb verabredet und wollte mir unbedingt das Fußball-Finale im TV ansehen. Leider hatte der Flug große Verspätung, und als ich schließlich im Hotel eintraf, strömten gerade zahlreiche Menschen, durchwegs Jugoslawen, wie ich annehmen musste, aus dem zum Fernsehraum umfunktionierten Frühstückssaal. Alle schienen äußerst verärgert, diskutierten aufgeregt herum, schimpften vor sich hin. Ich fragte etliche Leute auf Deutsch und Englisch, wer denn nun gewonnen habe, erhielt aber nur mürrische Reaktionen, einer rief mir gar ein barsches »Scheiße!« zu. Damit war mir klar, dass die Franzosen das Match für sich entschieden hatten.

Als mir später dann im Hotelzimmer Snjezana lachend berichtete, »Roter Stern Belgrad« habe gewonnen, korrigierte ich sie mitleidsvoll. Sie beharrte jedoch auf ihrer Information, weshalb ich schließlich bei der Hotelrezeption anrief, wo mir Snjezanas Aussage bestätigt wurde – wiederum mit deutlich spürbarem Unmut. Ich verstand die Welt nicht mehr: Die Jugoslawen kannte ich ja noch von Vorarlberg als große Fußball-Fanatiker und allein schon der *Einzug* ins Finale des Cups der Fußball-Landesmeister war ein gewaltiger Erfolg – für *ganz* Jugoslawien, wie ich naiverweise angenommen hatte.

Bekanntlich hat damals tatsächlich »Roter Stern« den Europacup gewonnen, und als ich das endlich begriff, dämmerte mir erstmals etwas vom Ausmaß des Hasses, der zwischen Kroaten und Serben bereits bestand. Noch ein Jahr zuvor, das haben mir später etliche Leute bestätigt, hätte ein Europacup-

Finalsieg eines jugoslawischen Fußballclubs, egal aus welcher Region er stammen mochte, in *ganz* Jugoslawien ein Volksfest ausgelöst. Dass sich die von mir befragten Kroaten über den Sieg des serbischen Belgrad derart verärgert gezeigt hatten, demonstrierte mir mehr als alle bisher gelesenen Reportagen, wie schlecht es um Jugoslawien inzwischen schon stand.

In den folgenden Tagen war es für mich dann ganz einfach, die politische Einstellung meiner jeweiligen kroatischen Gesprächspartner zu ergründen. Ich musste nur nachfragen, was man denn zum Sieg von »Roter Stern« meinte. Bei den einen leuchteten da sofort vor Freude die Augen – sie waren offenbar noch nicht auf Krieg eingestellt –, die anderen konnten nicht verbergen, wie sehr sie den Serben diesen Sensationserfolg missgönnten. Letztere waren deutlich in der Überzahl.

Fahrt durch die Krajina

Wir besuchten in Zagreb einige Betriebe. Dann stand Zadar auf dem Programm. Snjezana musste dorthin zurück und ich wollte endlich ihre Heimatstadt an der Adria kennenlernen, von der sie mir schon so vieles begeistert erzählt hatte. Es war ihr Plan, die dreihundert Kilometer mit dem Flugzeug zurückzulegen, was mir jedoch ziemlich übertrieben vorkam; zumal ich mich auf die landschaftlich imposante Strecke freute, die ich schon von Urlaubsreisen her kannte, vorbei an den berühmten Plitvizer Seen. Obwohl Snjezana meinte, dass die Fahrt per Auto problematisch sei und dass sie das eigentlich nicht verantworten könne, stimmte sie letztlich doch einem Mietwagen zu. Während sie noch ein paar Besorgungen machte, begab ich mich ins Hotel »Intercontinental«, wo die Firma AVIS Rent-a-Car ein Büro hatte.

Auch der dortige Manager machte ein sorgenvolles Gesicht, als er erfuhr, wohin wir wollten. Er telefonierte fast eine halbe Stunde lang hektisch herum; bei diversen Ministerien, bei Polizei und Militär, wie er mir mit bedeutungsschwerem Blick mitteilte. Schließlich erklärte er mir, dass er zwar den AVIS-Geschäftsführer von Zadar telefonisch nicht erreichen könne, aber wir sollten es versuchen; einem deutschen Geschäftsmann könne eigentlich nichts passieren. Er gab mir noch etliche Telefonnummern für alle Eventualitäten mit sowie wortreiche Tipps betreffend die Reiseroute: Unbedingt sollten wir den direkten Weg meiden und den, allerdings erheblichen, Umweg über die Küstenstraße nehmen.

Sein ganzes Gehabe kam mir reichlich wichtigtuerisch vor. Aber ich war zufrieden, als ich endlich einen Wagen hatte. Nachdem Snjezana eingetroffen war und ich ihr vom seltsamen Benehmen des AVIS-Mannes erzählt hatte, war sie noch mehr verunsichert als schon zuvor. Für mich jedoch war das alles recht spannend und ich bestand darauf, doch die kürzere Route zu wählen, sofern wir nicht von der Polizei gestoppt würden. Natürlich hatte ich von gewissen Unruhen in Kroatien gelesen, aber so schlimm konnte es doch wohl nicht sein.

Bei Karlovac, etwa vierzig Kilometer von Zagreb entfernt, begannen die Straßenkontrollen. Panzer standen am Straßenrand, Militärs mit der MP im Anschlag kontrollierten mit eisigen Mienen unsere Papiere. Unser Auto wurde durchsucht, doch dann wurden wir wortlos durchgelassen. So ging das einige Male. Snjezana sprach so gut wie kein Wort. Erst Jahre später erzählte sie mir, dass sie damals Todesängste ausgestanden habe. Ich hingegen war bestens gelaunt, hatte das Gefühl, etwas richtig Interessantes zu erleben. Ab der dritten oder vierten Straßensperre – wir waren bereits in der Region der Plitvizer Seen – veränderte sich die Szene auf merkwürdige Weise: Da standen zwar noch mehr Panzer und Soldaten herum, richtige Kanonenrohre konnte man, schlecht getarnt, links und rechts der Straße erkennen. Aber die bärtigen Uniformierten empfingen uns geradezu überfreundlich, fuchtelten das Victory-Zeichen in der Luft herum. Als sie meinen österreichischen Pass sahen, reagierten sie seltsam, diskutierten lebhaft untereinander, bequatschten Snjezana minutenlang, wovon ich natürlich nichts verstand, und ließen uns schließlich salutierend weiterfahren, ohne dass wir durchsucht worden wären.

Snjezana war vor Nervosität außerstande, mir das alles zu erklären, meinte ständig nur, die seien alle verrückt. Einige Male blieb ich stehen, machte eine Rauchpause, erklärte Snjezana, wie ich hier vor vier Jahren bei der Rückreise vom »Club Med« in Pakostane stundenlang im Stau gestanden hatte – jetzt war die Straße absolut leer, man hätte darauf campieren können, während der ganzen Fahrt haben wir kein einziges fahrendes Auto gesehen –, doch Snjezana wollte das Auto nicht verlassen, drängte mich, sofort weiterzufahren. Wir befanden uns mitten in der kroatischen Krajina, die später so traurige Berühmtheit erlangte. Die wenigen am Straßenrand stehenden Menschen, die uns vorbeifahren sahen, winkten uns alle freundlich zu. Das änderte sich allerdings wieder, als wir uns Zadar näherten. Auch die Militärkontrollen wurden da wieder äußerst unfreundlich. Erst nachdem wir schließlich unser Ziel erreicht hatten, machte Snjezana mich darauf aufmerksam, dass unser Mietwagen ein Belgrader Kennzeichen habe, weshalb wir den kroatischen Militärs äußerst suspekt gewesen seien, wohingegen uns die Soldaten in der serbisch besetzten Krajina für Abgesandte aus Belgrad gehalten hätten. Das machte mir endlich das auffallende, freundliche Winken begreiflich.

Josip – oder: »Die bitten Gott um Krieg«

In Zadar angekommen, musste Snjezana sofort etliche Dinge erledigen, hatte keine Zeit für mich. Doch sie stellte mir mit Josip einen sehr sympathischen jungen Mann vor, der mich ein wenig in der Altstadt umherführen sollte. Wir waren am Stadtrand von Zadar und wollten mit dem Auto ins Zentrum fahren. Als jedoch Josip mein Auto sah, wurde er blass und meinte, er könne da nie und nimmer einsteigen. Wenn ihn jemand in einem Auto mit Belgrader Kennzeichen sähe, dann sei er erledigt, müsste mit dem Schlimmsten rechnen. Sein reicher Onkel, angeblich einer der angesehensten Leute von Dalmatien, würde ihn womöglich aus der Sippe ausschließen! Ich hielt das für einen Witz, doch er blieb dabei und wir standen ratlos herum. Schließlich setzte ich ihm meine Sonnenbrille sowie eine Schirmmütze auf und so stieg er dann doch ein, allerdings nicht ohne sich die Mütze ganz tief ins Gesicht zu ziehen. Ich hatte zunächst keine Zweifel: Der gute Mann litt unter Paranoia.

Zu meiner Überraschung entpuppte er sich jedoch rasch als äußerst interessanter und absolut glaubwürdiger Gesprächspartner. In gutem Englisch erklärte er mir sein seltsames Verhalten: Jeder hier kenne ihn, er stamme zwar aus einer der wenigen mehr oder weniger »reinrassigen« kroatischen Familien, fühle sich selbst aber als *Jugoslawe*, was jedoch niemand wissen dürfe, da das absolut verpönt sei. Wer heute etwas mit Jugoslawien am Hut habe, mit den Serben gar, der habe nichts mehr zu lachen. Er sei normalerweise kein Feigling, wisse aber ganz genau, wovon er spreche. Die vielen in Zadar lebenden Serben, unter denen er zahlreiche Freunde habe, müssten sich verstecken, könnten ihre Kinder nicht mehr in die Schulen schicken, hätten ihre Arbeitsplätze verloren, würden von fanatischen Kroaten auf offener Straße verprügelt, sehr viele seien schon weggezogen. Wie zum Beweis deutete er während der Fahrt fortwährend auf die Parolen, mit denen ausnahmslos jede Hauswand vollgeschmiert war: »Srbima Smrt« (Tod den Serben) und »Tudjman = Bog« (Tudjman = Gott) habe ich noch gut in Erinnerung, ebenso das allgegenwärtige Ustascha-»U«, das hier in etwa die gleiche Symbolik hat wie bei uns das Hakenkreuz, oder das »NDH«, das kroatische Gegenstück zu Nazideutschland.

Er führte mich zu einem verlassenen Parkplatz. Doch erst, als wir einige hundert Meter vom Auto entfernt waren, setzte er die Mütze wieder normal auf und beruhigte sich. Während wir durch die wunderschönen Gassen der Altstadt schlenderten und uns schließlich in einem Café niederließen, redete er ununterbrochen, ging aber auch sehr kompetent auf meine Fragen ein. Er malte ein äußerst düsteres Bild der Lage in Jugoslawien, viel schlimmer als Snjezana es mir bisher vermittelt hatte. Der Krieg sei absolut unausweichlich, das Gemetzel werde unvorstellbare Ausmaße annehmen. Kroatien werde todsicher in Kürze seine Unabhängigkeit erklären, doch das ganze Land sei ja voll von *jugoslawischen* Soldaten, hunderte Kasernen gebe es in allen Teilen Kroatiens, natürlich auch in Zadar, und bei der Armee sei alles vermischt, Serben, Kroaten, Slowenen, Muslime und andere.

»Wenn Kroatien zum unabhängigen Staat erklärt wird«, versuchte Josip, mir die Problematik zu verdeutlichen, »ist das dann ja mit einem Schlag eine ausländische Besatzungsarmee. Und was«, fragte er, »wird aus den *Kroaten*, die in dieser Armee dienen?« Die meisten würden wohl desertieren, wenn sie noch

Zeit dazu hätten, etliche hätten das schon getan. Doch was werde aus dem gewaltigen Waffenarsenal, über das jede Kaserne verfüge? Kein Zweifel, das ganze Land würde mit Granaten eingedeckt, ganze Städte dem Erdboden gleichgemacht werden. Zudem würden sich die Nachbarn gegenseitig umbringen, da ja bald ein jeder zu Hause eigene Waffen habe. Was werde aus Bosnien, wo alles noch viel mehr vermischt sei? Was geschehe mit den hunderttausenden Mischehen, die es allein in Kroatien gebe, mit all den Kindern, die dann nicht wüssten, wohin sie gehörten? Was mit den Arbeitsplätzen, den Betrieben? Wann würden wieder Touristen kommen, von denen doch fast jeder zweite Einwohner Dalmatiens lebe?

Ganz leise, oft mit vorgehaltener Hand, sprudelte er alles heraus und es klang wirklich hoffnungslos, doch leider ziemlich schlüssig. Trotzdem versuchte ich ihn zu beruhigen, meinte, überlegen lächelnd, soweit *könne* es gar nicht kommen, Europa werde das nicht zulassen, werde die Nationalisten auf allen Seiten einbremsen; niemand wolle neue Grenzen, im Gegenteil, die Grenzen würden alle abgebaut, eine nach der anderen. Doch er wusste es besser, ließ mir keine Chance, wurde beinahe aggressiv und meinte schimpfend, gerade das Ausland, ganz besonders Deutschland, unterstütze diese Entwicklung mit aller Kraft, dutzende Male pro Tag könne man das im Fernsehen sehen, in allen Zeitungen täglich lesen.

Bei diesen Worten sprang er auf, rannte zu einem nahen Kiosk und war wenige Augenblicke später mit zwei großformatigen Zeitungen zurück, blätterte diese heftig vor mir durch und übersetzte die Schlagzeilen: »Hass, Hass, Hass, auf jeder Seite nichts als Hass gegen die Serben, gegen alles Jugoslawische. Und die da«, er wies auf mehrere Fotos, auf denen ich tatsächlich Alois Mock und Helmut Kohl erkennen konnte, »die unterstützen das alles. Ohne die da könnte sich die Clique um Tudjman niemals so aufführen. – You can ask whomever you want«, er deutete reihum auf unsere Tischnachbarn, »everybody here knows this!« Diese Worte habe ich noch heute im Ohr und ich habe viele befragt in den folgenden Tagen, Wochen und Monaten – jeder hat mir bestätigt, wie recht Josip habe: Ohne Deutschland laufe nichts in Kroatien.

Noch vieles habe ich damals von Josip zum ersten Mal gehört, was mir erst in den folgenden Monaten und Jahren langsam klar wurde: von den Gräueln der Ustascha im Zweiten Weltkrieg, die jeder kannte, über die man aber selbst unter Tito nicht sprechen durfte; von der soeben geänderten kroatischen Verfassung, durch welche die in Kroatien lebenden Serben schwer diskriminiert wurden; vom massiven Auftreten der katholischen Kirche in jedem noch so kleinen Ort; vom Theater um die neue kroatische Flagge mit dem rot-weißen Schachbrett aus Ustascha-Zeiten, die unübersehbar allen signalisierte, dass der Ustascha-Geist wieder auferstanden war; von einer angeblichen dalmatinischen »Reichskristallnacht« – das Wort sagte Josip auf Deutsch –, die vor kurzem in Zadar stattgefunden habe, und vieles mehr. Immer wieder in den folgenden Jahren fiel mir bei verschiedenen Entwicklungen ein: Josip hat mir das damals schon vorhergesagt.

Unser Gespräch wurde plötzlich durch eine skurrile Begebenheit beendet: Wir saßen die ganze Zeit über in einem Café auf einem kleinen Platz gleich um die Ecke zur Kala Larga, dem zentralen Gässchen der Altstadt von Zadar. Es herrschte hektische Betriebsamkeit um uns herum. Auf einmal drangen merkwürdige Geräusche an unsere Ohren; Josip verstummte, die Leute auf der Straße blieben stehen und standen mit unbewegten Mienen stramm da. Plötzlich erhoben sich auch die Leute von den anderen Kaffeehaustischen, nur wir beide blieben sitzen. Ich verstand noch immer nicht, was los war. Da stupste mich Josip und deutete zur Kala Larga, wo gerade die Spitze einer veritablen Prozession auftauchte: goldbehangene Priester, Fahnen, Monstranzen, Weihrauchkessel und Ministranten, ganz wie bei uns zu Fronleichnam, dahinter, dicht gedrängt, Gläubige, die offenbar eine Art Rosenkranz vor sich hin murmelten. »Die bitten Gott um ein freies Kroatien – also um Krieg«, raunte mir Josip zu.

Es war eine gespenstische Szene: Wir beide saßen da, keine fünf Meter von uns entfernt die nicht enden wollende Prozession, dazu die dumpf klingenden Gebete der Gläubigen. Rings um uns standen die Leute, die uns heimlich böse Blicke zuwarfen. Und Josip wurde immer nervöser: »I must stand up, I must stand up«, flüsterte er immer wieder. Doch er blieb tapfer sitzen, da auch ich demonstrativ auf meinem Platz verharrte. Plötzlich, ich bemerkte es gar nicht sofort, war er weg. Er blieb verschwunden und ich wusste zwei volle Stunden lang nicht, was ich tun sollte. Ich hatte ja keine Ahnung, wo ich mich befand, wo ich mein Auto hätte suchen und wohin ich hätte gehen sollen; nicht einmal eine Telefonnummer von Snjezana hatte ich dabei. Auf einmal sah ich ihn wieder, etwa dreißig Meter entfernt, von wo er mir verstohlen zuwinkte. Ich eilte, erleichtert und vorwurfsvoll zugleich, zu ihm, doch er war wie ausgewechselt, wirkte völlig konsterniert, brachte kaum ein Wort heraus. Wir rannten mehr zum Auto, als dass wir gingen, und er brachte mich zu Snjezana. Josip habe ich seither nie mehr gesehen.

Snjezana hat neben ihrer temperamentvollen dalmatinischen Art manchmal auch etwas seltsam Abwiegelndes an sich. Auf meine hartnäckigen Fragen zu Josips Benehmen und zu alledem, was er mir erzählt hatte, ging sie gar nicht ein. Sie sagte nur, ich solle das alles nicht so ernst nehmen, Josip sei doch ein dummer Junge – und überhaupt, sie habe es mir doch schon x-mal gesagt, seien alle hier zur Zeit ein wenig verrückt. (Jahre später erfuhr ich, dass sich Josip bald ins Ausland abgesetzt hatte und dass sich damals, vor dem Kaffeehaus, sein Blick mit dem seines berüchtigten Onkels getroffen hatte, der in der Prozession mitmarschiert war.) Für Snjezana war das Thema erledigt. Seit einem halben Jahr hatte sie mir schon vorgeschwärmt, wie sehr sie sich auf den Tag freue, an dem sie mich endlich in eines der berühmten Fischlokale von Zadar führen würde, und das wollte sie sich jetzt nicht verderben lassen. Wir genossen also in einem noblen Yachtclub einen köstlich gegrillten Brancin bei herrlichem Wein und vergaßen die Welt. Wir waren die einzigen Gäste.

Cupe – oder: Die dalmatinische Kristallnacht

Die Nacht verbrachte ich allein in einem hübschen, großen Einzimmer-Appartement in einer recht modernen Siedlung. Am nächsten Morgen um sieben stand Snjezana vor mir – mit sorgenvollem Gesicht. »Das Auto!«, sagte sie. »Wie konnten wir nur so leichtsinnig sein und unmittelbar vor dem Haus parken?« Nun, unser Mietwagen sah wirklich übel aus: Die Windschutzscheibe war eingeschlagen, beide Türen verbeult, die Nummernschilder abgerissen. Der Tag fing ja gut an. Gottlob, das Auto fuhr noch. Wir mussten es ohnehin heute abgeben. Also was sollte es, nichts wie weg von hier!

Als wir beim AVIS-Büro ankamen, erlebten wir gleich die nächste Überraschung. Dieses Büro befand sich am belebtesten Platz der ganzen Stadt, dort wo die Fußgängerbrücke auf die Halbinsel führt und wo ich später noch zahllose Male vorbeikommen sollte. Besser gesagt, dort hätte es sich befinden müssen. Was wir vorfanden, war ein vollständig demoliertes Gebäude: Anstelle von Fenstern und Türen gab es nur rußig-schwarze Löcher, innen war alles verkohlt, nur die Wände standen noch – ein scheußlicher Anblick, so mitten in der Stadt. Was tun? Wir hatten ja etliche Telefonnummern mitbekommen und erreichten schließlich tatsächlich den örtlichen AVIS-Geschäftsführer, der uns ersuchte, zu seiner Privatadresse zu kommen. Also fuhren wir zu ihm, er hatte ein Haus in einem Randbezirk.

»Ich bin Serbe und ich bin stolz darauf. Wir werden vielleicht alle sterben, aber wir werden kämpfen!«, begrüßte er mich in gutem Deutsch, nachdem ihm Snjezana mit wenigen serbokroatischen Sätzen unsere Lage erklärt hatte. Na also, das war jetzt offenbar endlich einer von diesen Serben, von denen ich schon damals so vieles gelesen hatte: voller Pathos, kämpferisch, größenwahnsinnig, leidensbereit, schicksalsschwanger, von Verfolgungswahn besessen. Ich verbrachte den halben Tag mit ihm. Es wurden spannende Stunden.

Cupe, so hieß der Rent-a-Car-Mann, war ein bärenstarker Typ, aber keineswegs unsympathisch. Entgegen meinen Befürchtungen interessierte ihn das beschädigte Auto überhaupt nicht; ich kann mich nicht einmal daran erinnern, dass ich etwas für die Versicherung hätte unterschreiben müssen. Der Mann hatte größere Sorgen. Doch er hatte auch Zeit. Und er war äußerst mitteilungsfreudig, was mir sehr recht war, denn es drängten sich ja Fragen auf. Was er mir zu seinem ausgebrannten Bürogebäude erzählte, hörte sich wie ein Schauermärchen an. Vor etwa einem Monat, Anfang Mai, habe sich in Zadar jene, schon von Josip kurz erwähnte, »dalmatinische Kristallnacht« abgespielt.

Nach Cupes Schilderung war Folgendes passiert: In einem Vorort von Zadar sei eine Polizeiaktion abgelaufen, bei der ein Serbe habe verhaftet werden sollen, in deren Verlauf aber ein kroatischer Polizist erschossen worden sei. Wenig später sei es losgegangen: Eine Bande von etwa hundert Personen habe in einer zehn (!) Stunden dauernden Aktion im Zentrum von Zadar und in der näheren Umgebung insgesamt hundertsechzehn serbische Geschäftslokale sowie Wohnhäuser zerstört. Man sei ganz systematisch vorgegangen, habe jeweils durch einen Trupp Schläger einen Straßenzug abgeriegelt und dann alles zertrümmert, was sich darin an Serbischem befunden habe; und zuletzt sei dann noch alles geplündert und ausgeräuchert worden.

All das habe nicht nur vor den Augen der Polizei stattgefunden, diese habe die Operation sogar koordiniert! Er, Cupe, habe die ganze Aktion am Polizeifunk mitgehört, vom Beginn bis zum Ende. Als sie begann, habe er noch geglaubt, sie richte sich nur gegen *einen bestimmten* Serben – was schon öfter vorgekommen sei –, doch dann habe er begriffen, dass dies ein offenbar vorbereiteter Anschlag gegen *alle* serbischen Geschäftsleute von Zadar war.

»Ich wusste immer ganz genau, wo die Banditen gerade waren. Je mehr sie sich dem Zentrum näherten, umso klarer wurde mir, dass auch mein Büro drankommen wird – die AVIS-Zentrale ist schließlich in Belgrad, und dass ich ein Serbe bin, das weiß hier ein jeder. Was heißt Serbe? Meine Familie lebt seit Jahrhunderten in Dalmatien. Ich bin *Jugoslawe*, meine Frau ist Kroatin, meine drei Schwestern sind alle mit so genannten Kroaten verheiratet.« Es sei ihm nichts anderes übrig geblieben, als die Flucht zu ergreifen. »Ohne dieses Ding da«, er deutete auf ein beachtliches Funkgerät, »hätten sie uns womöglich überrascht und erschlagen!« Voller Stolz zeigte er mir auch Computer, Akten und andere Dinge, die er gemeinsam mit einem Mitarbeiter gerettet hatte.

Ich sagte zu Cupe, dass ich in diesem Land mittlerweile ja manches für möglich hielte, aber so *könne* es nicht gewesen sein, so etwas wäre bei uns im Fernsehen gekommen, mindestens in *einer* Zeitung hätte ich darüber wenigstens eine kleine Notiz lesen müssen, wo doch täglich auch über viel unspektakulärere Zwischenfälle in Jugoslawien berichtet wurde. Über hundert Geschäfte zu zerstören, ohne dass die Polizei dieses sich über einen vollen Tag hinziehende Spektakel stoppte, das sei völlig ausgeschlossen. Er lachte böse auf:»In euren Zeitungen steht doch nur, was für Schweine die Serben sind.« Jeden Tag könne man in den kroatischen Zeitungen Faksimile-Abbildungen von deutschen und österreichischen Zeitungsartikeln sehen, samt wörtlichen Übersetzungen.»Ich sehe jeden Tag RTL und eure anderen Fernsehsender, ich bin ganz genau darüber informiert, was man bei euch über uns denkt. Ihr habt keine Ahnung, was hier los ist!«

Auf seinem Tisch lag ein ganzer Berg von Zeitungen. Er kramte eine hervor und hielt sie mir unter die Nase:»Hier, lesen Sie das, da wird nicht nur gelogen, verstehen Sie Italienisch?« Das musste ich verneinen, sah mir aber den Artikel einer italienischen Zeitung – ich glaube, es war der»Corriere della Sera« – dennoch an. Ja, das handelte offenbar von Zadar und da war auch in Deutsch das Wort»Kristallnacht« zu lesen. »Wenn Sie einmal sehen wollen, wie die Wirklichkeit aussieht, dann kommen Sie mit, ich zeige sie Ihnen!« Dieses Angebot nahm ich sofort an.

Wir fuhren mit Cupe in dessen Auto los, lieferten Snjezana in der Stadt ab – und dann ging es Schlag auf Schlag: Zwei oder drei Stunden lang führte mich Cupe per Auto, zwischendurch auch zu Fuß, von einer hässlichen Ruine zur nächsten. Ich verfluchte mich, dass ich keinen Fotoapparat dabei hatte. Da waren Kleidergeschäfte, Bäckereien, Metzgereien, Zeitungskioske, Zigarettenläden, Juweliergeschäfte, Bürohäuser, Friseursalons und dergleichen – teils einzeln stehende Gebäude, teils kleine Blechhäuschen oder, wie in der Kala Larga, Verkaufslokale, die im Erdgeschoss von Wohngebäuden beziehungsweise in Einkaufspassagen untergebracht waren. Einige davon hatte ich schon gestern während meines Spazierganges mit Josip gesehen, aber erst jetzt begriff ich, was mir dieser da zeigen wollte. Immer weniger fand ich den Ausdruck»dalmatinische Kristallnacht« übertrieben. So ungefähr muss es damals zugegangen sein, im November 1938, in den Städten Großdeutschlands.

Natürlich kommentierte Cupe fortwährend alles mit schaurigen Details, erläuterte mir seine Sicht der Dinge, die sich letztlich nicht wesentlich von der Josips unterschied, vor allem nicht im Resümee: Der Krieg sei unausweichlich und er würde fürchterlich. Er selbst halte hier die Stellung, weil das seine Zentrale in Belgrad so wolle und auch weil er nicht wisse, wohin er solle. Seine Frau, die Kroatin, sei seit Wochen mit den Kindern bei einer Schwester in Pula. »Können Sie mir sagen, wo ich mit meiner Familie hingehen soll? Hier weiterleben? Was soll ich tun, wenn die in der Nacht kommen und mein Haus in die Luft sprengen? Die Polizei anrufen?«

Die Tour mit Cupe war starker Tobak für mich. Wenn ich nicht alles mit eigenen Augen gesehen hätte – niemals hätte ich so etwas für möglich gehalten. Als wir von einem Trümmerhaufen zum nächsten zogen, fragte ich mich die ganze Zeit, warum mir denn Snjezana von diesen Dingen nichts erzählt hatte. Das konnte ihr unmöglich entgangen sein. Sie hatte mir doch so viele nachgerade absurde Begebenheiten aus dem Alltag von Zadar erzählt, davon jedoch kein Wort. In vielen Telefonaten und anderen Gesprächen, die ich in den letzten Monaten mit ihr geführt hatte – das fiel mir jetzt wieder ein –, hatte sie einen konfusen und widersprüchlichen Eindruck auf mich gemacht: Oft klang sie völlig demoralisiert, um Minuten später lachend alles anders darzustellen. »Weißt du, ich bin auch schon ein wenig verrückt, manchmal«, pflegte sie dann zu sagen.

Ich beschloss, jetzt endlich die Wahrheit aus ihr herauszuquetschen. Immerhin planten wir ja, im Juli bei diesen Verrückten Urlaub zu machen, gemeinsam mit meiner Tochter Vera, die damals gerade sechs Jahre alt war. Mehr und mehr schien mir das eine äußerst riskante Sache zu werden.

Als ich am frühen Nachmittag wieder mit Snjezana zusammenkam, empfing sie mich gleich mit den Worten: »Jetzt erwartest du wohl eine Erklärung von mir!« Sie ahnte offenbar, dass ich Fragen an sie hatte. Ja, ich wollte eine Erklärung und bestand darauf, jetzt sofort alles zu hören, was sie von dieser so genannten »dalmatinischen Kristallnacht« wusste, wie sie das erlebt und warum sie es mir verschwiegen hatte.

In einem regelrechten Verhör brachte ich Folgendes heraus: Eines Tages, einige Wochen zuvor, sei Atena, ihre damals elf

Jahre alte Tochter, in die Wohnung heraufgestürmt und habe gebrüllt, dass alle serbischen Läden kaputtgeschlagen würden. Sie seien gleich zum Fenster gerannt, das auf den Bulevar hinausführte. Der Bulevar, wo Snjezanas Familie damals im fünften Stock einer großen Anlage wohnte, ist eine breite Straße, die von der Transitroute Rijeka-Split ins Zentrum von Zadar führt. Vom Fenster aus habe Snjezana auf der Straße schräg unter ihrer Wohnung zahlreiche Personen herumlaufen gesehen; etliche mit Brechstangen und anderen Instrumenten bewaffnet, dazu einige uniformierte Polizisten. Offenbar sei in diesem Moment gerade ein Friseurgeschäft an der Reihe gewesen, das man zwar nicht habe sehen können, da es sich in einer von der Straße wegführenden Passage befand, aber lautes Geschrei und das Klirren von Schlägen hätten keinen Zweifel aufkommen lassen, was da geschehe. Wie gelähmt seien alle am Fenster gestanden, von wo aus man mehr hören als sehen habe können. Das Spektakel habe ziemlich lange gedauert, niemand habe sich auf die Straße getraut.

Wie sich später herausstellte – die Aktion war in den nächsten Tagen natürlich Stadtgespräch –, war die Schlägertruppe am Morgen des 2. Mai 1991 mit dem Zug von Bibinje, einem etwa acht Kilometer entfernten Vorort, in Zadar angekommen – schwer bewaffnet. Die Anführer hatten eine Liste mit Adressen serbischer Lokalitäten bei sich und die Bande war sofort zum ersten Ziel losmarschiert. Dort betrat zuerst ein Polizist das Lokal und schickte alle anwesenden Personen hinaus, worauf die Schläger in Aktion traten und alles zertrümmerten. Unmittelbar danach wurde von einer Meute alles, was in dem Laden noch irgendeinen Wert hatte, geplündert, während die Schläger schon zur nächsten Adresse der Liste unterwegs waren.

Snjezana stellte fest, dass sie mich an diesem Tag sehr wohl angerufen habe, um mir alles zu erzählen, aber dann doch kein Wort herausbrachte. In der Tat, ich konnte mich daran erinnern, wie sie einmal in Regensburg anrief, ein, zwei Minuten lang irgendetwas keuchend stammelte und schließlich auflegte. Ich war mir damals nicht klar, ob sie beim Telefonieren gestört wurde, ob sie lachte oder weinte. Doch schon am Tag darauf rief sie wieder an, ganz die Alte, meinte lachend, sie habe gestern einen schlechten Tag gehabt, und sie sagte ihren Standardsatz:»All is okay, all will be okay!« Sie habe mich einfach nicht beunruhigen wollen, habe das auch irgendwie weggedrängt, nicht mehr an das denken wollen, und außerdem hätte ich des Öfteren eher ungläubig reagiert, wenn sie mir solche absurden Dinge von Zadar erzählt habe.»Sei ehrlich, hättest du mir geglaubt, wenn ich dir das erzählt hätte?«

Ich kann nicht sagen, wie ich mich bei alledem fühlte. »Hilflos« ist wohl das beste Wort. Die Menschen hier leben scheinbar ganz normal, reden, lachen, gehen ins Kaffeehaus, Kinder rennen umher, seit einem halben Jahr verfolge ich alles, was über dieses Land berichtet wird, bin fast täglich im Kontakt mit Snjezana – und dann muss ich feststellen, dass ich keine blasse Ahnung habe, was da wirklich los ist. Das alles war, ich muss es wiederholen, im Mai 1991, Monate, bevor der Krieg begann.

Maria – oder: Eine Kerze im Fenster

Am Nachmittag besuchten wir Maria, eine langjährige Freundin von Snjezana, früher auch Arbeitskollegin. Sie wohnte mit ihrem Mann Boran und zwei Kindern ganz in der Nähe, gleichfalls am Bulevar. Maria war eine sehr intelligente, starke Frau, Exportkauffrau,»Vollblutkroatin«, perfekt in Deutsch, Englisch und Italienisch. Sie wurde in den folgenden Jahren meine wichtigste »Informantin« in Zadar, da sie sehr politisch dachte, ruhig und präzise, umfassend und glaubwürdig berichten konnte, zudem äußerst sympathisch war. (Ende der neunziger Jahre ist sie gestorben, wir standen bis zuletzt in engem Kontakt miteinander.) Boran stellte sich vor als Mischung aus fast allem, was Jugoslawien zu bieten hatte: ein Großvater Kroate, der zweite Serbe, eine Großmutter, so weit ich mich richtig erinnere, Montenegrinerin, die andere aus Bosnien. Er hatte vor Wochen seine Arbeit verloren, ausdrücklich mit der Begründung, dass ab sofort in der Firma nur noch echte Kroaten beschäftigt werden könnten. Seinem Chef sei es immerhin peinlich gewesen, ihn hinauszuwerfen.

Unsere Gespräche drehten sich natürlich um die besagten Vorfälle. Maria und Boran bestätigten im Wesentlichen das

Bild, das ich mittlerweile hatte, fügten der Geschichte aber noch jede Menge bedrückender Details hinzu.

Eines davon erscheint mir erzählenswert: An jenem Abend, nach vollbrachter Tat, wurde in Zadar im Radio und durch intensive Mundpropaganda verbreitet, dass in der kommenden Nacht die ganze Stadt um den in Bibinje erschossenen kroatischen Polizisten zu trauern habe. Jeder sollte nach Einbruch der Dunkelheit zu Hause bleiben, für den Polizisten und für ein freies Kroatien beten und zum Zeichen der Trauer an jedes Fenster, auf jeden Balkon eine brennende Kerze stellen. Das sollte, so Maria, das Zeichen einer jeden Familie werden, dass man die ganze Terroraktion billige, und gleichzeitig eine Warnung an alle sein, die diesem Verbrechen nicht zustimmen wollten.

Die Telefone seien heißgelaufen an diesem Abend, Freunde und Nachbarn hätten an der Türe geklingelt; Maria sei gar nicht mehr vom Telefon weggekommen. Die einen riefen an und forderten massiv dazu auf, unbedingt Kerzen aufzustellen; das Ganze sei kein Spaß, sondern eine Erhebung derer, von denen Schwierigkeiten zu erwarten seien, quasi eine besondere Form von Minderheitenfeststellung. Wer nicht mitmache, deklariere sich klar als Feind des kroatischen Volkes, stehe offenbar mit dem Feind im Bunde – und wie es solchen Feinden ergehe, das habe die ganze Stadt heute sehen können. Andere Anrufer wiederum teilten protestierend mit, dass dies eine Sauerei sei, die man nicht unterstützen werde, hofften oder forderten, nicht allein gelassen zu werden. Wie bei einer richtigen Verschwörung seien am Telefon ganze Listen von Namen durchgesprochen worden, um festzustellen, wer alles nicht mitmache, wer wen noch anrufen solle.

Maria und Boran hatten von Anfang an beschlossen, *keine* Kerzen anzuzünden. Man könne sich ja nicht mit diesem Wahnsinn identifizieren. Doch der Druck wurde enorm. Marias Mutter rief x-mal an, heulte und tobte am Telefon, weil sich Maria weigerte, Kerzen aufzustellen. Wer nicht gerade telefonierte oder mit Nachbarn im Stiegenhaus diskutierte, stand am Fenster und starrte auf die Nachbarhäuser. Überall brannten Kerzen und es wurden immer mehr. Beobachtertrupps waren zu sehen, die auf der Straße patrouillierten, Fenster absuchten, Etagen abzählten, Notizen machten – offensichtlich um festzuhalten, wer hinter den kerzenlosen Fenstern wohnte. Zwischendurch riefen Freunde zum zweiten Mal an, widerriefen die noch eine Stunde zuvor trotzig durchgegebene Zivilcourage und bekannten kleinlaut, jetzt doch eine Kerze angezündet zu haben.

Urplötzlich sei dann Marias Mutter dagestanden, wutschnaubend, mit einem Pack Kerzen unterm Arm. »Sie brüllte mich an, ich solle doch gleich nach Belgrad verschwinden, aber nicht vorher noch die Kinder umbringen. Und so kam es, dass auch bei uns Kerzen brannten. Ich konnte sie nicht bremsen. Ich hätte sie vor den Kindern erschlagen müssen«, erzählte mir Boran voller Scham. »Seither kann ich meinen serbischen Freunden nicht mehr gerade ins Gesicht sehen, ich habe sie im Stich gelassen.«

Von Medien und Wahlen – oder: »Wir wollen Serbenblut spritzen sehen!«

Maria und Boran, der mir, nebenbei bemerkt, etliche vernichtende Niederlagen im Schach beigebracht hat, verdeutlichten mir anhand einer Fülle von Details, welch ungeheurer Druck von den kroatischen Medien, vor allem vom Fernsehen, aber auch von den meisten Zeitungen, auf alle ausgeübt wurde, die noch an die jugoslawische Idee, also an das friedliche Zusammenleben aller Südslawen, glaubten. Dass überall, wohin ich kam, der Fernseher lief und dass darauf fast pausenlos Tudjman zu sehen war, das war mir keineswegs entgangen. Aber ich verstand natürlich kein Wort und Snjezana weigerte sich zumeist, mir davon etwas zu übersetzen. Sie wolle und könne das nicht mehr sehen und hören.

Ich will nun nicht näher darauf eingehen, was mir Maria alles erzählte, von der Hetze gegen alles Jugoslawische, von der Verherrlichung alles Kroatischen, von der unmittelbaren Angst, die serbische Kroaten bekommen mussten, wenn sie im offiziellen kroatischen Staatsfernsehen offizielle kroatische Soldaten in Uniform grölen hörten: »Wir wollen Serbenblut spritzen sehen!«; mit einem Wort, von der unverblümten Ustascha-Renaissance, die da nach Aussagen Marias ständig ablief und die ich durch eigene Erlebnisse mittlerweile schon recht gut erahnen konnte. Ich nehme an, man kann sich das auch ohne weitere Details einigermaßen vorstellen.

Immerhin, so ließ ich mir sagen, gab es zu dieser Zeit drei Medien, die durchaus objektiv berichteten und damit automatisch in deutlicher Opposition zum sonstigen Medienbrei standen: zum einen eine Tageszeitung namens »Slobodna Dalmacija« (Freies Dalmatien), die zwar gleichfalls den kroatischen Standpunkt vertrat, aber eben nicht so hetzerisch und primitiv; weiters das Wochenmagazin »Danas« (Heute), das mich in Aufmachung und Inhalt, soweit ich davon Kenntnis erlangte, sehr an das damalige »Profil« erinnerte, und vor allem »Yu-Tel«, ein unabhängiger jugoslawischer TV-Sender, der in ganz Jugoslawien ausgestrahlt wurde. Leute wie Boran und Maria und sehr viele andere sahen diesen Kanal, wann immer er auf Sendung war. Die Macher von »Yu-Tel« müssen ausgesprochen verwegene Leute gewesen sein, denn ihr ganzes Engagement galt dem Antinationalismus, was in dieser Zeit in Jugoslawien wahrlich kein Honiglecken war.

Maria und Boran waren auch die Ersten, die mir schilderten, wie die Volksabstimmung vom 19. Mai 1991, also knapp zwei Wochen vor meinem Besuch, über die Unabhängigkeit Kroatiens abgelaufen war, bei der rund zweiundneunzig Prozent für die Unabhängigkeit gestimmt hatten.

Die Abstimmung sei frei, geheim und nach demokratischen Prinzipien durchgeführt worden, hatte es dazu in unseren Medien geheißen. Die Wahrheit, zumindest in Zadar, wahrscheinlich aber auch an vielen anderen Orten, wenn nicht überhaupt an allen, sah so aus: Wer das Wahllokal betrat, sah sich einer vielköpfigen Wahlkommission gegenüber, in deren Mitte man jede Menge stadtbekannter Nationalisten erkennen konnte. Man musste vor den hinter einem Tisch sitzenden Wahlleiter treten, der einem die beiden Stimmzettel, einen roten und einen blauen, nicht etwa in die Hand reichte, sondern diese mit der einen Hand vor sich auf den Tisch drückte, während er mit der anderen Hand einen Kugelschreiber anbot. Die Geste war unmissverständlich: Man sollte ganz offen, vor den Augen vieler, sein Kreuzchen machen, was auch die allermeisten getan haben dürften.

Wer jedoch zögerte, etwa verunsichert um sich sah, den ließ man einige Zeit »zappeln«, und wer dann immer noch den Mumm hatte und nicht an Ort und Stelle seine Stimme abgab, der wurde, begleitet von bedrohlichen Kommentaren aus dem Kreise der Anwesenden, an ein etwas abseits stehendes Tischchen verwiesen. Das war keineswegs eine Wahlzelle, aber immerhin konnte man dort mit dem Rücken zur Wahlkommission sein Kreuz machen. »Sein Kreuz machen«, das ist die zutreffende Formulierung, auch im übertragenen Sinn. Denn wer wirklich die Courage aufbrachte und »geheim« wählte, der war natürlich gebrandmarkt, der hatte offenbar etwas zu verbergen, was er auch sogleich zu spüren, besser gesagt, zu hören bekam: Das Einwerfen des Stimmzettels geschah unter wütendem Maulen von Seiten der Wahlhelfer: »Verschwinde doch gleich nach Belgrad«, ein häufig gebrauchter Satz, »Glaub bloß nicht, dass wir nicht wissen, wofür du gestimmt hast!« und Dergleichen. Alle Schilderungen zu diesen Wahlen erinnerten stark an die Berichte, die ich über die Volksabstimmung von 1938 gelesen hatte, bei der es um den österreichischen Anschluss an Deutschland gegangen war.

Es ist leicht verständlich, dass jemand, dem solche Dingen noch nie zu Ohren gekommen sind, Mühe hat, diese Darstellung zu glauben. Mir ist es nicht anders ergangen. Doch nichts, was ich hier schildere, habe ich nur von einer Seite gehört. Im Gegenteil, alles, was mir einseitig dargestellt, unwahrscheinlich oder übertrieben vorgekommen ist, wie etwa diese Wahlprozedur, habe ich äußerst skeptisch aufgenommen und bei jeder sich bietenden Gelegenheit im Gespräch mit anderen Personen ausführlich hinterfragt, gerade auch bei politisch neutral beziehungsweise gleichgültig, natürlich auch bei offen antijugoslawisch eingestellten Menschen, und zwar so lange, bis ich das Gefühl hatte, ein realistisches, stimmiges Bild gewonnen zu haben.

Speziell zu diesem Wahlablauf habe ich zahlreiche Personen regelrecht ausgehorcht. Snjezana etwa, die mir auch diese Sache erst erzählte, als ich sie ganz konkret darauf ansprach, hat ihre Stimmabgabe so erlebt: Sie kam ins Wahllokal und bestand darauf, »geheim« zu wählen, trat also an das oben beschriebene Tischchen. Gerade in dem Moment, als sie ihr

Kreuz machen wollte, bemerkte sie, wie einer der Wahlhelfer, völlig ungeniert und für alle Anwesenden sichtbar, hastig in eine Position sprang, von wo aus er freie Sicht auf ihren Stimmzettel hatte.

Man muss natürlich dazusagen, dass Jugoslawien in Bezug auf Wahlen niemals eine Tradition im westlichen Sinne hatte. Zwar gab es seit dem Zweiten Weltkrieg laufend Wahlen und Abstimmungen, aber die hatten nach Aussage von Snjezana überhaupt keine Bedeutung und waren auch niemals wirklich geheim. So ist also die beschriebene Prozedur nicht weiter überraschend. Überraschend und bemerkenswert ist allerdings, dass diese Volksabstimmung in unseren Medien als der eindeutige und überwältigende Wille des kroatischen Volkes nach Unabhängigkeit gefeiert wurde.

Arif – oder: Die Geschichte eines kroatischen Muslims

Am Abend des gleichen Tages waren wir bei Snjezanas besten Freunden zum Pilzessen eingeladen. Aida war Bauingenieurin, schon seit Kindergartenzeiten mit Snjezana eng befreundet, »Vollblutkroatin«. Arif, ihr Gatte, hingegen war Muslim, Soziologe und, was mich besonders neugierig machte, bei der Armee beschäftigt; und zwar als Dozent an der Militärakademie in Zadar, genauer gesagt, in Zemunik, wo sich auch Zadars Flughafen befand. Das war für mich deshalb so interessant, weil von dieser Armee bei uns schon damals die abscheulichsten Dinge zu lesen waren, vor allem, dass sie total serbisch dominiert und maßgeblich dafür verantwortlich sei, dass die Serben ihr Unterdrückungsregime aufrechterhalten könnten. Oft hatte ich Snjezana zu dieser Armee befragt, doch sie konnte mir nie etwas Genaues sagen. Sie hatte stets auf Arif verwiesen, der nicht nur der beste Pilzsammler, sondern auch der größte Humanist sei, den sie kenne.

Jetzt stand er also vor mir: ein muslimischer Offizier der jugoslawischen Volksarmee! Ein stattlicher Bursche, ganz vom Typ des kroatischen Tennisstars Ivanisevic. Leider sprach er als Fremdsprache nur Russisch, sodass ich mich mit ihm nicht ohne fremde Hilfe unterhalten konnte. Er erwies sich, bösartig ausgedrückt, als treuer Diener seiner Herren, wohlwollend könnte man sagen: Er war mit Überzeugung voller Loyalität seinem Arbeitgeber gegenüber, der jugoslawischen Armee, JNA genannt. Sie sei die demokratischste Armee der Welt; strenge Richtlinien legten seit Titos Zeiten fest, in welchem Schlüssel die einzelnen jugoslawischen Volksgruppen in den diversen Offiziersrängen vertreten sein müssten; alle Entscheidungen fielen in Gremien, die penibel paritätisch besetzt seien. Niemals würde diese JNA ein fremdes Land angreifen, alle Strukturen seien ausschließlich auf Landesverteidigung ausgelegt.

Mit Geduld und Verständnis für meine kritischen Fragen antwortete er, untermauerte seine Antworten mit plausibel klingenden Belegen. Vom Bild, das ich von dieser Armee bis dato hatte, ließ er absolut nichts gelten. Restzweifel blieben trotzdem, keineswegs, weil ich an seiner Glaubwürdigkeit zweifelte – der Mann glaubte wirklich, was er sagte –, sondern einfach, weil ich noch immer nicht für möglich hielt, dass das, was unsere Medien täglich verbreiteten, geradezu das genaue Gegenteil dessen darstellte, was ich selbst an Ort und Stelle beobachten konnte.

Ich habe Arif später nicht mehr sehr oft getroffen, aber sehr viel an ihn gedacht. Er hat das an jenem Abend zwar gut überspielt, aber es lag in der Luft: Er, und mit ihm die ganze fünfköpfige Familie, befand sich in einer äußerst delikaten Lage; zutreffender: in einer völlig verzweifelten Lage. Was könne er tun, wenn Kroatien zum selbständigen Staat erklärt werde, seine, Arifs, Armee dann ab diesem Tag in Kroatien zwangsläufig eine Besatzungsarmee sei? Was, wenn es zu Auseinandersetzungen komme, zu Schießereien, zum richtigen Krieg gar? Abends nach Hause zu seiner Familie und am nächsten Tag wieder in die Kaserne? Müsse er dann auf die Leute schießen, mit denen er sein bisheriges Leben verbracht hatte? Was tun, wenn diese Armee abzöge? Mit ihr nach Serbien gehen?

Der Mann war verliebt in diese Armee, das war offensichtlich. Was aber sollte er in Serbien tun? Dort kannte er keinen Menschen. Zadar war seit langem seine Heimat gewesen und in die war er genauso verliebt, ebenso wie in Aida, seine Frau, die Kroatin, und in die bezaubernden Kinder, halb Muslime, halb Kroaten. Sollte er desertieren? Er, der Muslim, sich bei einer Armee des katholischen Kroatien bewerben?

Natürlich versuchte ich bei Arif auch zu verstehen, was es heißt, *Muslim* zu sein. Arif war Atheist, ein überzeugter und belesener noch dazu. Niemals in seinem Leben habe er gebetet, weder zu Allah noch zu sonst einem Gott. Warum dann Muslim? »Mein Vater war Muslim, ich stehe in dieser Tradition.« Wie sich das ausdrücke, im täglichen Leben, wollte ich wissen. »Überhaupt nicht!«, war die ebenso lapidare wie unbefriedigende Antwort.

»Die kroatische Armee kämpft nicht in Bosnien«

Ich will an dieser Stelle vorwegnehmen, wie es mit Arif weiterging. Der Krieg in Kroatien hat im August 1991 begonnen, also etwa zweieinhalb Monate nach meiner ersten Begegnung mit ihm. Arif ist von der JNA desertiert! Nach schwersten inneren Kämpfen, wie ich mir leicht ausmalen konnte. Er wurde von der kroatischen Territorialverteidigung angeworben, in die er auch, unter gewaltigem Druck und in Ermangelung jeglicher Alternative, eintrat. Er war dann wohl mit dabei, als man die Kaserne in Zadar, seinen früheren Arbeitsplatz, und seine langjährigen Kollegen beschossen und ausgehungert hat.

Als ich Arif zum zweiten Male sah – das war etwa ein Jahr später –, war der Krieg auch in Bosnien bereits voll entbrannt. Die UNO hatte kurz zuvor das Embargo gegen Serbien beziehungsweise »Restjugoslawien« verhängt und zwar mit der Begründung, dass die jugoslawische Armee gemeinsam mit den bosnischen Serben in Bosnien kämpfe, also auf dem Territorium eines fremden, von der ganzen Welt anerkannten Staates. Gegen Kroatien wurden keine Sanktionen beschlossen, obwohl es immer wieder Meldungen gab, dass auch die kroatische Armee in Bosnien im Einsatz sei. Tudjman hat dies jedoch kategorisch dementiert und selbst die US-Satellitenaufklärung konnte angeblich nichts Derartiges feststellen. Also blieb Kroatien ein Embargo erspart. Diese Einseitigkeit war eine der Todsünden des Westens, die sehr viel zur grausamen weiteren Entwicklung beitrug.

Kurz bevor ich also Arif in dieser Situation wieder begegnete, hatte ich schon von anderen Bekannten gehört, dass er laufend in Bosnien im Einsatz und an unbeschreiblichen Massakern beteiligt sei. Arif, ein begabter Hobbyfotograf, habe alles fotografiert, das sei Teil seiner Arbeit bei der kroatischen Armee, und die Fotos zeigten unvorstellbare Grausamkeiten, aufgeschlitzte Körper, abgehackte Kinderköpfe, ausgestochene Augen usw. Diese Fotos – Dokumente zum angeblich gar nicht stattfindenden Einsatz der kroatischen Armee in Bosnien – habe ich selbst zwar nicht gesehen, ich bezweifelte deren Existenz jedoch keine Sekunde.

Arif war ein völlig anderer Mensch geworden: In furchteinflößender Uniform, mit versteinertem Gesicht stand er vor mir, ich glaube, er hat mir nicht ein einziges Mal direkt in die Augen geschaut. »Nein, die kroatische Armee kämpft nicht in Bosnien«, klärte er mich auf, »aber die Armee erlaubt uns, unseren muslimischen Brüdern in Bosnien zur Seite zu stehen. Und das tun wir, das müssen wir tun, gegen diese wahnsinnigen serbischen Mörder. Sicher, auch Kroaten helfen uns dabei, aber das ist völlig freiwillig. Kein kroatischer Soldat kämpft im Auftrag der Regierung in Bosnien.«

Ich ersparte es mir, mit ihm über diesen offensichtlichen Nonsens zu diskutieren. Das war eben die ausgegebene Sprachregelung. Am Rande sei bemerkt: Nur wenige Wochen später hat Tudjman den kroatischen Militäreinsatz in Bosnien voller Stolz offiziell bestätigt. Wenn ich jemals einen Menschen erlebte, der so etwas wie eine Gehirnwäsche durchgemacht hatte, dann war es Arif. Es war unübersehbar, dass er, vor kurzem noch begeisterter Anhänger der jugoslawischen Volksarmee, sein Überlaufen nur dadurch rechtfertigen konnte, dass er sich gegenüber anderen, vor allem aber gegenüber sich selbst, noch antijugoslawischer gebärdete, als es die Kroaten taten. Unser Gespräch dauerte nicht lange, er durfte mir sowieso nichts sagen und Snjezana übersetzte mir kaum etwas. Ich ließ die beiden allein; Snjezana weinte, als ich sie eine Stunde später noch immer bei Arif sitzen sah. Sie hat mir bis heute nicht mitgeteilt, was er ihr damals erzählt hat.

Wie es mit ihm weiterging, ist rasch erzählt. Man warf ihn bei der kroatischen Armee hinaus, diese war echten Kroaten vorbehalten. Zum zweiten Mal innerhalb kürzester Zeit brach eine Welt in ihm zusammen. Er, der Muslim, hatte in Dalmatien auch keine Chance, einen anderen Job zu bekommen. Die ganze Familie wurde erheblich schikaniert, verließ Zadar, über-siedelte ins etwas liberalere Rijeka, wo es jedoch genauso wenig eine Perspektive für ihn gab. Wir bemühten uns eine Zeitlang, Arif nach Deutschland zu holen. Bekanntlich gab es Mitte der neunziger Jahre viele muslimische Flüchtlinge in Deutschland, für die angeblich etliche Bildungsmaßnahmen durchgeführt wurden. Da hätte einer wie Arif sicher wertvolle Arbeit leisten können. Wir haben aber nichts erreicht.

Zwischendurch hat er sich als Fotograf versucht. Ich bin noch heute im Besitz eines ganzen Kartons von Büchern mit dem deutschsprachigen Titel »Die Jahre des Leidens – Zadar 1991 bis 1994«, einem recht aufwändig gestalteten Bildband. Dieser enthält über hundert Fotografien von Arif, durchwegs wertvolle Dokumente der Zerstörungen des Krieges. Leider ist er im Text nur wenig informativ und noch weniger objektiv.

Seit 1996 lebt die ganze Familie in Neuseeland. In Kroatien hatte sie keine Zukunft, obwohl Aida aus einer sehr angesehe-nen kroatischen Familie stammt und dereinst schöne Immobi-lien erben wird. Snjezana ist laufend telefonisch und schrift-lich mit ihr in Kontakt. Arif hatte schon zwei Herzinfarkte, doch ansonsten haben sie bereits richtig Fuß gefasst, dort, wo die Nationalität vielleicht nicht ganz so wichtig ist – am an-deren Ende der Welt.

»PRIJATNO« – ODER: DIE GEBURT EINER SPRACHE

Zurück zu meinem ersten Zadar-Aufenthalt. Neben all den be-drückenden Erlebnissen dieser Tage fällt mir noch eine Kleinig-keit ein, die ich nicht verschweigen darf. Etwas Harmloses zur Abwechslung, aber durchaus signifikant für das Klima, das ich vorfand.

Bei einem Geschäftsessen bei der sehr renommierten Fir-ma SAS Zadar – ich habe mir ja in Zadar nicht nur Grusel-geschichten angehört, sondern auch etwas für meinen Betrieb getan – wollte ich meinen Gastgebern demonstrieren, wie »gut« ich schon ihre Sprache beherrschte. Ich eröffnete also die Mahlzeit mit einem herzhaften »Prijatno«, was soviel wie un-ser »Guten Appetit« bedeutet. Damit und mit anderen serbokroatischen Brocken habe ich bei ähnlichen Gelegenheiten schon des Öfteren erfreute Reaktionen ausgelöst. Jetzt aber spürte ich sofort, dass ich etwas Falsches gesagt hatte. »Passen Sie auf«, wurde ich nach einigen Sekunden betretenen Schweigens vom Geschäftsführer freundlich aufgeklärt, »mit wem Sie zusammenkommen! ›Prijatno‹ ist serbisch. Hüten Sie sich vor den Serben! Bei uns sagt man ›dobar tek‹.«

Hier wurde ich erstmals mit dem Sprachproblem konfrontiert, das später zu einem meiner Lieblingsthemen wurde. In weiten Teilen Jugoslawiens sprach man bekanntlich Serbokroatisch, wobei es natürlich viele Dialekte gab. So kann man einen Dalmatiner leicht von jemandem aus Zagreb unterscheiden, in Belgrad klingt es wieder anders, wobei der Unterschied zwischen Dalmatinisch und Zagrebisch größer sein soll als der zwischen Zagrebisch und Belgradisch, worauf besonders die Dalmatiner mit Nachdruck bestehen. Insgesamt scheinen mir, nachdem ich zahllose Leute darüber ausgefragt habe, die Unterschiede zwischen den Dialekten des Serbokroatischen jedoch nicht größer zu sein als etwa die zwischen Vorarlbergisch und Tirolerisch, jedenfalls sehr viel kleiner als jene zwischen Deutsch und Schweizerdeutsch.

Sicher, es gibt auch in der *geschriebenen* Sprache einige kleine Unterschiede und natürlich schreibt man in Serbien kyrillisch, während man in Kroatien lateinisch schreibt; übrigens auch die *serbischen* Kroaten, jedenfalls in den Städten. Noch nie habe ich in Zadar oder sonstwo in Kroatien ein kyrillisch geschriebenes Wort gesehen.

Wie auch immer, die Kroaten haben damals begonnen, eine neue Sprache zu entwickeln, und sie sind noch heute eifrig dabei. Es wurden komplett neue Worte erfunden, neue Sprachregeln eingeführt, die auch heute noch von vielen nicht beherrscht werden. Selbst glühende kroatische Patrioten geben zu diesem Thema die tollsten Witze zum Besten.

Ich habe mit vielen Kroaten, darunter Linguisten, über das Thema gesprochen. Die sind so verzückt von ihrem Kroatisch, dass sie es gar nicht merken, wenn sie Haarsträubendes von sich geben. »Aber Kroatisch und Serbisch sind doch im Prinzip zwei Dialekte ein und derselben Sprache?«, fragte ich einmal einen hochstudierten Kroaten, Architekt, perfekt in Deutsch und Englisch. »Ja, sicher«, antwortete dieser beflissen, »aber das sagt gar nichts über die Nähe der Ursprünge der beiden zueinander. Es gibt auf der Welt Dialekte, die können, wenn man deren Wurzeln untersucht, weiter voneinander entfernt sein als zwei völlig verschiedene Sprachen. Beim Kroatischen und Serbischen beispielsweise ist das so.« »Könnte man also sagen«, fragte ich mit todernster Miene zurück, »das Kroatische ist vom Serbischen weiter entfernt als etwa das Chinesische vom Deutschen?«, was er mit »im Prinzip ja« ernsthaft bestätigte, wie auch immer er das gemeint haben mag.

Übrigens, noch heute kann man in Zagreb durchaus erleben, wie auch einem ansonsten eingefleischten Kroaten ein »Prijatno« herausrutscht. Für mich ist das recht hilfreich: So wie anfangs den Sieg von »Roter Stern« setze ich seither dieses »Prijatno« ein, als, wie ich es nenne, »Nationalisten-Test«, den ich immer dann durchführe, wenn ich mit einem Kroaten zusammen bin, dessen Einstellung ich nicht kenne. Früher oder später landet man mit jedem in einem Restaurant und an der Reaktion auf mein blauäugiges »Prijatno«, bei der es tausend verschiedene Nuancen gibt, kann ich dann erahnen, wes Geistes Kind mein Gegenüber in punkto nationaler Toleranz ist.

Bevor ich auf meinen zweiten Aufenthalt in Zadar zu sprechen komme, der auch nicht gerade langweilig wurde, will ich noch auf die Frage eingehen, ob ich denn in diesen Tagen nichts erlebt habe, was mir, abgesehen von der Medienhetze, den Grund für den tiefen Hass, für die offenen Aggressionen der Kroaten gegenüber den Serben hätte begreiflich machen können. Ich fühlte mich völlig neutral, hatte noch immer Probleme damit, dass Jugoslawen nicht gleich Jugoslawen sein sollten; die hunderte jugoslawischen Freundschaftsfeste von Vorarlberg waren in meinem Kopf wohl noch zu sehr präsent und ich wollte einfach verstehen, was wirklich hinter diesem Hass steckte. Jedes Gespräch war also für mich so etwas wie eine Fact-finding-Mission, wobei ich immer vom Grundsatz ausging, ein Holz gebe kein Kreuz, und ich hatte nie ein Problem, Äquidistanz zu bewahren.

Ich fragte und fragte, jeden und jede, wer immer in meiner Umgebung war. Und darunter waren natürlich nicht wenige, die nichts mehr ersehnten als die kroatische Unabhängigkeit;

auch ausgesprochene Hitzköpfe. Was diese mir an Erklärung anboten, war allerdings nicht sehr ergiebig. Wenn ich von offen rassistischen Argumenten absehe – von der Art etwa, »alle Serben sind Schweine« –, wurden eher spitzfindig klingende historische und religiöse Gründe genannt: Die Kroaten seien eigentlich gar keine Slawen, stammten in Wirklichkeit aus Persien, Kroatien sei ein uraltes, tausendjähriges Königreich, gehöre zum katholischen Mitteleuropa; Serbien hingegen habe jahrhundertelang unter türkischer Herrschaft gestanden, sei also osteuropäisch orientiert, asiatisch gar, und Dergleichen.

Das war schon deshalb wenig befriedigend, weil all das nun wirklich keinerlei Erklärung für die Aggressionen abgab, selbst wenn es gestimmt hätte, und auch, weil sich die von mir beobachteten fanatischen Aggressionen ja zunächst und vor allem gegen die *hier* lebenden Serben richteten, deren Familien zum Großteil schon seit Jahrhunderten in dieser Gegend ansässig waren und genauso wenig Osmanisches an sich hatten wie jene, die sich als »reinrassig« kroatisch sahen.

Kleine »Rassenlehre« – oder: 99,9 Prozent Kroate und doch Serbe

Das Wort »reinrassig« gehört hier eigentlich in doppelte Anführungszeichen. Nach allem, was ich gesehen und gehört habe, scheint mir die Behauptung nicht zu kühn, dass es in Zadar und vielen anderen kroatischen Regionen überhaupt niemanden gibt, auf den man diese Vokabel anwenden könnte; jedenfalls nicht, wenn man Serben und Kroaten als unterschiedliche »Rassen« bezeichnet (was an sich schon ein fragwürdiges Unterfangen ist). Tudjmans Schwiegersohn, ein vielzitiertes Beispiel, ist »Serbe«. Wann immer ich mit einem fanatischen Kroaten zusammen war, habe ich versucht, das Gespräch so zu lenken, dass ich etwas von seiner Ahnengalerie in Erfahrung bringen konnte, und ich bleibe dabei: Es gibt keine »Reinrassigen«.

Wenn ich vorhin etwa Maria als »Vollblutkroatin« bezeichnet habe, dann bedeutet dies lediglich, dass sowohl ihr Vater als auch ihre Mutter aus einer so genannten kroatischen Familie stammen. Eine Familie gilt aber schon dann als kroatisch, wenn auch nur der *Vater* kroatisch ist. Selbst wenn also beide Großmütter von Maria »Vollbluterbinnen« gewesen wären, hätte sie trotzdem als »Vollblutkroatin« gegolten, wiewohl sie gemäß den Mendelschen Gesetzen dann ja Halbserbin gewesen wäre – oder etwa nicht? Schon daran kann man erkennen, welch abstruser Nonsens die Trennung zwischen Serben und Kroaten ist.

Auch die häufig als »Rassenkriterium« genannte Religionszugehörigkeit führt nicht weiter. Generell kann man zwar sagen, dass die Kroaten in einer katholischen Tradition stehen, jedenfalls habe ich keinen kennen gelernt, der sich als orthodoxen Kroaten bezeichnet hätte. Aber abgesehen davon, dass eine große Anzahl Kroaten gar nicht religiös ist – viele sind sogar erklärte Atheisten –, gibt es auch unter den kroatischen Serben getaufte Katholiken, sogar praktizierende.

Nehmen wir Nenad, Snjezanas Exmann, der gilt als Serbe, wiewohl seine Mutter eine Italienerin war, doch er ist getaufter Katholik wie alle seine Geschwister.

Solche »katholische Serben« gibt es viele. Das kommt unter anderem daher, dass es zwischen 1941 und 1944 offizielles Ustascha-Regierungsprogramm war, die etwa zwei Millionen Serben, die im Ustascha-Kroatien gelebt hatten, zu einem Drittel zu liquidieren, ein weiteres Drittel zu vertreiben und das verbleibende Drittel zum Katholizismus zwangszubekehren – ein Programm, das unter großdeutscher Oberaufsicht bekanntlich weit gehend realisiert wurde.

Viele orthodoxe Serben, die damals mit einer MP im Rücken katholisch getauft worden waren, haben, soweit sie die Taufe überlebten – nicht wenige wurden unmittelbar nach ihrer »Bekehrung« erschossen –, dann auch ihren Namen geändert und gelten seither als »reinrassige« Kroaten. Die Namen nämlich sind letztlich noch das einzig halbwegs brauchbare Kriterium, einen Serben von einem Kroaten zu unterscheiden, was übrigens auch für die Vornamen gilt. Doch auch das nur höchst bedingt.

Für mich ist es bis heute nicht nachvollziehbar, was ein serbischer und was ein kroatischer Name ist. Und doch weiß Snjezana jedes Mal sofort, wenn wir einen solchen Namen hören, beispielsweise wenn wir im Fernsehen die deutsche Fußball-Bundesliga verfolgen, wo viele Slawen mitkicken, wel-

cher »Rasse« einer dieser »Itsche« angehört: Dragoslavic ist
– was würde man raten? – serbisch? Falsch, der Name ist
kroatisch, Stojkovic ist serbisch, Bobic kroatisch, Stepanovic
serbisch. Es gibt allerdings auch viele Namen, die bei beiden
»Rassen« vorkommen können, was die Sache nicht gerade
vereinfacht.

Milosevic, ja, Milosevic, gibt es hüben wie drüben. Petrovic
ist ursprünglich montenegrinisch, kommt aber auch in allen
anderen Landesteilen vor. Da hilft dann der Vorname, wo es
allerdings auch keine Regeln gibt. Ivan ist – was würde man
raten? – serbisch? Falsch, Ivan ist kroatisch, Aleksandar ist
serbisch, Petar kann beides sein.

Ein System ist für mich nicht erkennbar, obwohl ich mir
dazu stundenlange Vorträge angehört habe. Es gibt auch kei-
nes. Wie sollte es auch, denn: Heiratet ein Serbe eine Kroatin
und ziehen die beiden dann zu *ihren* Eltern, in einen kroatischen Familienverband also, so sind deren Nachkommen Kroaten. Auch das noch!

Doch im Wesentlichen, wie gesagt, ist der Name noch das
beste Unterscheidungsmerkmal. Und der wird seit Jahrhunderten über den Vater weitergegeben. Das »Blutsmischungs-
Verhältnis« spielt – erfreulicherweise – überhaupt keine Rolle.
Man kann es leicht ausrechnen: Theoretisch könnte ein »Serbe«, wenn man zehn Generationen zurückrechnet, zu 99,9
Prozent ein »Blutskroate« sein und doch hätte man seinen
Friseurladen während der »dalmatinischen Kristallnacht« zertrümmert.

»Pro Kroatien« – »Pro Vorarlberg«

Bei meinen Nachforschungen über die Gründe der antiserbischen Aggression wurde natürlich vielfach politisch und öko-
nomisch argumentiert, was mich – das wird man jetzt vielleicht als allzu kühnen Vergleich bezeichnen – sehr stark an die
Argumente der »Pro Vorarlberg«-Bewegung vom Ende der siebziger Jahre erinnerte. Da gab es schon erstaunliche Parallelen.
Diese seltsame Episode aus dem Vorarlberger Ländle ist außerhalb meiner Heimat sicher nicht besonders aufgefallen. Aber in
Vorarlberg war sie ein paar Monate lang das alles beherrschen-

de politische Thema. In so mancher Hinsicht war die Aktion mit der späteren italienischen »Lega Nord« vergleichbar, die bekanntlich ein von Rom und dem ganzen Süden Italiens unabhängiges Padanien forderte.

Hintergrund dieser vielfach auch als »separatistisch« bezeichneten »Pro Vorarlberg«-Bewegung war folgender: Das ganze von den fleißigen Vorarlbergern erwirtschaftete Geld fließe nach Wien, wo man lieber beim Heurigen sitze als zu arbeiten; Vorarlberg werde von Restösterreich dominiert, benachteiligt und ausgenützt; damit müsse jetzt Schluss sein, Vorarlberg wolle sein eigenes Statut.

Zahllose antiösterreichische Facetten und Geschichtchen wurden in diesen Monaten tagtäglich von den »Vorarlberger Nachrichten«, der dominierenden Tageszeitung des Landes, präsentiert und von allen echten oder gelernten Vorarlbergern nachgebetet. Jeder, der da dazugehören wollte – und das war die Mehrheit –, präsentierte am Stammtisch, am Arbeitsplatz, in Leserbriefen seine alemannische Gesinnung und das ging am besten, indem er die bajuwarisch-slawisch durchmischten Innerösterreicher denunzierte. Dass der Balkan gleich hinter dem Arlberg beginne, also auch das ganze restliche Österreich umfasse, hatten wir schon von klein auf gelernt. In diesen »Pro-Vorarlberg-Tagen« war diese Volksweisheit gleichsam in Verfassungsrang gehoben.

Es mag komisch klingen, aber die Argumente meiner prokroatischen Gesprächspartner hatten eine vergleichbare Qualität. Dieser Eindruck wurde noch verstärkt durch den Umstand, dass schon damals in Dalmatien und auch in Istrien eine starke Anti-Zagreb-Bewegung bemerkbar war. Dalmatien und Istrien sind bekanntlich die kroatischen Touristenregionen, wo also mehr Geld verdient wird als anderswo in Kroatien, und es ist leicht nachvollziehbar, dass die Dalmatiner und Istrier ihr sauer verdientes Geld (fast) genauso ungern in Zagreb abliefern wie in Belgrad. Der Vergleich scheint mir also zulässig. Denn trotz aller Unterschiede waren die ökonomisch-politischen Motive der Pro-Vorarlberger letztlich nicht schlechter als die der kroatischen Unabhängigkeitsbewegung.

Bei näherem Hinsehen gewann ich sogar immer wieder den Eindruck, dass man in Vorarlberg eher schlüssiger für ein

Ausscheren aus Österreich hatte argumentieren können als in Kroatien, sich von Jugoslawien zu trennen. Denn abgesehen davon, dass Kroatien als Republik ja längst ein sehr föderales eigenes Statut hatte, war es, politisch gesehen, auf der jugoslawischen Bundesebene gerade zu dieser Zeit erheblich stärker vertreten als es Vorarlberg jemals in Österreich gewesen war. Vom Kroaten Mesic, dem späteren jugoslawischen Bundespräsidenten, habe ich schon gesprochen, doch auch der Ministerpräsident, gewissermaßen der jugoslawische Bundeskanzler also, war ein Kroate, zudem noch der Außenminister. Das war ein gewisser Herr Loncar, dessen Name damals in Zadar sehr oft fiel, weil er nicht nur Kroate war, sondern aus dieser Stadt stammte, dort Haus und Familie hatte.

So blieb denn bei all meinen Recherchen nichts als die äußerst schwierige Wirtschaftslage und die mediale Aufpeitschung der breiten Massen als Erklärung für das gewaltige Hasspotential, das ich überall spürte. Dieses Aufpeitschen ging aus und wurde getragen von einer kleinen Schicht – ganz sicher weniger als zehn Prozent der Kroaten –, die wirklich rassistisch oder fanatisch religiös motiviert war, und von solchen, die sich von der Unabhängigkeit tatsächlich zu Recht einen Profit ausrechnen konnten. Letztere sind allerdings nur in Promille zu zählen. Denn die breite Masse hat mit der Loslösung von Jugoslawien ein sehr schlechtes Geschäft gemacht. Dass Kroaten und Serben nicht zusammenleben könnten, weil sie zu verschieden seien, anderen Kulturkreisen angehörten, in Temperament, Weltanschauung, Religion, was auch immer, nicht zusammenpassten, die einen gar friedliebend und demokratisch, die anderen herrschsüchtig und »bolschewistisch« seien, all das ist schlicht und einfach Unsinn.

Die »Pro Vorarlberg«-Bewegung ist nach einer Volksabstimmung in sich zusammengebrochen, heute nur noch eine erheiternde Fußnote der Vorarlberger Landesgeschichte, obwohl sich damals neunundsechzig Prozent (!) der Vorarlberger *für* ein eigenes Statut ausgesprochen haben. Vorarlberg war damals, wie heute, ein prosperierendes Land, ebenso wie Österreich insgesamt. Doch wenn wir damals Massenarbeitslosigkeit gehabt hätten, eine galoppierende Inflation, den völligen Zusammenbruch unserer Hauptabsatzmärkte, dann wäre es für die Propheten der »Pro Vorarlberg«-Bewegung sehr viel leichter gewesen, ihre Suppe auf hoher Flamme weiterzukochen.

Würde man nun hypothetisch die Vorarlberger Geschichte weiterspinnen und zwar unter den Prämissen, die damals in Jugoslawien gegeben waren, wer könnte ausschließen, dass eher früher als später eine Radikalisierung der Voralberger Bevölkerung eingetreten wäre, es erste Massenschlägereien, gegenseitige Schuldzuweisungen, irgendwann den ersten Toten gegeben hätte – mit offenem Ausgang, bis hin zum handfesten Bürgerkrieg? An den Haaren herbeigezogen? Ja, sicher, aber nur, weil es uns eben ganz gut ging in Vorarlberg und Österreich und uns niemand einreden konnte, dass wir bei dem Separatisten-Spektakel etwas zu gewinnen hätten. Wo es ökonomische Nöte gibt, finden sich immer Schuldige. Und wenn sie sich zuspitzen, dann schlägt die Stunde der Demagogen, dann gnade Gott den Sündenböcken!

JETZT MÜSSEN DIE LANDKARTEN NEU ERSTELLT WERDEN

Es ist sicher nachvollziehbar, dass ich mich nach diesen aufregenden Tagen in Zadar noch viel intensiver als zuvor für die laufenden Ereignisse in Jugoslawien interessierte. Zurück in Deutschland, besorgte ich mir Tag für Tag eine ganze Reihe von Tageszeitungen und sah fern bis spät in die Nacht.

Ganze Hundertschaften von Journalisten müssen sich damals am Balkan aufgehalten haben. Ihre Berichte, oft live aus Jugoslawien, bildeten die Spitzenmeldungen aller Nachrichten, füllten täglich Sondersendungen, »Extras« und »Specials«, Expertenrunden und Talkshows. Wiewohl es da auch einige wenige Beiträge gab, die ganz zu dem passten, was ich selbst in Zadar erlebt hatte, war der allgemeine Tenor noch viel einseitiger als im Frühjahr: Jeder, der es nicht selbst besser wusste, musste den Eindruck bekommen, dass die Serben infolge ihres großserbischen Wahns in Jugoslawien ein beispielloses Terrorregime aufrechterhielten, während Slowenen und Kroaten die wehrlosen Opfer waren. Ganz besonders krass war es in der als seriös geltenden »Frankfurter Allgemeinen Zeitung«. Es gibt inzwischen einige Dokumentationen über diese Anhäufungen von Halbwahrheiten und offenkundigen Fehlinformationen.[2]

Wie fassungslos ich all das verfolgte, wie oft ich mich fragte, ob denn nun ich selbst oder einer dieser täglichen Liveberichterstatter unter einem krankhaft selektiven Wahrnehmungsvermögen litt, das kann man sich vorstellen.

Es kam dann sehr rasch der 25. Juni 1991, der Tag, an dem Slowenien und Kroatien ihre Unabhängigkeit erklärten. Ich habe dieses Datum auch aus geschäftlichen Gründen gut in Erinnerung, da sich just an jenem Tag der technische Geschäftsführer eines unserer Kunden zu einem von uns arrangierten Firmenbesuch in Zadar aufhielt. Die Meldungen in Fernsehen und Radio überschlugen sich und Zadar war achtundvierzig Stunden lang telefonisch nicht erreichbar. Der kaufmännische Geschäftsführer des Kunden machte uns schon schwere Vorwürfe, dass wir seinen Kollegen in dieses Abenteuer gehetzt hatten. Doch der Mann überstand die Sache und hatte, als er zurückkam, viel zu erzählen, was vielleicht mit ein Grund dafür war, weshalb ich von seiner Seite niemals Kritik an unserer Reiseplanung gehört habe.

Die Situation eskalierte denn auch erst zwei Tage später. Frühmorgens war die Jugoslawische Volksarmee in Bewegung gesetzt worden, nicht etwa aus Belgrad kommend, sondern vorwiegend aus den Kasernen, die es ja auch in ganz Slowenien gab. Die slowenischen Territorialverteidiger hatten nämlich am Vortag begonnen, Grenzstationen anzugreifen, sie zu besetzen und die jugoslawischen Grenzschilder durch slowenische auszuwechseln. In den Fernsehnachrichten um sieben Uhr früh war die Kriegsberichterstattung bereits in vollem Gang. Man zeigte quergestellte Lkw auf den Transitstraßen, Barrikaden also, mit denen die Slowenen der JNA das Vorwärtskommen erschweren wollten, und als eindeutigen Beweis für die Brutalität der serbischen Angreifer sah man, wie ein Panzer einen harmlosen Pkw rücksichtslos beiseite schob und der geschockte Fahrer gerade noch flüchten konnte – eine Szene, die zahllose Male ausgestrahlt wurde. (Sie hatte sich jedoch, wie man aber erst viel später erfuhr, gar nicht in Slowenien zugetragen, sondern im hunderte Kilometer entfernten kroatischen Osijek – eine der vielen Merkwürdigkeiten dieses Krieges.)

Slowenien – oder: »Wer hat da auf wen geballert?«

Ich will mich nun nicht allzu lange mit diesen Kriegstagen befassen, die ja in Österreich eine wahre Hysterie samt Generalmobilmachung ausgelöst haben und selbst Peter Pilz, einen Exponenten der österreichischen »Grünen«, vom Antimilitaristen zum verständnisvollen Anhänger des österreichischen Bundesheeres konvertieren ließen.

Auf einiges muss ich jedoch hinweisen, weil es deutlich zeigt, dass das Bild, das uns über diesen Krieg auf allen Kanälen vermittelt wurde, nichts, aber auch gar nichts mit dem zu tun hatte, was sich tatsächlich abgespielt haben muss. Was uns präsentiert wurde, war, dass die jugoslawische Armee, stets gleichgesetzt mit einer gar nicht existierenden *serbischen* Armee, mit Panzern und Kanonen, Flugzeugen und Maschinengewehren, unter Einsatz von Giftgas (!) gar, wie wild auf alles schoss, was sich in Slowenien bewegte. Einerseits. Und andererseits, wie die tollkühnen Mannen der slowenischen Territorialverteidigung, schlecht, oft wohl nur mit Fäusten bewaffnet, einen heldenhaften Abwehrkampf lieferten. Ich bin mir sicher, dass ein durchschnittlicher Nachrichtenkonsument das nicht anders erlebt haben kann und auch später niemals etwas von einer anderen Version vernommen hat.

Wie war die Wirklichkeit? Ich war nicht dabei und kann trotzdem behaupten, dass es ganz anders war. Was mich so unzweifelhaft sicher macht, ist die offizielle Statistik über die Opfer dieses Krieges, erfasst und publiziert vom Internationalen Roten Kreuz. Nach dieser Statistik, die in deutschsprachigen Medien nur in Randnotizen zu lesen war, sind während dieses Krieges gefallen: neununddreißig JNA-Soldaten, vier slowenische Territorialverteitiger, vier Polizisten, zehn Zivilisten, zehn Ausländer.

Man verzeihe mir den Zynismus, aber das klingt, wie wenn nach einem brutalen Banküberfall zehn tote Banditen, ein toter Sicherheitsbeamter und sieben tote Bankangestellte beziehungsweise Kunden auf dem Boden liegen, ohne dass von außen eingegriffen worden wäre. »Wer hat da auf wen geballert?«, fragte Peter Handke[3] Jahre später, der diese Randnotiz offenbar auch entdeckt hatte. Wem diese Opferbilanz des Roten Kreuzes, an der es nichts zu rütteln gibt, noch nicht genügt, um das Bild, das er von diesem Krieg wohl haben muss, zu erschüttern, den will ich daran erinnern, dass die spärlich bewaffneten Slowenen nach eigenen, stolz verkündeten Angaben noch Tausende (!) von angeblich schwerstbewaffneten JNA-Soldaten gefangen genommen haben.

Jedermann konnte das Geschehen live am Fernsehen miterleben: Wie die Slowenen mit Handgranaten und Sperrfeuer einen jugoslawischen Grenzposten nach dem anderen stürmten und wie die meist gegenwehrlosen JNA-Soldaten oder Zöllner, die offenbar nicht wussten, wie ihnen geschah, sich entweder ergaben oder ausgeräuchert wurden. »Der ORF war live dabei, als eine Gruppe von sechs oder sieben Volksarmisten, mit erhobenen Armen und weißer Fahne, um die Ecke des von slowenischer Territorialverteidigung in Beschlag genommenen Zollhauses bog. Teilweise mit nacktem Oberkörper und gänzlich unbewaffnet, hatten sie sich offensichtlich bereits ergeben, als eine Maschinengewehrsalve in die Gruppe fuhr. Zwei jugoslawische Soldaten fielen vornüber ins Gras. Der TV-Sprecher kommentierte knapp und sarkastisch, dass dieses Friedensangebot wohl gescheitert sei. In den Spätnachrichten wurde die Sequenz gekürzt wiederholt. Während allerdings im Live-Krieg am Nachmittag eindeutig zu sehen war, dass hier slowenische Territorialstreitkräfte wehrlose Soldaten der Volksarmee, die die Hände erhoben hatten, be- und erschossen, blieben am Abend Täter wie Opfer medial anonym, unbenannt.«[4]

Man kann das nun eine journalistische Meisterleistung nennen oder eine unglaubliche Manipulation. Jedenfalls zeigt es, wie es tatsächlich gewesen sein muss: Die *slowenischen Territorialverteidiger* schossen wie wild um sich und die JNA hatte ganz offenbar den Befehl, nicht zurückzuschießen, war, wie man später erfuhr, sogar ohne Munition ausgerückt. Ein Vorgang, der wohl ohne vergleichbares Beispiel ist. Mir jedenfalls ist kein Fall bekannt, wo ein Staat eine gewaltsame Sezession hingenommen hätte, ohne zu versuchen, diese mit allen militärischen Mitteln zu verhindern.[5]

Wie auch immer, der slowenische Freiheitskampf wird wohl noch in Jahrhunderten an Nationalfeiertagen als Heldentat gerühmt werden und es hat wohl niemand das Recht, den Slowenen ihren Triumph zu missgönnen, wenngleich man nicht übersehen kann, dass sie mit ihrem Sturm auf die Grenzstationen jene Fakten setzten, die den Zerfall Jugoslawiens endgültig unumkehrbar machten und damit die Kettenreaktionen in Kroatien, in Bosnien und im Kosovo auslösten – und wer weiß, was noch alles folgen wird? Das Hemd war den Slowenen näher als der Rock, sie hatten als reichste jugoslawische Republik einfach keine Lust mehr, andere Republiken mitzufinanzieren. Man kennt das ja auch von anderen Ländern. Die siebenundsechzig Toten des slowenischen Sezessionskrieges, dazu noch viele Schwerverletzte, sind eine Tragödie und sie wären wohl vermeidbar gewesen, sind aber im Vergleich zu dem, was folgte, eine fast verschwindend kleine Größe.

Festzuhalten bleibt noch: Die alleinige Schuld an den Toten wurde bei uns schon damals – mittlerweile bekanntlich von der gesamten westlichen Welt – nicht den nationalistischen Hitzköpfen zur Last gelegt, die es in allen jugoslawischen Republiken gab, sondern ausschließlich den Serben. Und wenn heute jemand die Nato-Bomben auf Jugoslawien rechtfertigen will, dann lässt er es sich nicht entgehen, auch auf die *serbischen* Verbrechen im Slowenien-Krieg hinzuweisen. Die gelten als unhinterfragbares Faktum.

Da spielt es überhaupt keine Rolle, wer zu diesem Zeitpunkt in Jugoslawien das Sagen hatte: Das war an erster Stelle der jugoslawische Ministerpräsident, der Kroate Ante Markovic, der diesen Einsatz angeordnet hat. Und auch der Kroate Stipe Mesic, der gerade in diesen Tagen zum jugoslawischen Staatspräsidenten gewählt worden war, hat die Kritik am Einsatz der JNA ausdrücklich zurückgewiesen.

Doch wen kümmern schon solche »Nebensächlichkeiten«? Nur die Slowenen sahen das zunächst noch anders: »Der Hauptschuldige an den kriegerischen Auseinandersetzungen ist für die Slowenen Bundesministerpräsident Markovic«, schrieb die »Frankfurter Allgemeine Zeitung«. Und auch die USA wurden damals noch als Hintermänner ausgemacht: »In verantwortlichen Kreisen betrachtet man es aber als erwiesen, dass der amerikanische Außenminister Baker bei seinem Besuch in Belgrad kurz vor den Ereignissen eine Anwendung von Gewalt zur Erhaltung der Einheit Jugoslawiens keineswegs ausgeschlossen und damit sowohl Markovic als auch die Generäle ermutigt habe.«[6]

Die Wende in Deutschland – oder: »Terror der Serben«

Snjezana war Anfang Juli mit ihren beiden Kindern nach Deutschland gekommen. Wir verbrachten hier ein paar Tage und fuhren dann zu meiner Tochter nach Vorarlberg. Es war unser Plan, Mitte Juli gemeinsam nach Zadar zu reisen. Nach allem, was ich dort erlebt hatte, nach der ganzen Zuspitzung seither, war das eine Sache, die mir schwer im Magen lag. Konnte ich das verantworten?

Um es kurz zu machen, wir haben die Reise gemacht, alle fünf. Die Lage schien sich nach den hektischen slowenischen Kriegstagen Anfang Juli etwas zu beruhigen; Europa machte mächtig Druck. Die balkanesischen Streithähne waren zwar äußerst heiß, gaben der EG-Troika aber in endlosen Sitzungen meist doch nach. Zum Beispiel auf der berühmten Konferenz von Brioni, wo am 7. Juli 1991 von allen Beteiligten nicht nur ein Waffenstillstand und die Aussetzung der Unabhängigkeitserklärungen Sloweniens und Kroatiens für drei Monate vereinbart wurde, sondern auch die friedliche Beilegung des ganzen Konfliktes unter Schirmherrschaft der EG. Diese allgemein als sensationell bewertete Brioni-Konferenz beeinflusste letztlich unsere Entscheidung maßgeblich. Irgendwie hatten wir uns eingeredet, dass der Krieg in Slowenien das reinigende Gewitter war und dass, fünf nach zwölf, die Uhr doch noch zum Stoppen gekommen war.

Rückblickend betrachtet erwies sich diese Einschätzung als naiver Irrtum, zumal mit dem Krieg in Slowenien nicht nur dort, sondern auch in Deutschland eine dramatische Wende eingetreten war, die uns zwar nicht entging, deren Bedeutung wir allerdings erst später erkannten.

Erstmals bewusst wurde mir diese Wende durch ein Genscher-Interview, in dem dieser auf einmal – entgegen seinen sonstigen Gepflogenheiten, mit vielen schönen Worten wenig zu sagen – in scharfen, schon fast gehässigen Formulierungen – nicht ganz in Mockschem Stil zwar, dafür aber mit ungleich mehr Gewicht – gegen die Serben Partei ergriff, diese als alleinige Aggressoren bezeichnete und schärfste Konsequenzen forderte beziehungsweise ankündigte. Ich glaubte, meinen Ohren nicht trauen zu können, zumal Genschers Aussagen in krassem Gegensatz zu den anderen EG-Staaten standen, namentlich im Gegensatz zu jenen Frankreichs, Englands, Italiens, Hollands und Luxemburgs. Auch die »Frankfurter Allgemeine Zeitung«, die Genscher zuvor des Öfteren scharf wegen seiner pro-jugoslawischen Haltung kritisiert hatte, konstatierte seinen überraschenden Gesinnungswandel: »Genscher gehörte zu den hartnäckigsten Verfechtern der Einheit Jugoslawiens [...]. Nun, da die falsche Politik ihre Ergebnisse gebracht hat, gibt es abenteuerliche Versuche, das Bild zu retuschieren. Am meisten tut sich Genscher hervor. Wenn eines Tages die Slowenen und Kroaten frei sind von dem Belgrader Serbo-Kommunismus, dann soll es wohl heißen, vor allem ihm sei es zu verdanken.«[7]

Diesem Genscher-Interview folgten ähnliche Stellungnahmen von Helmut Kohl und auch solche von SPD-Größen, wie etwa Hans-Jochen Vogel, Norbert Gansel und Karsten Voigt. Gemeinsam mit den »Grünen« ging die SPD – damals in der Opposition – sogar noch weiter und forderte von der deutschen Bundesregierung ganz unverblümt die sofortige Anerkennung Sloweniens und Kroatiens, was auch voll und ganz auf der Linie der meisten deutschen Medien lag. Ich muss diese markante Wende Deutschlands damals wohl irgendwie verdrängt haben. Das kann ich mir nur so erklären, dass eben die anderen EG-Staaten gerade in dieser Phase ganz vehement gegen diese Anerkennung auftraten und damit, siehe Brioni, auch Erfolg zu haben schienen.

Doch vor unserer Abreise – daran erinnere ich mich, als wäre es vor drei Monaten gewesen – geschah noch etwas, was mich richtiggehend schockierte: Am 8. Juli 1991 erschien eine Ausgabe des »Spiegel«, die auch in diesem von mir geschätzten Medium einen eklatanten Kurswechsel zum Ausdruck brachte. »Terror der Serben – Völkergefängnis Jugoslawien« stand da in großen Lettern auf dem Titelblatt, dazu eine reißerisch-martialische Fotomontage, die selbst dem übelsten Revolverblatt zur Ehre gereicht hätte. Auch der Inhalt der Titelgeschichte entsprach ganz dem Cover: Nicht mehr die fanatischen Nationalisten in allen Lagern seien schuld an der Eskalation in Jugo-slawien, sondern ausschließlich die Serben, die alle anderen terrorisierten und die jetzt von Europa, Deutschland voran, ge-stoppt werden müssten. Natürlich hatte man im »Spiegel« auch schon in den vorangegangenen Monaten ab und zu tendenziell Antiserbisches lesen können, doch im Großen und Ganzen schien mir die Berichterstattung ausgewogen, stand den Natio-nalisten auf allen Seiten sehr kritisch gegenüber, deckte sich mit meiner Bewertung des Konfliktes. Jetzt plötzlich aber war auch für den »Spiegel« Gut und Böse am Balkan eindeutig un-terscheidbar, klar den einzelnen Nationen zuzuordnen.

Mit dieser Ausgabe des »Spiegel« vollzog sich ein spürbarer Wandel in praktisch allen mir zugänglichen Medien. Seit da-mals bestand im deutschsprachigen Blätterwald ein weitgehen-der Konsens über die serbische Alleinschuld. Nachdem nun-mehr die beiden mit Abstand einflussreichsten Printmedien Deutschlands, die eher konservativ-rechte »Frankfurter Allge-meine Zeitung« und der als eher liberal-links geltende »Spie-gel«, in dieser wichtigen Frage übereinstimmten, war der me-diale Mainstream zum alles mitreißenden Strom geworden. Das heißt keineswegs, dass nicht immer wieder auch andere Meinungen zu lesen waren, etwa in der »Süddeutschen«, der »Frankfurter Rundschau«, der »Zeit«, der »Woche«, im »Stern«, natürlich auch im »Spiegel« und, meist eher zu später Stunde, in TV-Reports. Am Gesamtbild der Frage von Gut und Böse am Balkan vermochten diese jedoch nichts zu verändern und das gilt bis auf den heutigen Tag.

Nächtliche Explosionen

Wir fuhren los, natürlich nicht auf dem normalen Weg über Slowenien, sondern über Italien, das heißt, mit dem Auto nach Ancona und von dort mit der Autofähre nach Zadar. Die Fahrt durch Italien war ein Alptraum, da just an diesem Tage die Angestellten der Autobahn-Mautstellen streikten. Die ganze Nacht standen wir auf der Autostrada del Sol, die derart ver-stopft war, dass man sie nicht einmal verlassen konnte. Doch auch so etwas geht vorüber und nach einer weiteren Nacht, diesmal auf dem Schiff, kamen wir schließlich in Zadar an.

Ich hatte mir fest vorgenommen, mich hier voll und ganz meiner Tochter zu widmen, also auch keine weiteren Recherchen anzustellen. Vera freundete sich sofort mit Ana, Marias kleiner Tochter, an. Die erste Nacht verbrachten wir wieder in jenem hübschen Appartement, das Duschka, einer Cousine von Snjezana, gehörte.

Mitten in der Nacht wurde ich plötzlich von einer enormen Detonation aus dem Schlaf gerissen. Ich rannte auf die Terrasse, konnte jedoch nichts erkennen, obwohl ich das Gefühl hatte, in unmittelbarer Nachbarschaft müsste eine Bombe eingeschlagen haben. Ein Glück, dass Vera rasch wieder einschlief. Mit meinem Schlaf war es vorbei, wir waren ganz alleine.

Man wird mich wohl auslachen, wenn ich jetzt erzähle, was mir in dieser Nacht alles so durch den Kopf ging: Ich wagte es nicht, Licht zu machen, schlich immer wieder auf die Terrasse, wo es jedoch absolut ruhig war, fragte mich, ob ich vielleicht doch nur geträumt hätte, horchte an der Wohnungstür, grübelte, ob mich vielleicht jemand erkannt habe als jenen mit dem Belgrader Autokennzeichen, stellte alle Vasen und Gläser in die Küche, schloss Jalousien und Vorhänge, baute, stets nur im Schein meines Feuerzeuges, aus Tischen, Polstern und unseren Koffern eine Barrikade vor Veras Bett auf, denn dieses stand keine drei Meter vor einem großen Panoramafenster, und ich wusste, dass ich nicht geträumt hatte, sondern war sicher, der Krieg sei ausgebrochen, rechnete jeden Augenblick mit weiteren Detonationen.

Irgendwann wurde es hell, Vera schlief und ich wartete, bis Snjezana kam. Als sie dann endlich dastand, war sie bestens gelaunt. Explosion? Welche Explosion? Nein, sie habe nichts gehört! Ja, sicher, man sprenge serbische Häuser, man habe ihr auch schon berichtet, dass das seit ihrer letzten Abreise nach Deutschland fast jede Nacht der Fall sei, viel öfter als zuvor. Natürlich sei das schrecklich, aber so sei es eben. Als sie das erzählte, begriff ich wieder einmal, dass ich gar nichts begriffen hatte. Das Sprengen serbischer Häuser mitten in der Stadt gehörte also zur Normalität. In Zadar lebten damals zirka achtzehntausend so genannte Serben. Das »Spiegel«-Heft »Terror der Serben« lag auf meinem Bett.

Bei Mirko, dem Einsiedler

Ich bestand darauf, dass wir unverzüglich abreisten. Ursprünglich wollten wir zunächst ein paar Tage in Zadar verbringen und dann auf eine der vorgelagerten Inseln fahren, wo Aidas Eltern ein großes Ferienhaus haben. Snjezana spürte, dass es mir ernst war, doch Aidas Eltern waren nicht zu erreichen. Ich aber war zu aufgeregt, ließ nicht mit mir handeln – »Ich schlafe hier keine Nacht mehr!« – und so machte Snjezana aus der Not eine Tugend: Sie erreichte über Funk Mirko, einen Freund ihres Vaters, der auf einer einsamen Insel lebte und der uns auch tatsächlich sofort einlud. Snjezana organisierte eine sichere Garage für mein Auto und schon am frühen Nachmittag fuhren wir mit der Fähre in Richtung Dugi Otok, eine langgezogene Insel, die letzte vor dem offenen Meer.

Mirko, ein etwa sechzigjähriger Seebär, braun gebrannt und wohlgenährt, mit einem ulkigen Zöpfchen am Hinterkopf, erwartete uns schon im Hafen von Sali – mit seinem Fischerkahn, in den wir zu fünft mit Sack und Pack umstiegen und gleich lostuckerten. War schon die Fahrt auf der Fähre von atemberaubender Schönheit gewesen – wir glitten zwischen den nord-dalmatinischen Inseln dahin, legten ein paarmal kurz in einem Hafen an, passierten reizende Fischerdörfchen –, so brachte uns Mirkos Kahn in ein unberührtes Paradies. Kurz vor Sonnenuntergang erreichten wir sein Domizil.

Er lebte mit seiner fast blinden Frau mitten in den Kornaten, einem aus zahllosen, zum Teil winzig kleinen Inseln bestehenden Nationalpark, von dem ich schon gehört hatte. Hier besteht seit zwanzig Jahren ein absolutes Bauverbot, doch Mirkos Haus, das einzige im Umkreis von vielen Kilometern, steht dort schon sehr viel länger: ein schlichter, aber wahrhaft malerischer Steinbau, gelegen in sturmgeschützter Bucht, von Weinreben umwachsen, vom Meer aus kaum zu erkennen, wiewohl nur wenige Schritte vom Ufer entfernt.

Wir blieben fünf Tage bei Mirko, sie zählen fraglos zu den schönsten meines Lebens. Hier gab es nichts von dem, was wir sonst so gewohnt sind, kein Fernsehen, kein Radio, keinen Strom, abgesehen von dem Sonnenkollektor, den Snjezana mit Mirko Jahre zuvor installiert hatte, kein Wasser, außer dem aus der Regenzisterne, vor allem keine Menschen, demnach auch keine Geräusche außer denen des Windes und des Meeres. Nur das zeitweilige Knarren von Mirkos Funkgerät und das in der Ferne rotierende Licht eines Leuchtturms erinnerten daran, dass wir nicht allein auf der Welt waren.

Frühmorgens ruderte ich jeweils mit Mirko in die Bucht hinaus und schon zum Frühstück gab es köstlich gebratene kleine Fischchen, die wir mit »Haut und Haaren« verspeisten. Wir schnorchelten den ganzen Tag im glasklaren Wasser, fanden unzählige wunderschöne Kristalle, studierten nächtens das gigantisch funkelnde Firmament, beobachteten mit dem Fernrohr ganze Herden von Mufflons und kletterten zwischen Dornen und scharfkantigen Felsbrocken auf unseren Hausberg, von dessen Gipfel man einen unbeschreiblichen Ausblick auf die Inseln der Kornaten hat, die nicht von dieser Welt zu sein schienen.

Von Politik fiel kein Wort, man dachte nicht einmal daran. Mirko, den wir in den folgenden Jahren noch einige Male besuchten, fuhr normalerweise zweimal pro Woche nach Sali, besorgte dort das Nötigste, ein paar Kisten Wasser, Milch und auch Brot, ansonsten verbrachten die beiden ihren Lebensabend im Einklang mit sich und der Natur. Ich habe mich oft gefragt, ob für mich so ein Leben vorstellbar wäre, und ich denke noch heute manchmal darüber nach. Leider erreichte uns vor kurzem die Nachricht von Mirkos Tod.

Roman und Nina – oder: »Wenn du willst, blasen wir den morgen Nacht in die Luft«

Wir waren bei Aidas Eltern angesagt. So brachte uns Mirko schließlich zurück nach Sali, von wo aus wir per Fähre wieder in Zadar landeten. Dies ließ sich nicht vermeiden, denn auf Ugljan, einer ebenfalls lang gezogenen und der Küste am nächsten gelegenen Insel, auf der wir bei Aidas Eltern den zweiten Teil unserer Ferien verbringen wollten, benötigten wir das Auto. Außerdem hatte Snjezana einiges in der Stadt zu erledigen. Wir verbrachten also eine weitere Nacht in Zadar.

An diesem Abend waren wir bei Roman und Nina eingeladen, die dann über viele Jahre meine besten Freunde in Zadar waren und die ich mehrmals pro Jahr sah, sei es in Zadar oder in Regensburg. Sie bewohnten ein riesiges, noch heute nicht ganz fertig gestelltes Haus in sehr schöner Lage, in einem Park, unweit vom Wasser. Roman war Architekt, in Sarajevo aufgewachsen, aber Kroate, pardon »Vollblutkroate«, beschäftigt bei der kroatischen Handelskammer. Sein Vater war der Stadtarzt von Zadar, die Familie sehr angesehen. Ninas »Mischungsverhältnis« habe ich bis heute nicht ganz verstanden, ich glaube, sie ist Kroatin, aber sie hat auch eine Halbschwester, die in Bosnien lebt und dort eine wichtige politische Person war, auf die ich noch zu sprechen kommen werde. Nina war damals Hausfrau, später Geschäftsfrau, Mutter von drei Kindern, außerordentlich liebenswürdig und sympathisch, wie Roman.

An diesem Abend waren viele Leute zu Besuch, die ich später nie mehr gesehen habe. Besser gesagt, sie waren einfach da, denn in Kroatien, das konnte ich immer wieder beobachten, besucht man einander nicht in dem Sinne, dass man irgendwo eingeladen ist, sondern man geht einfach zu jemandem, trifft dort irgendwelche Leute und ist, solange man da ist, gewissermaßen Bestandteil der Familie. Bei Nina herrschte ein ständiges Kommen und Gehen.

Ich wurde also wieder etlichen Leuten vorgestellt, auf der Terrasse, im Fernseh- und im Esszimmer. Alle waren sehr nett, doch ich wurde nicht weiter beachtet. Vera spielte mit Hunden und Katzen, die es zur Genüge gab, und ich unterhielt mich die meiste Zeit mit Nina, die eine sehr interessante Gesprächspartnerin war. Über die Vorgänge in Zadar war sie sehr beunruhigt. Noch vor ganz kurzem, so Nina, habe sich kein Mensch darum gekümmert, wer Kroate, wer Serbe oder Muslim sei, von den meisten habe man das nicht einmal gewusst. »This was just never the question!« Heute schien es für viele die Hauptsorge zu sein. Neben anderen unerfreulichen Geschichten erzählte sie mir auch, dass »Yu-Tel«, das engagierte antinationalistische Fernsehprogramm, seit einigen Tagen in ganz Kroatien nur noch nachts zwischen ein und zwei Uhr (!) empfangen werden könne, da die Frequenzen während der restlichen Zeit von der Regierung gestört würden. Und auch »Danas«, das liberale Wochenmagazin, stehe unmittelbar vor dem Aus.

Als wir dann auf der Terrasse saßen und, umgeben von schwer behangenen Kiwi- und Feigenbäumen, herrlichen Wein genossen, spielte sich im Garten, nur ein paar Schritte von uns entfernt, eine bemerkenswerte Szene ab. Da stand, heftig diskutierend, eine Gruppe von vier oder fünf jungen Männern. Nina hatte immer auch ein Ohr bei ihnen, unterbrach mich manchmal, weil sie zuhören wollte, und übersetzte mir schließlich: Sie kenne die nicht alle, einer davon sei aber ein ganz Wichtiger, eine Art Sonderpolizist, und sie sprächen über einen Kroaten, der einem aus der Gruppe anscheinend viel Geld schulde. Und da fiel er dann, der Satz des Abends: »Wenn du willst, blasen wir den morgen Nacht in die Luft«, soll der, den Nina als wichtig bezeichnet hatte, über den Schuldner – einen *Kroaten*, wie Nina mehrfach betonte – wörtlich gesagt haben. Das war wieder einmal ein Ereignis, das mir im Gedächtnis geblieben ist. Später fragte ich, ob wir den Betroffenen denn nicht warnen müssten, wenigstens anonym, doch Nina winkte nur ab: Erstens wisse sie gar nicht, von wem die Rede gewesen sei, und außerdem sprenge man sowieso nur leere Häuser und das könne niemand verhindern.

»Bumm, fertig!«

Die Nacht blieb ruhig, jedenfalls habe ich nichts vernommen, und wir verbrachten anschließend eine sehr schöne Woche auf der Insel Ugljan. Der Tag der Abreise nahte und es war absehbar, dass unser Abschied nicht einfach würde. Die ganze Zeit waren Snjezana und ich jetzt beisammen, schwer vorstellbar, dass wir nun plötzlich wieder getrennte Wege gehen sollten. Auch verstand sich Vera sehr gut mit Snjezanas Kindern, Atena und Pero. Doch es gab keine Alternative, Vera und ich mussten zurück.

In der Nacht vor unserer Abreise, unserer dritten in Zadar, wurde ich wieder von einer Explosion aus dem Schlaf gerissen; sie war nicht so heftig, musste wohl weit entfernt stattgefunden haben. Ich schlief rasch wieder ein, woran ich erkennen konnte, wie schnell man sich auch an solche Dinge gewöhnt.

Doch am nächsten Vormittag konnte ich erstmals ein »in die Luft geblasenes Haus« sehen – »blown in the air«, wie es alle stets ausdrückten. Die Explosion der letzten Nacht hatte nämlich genau in der Straße stattgefunden, in der Snjezanas Eltern wohnten, vielleicht hundertfünfzig Meter Luftlinie von deren Haus entfernt. Sascha, Snjezanas junger Bruder, berichtete mir von dem gewaltigen Knall und führte mich zum Ort des Geschehens.

Das Gebäude, ein einstmals stattliches, massiv gebautes quadratisches Einfamilienhaus, war in sich zusammengesackt. Der obere Teil, auch das Dach, war zwar noch fast vollständig erhalten, sieht man davon ab, dass anstelle der Fenster nur gespenstische, rußige Löcher zu sehen waren. Doch unten, knapp über dem Terrain, schien über die gesamte Grundfläche ein halber Meter zu fehlen. Es sah etwa so aus, als ob man von einem Kartenhaus den zweit-untersten Stock umgelegt hätte, ohne dass der Rest in sich zusammengestürzt wäre. Das Haus befand sich in sehr dicht bebautem Gebiet, mindestens an zwei Seiten hatte man mit den Bauabständen schwer gesündigt, in der ganzen Umgebung sah man keine einzige heile Fensterscheibe.

Ein schwarz Uniformierter stand im Garten. Sascha, dessen sarkastischen Humor ich später noch oft bewunderte, plauderte lachend mit ihm. »Nur Haus von serbische Mann! Tschetnik! Tschetnik!«, radebrechte der junge Polizist mit einer wegwerfenden Handbewegung, nachdem mich Sascha als deutschen Touristen vorgestellt hatte. Dann demonstrierte er mir mit bühnenreifen Gesten, wie man so etwas macht: Es wird Gas ins Gebäude gepumpt, ganz besonders in den Keller, und dann: »Bumm, fertig!«

Später erfuhr ich, dass dieses Haus einer stadtbekannten Lehrerin gehörte. Sie war Kroatin, hatte jedoch das Pech, mit einem Serben verheiratet gewesen zu sein. Dieser war zwar schon etliche Jahre zuvor verstorben, doch das nützte ihr nichts, wie man nach den obigen Ausführungen weiß. Die Frau hatte zunächst dennoch Glück, denn sie war sehr beliebt: Ihre früheren Schüler machten das Haus wieder bewohnbar. Allerdings nur für kurze Zeit, bald danach krachte es nämlich noch einmal.

Die Resultate dieser nächtlichen »Vorkriegsbumsereien« von Zadar, die natürlich auch in vielen anderen kroatischen

Orten stattfanden, kann man übrigens noch heute, zehn Jahre später, zuhauf sehen. Zahllose dieser Ruinen werden in Zadar und anderswo wohl noch lange zu »bewundern« sein. Niemand räumt den Schutt weg. Die Besitzer der Häuser sind damals geflohen, leben irgendwo in Serbien und können nicht mehr zurück. Und doch dienen diese hässlichen Trümmerhaufen einem »höheren« Zweck: Sie werden ahnungslosen ausländischen Besuchern präsentiert – als Mahnmale des »Terrors der Serben«.

Abschied von Snjezana

Unser Schiff sollte kurz vor Mittag ablegen. Snjezana begleitete Vera und mich zum Hafen, besorgte uns die Tickets. Wir waren da ziemlich leichtsinnig gewesen, denn die Nachfrage nach Karten war sehr groß. Doch wir konnten gerade noch Plätze bekommen.

Dann war es soweit, wir beide standen da, Vera schon im Auto in der wartenden Kolonne. Snjezana sprach kein Wort, ebenso ich. Es war sicher einer der ernstesten Momente meines Lebens. »Ich haue ab, bringe Vera und mich in Sicherheit«, das wurde mir erst jetzt so richtig bewusst, »und lasse Snjezana, Atena und Pero zurück, wo der Krieg zum Greifen nah ist.« Ja, man hat es gespürt, wirklich gespürt. Waren es die vielen Gespräche, die Explosionen, war es die wortlose Frau am Ticketschalter oder waren es die verbissen wirkenden Menschen, die an uns vorbeihasteten? In diesem Moment jedenfalls wusste ich, dass es Krieg geben würde. Nein, wir haben nicht geheult, wir haben gar nichts gesagt, uns nur stumm gehalten, und irgendwann drehte sich Snjezana um und ging weg, den langen Weg an der Hafenmauer entlang. Ich stand noch da, als sie schon längst verschwunden war. Ich fühlte mich hundeelend.

Ich musste mich auf Vera konzentrieren, durfte mir nichts anmerken lassen. Doch es dauerte ewig, bis wir endlich auf das Schiff fahren durften, und dann wollte und wollte es nicht ablegen. Panik befiel mich. Warum sind wir nicht, wie eigentlich geplant, gleich gestern losgefahren? Was tun, wenn es jetzt plötzlich heißt: »Alles wieder aussteigen!«? Der Landweg war bereits unpassierbar.

Irgendwann legten wir ab. Doch erst, als man nach einer weiteren endlosen Stunde kein Land mehr sah, wusste ich uns halbwegs in Sicherheit. Was Snjezana jetzt wohl gerade machte? Ich durfte nicht daran denken. Das Schiff war randvoll, nicht mit Touristen, sondern durchweg mit Einheimischen – kroatischen Kroaten, serbischen Kroaten oder kroatischen Serben, was weiß ich –, die sich offenbar gleichfalls in Sicherheit brachten. Ich wurde in mehrere hitzige Debatten verwickelt, verlor einmal beinahe meine Beherrschung, als mir einer, ein Gastarbeiter aus Dortmund, wieder einmal klarmachen wollte, was für »Schweine« die Serben seien. Es gab nur ein Thema: Krieg! Hier heißt das »rat«, gesprochen wie »Ratte«, nur ohne »e«.

Vera und ich kamen problemlos nach Vorarlberg und ich fuhr dann allein weiter nach Regensburg. Das war am 3. August 1991. Ich war ja seit zwei Wochen ohne ausführliche Informationen darüber gewesen, was sich in der Welt inzwischen abgespielt hatte, doch hatte ich natürlich mitbekommen, dass das Abkommen von Brioni längst nur noch Makulatur war und dass an diesem 3. August in Belgrad eine wichtige, die wohl letzte Konferenz zur Rettung des Friedens stattfinden sollte. Kaum war ich zu Hause angekommen, kam aus Belgrad die Meldung, dass die Konferenz geplatzt sei. Der holländische Außenminister van den Broek wurde zitiert mit dem Satz: »Wir reisen ab, wir können hier nichts mehr tun.«

Snjezana musste das auch mitbekommen haben. Ich rief unverzüglich bei ihr an und sagte nur: »Take your children on the next ferry to Ancona and come to Regensburg! Immediately!« Am 8. August stand sie da, mit zwei Kindern, neun und elf Jahre alt, sowie einem Koffer. Zwei Tage später begann der Krieg.

Neubeginn in Deutschland

Als es soweit war, konnten Snjezana und ich nicht wissen, ob die Kämpfe wie in Slowenien nur ein paar Tage andauern und rasch mit einem neuen »Brioni« enden oder sich Wochen, Monate oder gar Jahre hinziehen würden. Wir entschieden uns dafür, diesmal vom schlimmsten Fall auszugehen und dafür, dass die drei zumindest bis auf weiteres in Deutschland bleiben sollten. Sie sind noch heute hier.

Da war zunächst einiges zu erledigen. Ich bewohnte zu diesem Zeitpunkt ein Einzimmer-Appartement von vierzig Quadratmetern. Da hausten wir jetzt zu viert und der Wohnungsmarkt in Regensburg war damals ziemlich ausgetrocknet. Doch das bekamen wir in kürzester Zeit hin, ebenso diverse Formalitäten, wie Aufenthaltsgenehmigungen, Krankenversicherung und Dergleichen.

Leider hatte Snjezana bei ihrer überstürzten Abreise viele Dinge, die für einen längerfristigen Aufenthalt in Deutschland unerlässlich waren, in Zadar gelassen, sodass wir beide Anfang September mit dem Auto zu ihrer Schwester nach Rijeka fuhren, zu der sie diese Dinge hatte hinschicken lassen. Es war eine ziemlich triste Fahrt. Zwar waren außer etlichen Militärkontrollen keine Kriegshandlungen zu spüren, doch alle Fensterscheiben waren mit breiten Klebebändern versehen, um im Falle von Detonationen die Splitterwirkung zu reduzieren. Auch waren um alle Gebäude Sandsäcke aufgehäuft und überall war starke Nervosität zu spüren. Wir blieben nur eine Stunde in Rijeka, ich hatte die Hosen voll.

Ein weiteres zunächst schwierig erscheinendes Problem war natürlich die Schule. Atena und Pero sprachen ja überhaupt nicht Deutsch, wenn ich einmal von den zehn Worten absehe, die sie von Vera gelernt hatten. Doch dafür gibt es in Deutschland erfreulicherweise gut eingespielte Hilfestellungen. Atena kam in eine so genannte Überleitungsklasse, wo ausschließlich neu eingereiste Ausländerkinder waren, die großteils auch nicht besser Deutsch konnten als sie. Pero, da jünger als zehn Jahre, wurde in eine 3. Klasse Volksschule gesteckt, wo er der einzige Nichtdeutsche war und in den ersten Wochen überhaupt nichts verstand. Das sah jedoch schon nach wenigen Monaten sehr viel besser aus. Snjezana, die bis dahin ebenfalls noch keinen regulären Deutschunterricht genossen hatte – wir unterhielten uns ausschließlich auf Englisch –, belegte auf der Regensburger Universität ein Deutschseminar, das ihr große Freude machte, nicht zuletzt, weil es eine gute Ablenkung war. Und die hatte sie bitter nötig, denn die täglichen Nachrichten aus ihrer Heimat waren äußerst deprimierend.

EXKURS: FRAGEN AN DIE GESCHICHTE

Wie konnte es nach jahrzehntelangem Frieden mitten in Europa passieren, dass sich Menschen entschlossen, zu den Waffen zu greifen? Obwohl doch allen bewusst war, welches Leid damit über das Land, über jede einzelne Familie kommen würde, viele gar davon ausgingen, dass der Krieg kollektiven Selbstmord bedeute, und keine der Streitparteien ernsthaft annehmen konnte, einen raschen Sieg zu erringen, der in der Zukunft ein besseres Leben ermöglichen würde. Die Antwort musste in der Vergangenheit zu finden sein.

Es erscheint mir daher an dieser Stelle angebracht, einen Blick auf die historischen Wurzeln des Konfliktes zu werfen. Alle meine Gesprächspartner der vorangegangenen Monate hatten mir – manche mehr, manche weniger bewusst – vermittelt, wie sehr sie ihre gegenwärtigen Lebensumstände auf geschichtliche Entwicklungen zurückführten. Allerdings war ebenso deutlich zu verspüren, wie sehr die Wahrnehmung der Gegenwart auf das Bild eines jeden abfärbte, das er von der Vergangenheit hatte.

Was heißt da schon »Geschichte«?

Für mich hatte Geschichte damals noch vorwiegend etwas mit Ägyptern, Griechen und Römern zu tun, doch hier erfuhr ich, sozusagen im Felde, wie spannend auch die jüngere Vergangenheit war. Mein eigenes Wissen über die Historie des Balkan war, wie schon gesagt, zunächst ziemlich mangelhaft. Viele meiner neuen Gesprächspartner, deren Zahl ständig zunahm, servierten mir in oft nächtelangen »Lektionen« ihre Version der Geschichte. Bei den meisten handelte es sich um ganz »einfache« Leute, doch waren auch echte Autoritäten darunter. Eigens erwähnen will ich den von mir hoch geschätzten serbischen Schriftsteller Aleksandar Tisma, mit dem ich zahlreiche Stunden verbrachte. Seine Werke wurden in den neunziger Jahren ins Deutsche übersetzt und fanden – dank Marcel Reich-Ranicki – auch große Verbreitung.

Doch so glaubwürdig viele meiner »Lehrmeister« waren, so sehr widersprachen sie sich gegenseitig oft in ihren Lehren.

Immer wieder habe ich daher alte Bücher und Lexika hervorgeholt, zahlreiche neue beschafft, auch aufmerksam die historischen Betrachtungen in unseren Medien mitverfolgt und versucht, die neu gewonnenen Erkenntnisse in einen Zusammenhang mit dem zu stellen, was ich mit eigenen Augen und Ohren aufnahm. Die Wahrnehmung von Geschichte ist ja nichts anderes als der Blick aus der Gegenwart auf das Vergangene – denn was ist schon »objektiv historisch«?

Jeder, der wissen will, was irgendwann, irgendwo wirklich geschah, kommt nicht umhin, Fragen zu stellen, Antworten zu suchen und diese in ihrer Bedeutung zu gewichten. Fragen an die Geschichte. Und je nachdem, *was* er fragt und *wie* er fragt, wird er stets verschiedene Antworten bekommen.

Ich stelle beispielsweise die folgenden Fragen: *Wann* ist der Konflikt in Kroatien eskaliert? Was sind, im zeitlichen Ablauf gesehen, die wesentlichen, die neuen Umstände, die ihn gerade zu diesem Zeitpunkt ausbrechen ließen? Und: *Wo* hatte der Konflikt, geographisch gesehen, seine Wurzeln?

Damit will ich beginnen. Der ganze Konflikt in Kroatien drehte sich vorwiegend um jene Regionen, in denen die so genannten Serben die Mehrheit der Bevölkerung stellten, also im Wesentlichen in der Krajina sowie in einigen Gegenden West- und Ostslawoniens. Das waren jene Gebiete, wo sich die Serben ab Mitte 1990 von Kroatien absetzten, später eine eigene Republik ausriefen, diese einige Jahre lang verteidigten und letztendlich von den Kroaten mit westlicher Hilfe verjagt wurden. Frage also: Wann und wie kamen die Serben überhaupt dorthin?

Prinz Eugen, die Türken und die Serben

In dieser Frage, immerhin, besteht weitgehend Konsens. Im späten 17. Jahrhundert, also vor gut dreihundert Jahren, verlief genau durch dieses Gebiet, von der Adria bis tief hinein nach Ungarn und Rumänien, etwa in der Form einer Banane, die Grenze zwischen Abend- und Morgenland, zwischen dem Habsburger Reich und jenem der Sultane. Diese Grenze geht schon auf die Aufteilung des römischen Reiches am Ende des 4. Jahrhunderts zurück; sie war über die Jahrhunderte häufigen kriegsbedingten Verschiebungen unterworfen, stellte aber stets auch eine markante kulturelle Bruchlinie dar. Die Türken waren schon ab dem 14. Jahrhundert in Richtung Norden aufgebrochen, kamen 1683 gar bis vor die Tore Wiens, von wo sie aber Prinz Eugen[8], der edle Ritter, wieder vertrieben hat. Der allergrößte Teil des Balkans jedenfalls – und damit auch die Hauptsiedlungsgebiete der Serben – stand viele Jahrhunderte lang unter türkischer Herrschaft.

Wäre die Geschichte nicht verjährt, könnte man also den Türken die ganze Schuld an den balkanischen Wirren zuschieben. Diese waren im Umgang mit den von ihnen unterworfenen Völkern keineswegs »zimperlich«, wie man etwa bei Ivo Andric[9] so schaurig schön nachlesen kann. Allerdings fanden keine groß angelegten Zwangsislamisierungen statt, sodass die Mehrheit der Serben ihren christlichen Glauben beibehalten konnte: orthodox, also nicht römisch-katholisch, aber mit dem gleichen Gott und der gleichen Bibel. Wären – so ein hypothetischer Gedanke von Josip – damals *alle* von den Türken beherrschten Slawen zum Islam übergetreten, so wäre zweifellose vieles anders gelaufen, wobei dahingestellt ist, ob das letztlich zu weniger Blutvergießen geführt hätte. Fest steht, dass ein Teil der Serben, insbesondere in Bosnien, zu Allah konvertierte, was von den Türken mit großen Privilegien belohnt wurde.

Fest steht auch, dass die meisten Serben standhaft und christlich geblieben sind und all die Jahrhunderte herauf immer wieder versucht haben, sich von ihren türkischen Herren zu befreien. Jedem Aufstand der Serben folgte grausamste Rache der muselmanischen Janitscharen, was die Serben in mehreren Schüben jeweils in großer Zahl in türkenfreie Gebiete nach Norden trieb. Die größte dieser Zwangsaussiedlungen fand im späten 17. Jahrhundert statt, als etwa zur Zeit Prinz Eugens Zehntausende serbische Familien aus dem Kosovo in die Vojvodina und das heutige Kroatien flüchteten und sich dort unter den Schutz der Habsburger begaben. Diesen waren sie offenbar herzlich willkommen. Sie bekamen Land zugewiesen, eben jenes Grenzland, von dem hier die Rede ist, und zudem erhielten sie ein hohes Maß an Autonomie, was bei den Habsburgern keineswegs selbstverständlich war. Wirft man jedoch einen Blick auf die Landkarte, so wird sofort klar, dass diese wehrhaften Serben als Puffer zum osmanischen Reich für die österreichisch-ungarische Krone eine nicht unwichtige Funktion hatten.

Dies ist also die kaum umstrittene Antwort auf die Frage, wie die Serben in diese kroatischen Gebiete kamen, und auch die Erklärung dafür, warum serbische Kroaten mir gegenüber immer wieder darauf verwiesen, dass ihre Ahnen schon seit Jahrhunderten hier lebten.

Und auch die Frage nach dem Ursprung des Hasses wird da vielleicht ein wenig erhellt. Denn die in diesen Gebieten schon zuvor lebenden Kroaten hatten zu diesem Zeitpunkt und noch weit darüber hinaus den Status von ungarischen Leibeigenen, während die neu angesiedelten Serben ausschließlich »Wien« unterstellt waren und sogar Religionsfreiheit erhielten. »Seit damals hassen die uns«, habe ich immer wieder von serbischen Kroaten gehört; und: »Seit damals haben die Kroaten uns gegenüber einen Minderwertigkeitskomplex«, was von den kroatischen Kroaten natürlich mit Händen und Füßen abgestritten wird.

Die folgenden Jahrhunderte verliefen im Großen und Ganzen jedoch ohne größere Auseinandersetzungen zwischen Serben und Kroaten. Dafür sorgte schon die starke habsburgische Hand. Die Serben hatten ein neues Zuhause gefunden und sie blieben, wenngleich viele in die Städte zogen – nach Zagreb, Rijeka, Zadar und Split –, in diesen zum Teil sehr fruchtbaren, zum Teil äußerst kargen ländlichen Gegenden in deutlicher Überzahl. Dass zwischendurch, zu Napoleons Zeiten, kurz die Franzosen das Sagen hatten und dass in den adriatischen Küstenregionen immer wieder auch die Italiener in Erscheinung traten, sei nur am Rande erwähnt.

Wichtig ist allerdings die Feststellung, dass sich im serbischen Kernland nach dem Ende der fünfhundert Jahre dauernden türkischen Herrschaft ab Mitte des 19. Jahrhunderts ein eigenständiges Staatswesen zu etablieren begann. Im Jahre 1882 wurde das »Königreich Serbien« ausgerufen, das in dem gleichfalls orthodoxen Russland einen bedeutenden Verbündeten hatte.

Die Geburt Jugoslawiens

Der Erste Weltkrieg brachte auch für die hier beschriebenen Regionen einschneidende Veränderungen mit sich. Auslöser dieses ersten großen Weltenbrandes waren bekanntlich die Schüsse von Sarajevo – der eigentliche Grund dafür lag natürlich weit tiefer: Die Gegensätze zwischen den großen europäischen Mächten im Ringen um die Vorherrschaft in Europa und der ganzen Welt waren so groß geworden, dass letztlich zwei Schüsse genügten, eine weltweit spürbare Katastrophe auszulösen. In diesem vier Jahre dauernden Gemetzel standen Kroaten und Slowenen als Angehörige der Habsburger Monarchie zwangsläufig auf der einen, der deutsch-österreichischen Seite, während das »Königreich Serbien«, das von Österreich wegen der zwei tödlichen Schüsse – ausgeführt von Gavrilo Prinzip, einem bosnischen Serben – kollektiv bestraft werden sollte, der anderen, letztlich siegreichen, alliierten Seite zuzurechnen war. Das riesige Habsburger Reich zerfiel. Es wurde zusammengestutzt auf das, was es heute noch ist: auf Österreich.

Eine der vielen Fragen, die sich dabei stellten, war die Zukunft der zahlreichen slawischen Völker, die im Norden und Süden Bestandteil der österreichisch-ungarischen Monarchie gewesen waren. Die knapp zwei Millionen Slowenen und die etwa doppelt so zahlreichen Kroaten – beide erstmals seit Jahrhunderten frei von österreichischer Herrschaft – fühlten sich zu schwach, separate Staaten zu bilden, die auf Dauer gegen die sie umgebenden mächtigen Nationen bestehen könnten. Zumal die Italiener, die sich im Ersten Weltkrieg, wie später dann auch im Zweiten, gerade noch rechtzeitig auf die Seite der Siegermächte geschlagen hatten, große Gebietsansprüche erhoben; nicht nur in Südtirol, sondern auch im Slowenen- und Kroatenland.

In dieser Situation griffen Slowenen und Kroaten auf eine rettende Idee zurück. Und die hatte einen Namen: »Jugoslawien«, zu deutsch »Südslawien«, denn »Jug« bedeutet »Süd«. Ihre Führer suchten Verhandlungen mit den siegreichen Serben und warben für einen gemeinsamen Staat. So entstand der erste südslawische Vielvölkerstaat: das »Königreich der Serben, Kroaten und Slowenen«. Angesichts der stark durchmischten

Region war das – theoretisch gesehen – eine wahrlich königliche Idee, die übrigens nicht neu war, denn schon Jahrzehnte zuvor hatte sie neben anderen auch ein gewisser Herr Strossmajer[10] formuliert, ein kroatischer katholischer Bischof. Jetzt wurde sie umgesetzt und so wurden auch die Italiener ausgebremst, ihnen blieb nur Istrien und ein schmaler Küstenstreifen in Dalmatien, zu dem auch Zadar, italienisch »Zara«, gehörte.

Und so könnte es heute noch sein, doch der Teufel gibt keine Ruhe und er hatte, rückblickend gesehen, wirklich leichtes Spiel. Denn die Staatsgründung war nicht das Resultat einer breiten Willensbildung der Völker, sondern eher die einsame Entscheidung einiger weniger, darunter auch solche, die sich von einem vorübergehenden Zusammenschluss mit Serbien lediglich erhofften, von den Siegermächten des Weltkrieges nicht gemeinsam mit Österreich bestraft zu werden. Und auch andere Voraussetzungen fehlten: Der neue Staat, hervorgegangen aus den ökonomischen und politischen Trümmern des Ersten Weltkrieges, hatte mit einem Schlag die ganzen Herrschafts- und Verwaltungsstrukturen der Habsburger zu ersetzen. Eine Krise jagte die nächste, es herrschte Not und Elend, wohl noch viel schlimmer als in Rest-Österreich und Deutschland, wo Weltwirtschaftskrise und Massenarbeitslosigkeit den Boden für Hitler aufbereiteten.

Wie sollte das gut gehen? Slowenen und Kroaten, erstmals seit Jahrhunderten ohne fremde Besatzung, mit nur schwach entwickelten demokratischen Traditionen, eingegliedert in ein Königreich, das immerhin schon einige Jahrzehnte Zeit gehabt hatte, ein eigenes Staatswesen aufzubauen, mit Ministerien, Armee und Polizei. Und »die schon bestehenden serbischen Institutionen hatten«, wie mir Aleksandar Tisma einmal sagte, »die Tendenz, sich auf das ganze Königreich auszudehnen. Das hat den anderen nicht gefallen.« Der serbische König, er hieß Aleksandar, war, wie man etwa im »Brockhaus«[11] nachlesen kann, durchaus um nationalen Ausgleich bemüht. Er wollte eine konstitutionelle Monarchie aufbauen, wie es sie in anderen Staaten noch heute gibt.

Doch die Zeit war nicht reif für Parlament und Demokratie: In den ersten zehn Jahren seiner Regentschaft scheiterten zwei

Dutzend Regierungen, sodass er sich, 1929, gezwungen sah, eine Königsdiktatur zu errichten. Das wird ihm noch heute verübelt, doch wenn man sich vor Augen hält, wie es damals auch in anderen Parlamenten zugegangen ist – bei uns etwa, die wir uns so lange als Kaiserlich-Königliche fühlen durften –, so kann man erahnen, was im jugoslawischen Parlament los gewesen sein muss: Mord und Totschlag, auf offener Straße an der Tagesordnung, fanden selbst im Parlament während laufender Sitzung statt. Als Aleksandar dieses Parlament schließlich entmachtete, geschah dies fast zeitgleich mit der Auflösung der Parlamente in Wien und Berlin, was wir allzu gerne übersehen.

Ein uraltes Phänomen

Ein neues, besser gesagt, ein uraltes Phänomen war nach dem Ersten Weltkrieg immer wichtiger geworden: der Nationalismus. Nach Einstein die Kinderkrankheit der Völker, in diesem Teil der Welt – welch ein Fluch, welch ein Segen – lange unterdrückt von Kaisern und Wesiren. »Kinderkrankheit« ist gut gesagt, trifft aber nur einen Teil des Kerns der Sache. Denn Nationalismus ist auch ein uraltes Kriegsrezept, mit dem es seit Menschengedenken bestens gelingt, Völker aufeinanderzuhetzen. »Dulce et decorum est pro patriam mori«, haben wir schon von den Römern gelernt. Doch kaum ein Volk hat je davon wirklich profitiert, das waren meist nur einige wenige Herren. Und *die* sind es, die da hetzen. All diesen Herrschaften ging es immer nur um das Eine: um ein möglichst großes, von ihnen kontrolliertes Gebiet, um Grenzen, innerhalb derer sie das Sagen hatten, tun und lassen konnten, was sie wollten.[12]

Es ist nicht verwunderlich, dass man gerade über diese Phase der Geschichte die widersprüchlichsten Geschichten hören kann. Die Kroaten sind sich einig, dass sie damals verfolgt und unterdrückt worden wären und der wenige Jahre später mit unglaublicher Wucht zum Ausbruch gelangte Hass hier seine Wurzeln habe. Von serbischer Seite wird dagegen eingewendet (und belegt), dass damals viele Serben den König gedrängt hätten, sich von Kroatien zu trennen, was nicht geschehen wäre, wenn die Serben im Königreich tatsächlich privilegiert gewesen wären. Der König habe den Kroaten diese Trennung sogar angeboten, doch die Kroaten hätten sie gar nicht gewollt, brauchten sie doch die Serben als Schutz gegen das immer dreister werdende Drängen von Mussolinis Italien, das seine Grenzen auf den Balkan ausdehnen wollte.

Ustascha

So blieb es denn auch 1929 noch beim gemeinsamen Staat, doch die Zeichen standen auf Sturm. Es entstanden kroatische Untergrundbewegungen, deren Ziel ein endlich wirklich unabhängiges Kroatien war. Die »Ustascha«, zu deutsch »Aufständische«, war eine dieser Bewegungen; keineswegs die einzige und auch keine besonders große, ganze vierhundert Mitglieder soll sie gehabt haben. Doch sie hatte mächtige Freunde – den Papst und Benito Mussolini – und es gelang ihr ein schrecklicher Coup: ein tödliches Attentat auf den jugolawischen König Aleksandar, 1934 in Marseille, bei dem auch der französische Außenminister Louis Barthou ums Leben kam. Der Chef dieser Bewegung, ein gewisser Ante Pavelic, der sich gern »Poglavnik« nannte, zu deutsch »Führer«, erklärtermaßen Faschist wie der Duce, wurde von einem französischen Gericht in Abwesenheit zum Tode verurteilt.

Mussolini, mit dessen Unterstützung Pavelic den Königsmord vollbracht hatte, hoffte, nun werde zwischen Serben und Kroaten ein Bürgerkrieg ausbrechen, in dessen Verlauf er Italiens Grenze endlich tiefer in den Balkan verschieben könne. Er musste sich indes noch ein wenig gedulden, denn das Königreich, mittlerweile offiziell »Jugoslawien« genannt, überlebte das Attentat noch um ein paar Jahre. Und er hätte seine Pläne wohl für immer vergessen können, hätte er nicht mit einem alten Bündnispartner gemeinsame Sache gemacht – mit den Deutschen. Diese waren nach dem Debakel von 1918 unter Adolf Hitler sehr rasch wieder erstarkt; zumal mit Österreich, das im März 1938 als »Ostmark« im Dritten Reich aufgegangen war.

Wie Mussolini sahen auch Deutsche und Österreicher am Balkan noch einige offene Rechnungen. Im April 1941, also ganze dreiundzwanzig Jahre nach dem Untergang des habsburgischen Reiches, holten sie sich »ihren« Balkan zurück und teilten ihn brüderlich mit Benito Mussolini. Damit wurde das dunkelste Kapitel der Geschichte dieser schon bisher so leidgeprüften Region geschrieben. Jugoslawien kapitulierte nur wenige Tage, nachdem Belgrad von der Wehrmacht sturmreif bombardiert worden war. Der König emigrierte nach England und Jugoslawien wurde zerstückelt.

Die einmarschierenden Deutschen – von großen Teilen der kroatischen und slowenischen Bevölkerung wie drei Jahre zuvor in Wien mit großem Jubel begrüßt – errichteten in Kroatien einen selbstverwalteten Satellitenstaat: den so genannten »Unabhängigen Staat Kroatien«, zu dem auch ganz Bosnien und die Herzegowina geschlagen wurden. Ein künstliches Gebilde, das zwar nur wenige Jahre Bestand hatte, aber noch fünfzig Jahre später in vielen Köpfen als »Großkroatien« herumgeistern sollte.

Und der Rest des Landes? Halb Slowenien sowie Dalmatien, der Kosovo (und Albanien) fielen an Italien, die Vojvodina großteils an Ungarn, Mazedonien an das mit Deutschland verbündete Bulgarien; Serbien und Montenegro wurden von den Deutschen selbst besetzt.

Jetzt schlug, erstmals seit tausend Jahren so richtig, die Stunde der Kroaten. Wer sollte den neuen kroatischen Staat leiten? Die Deutschen suchten jemanden, auf den Verlass war, der also auch ideologisch zu den Nazis passte. Den fand man in Italien: Ante Pavelic, Chef der Ustascha, genannt »der Führer«. Dieser brachte alle Voraussetzungen mit, wurde wärmstens von Mussolini empfohlen.

Was dann geschah, hörte ich erstmals von Josip und zwar so: Die Deutschen töteten Millionen mit kaltem Verstand – »as an industrial action« – und auch die Kroaten töteten massenhaft, doch sie taten es mit glühenden Herzen.

Erklärtes Ziel der Ustascha-Regierung war es, innerhalb von zehn Jahren einen rein kroatischen Staat zu schaffen – gesäubert von allen Serben, Juden, Zigeunern und »sonstigem Gesindel«. Da gab es einiges zu »tun«, denn auf dem »großkroatischen« Gebiet lebten damals etwa zwei Millionen Serben. Die Maßnahmen, mit denen dieses Ziel erreicht werden sollte, wurden öffentlich formuliert von dem für »Rassenfragen« zuständigen Ustascha-Minister, Mile Budak: Ein Drittel der Serben wird liquidiert, ein Drittel vertrieben und der Rest zwangsweise getauft, zum Katholizismus »bekehrt«.

Und das war nicht nur so dahingesagt, nein, es wurde tatsächlich umgesetzt, worüber es die grauenvollsten Berichte gibt. Wo immer man Serben zu fassen bekam, brachte man sie um. Zu Zehntausenden wurden sie, tot oder lebend, in die dalmatinischen Karsthöhlen geworfen oder massenhaft in orthodoxen Kirchen zusammengetrieben – etwa in jener der Stadt Glina – und dort wie Schweine geschlachtet. Konzentrationslager wurden aus dem Boden gestampft, so in der Ortschaft Jasenovac, wo im größten und berüchtigtsten der kroatischen KZ etliche hunderttausend Serben, auch viele Juden und Zigeuner, grausamst gequält, erschossen, mit Beilen erschlagen, mit Säbeln geköpft wurden.[13]

Was diese unfassbaren Verbrechen noch unfassbarer macht, ist die Tatsache, dass sie allesamt mit Billigung der katholischen Kirche und der muslimischen Führer geschahen – schlimmer noch, in deren Auftrag. Muslime hatten führende Stellungen im Ustascha-Staat inne und Alojzije Stepinac, der Erzbischof von Zagreb, der im Ustascha-Staat wortwörtlich »das Paradies« und das »Werk Gottes« erkannte, wies seine Priester an, tatkräftig am Aufbau des Paradieses mitzuwirken. Und diese taten wie ihnen geheißen, Hunderte von ihnen waren mit dem Schlachtruf »Gott will es« an den Massakern an führender Stelle beteiligt. Ist eine noch größere Perversion denkbar? Vielen wohl nicht – und doch, sie fand statt: Nach dem Grundsatz: »Wir wollen nicht eure Leben retten, aber eure Seelen«[14], wurden Massentaufen organisiert und die so bekehrten Serben unmittelbar nach dem Empfang des Sakramentes mit dem Maschinengewehr in den Himmel geschickt. Als ich dies zum ersten Mal von Josip hörte, lachte ich ihn aus. Das Lachen verging mir, als ich Jahre später darüber Bilddokumente zu sehen bekam.

Nachdem die Zahl der liquidierten Serben schon nach einem Jahr in die Hunderttausende angestiegen war, wurde es sogar den Nazis zuviel: Etliche SS- und Wehrmachtsgrößen wandten sich in Protestschreiben an Adolf Hitler und ersuchten ihn dringend, dem bestialischen Treiben ein Ende zu setzen. Sie waren von der Sorge getrieben, dass die Verbrechen der Ustaschen alle überlebenden Serben in die Arme der Tito-Partisanen treiben würden. Hitler hat damals nicht geantwortet, soll aber, das las ich in einer Hitlerbiographie, im kleineren Kreis gesagt haben, man lasse die Ustaschen noch ein Weilchen gewähren, werde diese Bande aber schon noch rechtzeitig abservieren. So konnten die Ustaschen noch mehr als zwei Jahre lang weitermorden.

Ich erspare mir weitere Ausführungen zum Wüten der Ustaschen. Eines bleibt festzuhalten: Nur wer eine Ahnung davon hat, was sich im Ustascha-Staat abgespielt hat, kann die Angst verstehen, die knapp fünfzig Jahre später unter den kroatischen Serben aufkam, als die Ustascha ihre Wiedergeburt erlebte.

Die Partisanen

Bei der Beurteilung des damaligen Kroatiens ist die Feststellung wichtig, dass keineswegs *alle* Kroaten mit den Deutschen und den Ustaschen gemeinsame Sache machten; ganz im Gegenteil: Die Partisanenbewegung war mitgegründet und ganz wesentlich getragen von Kroaten. Nicht nur, dass Josip Broz, »Tito«[15] genannt, bekanntlich Kroate war, mit slowenischer Mutter – nein, oftmals erzählten mir Kroaten voller Stolz, dass sie in dieser später so verklärten Untergrundbewegung deutlich überrepräsentiert gewesen seien.

Die Partisanen waren Kommunisten, ihre Anführer bei Stalin in Moskau geschult. Und sie kämpften gegen die deutschen Besatzer ebenso vehement wie gegen deren Marionetten, die kroatischen Faschisten. Auch der spätere kroatische Präsident Tudjman schloss sich Tito an, er wurde sogar der jüngste Partisanengeneral.

Diese kommunistische Guerillatruppe war zu Beginn jedoch nicht allzu groß und sie wäre den übermächtigen Gegnern wohl sehr bald erlegen, wenn sie nicht rasch enormen Zulauf bekommen hätte. Beispielsweise von kroatischen und bosnischen Serben, bei denen es sich fast durchwegs um einfache Bauern handelte, ohne jede revolutionäre Ideologie. Sie waren ganz einfach auf der Flucht vor der Ausrottungspolitik der Ustaschen. Dazu kamen mehr nationalistisch denn kommunistisch motivierte Befreiungsbewegungen der dalmatinischen Kroaten und der Albaner, die beide zuvor vorwiegend gegen die Italiener im Einsatz waren; des weiteren Untergrundbewegungen aus Slowenien, der Vojvodina, Montenegro, Mazedonien – und natürlich auch aus Serbien, wo sich Wehrmacht und SS am grausamsten aufführten. Wie bunt zusammengewürfelt diese Partisanen waren, kann man auch daran ersehen, dass sogar deutsche und italienische Kommunisten mit ihnen kämpften, wie mir Aleksandar Tisma erzählte.

Sie alle kämpften gemeinsam – und letztlich auf der Grundlage der *jugoslawischen* Idee, der Idee eines gemeinsamen Staates aller Südslawen. Als Tito am 29. November 1943, im Untergrund, in der bosnischen Stadt Jajce seine Republik ausrief, hatte er eine *jugoslawische* Republik vor Augen. Dieses Datum, das ganz kurz nebenbei, habe ich so gut im Gedächtnis, weil der eingangs erwähnte jugoslawische Dachverband in Vorarlberg an diesem Tag Jahr für Jahr eine riesige Veranstaltung abhielt, mit zweitausend Besuchern und mehr, bei der man nicht lange nach einem Bezug zu Tito suchen musste.

Doch noch war es nicht so weit mit dem zweiten jugoslawischen Staat. Die Partisanen attackierten, wo sie konnten, wurden gehetzt und gejagt, von den Deutschen, den Ostmärklern, den Italienern, den Ustaschen, den muslimischen und albanischen SS-Divisionen; dazu von den Tschetniks, einer marodierenden Truppe königstreuer Serben. Von allen Seiten, auch von den Partisanen, wurden dabei nicht vorstellbare Verbrechen an der Bevölkerung begangen, doch alle Seiten haben noch heute ihre Anhänger, die sich darauf berufen, »lediglich« aus Rache gemordet zu haben.

Die Deutschen setzten auf Tito ein Millionenkopfgeld aus, doch keiner hat ihn verraten. Wenngleich unterstützt von den Alliierten und begünstigt durch die Probleme, die die Deutschen mehr und mehr an allen Fronten bekamen, grenzt es an ein Wunder, dass die Partisanen trotz alledem letztlich gesiegt haben. Das wäre ohne eine starke, verbindende Idee kaum denkbar gewesen.

Und so endete der Zweite Weltkrieg mit einer deutlichen Parallele zum Ersten: Wieder durften sich die Serben zu den

Siegern zählen, Kroatien – das offizielle, nicht die kroatischen Partisanen – war erneut auf der Seite der Verlierer. Viele Ustascha-Schlächter, so wie in Deutschland führende Nazis, entkamen und wurden für ihre Verbrechen niemals zur Rechenschaft gezogen. Und wie bei den geflüchteten Nazis war es der Vatikan, der auch vielen Ustaschen vorübergehend Unterschlupf gewährte, bevor sie sich in alle Winde zerstreuten, untertauchten in Argentinien, Kanada, Australien, Belgien und vielen anderen Staaten der Welt.

Ante Pavelic, der Führer, verstarb Ende der fünfziger Jahre zu Francos Zeiten friedlich gesalbt und geölt in einem spanischen Bett. Und Erzbischof Stepinac, lange Zeit dessen enger Vertrauter, vorübergehend sogar offizieller Pate der Ustaschenarmee, wurde von Johannes Paul II. Ende der neunziger Jahre gar selig gesprochen.

Aber vorläufig hatte die Ustascha-Idee vom reinrassigen kroatischen Staat, serben- und judenfrei, ausgedient. Darauf stand bei Tito, dem Kroaten, die Todesstrafe. Doch Ideen haben ein langes Leben – gute wie schlechte.

Titos Gräuel

Was aber passierte mit den Ustaschen, die sich nicht rechtzeitig absetzen konnten? Sie wurden von Titos Partisanen zu Tausenden liquidiert. Das Stichwort »Bleiburg« ist vielen im Gedächtnis, eine Ortschaft an der österreichisch-slowenischen Grenze, wo man später zahllose Skelette gefunden hat. In so mancher Chefetage kroatischer Betriebe entdeckte ich in den letzten Jahren Gemälde des Gemetzels von Bleiburg, doch auf meine Frage, wer denn dafür die Verantwortung trage, hieß es schlicht, »die serbischen Bolschewisten«. Dass deren Anführer ein Kroate gewesen war, schien vergessen. Nur wenig präziser war da ein slowenischer Geschäftspartner, der mir vor kurzem erzählte, man habe in Maribor, beim Bau einer Straße, riesige Massengräber von damals entdeckt. Die Toten, so meinte er, seien Opfer »titoistischer Serben«.

Milan Panic – ein schwerreicher, in den USA lebender Serbe, der Mitte der neunziger Jahre vorübergehend in seine Heimat zurückkam, für kurze Zeit sogar jugoslawischer Minis-

terpräsident war, dann aber bei den serbischen Präsidentenwahlen gegen Milosevic unterlag –, dieser Panic also sagte über
Tito: »Er war wohl einer der größten Verbrecher dieses Jahrhunderts.« Und damit hat er die Meinung vieler zusammengefasst.

Und in der Tat hat Tito sehr viele auf dem Gewissen, keineswegs »nur« Ustaschen. Auch an den schon lange im Land
lebenden Deutschen, die in der Vojvodina und Slawonien sie-
delten, den so genannten Donauschwaben etwa, wurde wegen
der Naziverbrechen blutige Rache genommen. Sehr viele wurden ermordet, fast alle anderen vertrieben, darunter auch eine
Verwandte von mir. Die frei gewordenen deutschen Häuser,
das nebenbei, übergab Tito großteils an Serben, die ihrerseits
vertrieben worden, vor Albanern aus dem Kosovo geflüchtet
waren.

Zu den Toten, die Tito zu verantworten hat, sind aber nicht
»nur« solche zu zählen, die damals Feinde der Partisanen waren oder auf Seiten der Feinde standen, sondern auch spätere
politische Gegner. Wer auf der Küstenstraße von Rijeka nach
Zadar fährt, auf dieser kurvenreichen, doch wunderschönen
Strecke, der kommt, gleich hinter Krk, an der so genannten
»Nackten Insel« (Goli Otok) vorbei. Die war Titos grausamer
Kerker für politische Gegner und sehr viele, die oft ohne Prozess dorthin kamen, verließen die Insel nicht lebend.

Ach, um wieviel einfacher wäre es doch heute für die anti-
serbische Propaganda, wenn Tito ein Serbe gewesen wäre!

Titos Jugoslawien

Man kommt aber nicht umhin, all die Verbrechen, die im Rei-
che Titos verübt wurden, auch im Zusammenhang mit den
bestialischen Gräueltaten der Ustaschen und ihrer Schirmher-
ren zu sehen, was keineswegs heißt, sie zu billigen. Und es ist
keine Frage: Die Tito-Jahre waren vergleichsweise noch die
glücklichste Epoche, die diese Region je erlebt hat. Der wohl
größte Geniestreich, den der Marschall, wie man ihn nannte,
vollbrachte, war, dass die zahlreichen Volksgruppen, die da auf
engem Raum miteinander lebten und die sich während der
Nazi-Jahre gegenseitig so unendlich viel Leid zugefügt hatten,

aus den psychischen und physischen Trümmern rasch einen Staat aufbauten, der bald weltweit, wiewohl kommunistisch, durchaus hohes Ansehen genoss. Auch das wäre undenkbar gewesen ohne eine starke, verbindende Idee.

Damit ist aber längst nicht alles gesagt, was über diese schillernde Persönlichkeit, die Tito zweifellos war, gesagt werden muss. Ja, der Mann hatte Macht, viel mehr als ein König. Und die hat er nicht nur zum Töten genutzt. Dass aus dem Land das wurde, das »meine« Vorarlberger Jugoslawen so liebten und in das sie fast alle wieder zurückkehren wollten, sobald ihr Häuschen dort fertiggestellt wäre, das war zu allererst sein persönliches Verdienst. Tito löste das Land schon drei Jahre nach dem Weltkrieg vollständig aus Stalins Hegemonie und agierte clever zwischen den verfeindeten weltpolitischen Blöcken, zwischen Ost und West.

Für uns war das Wort »Jugoslawien« zwar stets fast ein Synonym für Not und Elend – warum sonst wären all die Leute zu uns zum Arbeiten gekommen? – und es stimmt: Im Vergleich zu unserer Entwicklung hinkte Jugoslawien immer deutlich nach. Andererseits ist nicht bestreitbar, dass enorme industrielle Kapazitäten aufgebaut wurden. Das gilt für den Maschinen- und Anlagenbau, die Elektroindustrie, für Landwirtschaft und Tourismus. Die medizinische Versorgung, das Bildungswesen, auch der Hochleistungssport erreichten beachtliches Niveau. Besonders erfolgreich war leider die Rüstungsindustrie.

Boran, der Mann der verstorbenen Maria, sagte mir einmal Folgendes: »Ich habe Tito verehrt wie einen Gott, doch heute weiß ich, dass er ein Narr war. Er ließ Waffen bauen, Waffen, Waffen und noch einmal Waffen. Er erklärte uns, wir bräuchten das zu unserem Schutz. Er hätte uns besser kennen, hätte vorhersehen müssen, dass wir die Waffen gegen uns selbst richten werden.« Da hatte Boran wohl Recht, daran ändert auch die Tatsache nichts, dass dieselbe Narretei auch anderswo geschah. Und letztlich ist es von nur mäßiger Bedeutung, ob man von einer importierten oder einer im eigenen Land produzierten Waffe ins Jenseits befördert wird. Die Rüstungsindustrie ist allemal ein gutes Geschäft – und das ließ sich auch Tito nicht entgehen.

Titos Volksgruppenpolitik

Wenn man heute im Tito-Staat nach den Wurzeln des Krieges im späteren Ex-Jugoslawien gräbt, dann wird man rasch fündig. Solche Wurzeln sind in verschiedensten Schichten zu finden, vom Amselfeld (Kosovo Polje), von dem noch die Rede sein wird, bis hin zum religiös-nationalistischen Morast; und zweifelsfrei auch bei Titos Politik. Dieser vollbrachte zwar wie gesagt so manches Wunder, doch beim Versuch, den Nationalismus auf Dauer zu zügeln – jenes Element, in dem so viele Kriege entstehen –, scheiterte auch er, zumindest posthum.

Was hat er nicht alles versucht? Die Wirtschaft wurde zwischen den Nationen verzahnt, das Nationale auf das Folkloristische reduziert, Minderheiten nicht nur geschützt, sondern konkret aufgewertet, der Föderalismus gestärkt und jede nationalistische Regung mit starker Hand unterdrückt. Doch beim Versuch, alle zahlenmäßig großen jugoslawischen Nationen einigermaßen gleichberechtigt zu halten, stand er schon vor einem rein mathematischen Problem: sechsunddreißig von hundert Jugoslawen waren Serben, zwanzig Kroaten, neun Muslime – von Tito zur eigenständigen Nation erklärt –, je acht Slowenen und Albaner, sechs Mazedonier, je zwei Montenegriner und Ungarn. Von den restlichen acht bezeichneten sich fünf als Jugoslawen (sie wollten sich keiner anderen Nation zuordnen) und drei als Angehörige einer von sechzehn weiteren Nationen – Türken, Slowaken, Rumänen, Bulgaren, Roma und andere.[16]

Wie sollte da eine nationale Ausgewogenheit gefunden werden? Wie hätte wohl dieses Problem gelöst werden können? Tito zog Grenzen – *die* Grenzen, um die zehn Jahre nach seinem Tod Krieg geführt wurde. So wurde Jugoslawien in den Verfassungsreformen von 1963 und 1974 in sechs Republiken aufgeteilt. Das Zentrum blieb stark, dank Tito, doch die Republiken bekamen große Souveränität.

Wo aber sollten die Grenzen verlaufen? Bei Slowenien im Norden war es relativ einfach; beim serbischen Kernland, von Belgrad bis Nis, war auch alles einigermaßen klar. Doch der große Rest war ein einziges Nationalitätengemisch. Überall dort gab es *auch* Serben.

Titos Idee bestand nun darin, die zahlenmäßige Dominanz der Serben auszugleichen, indem er einen großen Teil von ihnen auf alle anderen Republiken aufteilte. Dort wären sie jeweils eine starke Minderheit, stärkten aber in der Realität, je nach Wohnort, ihre jeweilige Republik: in Kroatien die kroatische, in Bosnien die bosnische, in Mazedonien die mazedonische und in Montenegro die montenegrinische Republik. Beim Streit um den genauen Verlauf der Grenzen orientierte sich Tito an den Grenzen aus der Zeit vor dem Ersten Weltkrieg, die aber auch damals nicht nach ethnischen Gesichtspunkten gezogen, sondern eher Resultat der österreichisch-türkischen Auseinandersetzungen waren.

Eine völlige Ausgewogenheit war zwar auch mit diesen Grenzen nicht gegeben, aber die Gewichte waren erheblich besser verteilt, zumal die Serbische Republik mit der Vojvodina im Norden und dem Kosovo[17] im Süden zwei so genannte *Autonome Provinzen* bekam, die den serbischen Einfluss zusätzlich reduzierten. Und die Rechnung schien aufzugehen, was allerdings eine ganz entscheidende Voraussetzung hatte: Die Serben spielten mit. Das scheint mir ein Aspekt zu sein, der heute zu Unrecht, wenn überhaupt beachtet, dann als absolute Selbstverständlichkeit betrachtet wird. Wären die Serben *die* Nationalisten, als die sie heute allgemein gelten, dann hätten sie das niemals mit sich machen lassen – weder unter Tito, dem Kroaten, noch unter sonst jemandem. Dass die Serben mitspielten, ist umso beachtenswerter, als diese Teilrepubliken in der jugoslawischen Verfassung ausdrücklich das Recht erhielten, unter bestimmten Bedingungen aus der Bundesrepublik Jugoslawien austreten zu können. Dass in der gleichen Verfassung auch steht, dieses »Austrittsrecht« dürfe keinesfalls aufgrund der *einseitigen* Erklärung einer *einzelnen* Republik ausgeübt werden dürfe, sondern nur im Einvernehmen aller, das spielt heute keine Rolle mehr.

Hätten die Serben 1974, als diese Regelung in der Verfassung festgeschrieben wurde, geahnt, dass sie, die bei zwei Weltkriegen auf Seiten der Sieger gestanden hatten, nicht einmal zwanzig Jahre später auf vier, möglicherweise demnächst sogar auf fünf[18] verschiedene Staaten aufgeteilt sein würden, dann wäre das wohl anders gelaufen.

Das war sie, Titos Wurzel, von der ich sprach, aus der in den neunziger Jahren der blutige Krieg spross. Böse serbische und hämische kroatische Stimmen behaupten nun, er, der Kroate, habe das absichtlich getan.[19] Das sei dahingestellt. Tito war in erster Linie Autokrat. Als solcher hielt er die Völker zusammen, und als in greisen Jahren seine Kräfte zu schwinden begannen, besann er sich auf seine eigenen Wurzeln: auf die kommunistische Partei. Aus dieser war die Partisanenbewegung hervorgegangen; und sie war für Tito in den letzten Jahren das Instrument, die Klammer, wie man oft sagte, mit der er die sechs jugoslawischen Republiken zusammenhielt. Das Tito-Regime war zwar im Vergleich zu Staaten, die unter sowjetischer Hegemonie standen, weitaus liberaler, doch wurde auch unter Tito jeglicher gesellschaftliche Pluralismus mit polizeistaatlichen Mitteln unterdrückt.

Aber genau dieses diktatorische Ein-Mann- beziehungsweise Einparteiensystem war gleichzeitig all die Jahre der wichtigste Garant für den inneren Frieden. Und damit bin ich bei der Antwort auf die oben gestellte Frage: *Wann* ist der Konflikt eskaliert? Von den vielen Antworten, die es auf diese Frage gibt, will ich jene hervorheben, die eine besondere Tragik deutlich macht: Der Konflikt eskalierte, als die Diktatur zusammengebrochen ist. Denn sie war der gesellschaftspolitische Teufel, das scheint mir gewiss, der den nationalistischen Beelzebub austrieb. Die Tragik liegt in der trostlosen Alternative, die man im Falle Jugoslawiens – aber sicher nicht nur dort – so formulieren könnte: Unterdrückung der individuellen Entfaltungsmöglichkeiten – oder gegenseitiges Köpfeeinschlagen.

Das Ende des Bundes der Kommunisten

Tito starb im Mai 1980. Seine Macht ging an den Bund der Kommunisten über. Bald darauf begannen im Kosovo die Probleme, die ein paar Jahre später (1987) Slobodan Milosevic nach oben spülen sollten.

Dazu kam eine gewaltige Wirtschaftskrise, mit ausgelöst durch die Ölkrise aus den siebziger Jahren, die nicht nur uns betroffen hatte, sondern mehr noch Jugoslawien und die Länder der Dritten Welt, die bislang so guten Kunden der jugosla-

wischen Industrie. Nicht nur der Ölpreis hatte sich verviel-
facht, sondern auch die Kreditzinsen, der weltweiten Inflation
angepasst, waren in die Höhe geschnellt. So standen diese
Länder vor dem Bankrott, erhielten kaum noch neue Kredite
und fielen als Absatzmärkte Jugoslawiens weg.

Und natürlich gab es auch jede Menge hausgemachter
Probleme: Extrem komplizierte politische Entscheidungswege
verzögerten oder verunmöglichten dringende Reformen, jede
Republik konnte – eine weitere Erblast von Tito – Maßnahmen
der Bundesregierung durch ein Veto blockieren; dazu kamen
Schiebereien und Korruption, das Stichwort »Agrokommerc«[20]
ist wohl noch manchem präsent. Die Geldpresse wurde hemmungslos in Gang gesetzt, mit der Folge einer für uns unvor-
stellbaren Inflation, die für eine kurze Zeit manchen sogar sehr
willkommen war. Selbst hochwertige Waren, feinste Bettwä-
sche, Elektrogeräte, bis hin zum Material für komplette Häuser,
konnte man auf Kredit kaufen und das Darlehen nur Monate
später für ein Butterbrot zurückbezahlen. Snjezana hat mir
davon die tollsten Dinge erzählt: Ein paar Wochen lang sei es
für die, die Bescheid wussten, wie im Schlaraffenland gewesen.
Doch da diese Rechnung nicht aufgehen konnte, irgendje-
mand das letztlich bezahlen musste und dieser Jemand nur der
Staat sein konnte – also alle zusammen –, kann man sich denken, wie es in den jugoslawischen Führungsgremien zugegangen sein muss.

Wenn man ins Detail sieht, in die letzten Zuckungen dieser
Partei, erkennt man auf der einen Seite einen hemmungslos
tricksenden, alles niederwalzenden Milosevic, auf der anderen
etwa die Slowenen, die sich schon längst für ein Mehrparteien-
system entschieden hatten, was noch überall das Ende der
kommunistischen Herrschaft bedeutete.

Natürlich fällt es tausendmal leichter, Sympathie für den
pluralistischen Standpunkt zu haben – wer von uns wollte in
einem Staat mit Einheitspartei leben? Doch genau diese Partei
war wie gesagt in Jugoslawien, und nicht nur dort, das den
Nationalismus eindämmende Element. Ob die Ursache ihres
Niedergangs beim selbstherrlichen Apparatschik Milosevic
oder bei den schlaumeiernd sich davonschleichenden Slowenen lag, ist letztlich ohne Bedeutung, zumal auch anders-

wo das Stündchen der kommunistischen Parteien geschlagen hatte.

In Jugoslawien geschah all das – Ironie des Schicksals – gerade in einer Zeit, in der es aussah, als würde sich die Wirtschaft wieder erholen. Der Kroate Ante Markovic, der bereits mehrfach erwähnte letzte gesamtjugoslawische Ministerpräsident, schien ein Wunder zu schaffen: Er brachte die Notenpresse zum Stoppen, arrangierte sich mit der Weltbank, genoss in der ganzen westlichen Welt höchstes Ansehen. Und er kämpfte wie ein Löwe um den Erhalt Jugoslawiens, gründete gar eine eigene Partei. Kurz vor den Unabhängigkeitserklärungen hat er – das nur als ein Beispiel von vielen – in den Parlamenten von Ljubljana und Zagreb vehement vor einer einseitigen Austrittserklärung gewarnt: Noch nie in der Geschichte habe irgendein Staat der Welt eine derartige Sezession ohne weiteres verkraftet. Und im Vielvölkerstaat Jugoslawien könne das erst recht nicht gut gehen. Doch als er vor den Abgeordneten des Sabor, dem kroatischen Parlament in Zagreb, leidenschaftlich ins Mikrophon rief: »Eure Kinder brauchen Computer, nicht Waffen!«, da entging er nur knapp einer Tracht Prügel.

Jene, die auf den Zerfall, auf die nationale Aufsplitterung setzten, waren einfach stärker. Dass viele unserer Medien und Politiker diese Kräfte Beifall klatschend, ja aufstachelnd aufs Massivste unterstützten, wissend, was daraus werden muss, ist für mich eine, nein *unsere* jüngste historische Schande. Doch wer schämt sich?

Erste freie Wahlen

Der letzte Parteitag des Bundes der Kommunisten fand im Januar 1990 statt, die kommunistische Partei Jugoslawiens hatte damit aufgehört zu bestehen. Ihre nationalen Teilorganisationen traten zwar noch bei den ersten Wahlen in ihren Republiken an, aber überall, wo es echte Alternativen gab, hatten sie keine Chance. Sie lösten sich rasch auf, wurden neu strukturiert, umbenannt in »Sozialisten«, wie anderswo auch.

Längst vorbereitet, fanden schon im Frühjahr 1990 in Slowenien Parlamentswahlen statt, die vom oppositionellen Parteienbündnis »Demos« gewonnen wurden. Die Kommunisten gewannen dort immerhin noch die Präsidentenwahlen, stellten sie doch mit Milan Kucan jenen Mann, der in der Endphase des Auflösungsprozesses der Partei den Serben am stärksten die Stirn geboten hatte.

Ganz ähnlich in Kroatien: Dort war es Ende April 1990 die HDZ, die »Kroatische Demokratische Gemeinschaft«, die schon bei ihrem ersten Antreten einen fulminanten Wahlsieg errang. Die Kommunisten kamen gerade noch auf etwa zehn Prozent.

Demos und HDZ gewannen die Wahlen mit einem ganz klaren Programm: Weg von Jugoslawien! Die schöne, kurzfristig erfolgreiche jugoslawische Idee hatte endgültig ausgedient. Damit waren die Gemeinsamkeiten von Slowenien und Kroatien aber auch schon erschöpft. Denn die Forderung »Weg von Jugoslawien«, bedeutete in Slowenien, wo praktisch nur Slowenen lebten, etwas ganz anderes als in Kroatien.

TUDJMAN, DER VATER DES NEUEN KROATIENS

Die kroatische HDZ hatte also im April 1990 gewonnen – unter ihrem Obmann Dr. Franjo Tudjman, dem ehemaligen Partisanengeneral, der schon in den sechziger und siebziger Jahren bei Tito infolge nationalistischer Umtriebe – Stichwort: Kroatischer Frühling 1971[21] – in Ungnade gefallen war, einige Zeit gar im Gefängnis saß. Die Truppe um Tudjman bestand fast ausschließlich aus alten, mittlerweile »geläuterten« Kommunisten. Sie hatte offenbar sehr viel Geld und es war ein offenes Geheimnis, woher es kam: aus Übersee, von Exilkroaten.

Wann und warum diese ins Exil gegangen waren, davon war schon die Rede. Nicht alle, aber doch viele von ihnen waren vor der Rache der Partisanen geflüchtet – darunter so mancher, der von Tito als Ustascha-Verbrecher zum Tode verurteilt worden war. Nach fast fünfzig langen Jahren war jetzt ihre Stunde gekommen.

Wer zahlt, der schafft an – und so sah auch das Programm der HDZ aus. Schon der Wahlkampf der HDZ wurde von manchen internationalen Beobachtern wortwörtlich als »Ustascha-Renaissance« beschrieben. »Weg von Jugoslawien«, »Kroatien den Kroaten« waren noch die harmlosesten Parolen. »Der Spiegel« schrieb kurz vor den Wahlen: »Die größten Aussichten hat die ›Kroatische Demokratische Gesellschaft‹ (HDZ), eine extremistische Gruppe, die offen von ›Großkroatien‹ träumt, Gebietsforderungen an die Nachbarrepublik Bosnien-Herzegowina stellt und fanatischen Hass auf die Serben verbreitet. [...] Tudjman, dessen Gedankengut mitunter dem des faschistischen Ustaschen-Staates Kroatien nahe kommt, fordert ein souveränes Kroatien unter Anschluss der Bosnier.«[22]

Wie war es möglich, dass die HDZ mit einem solchen Programm einen so deutlichen Wahlsieg erringen konnte? Auch darüber habe ich viele Leute befragt. Leider musste ich feststellen, dass ich für diese Wahlen – Kroatiens erste freie Wahlen, wie man sagt – deutlich weniger Augenzeugenberichte als zu anderen Abstimmungen bekam. Und zwar aus dem ganz einfachen Grund, weil viele, die ich befragte und von denen man eine realistische Schilderung hätte erwarten können, gar nicht zur Wahl gegangen waren. Die Wahlbeteiligung war auch sehr gering. Über die Stimmabgabe selbst liegen mir folgende Aussagen vor: Die Wahl sei mehr oder weniger korrekt und letztlich eine Feststellung darüber gewesen, wieviele sich zu welcher Volksgruppe zurechneten. Doch das sind nutzlose Überlegungen. Was zählte, war der grandiose Sieg der HDZ, auf dessen Grundlage die weitere Geschichte ablief.

Die Ustascha-Renaissance

Das schon für jeden Besucher Kroatiens – und natürlich noch viel mehr für die Bewohner des Landes – sichtbarste Zeichen des Anbruches einer neuen Zeit war die Neugestaltung des kroatischen Staatswappens. Rot und Weiß sind die kroatischen Farben, wie in Österreich, kariert angeordnet, analog einem Schachbrett – ein altes kroatisches Emblem. Aber erst zu Ustascha-Zeiten kam es richtig zur Geltung. Unter diesem Banner sind alle faschistischen Verbrechen begangen worden. Zu Titos Zeiten war das rot-weiße Karo zwar auch in der kroatischen Fahne integriert, aber mit völlig anderer Optik.

Eine der ersten Maßnahmen der HDZ-Regierung war also die Wiedereinführung der Ustascha-Version dieser Flagge. Und die war rasch allgegenwärtig: Jedes öffentliche Gebäude, viele Privathäuser, Autos, Schaufenster und Laternenmaste waren geschmückt mit der Flagge des Ustascha-Staates. Sie war das augenfälligste Zeichen der Ustascha-Renaissance und sie trug der Regierung im In- und Ausland heftige Kritik ein. Der wurde mit einem grandiosen Kompromiss begegnet: Das Ustascha-Wappen, die schachbrettähnliche Anordnung von roten und weißen quadratischen Feldern, hat links oben ein *weißes* Feld. Das hat man nach heißen Diskussionen per Gesetzesbeschluss geändert: Jetzt beginnt das Wappen mit einem *roten* Feld – was man allerdings erst auf den zweiten Blick feststellen kann.

Noch Jahre später machten sich Snjezana und ich einen Sport daraus, von der Flagge auf die Einstellung der Personen zu schließen: Sahen wir etwa auf einer deutschen Autobahn ein kroatisches Fahrzeug – fast alle kroatischen Autos waren damals beflaggt –, dessen Banner links oben mit Rot begann, so handelte es sich für uns um einen gemäßigten, begann die Flagge dagegen mit Weiß, so enttarnten wir den Inhaber als radikalen Kroaten.

Zu der Reaktivierung der Ustascha-Fahne kamen als weitere *staatliche* Maßnahmen – in Stichworten:

- Säuberungsaktionen, das heißt Entfernung aller nicht als rein kroatisch geltenden Personen aus vielen Behörden; besonders gründliche Säuberungen bei der Polizei und den Justizbehörden.
- Entlassung von serbischen und anderen nicht genehmen Zeitungs- und Rundfunkjournalisten.
- Säuberungsaktionen in Schulen, Entlassung serbischer Lehrer.
- Ständige Medienhetze gegen alles Serbische, gegen Jugoslawien, besonders gegen die jugoslawische Armee, die JNA; stupide Verherrlichung alles Kroatischen.
- Öffentliche Verbreitung rassistischer Gedanken; z.B. von Verteidigungsminister Dojan, von dem man mir folgenden Satz übersetzte: »Der Serbe ist kleiner als der Kroate, hat einen kleineren Kopf, also auch ein kleineres Hirn.«
- Bewaffnung der kroatischen Territorialverwaltung (MUP), die rasch ganz offen an antiserbischen Aktionen beteiligt war (siehe etwa die Vorgänge in Zadar).

- Beschluss einer nationalistischen Verfassung im Dezember 1990: Kroatien wurde zum Land der Kroaten, die Serben zur nationalen Minderheit erklärt.
- Verbot des Kyrillischen als zweite amtliche Schreibweise, was zwar praktisch bedeutungslos war, da auch die allermeisten kroatischen Serben lateinisch schrieben, aber hohen Symbolwert hatte.
- Verbot der kyrillischen Schrift auf Ortstafeln.
- Beschlagnahme vieler staatseigener Wohnungen, in denen Serben wohnten.
- Umbenennung zahlreicher Straßen und Plätze mit Namen von Ustascha-Helden; etwa nach Mile Budak, dem schon erwähnten Ustascha-Minister, der für die »Rassentrennung« zuständig war.
- Öffentliche Duldung von offener Ustascha-Propaganda, etwa dem Tragen von Abzeichen mit dem »Ustascha-U« (entspricht dem Hakenkreuz) auf Uniformen von Polizei und Militär.

Schon diese bei weitem nicht vollständige Auflistung von Maßnahmen *staatlicher* Organe der ersten zwölf Monate dieser HDZ-Regierung lässt deutlich erkennen, wie hellwach die Erinnerung an die Ustascha-Zeit werden *musste*. Dazu kam die polizeiliche Duldung *privater* Aktionen in Wohnvierteln, Betrieben und Schulen sowie Säuberungsaktionen in vielen Privatbetrieben, wie etwa jenem von Boran. Die bereits beschriebene »dalmatinische Kristallnacht« war alles andere als eine Einzelerscheinung.

Zudem nahmen extremistische Exilkroaten ganz massiv Einfluss auf die Politik. Tudjman schien im Vergleich zu manchen, die aus dem Ausland mit viel Geld diktierten, sogar gemäßigt, aber er wurde von diesen vorangetrieben, endlich den »reinen« Kroatenstaat zu verwirklichen. So musste er entscheidende Positionen bis hinauf zum Minister mit Exilkroaten besetzen.

Das war in etwa das Szenario, das auch von niemandem ernsthaft bestritten wird.

Wie reagierten Deutschland und Österreich auf die Ustascha-Renaissance?

Auch in unseren Medien wurde von diesen Vorgängen berichtet, allerdings eher am Rande, passten sie doch gar nicht in das bei uns vorherrschende Bild über die demokratisch und westlich gesinnten, zivilisierten Kroaten. Kommentiert wurden diese Ungeheuerlichkeiten oft damit, dass Präsident Tudjman, so eine häufig gebrauchte Formulierung, »nicht gerade sensibel« mit der serbischen Seele umgehe; eine grotesk verharmlosende Einschätzung, zumal, wenn man sich die Ustascha-Gräuel vor Augen hält.

Dazu ein »hübscher« Vergleich: Am 5. Oktober 1999, zwei Tage nach dem Wahlerfolg Jörg Haiders bei den österreichischen Nationalratswahlen, war weltweit in allen Zeitungen zu lesen, der israelische Staatspräsident habe die wenigen noch in Österreich lebenden Juden aufgefordert, Österreich so rasch wie möglich zu verlassen. Was aber wäre in den ausländischen Medien kolportiert worden, wenn am österreichischen Parlament vom Staatspräsidenten feierlich das Hakenkreuz gehisst worden wäre? Was wäre im Ausland zu hören gewesen, wenn etwa in Klagenfurt unter Polizeischutz hundert jüdische Geschäfte zertrümmert worden wären? Vielleicht: »Der österreichische Präsident geht nicht gerade sensibel um mit der jüdischen Seele«? Allein schon der Gedanke ist absurd, man hat Mühe, das überhaupt auszusprechen.

Reaktionen der kroatischen Serben

Wie reagierten die kroatischen Serben? Mit Panik und Angst! Die Erinnerung an die Ustascha-Schrecken wurde wach, was nun wirklich niemanden verwundern kann. Und viele reagierten auf den Terror mit eigenem Terror. Denn, keine Frage, unter den Serben in den ländlichen Gebieten der Krajina und den benannten Teilen Slawoniens gab es ebenso fanatische Nationalisten wie unter den Kroaten. Auf beiden Seiten war die Stunde der Extremisten gekommen. Für beide Seiten galt, dass der Fanatismus von einer kleinen Gruppe ausging, die fast alle anderen mitriss. Das war umso leichter möglich, als die jeweiligen Wortführer auf den Fanatismus der anderen Seite hinweisen konnten, wofür es auf beiden Seiten Anlässe in Hülle und Fülle gab.

Die Serben forderten für die Krajina eine Autonomie, wie sie die Albaner im Kosovo auch im Jahre 1990 noch hatten. Das lehnte Tudjman kategorisch ab, worauf die Autonomie im September 1990 von Serben einfach erklärt wurde. Es wurde eine eigene serbische Polizei aufgebaut, nach der Unabhängigkeitserklärung Kroatiens ein eigenes Parlament gewählt und den in den serbisch kontrollierten Gebieten lebenden Kroaten ging es nicht besser als etwa den Serben in Zadar.

Ein gewisser Milan Babic, der später zum Präsidenten der Serbischen Republik Krajina gewählt wurde, erlangte traurige Berühmtheit. Nach vorliegenden Zeugnissen muss Babic nicht nur ein fanatischer Nationalist, sondern »schlicht« ein Krimineller gewesen sein – einer, der eigenhändig Leute erschoss, sich bereicherte, wo er nur konnte. Er war es auch, der rasch zu Milosevics Vertrautem in der Krajina wurde. Milosevic benützte ihn und Babic versuchte, Milosevic für seine Zwecke zu benützen.

Ich habe in Kroatien, nicht weniger als bei uns, sehr viele aufrichtige, sympathische Leute kennen gelernt, »Reinrassige« und »Gemischte« in allen Nuancen, von hoher Bildung und vorzüglichem Charakter, die sich in ihrer humanistischen und liberalen Einstellung auch vor den Besten bei uns nicht zu verbergen brauchten und die dem Geschehen in ihrem Land äußerst kritisch gegenüberstanden. Und oft habe ich mich gefragt, warum denn nicht einer von ihnen vorne stand, nicht wenigstens in den entscheidenden Gremien mitwirkte. Doch in Zeiten wie diesen, da stehen solche Persönlichkeiten auf verlorenem Posten, wandern ins Gefängnis, werden erschossen, sind zu vornehm, sich wichtig zu machen – man kennt das auch aus unserer Geschichte.

Jetzt fehlt nur noch eine Zutat, dann haben wir das Gebräu, das in Kroatien im August 1991 überkochte: die JNA, die Jugoslawische Volksarmee. Sie war nach dem Ende der KP die einzig verbliebene supranationale, republikübergreifende Institution, die im Volke einigermaßen verankert war. Sie war überall präsent, von Zagreb bis Dubrovnik, bis hinein ins kleinste Dorf, natürlich auch in der Krajina. Und sie war für die neuen kroatischen Herren seit dem 25. Juni, dem Tag der Unabhängigkeitserklärung, eine Besatzungsarmee. Viele, wie Arif, sind desertiert. Bei jenen, die geblieben sind, gab es zunächst zwei Gruppen: die einen, die die Armee ganz für serbische Zwecke einsetzen, und die anderen, die noch immer den *jugoslawischen* Auftrag befolgen wollten. Die Letzteren, anfangs vielleicht noch in der Mehrheit, schwanden immer mehr, sodass rasch nur noch die Ersteren von Bedeutung waren. Der Wechsel war fließend und von Kaserne zu Kaserne verschieden.

Damit bin ich wieder an dem Punkt angelangt, wo ich meinen Bericht unterbrochen habe. So jedenfalls stellt sich mir die Vorgeschichte zu dem, was jetzt folgte, dar.

KRIEG AN ALLEN FRONTEN

Obwohl ich auf zahlreiche persönliche Aufzeichnungen zurückgreifen kann, muss ich feststellen, dass es nicht einfach ist, die kriegerischen Ereignisse des Herbstes 1991 chronologisch halbwegs geordnet zu schildern. Zu vieles spielte sich an den verschiedensten Fronten und auf den diversen politischen Ebenen ab. Jedenfalls ging es in fast allen Landesteilen Kroatiens los, von Vukovar und Osijek im Nordosten, über Karlovac in der Mitte, bis Dubrovnik im Süden.

Auch Zadar war brutal in Mitleidenschaft gezogen, die Front verlief dort nur drei Kilometer von der Stadtgrenze entfernt. Über Monate hinweg lag die ganze Stadt unter mörderischem Granatfeuer, jeweils angekündigt von dröhnenden Sirenen. Hunderte wurden getötet und noch viel mehr verletzt, auf Lebenszeit verstümmelt. Den minderjährigen Sohn von Cajo, einem Bekannten, mit dem ich noch heute in gutem Kontakt stehe, hat das Schicksal getroffen, als er über einen Hof rannte und von einem Splitter getötet wurde.

Die Krajina-Serben kappten alle Strom- und Wasserleitungen der Stadt; letztere waren sogar mehrere Jahre lang unterbrochen. Praktisch alle in der Krajina lebenden Kroaten, das waren Zehntausende, mussten flüchten. Zadar war eines der Hauptauffanglager, alle Hotels der Stadt waren bis Mitte der neunziger Jahre zum Bersten voll mit Flüchtlingen. Umgekehrt wurden sehr viele der an der Küste lebenden Serben verjagt.

Wer irgendwo im Ausland Verwandte oder Bekannte hatte, setzte sich ab. Alle Wehrfähigen wurden eingezogen, auch viele meiner Bekannten, wie Roman. Und Nina verbrachte samt ihrem damals zwei Jahre alten Sohn Goggi viele Monate in einem Flüchtlingshotel in Pula; später dann bei Freunden in Aschaffenburg. Ana, Goggis ältere Schwester, kam Ende September zu uns nach Regensburg und ging hier fast ein volles Jahr mit Atena zur Schule.

Die heftigsten Kämpfe fanden um die von den Serben besetzten Regionen in Slawonien und der Krajina statt. Zu den Gebieten, die von ihnen schon 1990 zu autonomen Provinzen, später zur Republik ausgerufen worden waren, eroberten die Serben mit Hilfe der JNA beziehungsweise dessen, was von dieser Armee übriggeblieben war, noch weite Landesteile dazu. Ende 1991 befand sich etwa ein Drittel Kroatiens unter serbischer Kontrolle.

Es ergibt sich zwar ohnehin aus der ganzen Lage, trotzdem will ich festhalten, dass diese Rest-JNA nicht aus Serbien in Kroatien einmarschiert ist, sondern größtenteils schon seit Jahrzehnten im Land stationiert war und erst durch die einseitige Unabhängigkeitserklärung Kroatiens zur Besatzungsarmee wurde. Das soll aber nicht heißen, dass sie unabhängig von Belgrad agierte und auch nicht, dass nicht sehr viele Rekruten aus Serbien und anderen noch zu Jugoslawien gehörenden Republiken dazukamen und in Kroatien kämpften.

In den übrigen zwei Dritteln des Landes gelang es den Kroaten im Laufe des Herbstes, die militärische Kontrolle zu übernehmen. Die JNA zog sich von dort zurück, was teils relativ geordnet und unblutig ablief, wie etwa in Rijeka, oder – beispielsweise in Zadar – von schlimmen Gefechten begleitet war.

Ein souveränes Kroatien wollte und konnte aber auch die serbisch besetzten Gebiete nicht preisgeben, genauso wenig wie es die Serben hinnehmen wollten und konnten, dass jenes Land, das sie als ihre Heimat betrachteten, Teil eines unabhängigen Kroatiens werden sollte – eines Kroatiens, in dem sie nicht normale Staatsbürger, sondern Angehörige einer, sehr vorsichtig formuliert, ungeliebten Minderheit sein sollten. Den

Standpunkt der Kroaten verstand bei uns jeder, den der Serben so gut wie niemand.

Die Kriegsberichterstattung

Konnte man die martialische Berichterstattung über den Slowenien-Krieg noch als übertrieben bezeichnen, so hatten die Liveberichterstatter dutzender Medien diesmal wirklich vom Krieg zu berichten. Und von Gräueltaten, denn die gab es sonder Zahl. Die schlimmen Prophezeiungen, die meine ers-ten jugoslawischen Gesprächspartner ein knappes Jahr zuvor ausgesprochen hatten, erfüllten sich. Wüteten schon »reguläre Soldaten« mit großer Brutalität auch unter der Zivilbevölkerung, so mordeten völlig enthemmte Horden – oft auch Privatarmeen genannt – vor und hinter den jeweiligen Fronten.

Natürlich waren es den allermeisten Berichten zufolge wieder (fast) ausschließlich Serben, die all diese Verbrechen zu verantworten hatten. Eine nunmehr rein serbische Armee walze, so hieß es, alles nieder, während die Kroaten, oft nur ausgestattet mit dem Mut der Verzweiflung, eine reine Abwehrschlacht liefern würden. Dabei schien es niemanden zu stören, dass die Zigtausende von *serbischen* Flüchtlingen zu diesen Darstellungen genauso wenig passten wie die täglichen Erfolgsmeldungen Tudjmans, mal hier, mal dort ein paar Dörfer befreit oder zurückerobert zu haben.

Ein besonders »schönes« Beispiel für die Perfidie der Kriegsberichterstattung stellen die Ereignisse um die Stadt Dubrovnik dar.[23] Auf den Bildschirmen konnte man sehen, wie jugoslawische Kriegsschiffe aus allen Rohren auf die von der UNESCO zum Weltkulturerbe ernannte Festungsstadt – die schönste an der ganzen Adria – feuerten, und in der Presse war zu lesen, wie der Bürgermeister von Dubrovnik aus einem Luftschutzkeller heraus einen flammenden Brief an seinen Dresdner Kollegen schrieb und ihn um Hilfe bat. Der Adressat dieses weltweit publizierten Appells war sehr gut gewählt, denn der Mann, dessen Stadt im Jahre 1945 von alliierten Bombern in Schutt und Asche gelegt worden war, könnte wohl am besten verstehen, was das serbische Bombardement bedeute.

Die Aktion war jedoch nichts als ein von cleveren PR-Strategen ausgeheckter Gag, der seine Wirkung allerdings nicht verfehlte: Seit der »Zerstörung« Dubrovniks »weiß« die Welt, dass die Serben nicht nur vor Menschenleben keinen Respekt haben, sondern auch nicht vor höchsten kulturellen Werten.

Ich war in den Neunzigerjahren mehrmals in Dubrovnik und konnte an den historischen Stätten außer zwei großen antiserbischen Gedenktafeln keine nennenswerten Spuren einer Zerstörung entdecken. Fremdenführer berichteten mir voller Stolz, wie schnell und geschickt kroatische Restaurateure alles wieder aufgebaut hätten. Dafür war allerdings nicht viel erforderlich: Die Stadtmauern hatten nur einige wenige Treffer abbekommen, die zudem, wie mir Bewohner Dubrovniks erzählten, gezielt für den »PR-Gag« provoziert worden waren[24], indem man die vorgelagerten jugoslawischen Kriegsschiffe von den Stadtmauern aus beschossen hatte. Das zeigt, dass sich Akteure *beider* Seiten keinen Deut um irgendwelche kulturellen Werte scherten. Zweifellos hat auch Dubrovnik unter dem Krieg gelitten, wozu alle Seiten – in diesem Fall waren es insbesondere montenegrinische Horden – beigetragen haben, doch der Vergleich Dubrovniks mit »Dresden« kann jedenfalls nicht anders denn als unverfroren bezeichnet werden.

Obwohl die kroatische Armee trotz des UN-Waffenembargos aus dem Ausland massenhaft neue Waffen bekam – angeblich meist über Ungarn und die Adria, aber auch über Österreich – und ihr zudem etliche JNA-Waffendepots in die Hände fielen, war die jugoslawische Armee deutlich überlegen. Zweifellos sind von Teilen dieser Armee schwere Verbrechen begangen worden; doch wo Kroaten die Gelegenheit hatten, und die gab es zuhauf, standen sie den Serben in nichts nach. Das ist vielfach belegt; in Berichten internationaler Organisationen, des Roten Kreuzes etwa, der OSZE, von Helsinki Watch und der UNO – selbst in unseren Medien war davon vereinzelt zu lesen, nur gingen diese Informationen fast vollständig unter.[25]

Die HOS und ihre Söldner

Der Herbst 1991 war auch die Zeit zahlloser Waffenstillstandsvereinbarungen, die allerdings noch zahlloser gebrochen wurden. Sah es bisweilen zwar durchaus so aus, als versuchten die jeweiligen Unterhändler tatsächlich ernsthaft, die Waffen mit ihrer Unterschrift zum Schweigen zu bringen, so waren alle diese Bemühungen von vornherein zum Scheitern verurteilt: Hier kämpften eben nicht zwei reguläre Armeen mit intakten Befehlsstrukturen gegeneinander, sondern auf beiden Seiten agierten wild gewordene lokale Kriegsherren, die sich keine Sekunde lang darum scherten, was – von wem auch immer – in irgendwelchen europäischen Hauptstädten ausgehandelt wurde.

Das galt schon für die offiziellen Streitkräfte beider Seiten, noch sehr viel mehr aber für die zahlreichen »Privatarmeen«, die zum Teil tatsächlich privat finanziert waren, zum Teil aber für die offiziellen Armeen die »Drecksarbeit« erledigten und von diesen auch unterstützt wurden. So konnte man die Urheberschaft von Massakern verschleiern. Arkans serbische »Tiger«[26] erlangten erstmals grausige Berühmtheit, ebenso Paragas Truppe, die berüchtigte »HOS« – zu deutsch »Kroatische Verteidigungsunion« –, in der auch nicht wenige österreichische und deutsche Söldner mitkämpften, was ein offenes Geheimnis war. Paraga war damals einer der namhaftesten kroatischen Politiker. Seine Partei, die HSP, spielte bei Wahlen zwar kaum eine Rolle, doch seine Armee war in aller Munde; sie setzte selbst Tudjman schwer unter Druck und mischte an, hinter und auch vor den Fronten ganz massiv mit – später auch in Bosnien.

Dazu eine kleine persönliche Geschichte. Eines Tages, einige Zeit nach der heißesten Phase des kroatischen Krieges, machte ich mit einer Cousine von Snjezana einen Abendspaziergang in Zagreb und nahm dabei die Gelegenheit wahr, mich in die Zentrale dieser HOS »einzuschleichen«. Deren Hauptquartier, ein großes Gebäude, befand sich ganz in der Nähe des »Esplanade«, des berühmtesten Zagreber Hotels. Als wir in der Gegend vorbeikamen, wurde meine Neugier größer als meine Angst; ich fasste all meinen Mut zusammen und beschloss, da einmal hineinzuschauen. (Um meine Angst zu verstehen, muss man wissen, dass die HOS allgemein das Image einer äußerst brutalen Organisation genoss, oft als kroatisches Gegenstück zu den Tschetniks, ja sogar als »SS« bezeichnet wurde.) Die Cousine beschwor mich, das zu unterlassen, und sie ergriff die Flucht, als ich, nach außen hin ganz gelassen, wie zufällig auf das Gebäude zuschlenderte, vor dem man schon von weitem mehrere Nichtuniformierte gewissermaßen Wache stehen sah – mit umgeschnalltem Colt.

Ich blieb stehen, und noch bevor ich irgendeine scheinheilige Frage stellen konnte, wurde ich auf offener Straße einer gründlichen Leibesvisitation unterzogen. Nachdem ich mich dabei als uninformierter, aber an der Kriegslage interessierter Deutscher outete, blieb der Tonfall der mich umringenden Leute zwar noch immer sehr militärisch, wurde aber doch deutlich freundlicher. »Die Deutschen sind unsere Verbündeten, Sie sind hier willkommen!«

Mit diesen in zackigem Deutsch ausgesprochenen Worten wurde ich in eine düster beleuchtete Eingangshalle geführt, die schon auf den ersten Blick offenbarte, welcher Geist hier herrschte: Neben zahlreichen Flaggen war an der Wand eine riesige Fotografie von Ante Pavelic zu sehen, dem Führer des Ustascha-Staates, sowie eine wandfüllende Landkarte des so genannten Großkroatiens, bestehend aus dem heutigen Kroatien, ganz Bosnien und großen Teilen der Vojvodina. Ich sah mich interessiert um und stellte meinem Begleiter ein paar ahnungslos klingende Fragen. Es herrschte rege Betriebsamkeit. Offenbar hielt man mich für eine Art Neonazi. Jedenfalls wurde mir theatralisch zur neuen deutschen Größe gratuliert und die ewige Verbundenheit aller Kroaten mit Deutschland beteuert.

»Viele Deutsche kämpfen in unseren Reihen – das sind unsere Besten. Wir haben auch sehr viele Waffen, Uniformen und andere wichtige Dinge von Deutschland bekommen«, berichtete mir ein blutjunger Kurzgeschorener. »Jetzt ist unsere Stunde gekommen, denn gemeinsam sind wir unschlagbar! Euer Hirn, eure Disziplin und unser Mut, das ist die richtige Mischung!«

Auch hier im Haus seien etliche Deutsche, darunter ein Kommandant; man habe schon telefonisch Auftrag gegeben nachzufragen, ob er Zeit für mich habe. Bei den Worten wurde mir äußerst mulmig zumute. Dieser deutsche Kommandant, ich hatte keine Zweifel, würde jetzt wohl gleich die Treppe herunterkommen und mir unverzüglich schon an der Nasenspitze ansehen, dass ich ideologisch auf einer anderen Wellenlänge schwang. Und so interessant das vielleicht auch hätte werden können, machte ich mich mit den Worten, dass ich am nächsten Tag mehr Zeit hätte und dann wiederkommen würde, so rasch es ging aus dem Staub.

Die mörderischen Machenschaften der HOS und anderer Privatarmeen haben bisweilen auch in deutschsprachigen Medien Niederschlag gefunden. Ein solcher Bericht erschien im April 1994 in »News«, dem mit Abstand auflagenstärksten Wochenmagazin Österreichs. Er gibt nicht nur Einblicke in das Treiben dieser Einheiten, sondern ist auch ein Beleg für die Mitwirkung ausländischer Söldner im Krieg.[27] Es wird die Geschichte eines jungen Österreichers namens Wolfgang geschildert, eines Neonazis, der sich Anfang der neunziger Jahre – von der österreichischen Justiz zur Fahndung ausgeschrieben – auf den Balkan absetzte und dort zu »Rambo-Spielen« als Legionär anheuerte.

Jahre später kam er nach Österreich zurück und stellte sich den Behörden. Einer »News«-Journalistin beichtete er sein Leben, erzählte ausführlich, was er gemeinsam mit anderen ausländischen Söldnern als Kämpfer der »Bestrafenden Einheit der HVO«, einer kroatisch-bosnischen Bande, getrieben hatte. Sein Bericht liest sich wie ein einziger Alptraum, handelt von aufgeschlitzten Körpern und brennenden, menschlichen Fackeln. »Männer, Frauen und Kinder«, so der nunmehr reuige Rambo, hätten sie »abgeschlachtet«. »Wolfgang«, so »News«, »schießt und kämpft. Nach fünfzehn Toten hört er zu zählen auf.«

Sein Damaskus-Erlebnis, das ihn schließlich nach Österreich zurückkehren ließ, schilderte er folgendermaßen: »Als ein deutscher Söldner einem kleinen moslemischen Jungen eine scharfgemachte Handgranate zum Spielen gibt, stehen dreißig Leute aus der Gruppe herum und klatschen.« Als er dann die Explosion gehört habe, hätte er sich weinend abwenden müssen. »Die Deutschen und die Österreicher«, zog er in »News« Resümee, »sind hier im Krieg die perversesten Schweine.«

Der Konflikt in der EG wird offensichtlich

Im Herbst 1991 spielte sich innerhalb der Europäischen Gemeinschaft eine mehr oder weniger offene Auseinandersetzung ab. Helmut Kohl hatte schon bei seinem berühmten Wolfgangsee-Interview Mitte August ganz klar die Linie vorgegeben: Wenn die Kämpfe nicht sofort aufhörten, dann müssten Kroatien und Slowenien von den EG-Staaten völkerrechtlich anerkannt werden. Nur das könne die Kämpfe stoppen. Deutschland, so Kohl damals mit charmantem Urlaubslächeln, habe sehr wohl die Druckmittel, die Anerkennung auch bei den anderen EG-Staaten durchzusetzen.

Doch ganz so rasch gaben diese nicht klein bei. Ganz im Gegenteil – eine Anerkennung Kroatiens wurde dezidiert ausgeschlossen. Beispielsweise vom unkonventionellen italienischen Außenminister Giovanni De Michelis, worauf er in unseren Medien als Tänzer in Belgrader Nachtclubs lächerlich gemacht wurde; oder von Lord Carrington, dem man andichtete, er sei Mitbesitzer einer bosnischen Waffenfabrik und müsse schon deshalb mit den Serben im Bunde stehen; desgleichen von den Außenministern Frankreichs und Hollands oder vom damaligen UN-Generalsekretär Perez de Cuellar, der an Hans-Dietrich Genscher einen sehr besorgten Brief richtete.

Sie alle haben dem deutschen Anerkennungsdruck klar und deutlich widersprochen, oft sogar mit ganz undiplomatischer Schärfe, was in den deutschsprachigen Medien zur Folge hatte, dass nahezu jeder Bericht aus dem Kriegsgebiet schon fast stereotyp mit einem Satz wie dem folgenden abgerundet wurde: »Während hier die Menschen verrecken, liegen sich die zerstrittenen Brüsseler Bürokraten in endlosen Sitzungen in den Haaren.« Was diese Bürokraten hätten tun sollen, um das Blutvergießen zu beenden, wurde deutlich ausgesprochen: Die Serben müssten gestoppt werden, was nur mit einer massiven militärischen Drohung möglich sei; mindestens jedoch müssten in einem ersten Schritt Kroatien und Slowenien als unabhängige Staaten anerkannt werden.

Doch genau dazu, so die täglichen ebenso einleuchtenden wie fast schon hinterhältigen Kommentare, seien Engländer und Franzosen nicht bereit, da diese mit Basken, Korsen,

Schotten, Wallisern und Nordiren im eigenen Land ganz ähnlich gelagerte Probleme hätten. Sie kämen ja in Teufels Küche, wenn das Beispiel Schule machte und sich etwa Schottland für unabhängig erklärte – und dann gleich von einigen EG-Staaten als souveräner Staat anerkannt würde. So und ähnlich wurde der »moralisch indiskutable« Standpunkt zum Beispiel der Engländer analysiert, was allein den Schluss zuließ, dass die Menschen in Kroatien nur deshalb »wie die Ratten« verrecken müssten, weil die Engländer ihre Macht in Schottland im Falle einer Anerkennung Kroatiens in Gefahr sähen.

Ein vergeblicher Brief an Kanzler und Minister

Ich schrieb damals etliche Briefe an mir von früher bekannte Journalisten, unter anderem auch einen mehrseitigen »Offenen Brief« an die Kanzler Kohl und Vranitzky sowie die Außenminister Genscher und Mock, den ich auch zahlreichen Medien wie dem »Spiegel«, dem »Profil«, dem »Stern« und anderen zukommen ließ. In ihm ging ich auf die vielen Widersprüchlichkeiten der deutsch-österreichischen Politik sowie auf die Anerkennungsfrage ein und versuchte aufzuzeigen, warum eine völkerrechtliche Anerkennung Kroatiens unter den gegebenen Umständen die Probleme nur vergrößern könne.

Ich schloss mit folgenden Worten: »Die vielfach wiederholte Ankündigung, dass man Kroatien als unabhängigen Staat anerkennen werde, wenn die Kämpfe nicht sofort eingestellt werden, ermutigt jene kroatischen Kräfte, die, heute zum Teil sogar gegen Dr. Tudjman und seine Regierung, von Anfang an auf Gewalt gesetzt haben und das jetzt verstärkt tun: Das Morden muss nur lange genug fortgesetzt werden, dann kommt die Anerkennung von selbst.«

Doch für unsere Öffentlichkeit war es spätestens seit dem Ausbruch der Kämpfe in Kroatien absolut klar, dass hier auf der einen Seite die guten, demokratisch und westlich gesinnten Kroaten und auf der anderen die bösen, kommunistischen, mörderischen Serben standen. Dass diese strikte Trennung nicht nur jeglichem Hausverstand zuwider lief, sondern auch mit dem tatsächlichen Geschehen – für jedermann leicht erkennbar – nicht übereinstimmen konnte und zudem der Beurteilung durch den Rest der westlichen Welt entgegenstand, das irritierte kaum jemanden, nicht einmal jene Intellektuellen, die sonst gern gegen den Mainstream ankämpften.

Es gab zu dem Thema – das hat sich bis heute nicht geändert – nur einen einzigen relevanten Standpunkt: hier Gut, dort Böse. Daran konnten auch vereinzelte objektive und sehr informative Berichte – beispielsweise im »Profil«, wo wöchentlich Reportagen von Misha Glenny, einem tollkühnen englischen Frontberichterstatter, zu lesen waren – nichts ändern.

Diese Schwarz-Weiß-Malerei war und ist weder mit historischen, noch juristischen und schon gar nicht mit humanitären Argumenten begründbar. Dahinter steckt Interessenspolitik. Welchen Interessen diese Politik diente, ist eine eigene Frage. Mir geht es hier nur um die Feststellung, dass dieser Standpunkt mit den vorgetragenen Argumenten nicht aufrechtzuerhalten ist. Das kann ich vielleicht anhand eines kleinen fiktiven Vergleiches besser verdeutlichen.

Ein Vergleich: Deutschland – Bayern – Niederbayern

Angenommen, Bayern wollte sich von Deutschland unabhängig machen und erklärte sich einseitig, also ohne Übereinstimmung mit dem übrigen Deutschland, zum selbstständigen Staat. Dann wäre die Bundeswehr samt ihren in allen Teilen Bayerns vorhandenen Kasernen, Waffen und Soldaten ab dem Tag der Unabhängigkeitserklärung aus Sicht der Bayern eine Besatzungsarmee. Nehmen wir weiter an, die Region Niederbayern wäre mehrheitlich von Preußen bevölkert, die nicht in einem selbstständigen Staat Bayern leben wollten und daher dort, ebenso einseitig, eine autonome Provinz ausriefen – dann hätten wir genau die Situation, die 1991 in Kroatien gegeben war.

Und sollte die bayerische Territorialverteidigung in der Folge beginnen, Kaserne für Kaserne zu blockieren und auszuhungern, Strom und Wasser abzudrehen, so ist leicht vorstellbar, was dabei herauskäme. Und ebenso absehbar wäre, auf wessen Seite die in Niederbayern stationierten preußischen Angehörigen der Bundeswehr stehen und kämpfen würden. Und es bestünde keine Frage, auf welcher Seite die Regierungschefs der preußisch dominierten Bundesländer des übrigen Deutschland in diesem Konflikt stünden.

Das Resultat wäre ein Bürgerkrieg innerhalb Deutschlands. Und wenn in dieser Situation ein fremder Staat, zum Beispiel Frankreich, Bayern völkerrechtlich anerkennte, dann würde sich Frankreich fraglos in eine innere Angelegenheit eines anderen Staates einmischen – eine Sache, die von den Regeln des Völkerrechtes aus gutem Grund ausgeschlossen wird.

So simpel dieser Vergleich klingen mag – er ist beliebig auf England/Schottland oder andere Regionen übertragbar –, so sehr trifft er auf die wesentlichen Aspekte der in Kroatien gegebenen Situation zu. Was auch immer man einwenden wollte – etwa dass die Situation in Kroatien viel komplexer gewesen sei –, es würde nur noch mehr verdeutlichen, wie sehr eine Nichteinmischung Dritter geboten gewesen wäre.

Milosevic und Tudjman

War Präsident Franjo Tudjman auf kroatischer Seite die dominierende Figur, so hatte er auf der serbischen Seite einen nicht minder mächtigen Gegenspieler: Slobodan Milosevic. Dieser war 1989 zum serbischen Präsidenten gewählt worden und er wurde von einem großen Teil der Serben fast wie ein Messias verehrt. Nachdem die Politik Jugoslawiens nach dem Zweiten Weltkrieg hauptsächlich von Nichtserben dominiert worden war und die Serben, so sahen es die meisten, politisch stark benachteiligt waren, schien mit Milosevic endlich einer gekommen, der die serbischen Interessen erfolgreich vertreten könne. Andererseits zeigten zahlreiche Anti-Milosevic-Massendemonstrationen, die es seit Anfang der neunziger Jahre gab und die zum Teil mit großem Polizeiaufgebot brutal niedergeschlagen wurden, dass er auch in Serbien keineswegs unumstritten war.

Auf internationaler Ebene galt er jedoch als der maßgebliche, wenn nicht alleinige Verhandlungspartner der serbischen Seite; sowohl für die EG-Troika als auch für Tudjman. Die kroatisch-serbischen Führer, etwa die in der Krajina, galten als Terroristen, mit denen Tudjman jeglichen Dialog kategorisch ablehnte.

Die Politik von Milosevic, der bei uns schon damals nur selten ohne Beinamen wie »Panzerkommunist«, »Diktator« oder »Massenmörder« genannt wurde, ging in eine klar erkennbare Richtung: Die Kroaten sollten ihre Unabhängigkeit bekommen, aber zuvor müssten Titos innerjugoslawische Grenzen neu gezogen werden. Die mehrheitlich von Serben bewohnten Gebiete Kroatiens müssten dem, was allgemein als »Großserbien« bezeichnet wurde, zugeschlagen werden. Das hatte er schon in der erwähnten Den Haager Rede im Frühjahr 1991 anklingen lassen.

In diesem Punkt scheint es sogar eine gewisse Übereinstimmung mit Tudjman gegeben zu haben. Oft wurde berichtet, dass damals etliche Geheimtreffen zwischen diesen beiden Herren stattgefunden hätten, bei denen die Grenzen auf dem ganzen Gebiet des ehemaligen Jugoslawien neu festgelegt worden seien. Es ist unerheblich, ob sich die beiden wirklich jemals persönlich konspirativ gegenübersaßen; wenn nicht, dann waren es eben Unterhändler. Jedenfalls hatte alles eine gewisse, wenngleich schaurige Logik: Die Serben hätten Teile Slawoniens und Bosniens bekommen, während den Kroaten die mehrheitlich kroatisch bevölkerte Westherzegowina und die Krajina zufallen sollten.

Die Krajina, das Hinterland von Zadar, war wohl der einzige wirkliche Problemfall zwischen den beiden. Sieht man sich die Landkarte an, so erkennt man auf den ersten Blick, dass Kroatien ohne die Krajina praktisch zweigeteilt und somit kaum überlebensfähig war – andererseits war mit den Anführern der Krajina-Serben absolut nicht zu spaßen, selbst Milosevic schien mit ihnen seine Not zu haben.

Diese Aufteilungs-Logik hatte nur den Schönheitsfehler, dass sie ausschließlich zu Lasten Bosniens gegangen wäre. Doch damit hätten weder Tudjman noch Milosevic ein größeres Problem gehabt. Ganz im Gegenteil, und für die bosnischen Muslime hätten die beiden schon noch einige Reservate vorgesehen.

Bestanden also zwischen Milosevic und Tudjman keine unüberwindbaren Gegensätze, was die künftige Landkarte betraf, so galt es auf dem Schlachtfeld für beide, im Hinblick auf die sich bereits abzeichnenden Verhandlungen über die definitive

Grenzziehung möglichst gute Voraussetzungen zu schaffen. Und diese waren umso besser, je mehr Land man militärisch unter Kontrolle brachte.

Noch etwas kennzeichnete Milosevics damalige Politik: das Bestreben, die internationalen Friedensbemühungen von der EG- auf die UN-Ebene zu bringen. In Europa dominierte nach Ansicht der Serben zu sehr das neu erstarkte Deutschland – von serbischer Seite längst als »Viertes Reich« apostrophiert –, das seit dem Slowenien-Krieg ganz offen antiserbisch agiere. In Amerika glaubte Milosevic die Sympathien und die Kräfteverhältnisse der Lobbies günstiger verteilt. Er setzte auf die UNO, in der viele dem Titostaat lange Zeit verbundene so genannte »Blockfreie Staaten« Sitz und Stimme hatten; aber auch auf die USA, deren Außenminister James Baker noch im Juni 1991 unmittelbar vor Ausbruch des Slowenien-Krieges in Belgrad war und sich dabei, wie schon erwähnt, ganz entschieden *für* den Erhalt Jugoslawiens ausgesprochen hatte.

Die UNO schaltet sich ein

Die diesbezüglichen Bemühungen von Milosevic hatten Erfolg. War schon seit September Lord Carrington als Beauftragter der EG im Einsatz gewesen, so ernannte die UNO im November 1991 mit dem früheren US-Außenminister Cyrus Vance einen eigenen Vermittler. Das geschah auf dem Höhepunkt der Schlacht um die ostslawonische Stadt Vukovar, in der zunächst die Kroaten wüteten und die dann von serbischer Seite wochenlang bombardiert, vollständig zerstört und schließlich erobert wurde.

Mit großem Engagement bemühten sich Vance und Carrington, den Kriegsparteien die Zustimmung zur Stationierung von UN-Truppen im umstrittenen Gebiet abzuringen. Da allen Beteiligten klar war, dass sich der Krieg noch sehr lange hinziehen könnte und die Verluste auf allen Seiten bereits enorm waren, drängte sich der Verhandlungsweg geradezu auf. Andererseits sahen beide Kriegsparteien in UN-Blauhelmen eine große Gefahr: die Kroaten, weil sie befürchteten, dass sich die Serben in den von ihnen besetzten Gebieten während der möglicherweise jahrelang dauernden UN-Oberhoheit so sehr etablieren würden, dass sie nie mehr dazu bewegt werden könnten, von dort abzuziehen; die kroatischen Serben wiederum befürchteten, dass sie nach dem Einzug der UN-Soldaten ihre Waffen abgeben müssten, wozu sie jedoch nicht bereit waren und weswegen sie auch mit Milosevic übers Kreuz kamen. Doch dieser war mächtig genug, sich über die Köpfe der kroatischen Serben hinwegzusetzen, was dem Westen sehr willkommen war.

Tudjman hatte es da in seinem Umfeld erheblich schwerer. Heftig kritisiert wegen des Falls von Vukovar – man warf ihm vor, die Stadt absichtlich geopfert zu haben, um der Weltöffentlichkeit dramatische Bilder über die Brutalität der Serben präsentieren zu können –, getrieben von kompromisslosen, immer mächtiger werdenden Exilkroaten, im weiteren von Paraga und den äußerst radikalen Kroaten der Westherzegowina, hatte er außerdem an einer ganz anderen Front zu kämpfen: Seine deutschen »Verbündeten« – so darf man diese sicher bezeichnen – hatten ihm unmissverständlich klargemacht, dass mit der erst ein Jahr zuvor beschlossenen, extrem minderheitenfeindlichen kroatischen Verfassung eine weltweite Anerkennung nicht durchzubringen sei, was auf ein völliges Scheitern seiner Politik hinausliefe.

Was wäre, um das Beispiel noch einmal zu bemühen, ein sich unabhängig erklärendes Bayern, das kein Staat der Welt als solches anerkannte? Es wäre ein völkerrechtliches Nichts. Das wollte Kroatien nicht bleiben. Und so wurde denn Anfang Dezember 1991 im kroatischen Parlament eine neue Verfassung beschlossen. Diese enthielt zwar, was sogar in deutschsprachigen Medien bemängelt wurde, eher nur kosmetische Korrekturen – mehr war angesichts der aufgepeitschten Situation sicher nicht möglich –, aber immerhin konnte man so tun, als sei wenigstens irgendetwas geschehen.

Deutschland setzt Fakten

Das war in etwa die Situation, in der Deutschland den entscheidenden Schritt unternahm: Von den Medien und der Opposition schon seit Monaten aufs Massivste gedrängt, erklärte Helmut Kohl am 12. Dezember 1991, Deutschland werde Slowenien und Kroatien noch vor Weihnachten definitiv und unwiderruflich, auch ohne die Zustimmung der anderen EG-Staaten, völkerrechtlich anerkennen. Wurde dieser Alleingang von unserer Öffentlichkeit mit großer Zustimmung als längst überfällige Selbstverständlichkeit aufgenommen, so war er für die anderen EG-Staaten eine gewaltige Desavouierung. Man hatte doch in zahllosen Sitzungen vereinbart, dass die EG in der Anerkennungsfrage nur *gemeinsam* vorgehen werde.

Drei Tage nach diesem Machtwort Kohls fand ein EG-Außenministertreffen in Maastricht statt, das allgemein mit größter Spannung erwartet wurde. Würden die Deutschen noch einmal zurückgepfiffen – wie im Juli bei der Brioni-Konferenz? Oder würden sie sich diesmal durchsetzen? Käme es etwa gar zum offenen Bruch innerhalb der EG? Alles war möglich. Der Ausgang ist bekannt. »Wir konnten uns auf den Kopf stellen«, wurde Ruud Lubbers, der niederländische Ministerpräsident später zitiert, »die übrigen Europäer konnten noch so verwundert dreinschauen – die Deutschen gingen solo zu Werke.« Ich sehe Hans-Dietrich Genscher noch heute vor mir, wie er nach dieser nächtlichen Sitzung, erschöpft, aber sichtlich zufrieden, den wartenden Journalisten mitteilte, dass sich die Vernunft letztlich durchgesetzt habe und alle EG-Staaten am 15. Januar 1992 sowohl Slowenien als auch Kroatien anerkennen würden.

Ob das wirklich vernünftig war? Nun, von Deutschland abgesehen, kann ich mich bei der Antwort ausnahmsweise einmal auf den heute weltweit gegebenen Konsens berufen und die Frage frank und frei verneinen. Mehr noch, sehr viele Beobachter – und ich zähle mich selbstverständlich dazu – sehen darin den Hauptgrund für eine zusätzliche dramatische Destabilisierung der Lage und damit für die weitere Eskalation der Konflikte.

In diesem Zusammenhang darf man selbst Madeleine Albright zitieren, eine unverdächtige Zeugin, die in einem Gespräch mit dem »Spiegel« Ende Juli 1999 auf die Frage, ob »diese Anerkennung durch Deutschland schon der Keim zum Krieg, der entscheidende, nicht mehr korrigierbare Fehler des Westens« war, zunächst die Frage als »schwer zu beantworten« bezeichnete, schließlich aber doch klar feststellte: »Die frühe

Anerkennung der wegbrechenden Teilrepubliken war nicht gut genug durchdacht, die Folgen wurden nicht richtig eingeschätzt.«[28]

Doch Hans-Dietrich Genscher sieht das naturgemäß anders. Er hatte einen sensationellen Erfolg errungen, der neben Verhandlungsgeschick vermutlich auch Zugeständnisse Deutschlands bei den damals gerade aktuellen Verhandlungen zum Maastricht-Vertrag bedingte. Nachdem ihn beispielsweise die »Frankfurter Allgemeine Zeitung« noch lange nach seiner Kehrtwendung wegen seiner zuvor pro-jugoslawischen Haltung kritisiert und in Karikaturen verächtlich gemacht hatte, avancierte er nun plötzlich wieder zum Liebkind der deutschen Presse.

In seinen Memoiren versucht er mit einer Fülle von Belegen jegliches Fehlverhalten von sich zu weisen, ruft dort sogar Lord Carrington zu seiner Rechtfertigung in den Zeugenstand und verweist noch in heutigen Interviews bedenkenlos darauf, dass der Krieg erst durch die Anerkennung beendet wurde. Er wäscht seine Hände offenbar in Unschuld. Doch warum haben denn die Kroaten damals ihn – und nicht etwa Lord Carrington – hochleben lassen, nach ihm, Genscher, Straßen und Plätze benannt? Warum hieß der Hit des Jahres 1992 in den kroatischen Musikcharts »Danke Deutschland«[29] und nicht »Danke England« oder warum wurde ausgerechnet er noch acht Jahre später, im Oktober 1999, von der »Deutschen Telekom« als Lobbyist angeheuert, als es darum ging, die kroatische Telefongesellschaft aufzukaufen, wofür er noch einmal in kroatischen Medien gefeiert wurde? »Ehre«, wem »Ehre« gebührt.

Die Anerkennung Sloweniens und Kroatiens zu diesem Zeitpunkt war für die weitere Entwicklung im nunmehrigen Ex-Jugoslawien desaströs – tödlich im wahrsten Sinne des Wortes. Nicht der Zerfall Jugoslawiens wurde damit besiegelt – dieser war spätestens seit dem Slowenien-Krieg nicht mehr aufzuhalten –, wohl aber wurde die Lösung der sich aus dem Zerfall so oder so ergebenden Probleme extrem erschwert: Weitere Kriege waren die zwangsläufige Folge.

DER KROATISCHE WINTER

Die erste Folge des Maastricht-Beschlusses war jedoch – sehr kurzfristig gesehen – tatsächlich positiv: Die Anerkennung in der Tasche, konnte Tudjman Anfang 1992 der Stationierung von UNO-Schutztruppen in den von den Serben besetzten Gebieten zustimmen, nachdem Milosevic dafür schon einen Monat zuvor grünes Licht gegeben hatte. Tudjmans Sorge, dass die Serben diese Zonen nie mehr hergeben würden, war gebannt. Denn durch die internationale Anerkennung waren die Außengrenzen Kroatiens völkerrechtlich abgesichert.

Damit trat in der Tat vorübergehend eine Beruhigung ein. Die Kämpfe flauten ab, zwölftausendfünfhundert UN-Soldaten bezogen ihre Stellungen. Das ist es, was Genscher meint, wenn er sagt, der Krieg in Kroatien sei erst durch die Anerkennung beendet worden. Eine bemerkenswerte Ansicht, wenn man weiß, wie die Geschichte weitergegangen ist. Die will ich jetzt kurz erzählen.

Von lieben Nachbarn in schützenden Kellern

Das Abflauen der Kämpfe währte nicht lange. Das zeigt auch eine Geschichte aus meiner neuen Familie: Nachdem es einige Wochen lang in Zadar halbwegs ruhig gewesen war, wollten Atena und Pero während der Osterferien 1992 ihren Vater in der Heimat besuchen. Das taten sie auch. Ein schwerer Fehler, wie sich rasch zeigte, denn kaum waren die beiden in Zadar, ging der Granatenhagel auf die Stadt wieder los. Atena nützte die erste Gelegenheit, nach Deutschland zurückzukommen, doch Pero, damals zehn Jahre alt, blieb vorerst beim Vater.

Was dann dort geschah, daran wird Pero sein Lebtag lang denken. Jahrelang hat er das niemandem erzählt, nicht einmal seiner Mutter. Er konnte einfach nicht darüber sprechen. Mir hat er acht Jahre später Folgendes berichtet: Mehrere Wochen lang sei er tagsüber alleine zu Hause gewesen, oben im fünften Stock am Bulevar. Der Vater musste zur Arbeit und konnte für seinen Sohn nichts anderes tun, als ihm zu raten, sich bei Bombenalarm flach auf den Badezimmerboden zu legen, was noch das Sicherste sei. Und es gab täglich Alarm.

Eines Morgens war gerade ein Nachbarjunge bei Pero in der Wohnung, als die Sirenen losheulten. Der Junge sprang auf und rief Pero zu, er solle doch mit in den Keller kommen, was Pero nach kurzem Zögern, entgegen dem Rat des Vaters, auch tat. Diese Wohnblocks in Zadar haben, wie anderswo auch, riesige Luftschutzkeller – atombombensicher, eine von Titos vielen Maßnahmen gegen äußere Feinde. Pero war früher noch nie dort gewesen und auch jetzt blieb er nur wenige Minuten.

Denn einige der im Schutzraum auf Pritschen herumliegenden Leute erkannten in Pero einen Serben. Sie brüllten ihn an, er solle verschwinden, er habe hier nichts verloren. Sie boxten und schubsten ihn wütend herum, bis ihm einer schließlich ein Bein stellte. Pero landete geschockt auf der Nase. Als er wieder halbwegs bei Sinnen war, rannte er so schnell er konnte davon – hinauf in den fünften Stock und nieder auf den Badezimmerboden. Dort, allein, war es besser als bei den Mitbewohnern, die ihn alle seit seiner Geburt bestens kannten.

Pero verstand damals noch nichts davon, was es auf sich hatte mit Serben und Kroaten, zumal Nenad, sein Vater, wie schon erwähnt, katholisch getauft und ein halber Italiener war. Ursache für die nachbarschaftliche Aggression war folgende: Nenads Vater, also Peros Großvater, war einst ein bekannter serbisch-kroatischer Politiker gewesen, der in der ganzen Region sehr hohes Ansehen genoss und von Kroaten wie Serben geradezu geliebt wurde, worüber es rührende Geschichten gibt. Im kroatischen Herbst war das jedoch nicht mehr gefragt. Als Peros Vater dann von einigen Fanatikern angefeindet, gar als »Serbe« denunziert wurde, hat er mit stolzem Trotz reagiert: »Gut, dann bin ich halt Serbe.«

Genschers Friede

So lief es die ganze Zeit. Der Hintergrund war klar: Die Kroaten wollten verhindern, dass in den UNO-Schutzzonen Ruhe einkehrte, denn die hätte den Serben gepasst. Diese sind nämlich rasch drangegangen, ihre »Krajinska Republika« zu stabilisieren: Die verbliebenen Kroaten wurden vertrieben oder weggeekelt und es wurde eine eigene Verwaltung aufgebaut; mit allem Drum und Dran, sogar eigenes Geld wurde gedruckt.

Von den so genannten »Krajina-Dinar« habe ich noch ein paar Scheine; sie waren nach der Rückeroberung der Krajina durch die Kroaten ein begehrtes und allseits für Heiterkeit sorgendes Souvenir.

Das wollten die Kroaten nicht akzeptieren und folgerichtig haben sie in regelmäßigen Abständen kleinere und auch größere Offensiven gestartet. Mal waren es nächtliche Überfälle, etwa von der HOS, mal »reguläre« militärische Aktionen.

Beispielsweise Anfang 1993, als das Gebiet um die berühmte, längst zerstörte Maslenica-Brücke, fünfundzwanzig Kilometer östlich von Zadar, erobert wurde, womit erstmals wieder eine Landverbindung zwischen Dalmatien und den nördlicheren Teilen Kroatiens geschaffen werden konnte: Man errichtete in der Folge eine Pontonbrücke, die ich später oft passierte. Derartige kroatische Angriffe wurden von der UNO zwar regelmäßig verurteilt, denn sie widersprachen den von Cyrus Vance und Lord Carrington ausgehandelten Verträgen. Doch diese Rügen nahm niemand ernst. Und die Serben, die ihre Waffen entgegen der von Milosevic unterschriebenen Vereinbarung nicht an die UNO abgegeben hatten, antworteten auf diese kroatischen Attacken, indem sie mit ihrem schweren Gerät ebenso zahllos wie wahllos Granaten auf die Städte feuerten, etwa auf Zadar. Das nahm man auf kroatischer Seite in Kauf.

Auch ich selbst habe das einmal miterlebt. Im Frühsommer 1993 – da waren die UNO-Soldaten immerhin schon fast eineinhalb Jahre lang in Kroatien stationiert – wagte ich mich wieder einmal nach Zadar, nachdem einige Wochen Ruhe geherrscht hatte. Während ich damals des Abends mit Roman und Nina gemütlich zusammensaß, heulten plötzlich die Sirenen los. Wir verbrachten ein paar Stunden im Keller, dann kam die Entwarnung, ohne dass Nennenswertes passiert wäre. Nur von ganz ferne war ein Grollen zu vernehmen.

Tags darauf erklärte mir eine kroatische Ärztin »vertraulich«, dass es jetzt wieder voll losgehe. Sie habe Insider-Informationen: Der Sohn einer Zagreber Freundin sei ein wichtiger Kommandant der in Zadar stationierten kroatischen Truppen. Der sage seiner Mutter stets, wenn etwas geplant sei; wenn also, wie mir die Ärztin erklärte, »unsere Burschen wieder einmal nächtens zuschlagen da drüben«, wobei sie in Richtung

Krajina deutete. »Und dass von denen dann postwendend die Antwort kommen wird, das steht absolut fest.« Das klang ein wenig kryptisch, war aber unmissverständlich. Ich reiste unverzüglich ab und zwei Tage später folgte ein mehrwöchiges Bombardement auf Zadar. Viele sagten, es sei das schwerste überhaupt gewesen.

So sah der durch die Anerkennung erreichte Friede aus – mehr als drei Jahre lang. Was Genscher wohl dazu meint? Kroatien wollte die besetzten Gebiete zurückerobern und stellte der UNO wiederholt ultimative Fristen, innerhalb derer die Blauhelme abziehen müssten. Doch die Ultimaten verstrichen. Die den Kroaten endlos erscheinende Zeit nützten sie allerdings zur massiven Aufrüstung. Zwar gab es schon seit Herbst 1991 das UN-Waffenembargo, doch darüber hat in Kroatien ein jeder nur gelacht.

Ohnmächtige UNO

Im Frühjahr 1995 war es dann endlich so weit. Kroatische Truppen stürmten die UNO-Schutzzone in Westslawonien. Die Serben leisteten kaum Gegenwehr und die UNO-Soldaten sahen zu, wie die serbischen Frauen abzogen – nicht flüchteten, versteht sich – und wie die Männer verhaftet wurden. Wohlgemerkt: Westslawonien war eine UNO-Schutzzone, genau wie Srebrenica, jene ostbosnische Stadt, die dann im Juli 1995 Schauplatz des schrecklichsten serbischen Massakers wurde. Dort, nur wenige Monate später, hatte Joschka Fischer reumütig begonnen, dem Pazifismus abzuschwören, wie er noch heute gerne erzählt. Über eine UNO-Schutzzone mit Namen »Westslawonien« haben wohl die wenigsten im Westen je etwas gehört – aber dort haben die Serben am eigenen Leib erfahren, dass es ohne Folgen bleibt, wenn man UNO-Schutzzonen einfach überrennt.[30]

Die Eroberung Westslawoniens war ein gewaltiger Triumph für Tudjman. Mit Milosevic war offenbar ein Stillhalteabkommen geschlossen worden; jedenfalls hat dieser keinen Finger gerührt, was ihm viele Serben noch heute verübeln. Und wenige Monate später, Anfang August 1995, ganz kurz nach dem Fall von Srebrenica, war es auch in der Krajina soweit:»Oluja«

(Sturm) hieß die kroatische Aktion, mit der innerhalb weniger Tage die riesige Krajina erobert wurde – oder befreit, ganz wie man will. Wieder gab es kaum Gegenwehr von Seiten der Serben, die allermeisten ergriffen überstürzt die Flucht. Die wenigen Zurückgebliebenen, meist Alte und Kranke, waren hilflos den kroatischen Sonderkommandos ausgeliefert, viele wurden ermordet. Nach Angaben des Roten Kreuzes haben mehr als tausend serbische Zivilisten in der Krajina ihr Leben verloren.[31] Siebzig Prozent der serbischen Häuser wurden zerstört, die allermeisten davon in den Tagen *nach* Abschluss der Aktion »Sturm«, womit man eine Rückkehr der Krajina-Serben verunmöglichen wollte. Um die UN-Truppen ruhig zu halten, nahm die kroatische Armee kurzerhand dreißig Blauhelme als Geiseln – doch das war gar nicht nötig, denn die hätten sowieso nichts unternommen; ebensowenig wie Milosevic.

Der Exodus der Serben aus der Krajina war ein trostloser Zug. Die Angaben über Flüchtlingszahlen schwankten zwischen zweihundert- und dreihunderttausend. Unsere Medien hatten jetzt natürlich ein enormes Problem: Ansonsten vorgeblich stets auf der Seite der vertriebenen Schwachen, hatten sie es jetzt ausschließlich mit fliehenden Serben zu tun. Das Problem hat man »elegant« gelöst: Der sich über etliche Tage hinziehende Flüchtlingsstrom wurde schlicht und einfach ignoriert. Nur in wenigen, oft nur sekundenkurzen Szenen konnte man auf unseren Bildschirmen sehen, wie fanatische Kroaten auf die nur im Schneckentempo vorankommenden Serben Steine und anderes warfen; wie aus vorbeidonnernden kroatischen MIGs mit Maschinengewehren auf die endlose Kolonne gefeuert und hunderte Menschen niedergemäht wurden. Natürlich gab es auch kritische Kommentare, doch die gingen vollständig unter und ich glaube kaum, dass einem durchschnittlichen Nachrichtenkonsumenten von dieser ethnischen Säuberung allzu viel in Erinnerung geblieben ist.

Auch die Krajina war eine UNO-Schutzzone. UNPROFOR [United Nations Protection Forces] hieß die schützende Truppe. Und wo sind deren Schützlinge hingezogen, soweit sie den kroatischen MIGs entgangen sind? Nach Banja Luka, nach Belgrad, in die Vojvodina, einige wenige haben es im Kosovo versucht. Letztere waren allerdings nur für sehr kurze Zeit am Ziel ihrer Flucht. Denn der Kosovo wurde längst von jemand anderem beansprucht – von der UCK. Die wollte den ganzen Kosovo für die Albaner, das hat sie immer ganz deutlich gesagt. Da hatten ihr diese zusätzlichen Serben gerade noch gefehlt. Auf die neu ankommenden Krajina-Flüchtlinge wurde der erste Angriff der UCK ausgeübt – seit damals hat diese Bande einen Namen.

Kroatien war damit fast am Ziel. Nur ein Teil Ostslawoniens war jetzt noch von Serben kontrolliert. Auch sie standen unter dem Schutz von UNO-Soldaten, was allerdings kaum mehr jemanden kümmerte. Schwer war folglich der Druck, der jetzt auf Präsident Tudjman lastete. Die Kroaten forderten, jetzt in einem Aufwasch auch die ostslawonische Frage militärisch zu lösen. Doch da lief es plötzlich anders, das wollte die UNO nicht zulassen. Es folgte eine wahre Sternstunde der Politik: Die Serben, die sich auch hier von Milosevic im Stich gelassen fühlten, warfen freiwillig das Handtuch.

Jetzt, Anfang 1996, war es endlich vollbracht, das goldene kroatische Zeitalter konnte beginnen.

Schwerer Kater nach dem nationalistischen Rausch

Wie so oft war ich auch am Ende des Jahres 1999 in Kroatien. Präsident Tudjman lag im Sterben und das Land war vollständig zerrüttet. Zerfressen von grassierender Korruption, ein Skandal jagte den nächsten, Woche für Woche, fast Tag für Tag. Ausgelaugt alle Betriebe, offiziell arbeitslos jeder Fünfte; Durchschnittslöhne unter fünfhundert Mark – selbst die nur selten pünktlich bezahlt, und das bei extrem hohen Preisen; eine beelendende Depression unter den Leuten. Die Staatsfinanzen bankrott, das so genannte Bruttosozialprodukt weit von dem entfernt, was es schon 1990 gewesen war. Und zu alledem noch weltweit ein katastrophales Image: früher hochgelobt als westlich, demokratisch, heute selbst von Deutschland verschmäht. »Danke Deutschland« habe ich keinen singen gehört. Mit einem Wort: Der kroatische Winter hielt an.

Es gibt seltsame Zufälle. Genau in dem Moment, da ich das geschrieben hatte, am 11. Dezember 1999, um sieben Uhr vierzig in meinem warmen Büro – draußen ein herrlich kalter Spätherbstmorgen, beim Blick aus dem Fenster gab die Nacht gerade langsam die Sicht auf die schon kahlen Bäume frei – gerade in diesem Moment also klingelte wieder einmal meine Mailbox. Ich bin seit einiger Zeit Mitglied in einer dieser zahllosen Internet-News-Groups[32]. Und das ist eine spannende Sache! Tag für Tag, gratis frei Haus, bekomme ich seither zwischen dreißig und fünfzig E-Mails mit Nachrichten aus aller Welt. Jetzt also kam gerade so eine Mail – und zwar von der »New York Times«. Sie berichtete vom soeben offiziell bekannt gegebenen Tod von Präsident Franjo Tudjman. In einem ausführlichen und sehr fundierten Nachruf schilderte der »New York Times«-Journalist David Binder das Leben von Dr. Tudjman und seinen unrühmlichen Beitrag zur Lösung des Konfliktpotenzials in Jugoslawien.

Sehr vieles kam bei David Binder zur Sprache: Tudjmans Nationalismus, sein Traum von Großkroatien, seine Abneigung gegenüber den bosnischen Muslimen, sein Holocaust-Revisionismus, die Diskriminierung der kroatischen Serben, sein autoritärer Führungsstil und der Personenkult. David Binder zitierte auch Tudjmans wohl berühmtesten Satz: »Gottseidank ist meine Frau weder Serbin noch Jüdin«, und er schloss seinen Nachruf mit den Worten: »Tudjman hatte alle Laster Titos, doch nicht eine einzige seiner Tugenden.«

Ein äußerst bemerkenswerter Beitrag, den ich auch als schonungslose Abrechnung mit der massiven Unterstützung interpretierte, die Deutschland – und mit diesem rasch die ganze westliche Welt – der kroatischen Politik in den entscheidenden Phasen hatte zukommen lassen.

Ich las noch die Mail, da rief Snjezana an. Sie war gerade in Zadar und wollte mich über Tudjmans Ableben informieren – Trauer auf allen Kanälen. Was sie sonst noch erzählte: Soeben seien die Wahlausweise für die kroatischen Parlamentswahlen am 3. Januar 2000 zugestellt worden. Fein säuberlich getrennt: »Auf den Zetteln für echte Kroaten steht ›Hrvat‹ (Kroate) drauf, bei den anderen ›Srbin‹ (Serbe)! Kannst du mir sagen, was das soll?« Ganz klar, die hatten noch immer nichts gelernt.

Nachtrag zu Kroatien: Im Januar des Jahres 2000 wurde Tudjmans Partei schwer geschlagen, Stipe Mesic – neun Jahre zuvor das letzte gesamtjugoslawische Staatsoberhaupt – zum Präsidenten gewählt. Die neuen Verantwortlichen des Staates bemühten sich redlich, wie mir allseits bestätigt wurde, doch sie haben ein sehr schweres Erbe übernommen. Die Betriebe sind, sofern nicht in ausländischen Händen, weitgehend kaputt und so mancher kroatische Wirtschaftsfachmann denkt wieder laut über eine Währungs- und Zollunion mit Serbien und anderen Staaten des früheren Jugoslawiens nach – die anderen träumen von einem raschen Beitritt zur EU. Wenn all das nur nicht zu spät kommt, denn unter den vielen hochqualifizierten Kroaten gibt es kaum einen, der nicht ans Auswandern dächte. Stimmt nicht ganz, denn wer heute, etwa zehn Jahre nach der Unabhängigkeitserklärung, durch Zagreb spaziert, wird erstaunt feststellen, wie viele S-Klasse-Autos ihm begegnen. Einige wenige haben ja doch profitiert. Aber die ganz breite Masse ist eher der Verelendung nahe und, vom Galgenhumor abgesehen, zeigen die ernsten Gesichter, denen man auf Schritt und Tritt begegnet, dass kaum Hoffnung auf rasche Besserung besteht. Der nationalistische Rausch ist einem schweren Kater gewichen.

Und die geflüchteten Krajina-Serben? Immer wieder konnte man ja bei uns Berichte über erfolgreiche Rückkehraktionen lesen. Ende Mai des Jahres 2001 wollte ich mir wieder einmal selbst ein Bild davon machen und fuhr durch das so heftig umkämpfte Land. In den früher mehrheitlich von Serben besiedelten Gebieten der Krajina fand ich völlig zerstörte Geisterstädte vor, in die nur ein geringer Bruchteil der im August 1995 vor dem kroatischen »Sturm« Geflüchteten zurückgekehrt ist. Es waren vorwiegend alte Leute, die in bitterer Armut die Ruinen ihrer alten Heimat bewohnen. Ich kam durch viele kleine Dörfer, machte dort keinen einzigen Arbeitsplatz aus, keine einzige intakte Schule, kein Krankenhaus, der öffentliche Verkehr war gleich null, fast nichts bewegte sich zwischen den ausgebrannten Häuserskeletten. Doch wen kümmert das schon? Trotz der Präsenz einzelner durchaus engagierter OSZE-Offiziere und einiger Mitarbeiter anderer Hilfsorganisationen musste ich letztlich feststellen: Die Welt hat die Krajina-Serben vergessen.

KRIEG IN BOSNIEN
1992 bis 1995

Eine Reise nach Bosnien war während der Kriegsjahre praktisch ausgeschlossen, sie wäre ein reines Selbstmordkommando gewesen. Als interessierter Beobachter war ich also im Wesentlichen auf die Berichte der Medien angewiesen. Abgesehen vom gesunden Misstrauen gegenüber der vorherrschenden Schwarz-Weiß-Malerei, das bei mir längst einem fast reflexartigem Hinterfragen der allzu plausibel klingenden Berichte gewichen war, waren mir dabei allerdings die Informationen meiner kroatischen Freunde über die jeweilige Lage in Bosnien sehr hilfreich. Etliche von ihnen hatten dort Verwandte und das eine oder andere Mal hatte ich auch selbst Gelegenheit, mit diesen zu sprechen.

So ist denn der folgende Bericht über den Krieg in Bosnien der Versuch, aus der Fülle an Information und Desinformation, die sich vor, während und auch noch Jahre nach seinem Ende bei mir angesammelt haben, das Wichtigste aus meiner Sicht zusammenzufassen.

Die großen Medien haben den Krieg zunächst regelrecht »verschlafen«. Erst als – vier Monate nach Ausbruch der Kämpfe – in Sarajevo die technischen Voraussetzungen für Livesendungen via Satellit geschaffen waren, erfuhr die breite Öffentlichkeit von der Katastrophe.[33]

Zu diesem Zeitpunkt tobte der bosnische Krieg bereits an allen Fronten. Seine heiße Phase dauerte mehr als dreieinhalb Jahre und er ließ den Kroatienkrieg beinahe als »Vorspiel« erscheinen: Waren es dort »nur« Zehntausende, die ihm zum Opfer fielen, so krepierten in Bosnien Hunderttausende. Und waren es im Kroatienkrieg »nur« Hunderttausende, die aus ihren Heimatdörfern flüchten mussten, so waren es jetzt Millionen.

DIE KETTENREAKTION NIMMT IHREN LAUF

Nachdem sich Slowenien und Kroatien im Jahre 1991 aus Jugoslawien verabschiedet hatten und auch die Sezession Bosniens nur noch eine Frage der Zeit zu sein schien, forderten und betrieben die bosnischen Serben die Zerschlagung Bosniens. Und sie beriefen sich dabei genau auf jenes Argument, mit dem der Westen die Zerschlagung des jugoslawischen *Gesamt*staates vollzogen hatte: auf das Selbstbestimmungsrecht der Völker. Im Hinblick auf Bosnien galt dieses Argument für den Westen allerdings nicht – im Gegenteil: In Bosnien, hieß es plötzlich, müsse die einzigartige Multiethnizität des Landes bewahrt bleiben; in Zeiten eines zusammenwachsenden Europas sei es ein Unding, neue Grenzen zu ziehen, außerdem sei es unmöglich, die Völker Bosniens ohne Blutvergießen zu trennen. Deshalb dürfe eine Aufteilung des Vielvölkerstaates Bosnien unter keinen Umständen zugelassen werden. Diese Logik verstehe, wer will.

In der jugoslawischen Wirklichkeit bedeutete diese Logik Krieg – sowohl in Kroatien als auch in Bosnien. Richard Holbrooke, dessen Name untrennbar mit dem *Ende* des Bosnien-Krieges verbunden ist, stellte die Problematik so dar:

»Beide [Cyrus Vance und Lord Carrington, die Vermittler im Kroatienkrieg] berichteten mir später, dass sie ihren alten Freund und Kollegen Hans-Dietrich Genscher unmissverständlich davor gewarnt hatten, mit der Anerkennung Kroatiens eine Kettenreaktion auszulösen, an deren Ende ein Krieg in Bosnien stünde. Eine Anerkennung Kroatiens würde Bosnien dazu zwingen, dem Beispiel zu folgen und sich ebenfalls für unabhängig zu erklären. Es wäre absehbar, prophezeiten Vance und Carrington, dass die bedeutende serbische Minderheit in Bosnien sich gegen einen von Muslimen dominierten Staat erheben würde. Oder, wie es ein Jugoslawe später formulierte, jede ethnische Gruppierung würde fragen: ›Warum soll ich eine Minderheit in deinem Staat sein, wenn du in meinem Staat eine Minderheit sein kannst?‹ Ein Krieg wäre unausweichlich. Doch Genscher, der erfahrenste unter den europäischen Außenministern, schlug die Warnungen seiner alten Freunde in den Wind.«[34]

Mit diesen wenigen Sätzen ist über das auslösende Moment des Bosnien-Krieges alles gesagt. Es waren jedoch keineswegs die Insiderkenntnisse von Vance und Carrington erforderlich, um diese Zusammenhänge durchschauen zu können: Am 24. Oktober 1991 – also auf dem Höhepunkt des Streits über die internationale Anerkennung Kroatiens – beschloss das bosnische Parlament, Bosnien werde nur *gemeinsam* mit Slowenien und Kroatien in der jugoslawischen Föderation verbleiben. Die bosnischen Serben hielten daraufhin eine Volksabstimmung ab, bei der sich eine große Mehrheit dafür aussprach, im Falle einer Sezession Bosniens eine eigene serbisch-bosnische Republik zu gründen. Denn die bosnischen Serben wollten nicht in einem muslimisch dominierten Staat leben.

So nahmen denn die Dinge fast zwangsläufig ihren Lauf. Nach der Anerkennung Kroatiens am 15. Januar 1992 drängte die EG Bosnien zur Abhaltung einer Volksabstimmung über den Verbleib in Jugoslawien. Dies war rechtlich äußerst umstritten, denn die bosnische Verfassung erlaubte eine derartige Volksabstimmung nur für den Fall, dass sich *alle drei* großen Volksgruppen – Muslime, Serben und Kroaten – im Parlament dafür aussprachen, und es war bekannt, dass für die bosnischen Serben ein Ausscheiden Bosniens aus Jugoslawien nicht in Frage kam. Trotzdem wurde Ende Februar 1992 abgestimmt – das Ergebnis stand schon vorher fest: Die bosnischen Serben boykottierten die Abstimmung geschlossen, alle übrigen sprachen sich ebenso geschlossen für die Trennung von Jugoslawien aus.

Das war de facto die gegenseitige Kriegserklärung. Es fehlte nur noch die internationale Anerkennung der Sezession. Österreichs Außenminister Alois Mock legte sich noch einmal kräftig ins Zeug: Am 30. März forderte er die »sofortige internationale Anerkennung Bosniens, weil nur diese einen Krieg verhindern« könne. Mocks Engagement war indessen nicht mehr notwendig: Am 6. April 1992, dem einundfünfzigsten Jahrestag des Nazibombardements auf Belgrad, anerkannten die EG-Staaten den unabhängigen Staat »Bosnien-Herzegowina« – am selben Tag begann der Krieg. Sowohl serbische, als auch muslimische Heckenschützen beschossen in Sarajevo eine Menschenmenge, die friedlich für ein multikulturelles Bosnien demonstrierte.[35] Nur Stunden darauf ging das Morden im ganzen Land los.

Wie von ihnen angekündigt riefen die bosnischen Serben am folgenden Tag in Banja Luka ihre »Republika Srpska« aus – die unabhängige serbisch-bosnische Republik –, die den Verbleib in der jugoslawischen Föderation, im nunmehrigen »Restjugoslawien«, anstrebte. Und wenig später, am 21. April, setzten die bosnischen Kroaten ihrerseits staatsbildende Fakten, denn auch sie wollten nicht mit den Muslimen in einem gemeinsamen Staat leben: In einem ersten Schritt erklärten sie die *kroatische* Währung zum einzig gültigen Zahlungsmittel in der West-Herzegowina. Die formale »Staatsgründung« vollzogen sie schließlich am 2. Juli 1992 in Mostar, wo der kroatisch-bosnische Staat »Herceg-Bosna« ausgerufen wurde, der – ganz im Sinne Franjo Tudjmans – die Vereinigung mit der Republik Kroatien anstrebte.

Der Mythos vom multikulturellen Bosnien

Bosnien – etwa so groß wie Niedersachsen – wurde oft als »Klein-Jugoslawien« bezeichnet, womit das dort bestehende Völkergemisch angesprochen werden sollte. Neununddreißig von hundert Bosniern waren Muslime, zweiunddreißig Serben und achtzehn Kroaten.[36] Die restlichen elf Prozent verteilten sich auf eineinhalb Dutzend weitere Nationalitäten. Vielen galt das Wort Bosnien geradezu als Synonym für Multikulturalität, womit seltsamerweise meist das *muslimische* Bosnien gemeint war. Soweit jedoch dieser Ruf zu Recht bestand, müssen zwangsläufig *alle* Nationen dazu beigetragen haben: einfache Menschen, die als Nachbarn friedlich nebeneinander gelebt, Intellektuelle und Künstler, die das Bild von Sarajevo in der Welt geprägt haben. Der bekannteste von ihnen ist zweifellos der in Sarajevo geborene muslimische Filmemacher Emir Kusturica. Leute wie er haben jedoch seit 1992 in Bosnien keinen Platz mehr, sie müssen »befürchten, eine Kugel durch den Kopf« zu bekommen, um Kusturica selbst zu zitieren.[37] Seit der Auflösung Jugoslawiens war es endgültig vorbei mit dem Multikulturalismus in Bosnien. Dass es so weit kommen konnte – auch dazu haben *alle* beigetragen.

Rasch nach Auflösung des Bundes der Kommunisten im Januar 1990 wurde in Bosnien die erste Partei gegründet, deren Mitglieder nicht gemeinsame *gesellschaftspolitische* Überzeugungen einten, sondern ausschließlich die gemeinsame *Nationalität*: die »SDA«, die »Demokratische Aktion«, eine muslimische Partei. Auch die bosnischen Kroaten ließen nicht lange auf sich warten: Sie gründeten einen bosnischen Ableger der »HDZ«, der »Kroatischen Demokratischen Gemeinschaft« Franjo Tudjmans. Wenige Monate später zogen die bosnischen Serben mit der »SDS«, der »Serbischen Demokratischen Partei« nach.

Schon das Ergebnis der ersten postkommunistischen Wahlen Bosniens – am 2. Dezember 1990 – spiegelte fast aufs Prozent genau die ethnische Zusammensetzung des Landes wider. Die Chefs der drei Parteien, der Muslim Alija Izetbegovic, der Serbe Radovan Karadzic und der Kroate Mate Boban – alle drei kompromisslose Nationalisten – waren damit demokratisch legitimiert. In unsicheren Zeiten suchen die Menschen offenbar Zuflucht beim Mythos »Nation« und sie scharen sich um Leithammel, die ihnen weismachen, die anderen seien »anders« als sie selbst. Mehr noch als in Kroatien haben die Menschen in Bosnien für diesen Irrtum schwer büßen müssen.

Die neu gegründeten, national orientierten Parteien stellten die Weichen rasch auf Krieg. Alle! Was die Serben betrifft, so ist deren Beitrag zum Krieg hierzulande hinreichend bekannt und auch die fanatischen bosnischen Kroaten wurden immer wieder kritisiert. Doch die muslimischen Nationalisten standen den beiden anderen in nichts nach.

Alija Izetbegovic, der nie ein Hehl aus seiner Bewunderung für die iranischen Ajatollahs – Propheten des »*Mono*kulturalismus« – gemacht hat, wird von vielen im Westen noch heute hartnäckig als Symbolfigur des Multikulturalismus angesehen – ein Missverständnis. Gleich auf Seite eins seiner berühmtesten Schrift, der »Islamischen Deklaration«, kann man lesen: »Es gibt weder Frieden noch Koexistenz zwischen dem islamischen Glauben und nichtislamischen sozialen und politischen Ordnungen. Der Islam negiert das Recht und die Möglichkeit jeder fremden Ideologie, sich in seinem Wirkungskreis zu entfalten.«[38]

Als Izetbegovic derart kriegerische Töne zum ersten Mal im Jahre 1970 von sich gab, wurde er inhaftiert und seine Schriften setzte man in Jugoslawien auf den Index der verbotenen Bücher. Zwanzig Jahre später feierte er ein großes Comeback und seine »Islamische Deklaration« fand erstmals auch in Bosnien weite Verbreitung.

Lange vor Kriegsbeginn, am 27. Februar 1991, erklärte Alija Izetbegovic – mittlerweile zum Vorsitzenden des bosnischen Staatspräsidiums gewählt – im bosnischen Parlament: »Ich würde den Frieden für ein unabhängiges Bosnien-Herzegowina opfern, aber für diesen Frieden niemals die Souveränität Bosnien-Herzegowinas.«[39] Und schon »im April 1991 stand für uns fest, dass der Krieg nicht zu verhindern sein wird«, wie Munib Bisic, stellvertretender Verteidigungsminister Bosniens, später zu Protokoll gab.[40] Diese Formulierung hat etwas von einer sich selbst erfüllenden Prophezeiung an sich, denn im »Wissen« um den bevorstehenden Krieg wurde dieser intensiv vorbereitet – und je weiter die Vorbereitungen voranschritten, umso sicherer wurde bei *allen* Parteien das Wissen um die Unvermeidbarkeit des Krieges.

Ich will nicht verschweigen, dass auch ich eine Zeitlang dem Missverständnis unterlag und in Izetbegovic vor allem ein Opfer der durch die Anerkennung Kroatiens einsetzenden Kettenreaktion sah. Immerhin unterschied er sich bei öffentlichen Auftritten zunächst wohltuend von seinen Gegenspielern Milosevic und Tudjman. Ob nun mehr Opfer oder mehr Täter – spätestens ab dem Zeitpunkt, da sich die Anerkennung Kroatiens abzeichnete, ist auch sein Name untrennbar mit der Maximierung des Leides in Bosnien verbunden.

Jeder gegen jeden

In Bosnien kämpften »offiziell« drei Armeen gegeneinander: die *serbisch*-bosnische und die *kroatisch*-bosnische, die beide die Teilung Bosniens betrieben, sowie die muslimisch dominierte *bosnische* Armee, deren Ziel die Erhaltung des Gesamtstaates Bosnien war. Neben diesen »regulären« Armeen mischten, stärker noch als im Kroatien-Krieg, zahlreiche Privatarmeen kräftig mit: Zu Arkans »serbischen Tigern« und Paragas kroatischer »HOS«, die auch in Bosnien mordend durchs Land zogen, kamen jetzt radikale islamische Freiheitskämpfer aus dem Iran und anderen Staaten des Nahen Ostens, so genannte Mudschaheddin, die ihr blutiges Geschäft wohl im Namen Allahs besorgten.

Wenngleich es meist so dargestellt wurde, als ob die Frontlinie in diesem Gemetzel zwischen Serben einerseits sowie Muslimen und Kroaten andererseits verlief, so sah dies bei näherer Betrachtung doch erheblich anders aus: Von der ursprünglich beschworenen Waffenbrüderschaft von Kroaten und Muslimen war auf den Schlachtfeldern lange Zeit kaum etwas zu bemerken. Bis zur Gründung der vom Westen im März 1994 erzwungenen muslimisch-kroatischen Föderation bekämpften Muslime und Kroaten einander in der Herzegowina und in Zentralbosnien zwei volle Jahre lang aufs Grausamste und bis auf den heutigen Tag stehen sich diese beiden Volksgruppen feindselig gegenüber.

Zudem kämpften in der muslimisch dominierten bosnischen Armee auch zahlreiche Serben und Kroaten mit; in Sarajevo sollen es anfangs sogar dreißig Prozent gewesen sein.[41] Demnach schossen also auch Serben auf Serben und Kroaten auf Kroaten. Dass dem so war, ergibt sich fast zwangsläufig auch aus dem Umstand, dass fast jede vierte bosnische Familie aus einer Mischehe hervorgegangen war, sodass es in vielen Fällen wohl ein Produkt des Zufalles war, in welcher Armee jemand zum Einsatz kam.

Je nach lokalen Gegebenheiten gab es auch andere Allianzen, die einem oberflächlich Informierten erstaunlich erscheinen müssen: So kämpften etwa in zahlreichen Orten der Herzegowina – beispielsweise bei Mostar – Muslime gemeinsam mit Serben gegen Kroaten, was – etwa in Trebinje – die Serben nicht daran hinderte, schon Wochen später gegen ihre muslimischen Kombattanten vorzugehen und diese zu vertreiben.[42]

Es schossen aber auch Muslime auf Muslime: In der Region um die nordwest-bosnische Stadt Bihac, die ich von einer Exkursion mit »meinen« Vorarlberger Jugoslawen her kannte, riefen Muslime unter dem bereits erwähnten sehr populären Fikret Abdic eine muslimische Provinz aus, die sich vom Sarajevo Izetbegovics unabhängig erklärte. Abdic arrangierte sich mit den Anführern der umliegenden serbischen und kroatischen Gebiete und so blieb die »Autonome Region Bihac« eine Zeitlang vom Krieg verschont. Den muslimischen Hardlinern in Sarajevo war dieser »Separatfriede« ein Dorn im Auge – er passte ganz und gar nicht in das Bild der serbischen Alleinschuld – und so wurde Bihac nach langen Kämpfen, in denen sich Muslime gemeinsam mit Serben gegen Muslime verteidigten, im Spätsommer 1994 von muslimischen Truppen erobert: Fünfundzwanzigtausend Muslime flohen in der Folge vor der muslimischen Armee unter anderem in die damals noch serbisch beherrschte kroatische Krajina.

Die Ereignisse um Bihac sind im Westen durchaus bekannt geworden und sie sorgten dort auch kurzfristig für Irritationen. Man »erklärte« sie schließlich mit dem Hinweis, dass die komplizierten Verhältnisse im Bosnien-Krieg eben nur sehr schwer zu durchschauen seien. Eine durchaus zutreffende Feststellung, die allerdings stark im Gegensatz zum schwarzweißen Bild stand, das uns die allermeisten Kommentatoren ansonsten von dem Konflikt vermittelten – ein Bild, das fast ausschließlich serbische Bestien und muslimische Opfer zeigte. Das war zwar nur ein Teil der Wahrheit, aber offenbar besser vermittelbar.

Zum Kriegsverlauf

Mit der internationalen Anerkennung Bosniens war die Jugoslawische Volksarmee JNA auch in Bosnien zur Besatzungsarmee geworden. Zu diesem Zeitpunkt war ein großer Teil der muslimischen und kroatischen JNA-Offiziere und -Soldaten längst desertiert und in Verbände ihrer Volksgruppen eingetreten, sodass die JNA bereits weitgehend eine rein *serbische* Armee war. Diese entschloss sich auf Anordnung von Slobodan Milosevic, der unter starkem internationalem Druck stand, rasch zum Rückzug. Wie in Kroatien war der Abzug der jugoslawischen Armee zum Teil von heftigen Gefechten begleitet. So notierte etwa die »Süddeutsche Zeitung«: »In Tusla wurden die abziehenden Kolonnen der Armee von muslimischen und kroatischen Milizen beschossen. Belgrads unabhängiger Fernsehsender ›Studio B‹ zeigte die von einem Amateur gefilmten schrecklichen Bilder brennender und immer wieder explodierender Konvois – mitten in der Stadt; fünfzig abziehende Soldaten kamen dabei um. Die Armee ihrerseits jagt in die Luft, was sie nicht mitnehmen kann.«[43]

Von dem, was die JNA weder mitnahm noch in die Luft sprengte, darunter hunderte Panzer sowie Flugzeuge, Kanonen und anderes Gerät, fiel das meiste in die Hände der bosnischen Serben, wodurch diese eine deutliche militärische Überlegenheit erwarben, zumal sie noch lange Zeit logistische Unterstützung aus Serbien erhielten.

Ziel der bosnischen Serben war es, ein möglichst großes, zusammenhängendes Gebiet unter ihre militärische Kontrolle zu bringen, also ihrer »Republika Srpska« einzuverleiben. Dies war nicht einfach, denn eine Karte über die ethnische Zusammensetzung Bosniens glich bekanntlich einem Leopardenfell. Die Siedlungsgebiete der bosnischen Serben lagen vorwiegend im Norden und Osten des Landes, aber auch dort gab es zahlreiche Städte und Landstriche mit muslimischer oder kroatischer Mehrheit.

Infolge der militärischen Überlegenheit gelang es den serbisch-bosnischen Einheiten rasch, etwa zwei Drittel, nach serbischen Angaben sogar *drei Viertel* von ganz Bosnien zu erobern. Die Praxis sah in vielen Fällen so aus: Unmittelbar nach Eroberung einer Ortschaft durch die serbisch-bosnische Armee mussten die nichtserbischen Einwohner, sofern sie nicht schon geflüchtet waren, ihre Häuser auf der Stelle verlassen – teils »geordnet« in Bussen oder Pkw, teils zu Fuß über Berge und Felder. In den »frei gewordenen« Häusern siedelte man Serben an, die ihrerseits aus ihren Heimatorten vertrieben worden waren. Muslime und Kroaten, die sich »loyal« verhielten, durften da und dort auch bleiben, waren aber sehr oft kriminellen Willkürakten der Eroberer ausgesetzt: Erschießungsaktionen, Vergewaltigungen und Plünderungen waren an der Tagesordnung; nicht zu vergessen die massenhafte Zerstörung kultureller und religiöser Einrichtungen, Moscheen und Friedhöfe, Denkmäler und Archive. Der grauenvolle Höhepunkt der serbischen Verbrechen ereignete sich in der Stadt Srebrenica, wo bosnischen Serben im Juli 1995 mehrere Tausend Muslime ermordeten.[44]

Die Aktionen der bosnischen Kroaten verliefen sehr ähnlich wie jene der bosnischen Serben. Auch ihr Ziel war die Eroberung eines geschlossenen Gebietes; in ihrem Fall die Republik »Herceg-Bosna«. Von Kroatien aus massiv militärisch unterstützt, was anfangs »geheim«, später offen und mit voller Billigung insbesondere der USA geschah, verzeichneten auch sie rasche militärische Erfolge: Schon im Sommer 1992 beherrschten sie nach eigenen Angaben die von ihnen beanspruchten dreißig Prozent des Landes. Ihre Vertreibungsaktionen und andere Kriegsverbrechen, Morde und Vergewaltigungen glichen jenen der Serben, worüber unsere Medien jedoch nur sehr spärlich berichteten. Selbst die unfassbaren kroatischen Massaker von Ahmici und Stupni Do, begangen an Muslimen, sind wohl nur Insidern bekannt.

So war denn zweifellos die muslimische Bevölkerung mit Abstand am stärksten vom verbrecherischen Krieg betroffen. Die großen Landgewinne von Serben und Kroaten ließen den Muslimen gerade noch einige »Inseln«, etwa den Westteil von Sarajevo oder die Regionen um Tuzla, Srebrenica und Gorazde, wo sie zu Hunderttausenden eingepfercht dahinvegetierten und serbischen Granatangriffen ausgesetzt waren. Die Vision von Milosevic und Tudjman von der Aufteilung Bosniens unter Serben und Kroaten schien Realität zu werden.

Indessen wäre es völlig falsch, den Muslimen ausschließlich eine Opferrolle zuzuschreiben. Auf die Ideologie und die Kriegsvorbereitungen der muslimischen Nationalisten habe ich schon hingewiesen. Die Täterschaft der Muslime beschränkte sich jedoch nicht auf Worte. Die ersten Schüsse im – zu diesem Zeitpunkt noch gar nicht ausgebrochenen – bosnischen Krieg kamen aus *muslimischen* Gewehrläufen: Am 1. März 1992 wurde während einer serbischen Hochzeit mitten in der Altstadt von Sarajevo der Vater des Bräutigams erschossen und der orthodoxe Priester verletzt. Der muslimische Todesschütze wurde für seine Tat geehrt und belohnt.

Und auch das erste Massaker in Bosnien, begangen an fünf serbischen Familien im nordbosnischen Sijekovac – drei Wochen vor Ausbruch des Krieges –, geht auf muslimisches Konto. Selbst in diesem Fall wurden die Täter als Kriegshelden gefeiert.[45] Je mehr Verbrechen begangen wurden, umso mehr konnte die jeweils andere Seite eigene Verbrechen als Vergeltungsaktionen bezeichnen. Bis zum Kriegsende zogen auch muslimische Killer eine breite, blutige Spur. Waren es zunächst infolge der militärischen Unterlegenheit meist »nur« guerillaartige nächtliche Überfälle, während derer man vorwiegend serbische, aber auch kroatische Familien abschlachtete, so zogen die Muslime mit zunehmender Stärke später auch mit Vertreibungsaktionen und grausamen Willküraktionen gegen Zivilisten nach.

Die UNO in Bosnien

Zwei Monate nach Ausbruch der Kämpfe kamen die ersten UNO-Blauhelme nach Bosnien. Obwohl laufend weitere dazukamen – zuletzt waren es dreißigtausend UNPROFOR-Soldaten –, konnten sie das Blutvergießen nicht beenden. Ihr Mandat beschränkte sich auf humanitäre Hilfe sowie die Sicherung einiger ausgewählter Städte, die so genannten UN-Schutzzonen. Das waren im Wesentlichen Städte wie Sarajevo, Tuzla und Bihac, die noch von Muslimen gehalten wurden und in denen sich die Flüchtlinge zu Zehntausenden drängten. Doch selbst dort war die UNO nur sehr bedingt erfolgreich, wie etwa das Beispiel der Schutzzone »Srebrenica« dramatisch zeigte.

Auch die intensiven Versuche der UNO, gemeinsam mit der EG eine Lösung der vielen bosnischen Fragen am Verhandlungstisch zu finden, scheiterten. Trotzdem müssen die unermüdlichen internationalen Friedensbemühungen, die mit den Namen Vance, Owen und Stoltenberg[46] verbunden sind, als vorbildlich bezeichnet werden. Völlig zu Unrecht wurden deren Friedenspläne in vielen westlichen Medien herabgewürdigt, ja lächerlich gemacht, denn der nach Vance und Owen benannte Friedensplan hatte eine realistische Chance, das Blutvergießen noch im ersten Kriegsjahr zu beenden. Dieser Plan sah vor, Bosnien in zehn Provinzen aufzuteilen, aber den multinationalen Gesamtstaat zu erhalten und den Frieden mit dreißigtausend *bewaffneten* UNO-Blauhelmen – zum allergrößten Teil von Nato-Staaten gestellt – zu sichern. Die bosnischen Serben, denen nach Vance-Owen dreiundvierzig Prozent Bosniens zugestanden wären, hatten dem Plan zunächst zugestimmt, obwohl sie zu diesem Zeitpunkt einen erheblich größeren Teil des Landes militärisch kontrollierten. Der Plan scheiterte letztlich an einer Stelle, an der sie heute kaum mehr jemand vermutet: an den USA, genauer gesagt, an der erst wenige Monate zuvor neu angetretenen Regierung von Bill Clinton. Von Anbeginn an war es das erklärte Ziel Clintons, sich in Bosnien stärker zu engagieren, als es sein Vorgänger George Bush getan hatte. Dabei setzte die US-Administration auf extreme muslimische Fundamentalisten, die sie nicht nur unterstützte, sondern zu einer kompromisslosen Haltung geradezu anstiftete. Eine, zumal im Licht späterer Entwicklungen, verhängnisvolle Entscheidung. Der damalige UNO-Generalsekretär Boutros-Ghali kommentiert sie in seinen Aufzeichnungen so: »Der amerikanische Widerstand hatte dem Vance-Owen-Plan einen schweren Rückschlag versetzt, wenn nicht gar den Todesstoß.« Und Lord Owen wurde noch deutlicher: »Wenn George Bush die Wahl gewonnen hätte ... dann wäre der Krieg in Bosnien längst vorüber.«[47]

Die UNO hatte nicht die Aufgabe, für eine der kriegführenden Seiten Partei zu ergreifen. Trotzdem war der UNO-Einsatz bei vielen im Westen mit der Hoffnung verbunden, er würde den Serben Einhalt gebieten, diese zumindest als Alleinschuldige benennen, um damit eine militärische Intervention des Westens zu rechtfertigen, mindestens jedoch das ohnehin fast wirkungslose Waffenembargo zu beenden. Doch ein UNPROFOR-Oberbefehlshaber nach dem anderen enttäuschte diese Hoffnung, obwohl kein Zweifel darüber bestehen konnte, dass die bosnischen Serben in den ersten zwei Kriegsjahren mit ihrer überlegenen Militärmaschinerie alles niederwalzten und die meisten Verbrechen begingen.

Zunächst war es der kanadische General Lewis MacKenzie, der sich bald überraschend differenziert zur Schuldfrage äußerte, was ihm sehr verübelt wurde: Rasch sah er sich mit dem Vorwurf konfrontiert, er habe muslimische Mädchen in serbischen Bordellen missbraucht. Ihm folgte der Franzose Philippe Morillon, der die Lage zum Ärger vieler ganz ähnlich wie sein Vorgänger einschätzte und der den Ärger gleichfalls zu spüren bekam: Zahlreiche angeblich dunkle Flecken seiner Karriere wurden in den Medien breitgetreten. Als dann schließlich

ein weiterer UN-Oberbefehlshaber, der Brite Michael Rose –
anfangs als kompromissloser Haudegen gepriesen, der mit den
bosnischen Serben kurzen Prozess machen würde –, ins gleiche Horn blies, auf die Verbrechen *aller* Kriegsparteien hinwies
und immer wieder militärische Interventionen des Westens
verhinderte, wurde auch er als Serbenfreund gebrandmarkt
und mit dem Ansehen der UNO war es gänzlich vorbei.[48] Mehr
als hundert UN-Soldaten ließen in Bosnien ihr Leben.

So wurden denn weltweit die Rufe nach einem Einsatz der
Nato immer lauter. Am vehementesten und unter Einsatz aller
Mittel der Öffentlichkeitsarbeit forderte die bosnische Regierung ein Bombardement serbisch-bosnischer Stellungen und
sie fand, wie schon erwähnt, in der neuen amerikanischen Regierung einen mächtigen Fürsprecher, dem das offenbar gut in
seine eigenen strategischen Überlegungen passte. Bei jeder sich
bietenden Gelegenheit machten sich die USA für Luftschläge
stark, denn diese entsprachen genau der neuen Konzeption der
Weltpolizei: »Ordnung« schaffen, ohne das Leben eigener Soldaten zu gefährden. Andere Nato-Staaten, England und Frankreich insbesondere, konnten da lange Zeit nicht zustimmen,
denn sie hätten damit ihre eigenen in Bosnien stationierten
UNPROFOR-Soldaten in Gefahr gebracht. Zumal die Nato ja
ein *Verteidigungs*bündnis war, das seine *Mitglieder* vor Angriffen
schützen sollte, und Bosnien war kein Nato-Staat. Das Bombardieren von Zielen außerhalb der Territorien ihrer Mitglieder
war in den Statuten des Atlantikpaktes nicht vorgesehen, ge-
nausowenig wie das Eingreifen in Bürgerkriege, die in Nicht-
Nato-Staaten tobten. Trotzdem nahm die Nato mehr und mehr
das Heft in die Hand.

Es folgten zahllose Ultimaten an die serbisch-bosnischen
Angreifer, ihre schweren Waffen von da oder dort zurückzu-
ziehen. Viele Ultimaten verstrichen ungehört, ohne dass
Bomben folgten, was auch den Ruf der Nato stark ram-
ponierte. In anderen Fällen erfüllten die Serben die Ultimaten
in letzter Sekunde gerade so weit, dass im Westen regelmäßig
ein heftiger Streit darüber ausbrach, ob man nun endlich
bombardieren dürfe oder müsse. Auf den bosnischen
Schlachtfeldern hatte sich das Bild inzwischen deutlich
verändert. Etwa ab Mitte 1994 erlitten die bis dahin von Sieg

zu Sieg eilenden Serben empfindliche Niederlagen und weite Teile der zuvor verlorenen Gebiete wurden von Soldaten der mittlerweile gegründeten muslimisch-kroatischen Allianz zurückerobert. Trotz des UN-Waffenembargos waren große Mengen an Waffen auch an Muslime gelangt; zudem tummelten sich viele westliche Militärberater und Söldner zur Unterstützung von Kroaten und Muslimen im Lande. Da außerdem während des ganzen Krieges die wichtigsten bosnischen Waffenfabriken unter muslimischer Kontrolle standen und sich Kroatien ja ganz offiziell militärisch in Bosnien engagierte, konnte die serbische Übermacht gebrochen werden und die Kräfteverhältnisse der Armeen näherten sich einander Schritt für Schritt an.

Massakerpolitik (1)

Die für den Verlauf der Geschichte entscheidenden Ereignisse spielten sich jedoch nicht bei der direkten Konfrontation der Krieger ab, sondern auf den Marktplätzen von Sarajevo: drei blutige Massaker, die Geschichte machen sollten. Am 27. Mai 1992 zerfetzte eine Explosion sechzehn Menschen, die frühmorgens in einer Schlange um Brot anstanden – man sprach vom »Brotschlangen-Massaker«. Knapp zwei Jahre später, am 5. Februar 1994, tötete ein Sprengkörper am Marktplatz »Markale« achtundsechzig Menschen und im Jahr darauf, am 28. August 1995, ereignete sich an der gleichen Stelle das zweite »Marktplatz-Massaker«, das achtunddreißig Menschen das Leben kostete. Jedes Mal gab es auch Dutzende Schwerverletzte.

Die drei Massaker lösten weltweit Abscheu und Entsetzen aus. In allen drei Fällen wurden, noch bevor kriminalistische Untersuchungen eingeleitet worden waren, die bosnischen Serben verantwortlich gemacht. Das änderte sich auch nicht, als bald vieles dafür sprach, dass muslimische oder andere Täter dahinter standen. Aufgeklärt sind die Verbrechen bis heute nicht.

Fragt man sich, in wessen Kalkül die Massaker passten, so war von Anfang an offensichtlich, dass sie den bosnischen Serben gewaltigen Schaden zufügen mussten, da sie ihr ohnehin schon verheerendes Image in der Welt zusätzlich verschlechterten. Und es fällt auf, dass alle drei Massaker nicht *irgend-*

wann passierten, sondern justament jeweils dann, wenn UNO beziehungsweise Nato vor schwer wiegenden und sehr umstrittenen Entscheidungen bezüglich ihres weiteren Vorgehens in der Region standen, und dass die Massaker in allen drei Fällen maßgeblich dazu beigetragen haben, Entscheidungen im Sinne der antiserbischen Hardliner herbeizuführen.

Drei Tage nach dem »Brotschlangen-Massaker« beschloss die gerade tagende UNO-Vollversammlung harte Wirtschaftssanktionen gegen Serbien und Montenegro – nicht jedoch gegen Kroatien, das im Bosnien-Krieg ebenso völkerrechtswidrig engagiert war wie Serbien.

Direkte Folge des »Marktplatz-Massakers« vom Februar 1994 waren die ersten scharfen Schüsse, die die Nato in ihrer Geschichte abgab. Von vielen waren diese längst gefordert und herbeigeschrieben worden, doch bis zu diesem Zeitpunkt hatten sich immer wieder die Zauderer durchsetzen können. Zu schwer wogen rechtliche und politische Bedenken gegen ein militärisches Eingreifen der westlichen Staatengemeinschaft. Jetzt aber war der Bann gebrochen: In den folgenden achtzehn Monaten flog die Nato gegen serbisch-bosnische Stellungen etwa ein Dutzend so genannter »*begrenzter* Kampfeinsätze«, auch »Nadelstiche« genannt. Diese verfehlten indes die erhoffte Wirkung – der Krieg ging unvermindert weiter. Und je länger er andauerte, umso lauter wurden die Forderungen nach einem massiveren, zeitlich *nicht begrenzten* Nato-Bombardement. Doch wieder stießen die Hardliner auf schwere Bedenken, die es in der UNO, insbesondere bei deren Generalsekretär Boutros-Ghali, aber auch in etlichen Nato-Staaten gab. Vor diesem politischen Hintergrund wurde das dritte Massaker, das zweite »Marktplatz-Massaker«, verübt.

Wenn man sich den Zeitpunkt der letzten Marktplatzbomben etwas näher ansieht, sticht geradezu ins Auge, dass sie genau an jenem Tag explodierten, an dem die USA nach langem Lavieren das Heft in Bosnien endgültig in die Hand genommen hatten. Richard Holbrooke, US-Staatssekretär und Chef-Verhandler für Bosnien, war gerade auf der Anreise nach Sarajevo, als die grauenhaften Bilder der zerfetzten Leiber von dem Massaker um die Welt gingen. Nach zahlreichen erfolglosen Vermittlungsbemühungen von EG und UNO, die dem Ansehen dieser Organisationen schweren Schaden zugefügt hatten, setzten nun die Amerikaner ihren Ruf als ordnende Weltmacht aufs Spiel. Sollten auch sie die Kämpfe in Bosnien nicht zum Stoppen bringen können, so wäre die Blamage der ganzen westlichen Welt perfekt gewesen. Richard Holbrooke stellte zum zweiten »Marktplatz-Massaker« fest: »Der Angriff war unmittelbar nach dem Start der amerikanischen Pendeldiplomatie [...] erfolgt. Deshalb war er nicht nur ein Terrorakt gegen unschuldige Menschen in Sarajevo, sondern der erste direkte Affront gegen die Vereinigten Staaten.«[49]

Damit hatten die Hardliner gewonnen, denn das konnte man nicht durchgehen lassen: Zwei Tage nach der grauenhaften Explosion startete die Nato ein zeitlich nicht befristetes Dauerbombardement.

Doch Zorn auf die bosnischen Serben allein hätte diese Wende noch nicht ermöglicht, denn den gab es schon früher. »Unterdessen«, so lesen wir bei Holbrooke, »kam in New York UN-Botschafterin Albright, die sich weiterhin um die Unterstützung der UNO für ein härteres Vorgehen bemühte, das Glück zu Hilfe: Da UN-Generalsekretär Boutros-Ghali auf Reisen und nicht erreichbar war, verhandelte sie mit seinem für die friedenserhaltenden Operationen zuständigen Stellvertreter Kofi Annan. Um 11.45 Uhr, Ortszeit New York, kam der Durchbruch: Annan informierte Talbott[50] und Albright, er habe die Zivilbeamten und Militärkommandeure der UNO angewiesen, für einen befristeten Zeitraum auf ihr Vetorecht gegen Bombenangriffe in Bosnien zu verzichten. Damit lag zum ersten Mal seit Kriegsbeginn die Entscheidung über Luftschläge allein bei der Nato [...].«[51]

Welch bemerkenswerte Fügung: Die zweite Marktplatzbombe detonierte just in einem Augenblick, da der störrische Boutros-Ghali, der sich stets gegen ein stärkeres Eingreifen der Nato stark gemacht hatte, unerreichbar war. (Nebenbei bemerkt: Die USA haben Kofi Annan später nicht vergessen: »Annans beherztes Handeln in den entscheidenden 24 Stunden war mit entscheidend dafür, dass Washington ein Jahr später seine Kandidatur für die Nachfolge von Boutros-Ghali als Generalsekretär der Vereinten Nationen massiv unterstützte. In gewisser Hinsicht gewann Annan seine Nominierung an diesem Tag.«[52])

Dayton

Mit teilweise sehr unkonventionellen Methoden, Charme, aber auch martialischem Gehabe und manchmal, wie er später selbst eingestand, mit Dilettantismus gelang es Richard Holbrooke und seinem Team nach einer beispiellosen Pendelmission, die ihn über mehrere Wochen oft fast gleichzeitig in den Hauptstädten Ex-Jugoslawiens und anderen Teilen der Welt auftauchen ließ, die Präsidenten Izetbegovic, Tudjman und Milosevic zur Friedenskonferenz nach Dayton (Ohio, USA) zu bewegen und dort in einem dreiwöchigen Verhandlungsmarathon den Krieg zu beenden.

Sollte Holbrooke dafür dereinst den Friedensnobelpreis bekommen, so bin ich gespannt, ob und wie er bei seiner Nobelpreisrede – so wie in seinem Buch – jenen Mann erwähnen wird, ohne den er nie und nimmer erfolgreich gewesen wäre: Das war, glaubt man Holbrooke, Slobodan Milosevic. Gleich am Beginn von Holbrookes Mission stellte Milosevic mit der Entmachtung der bosnischen Serbenführer Karadzic und Mladic entscheidend die Weichen. Und an zahlreichen Stellen seiner Erinnerungen beschreibt Holbrooke, wie die Verhandlungen in einer Sackgasse angelangt waren und wie Milosevic durch »beispiellose Zugeständnisse«[53] das Ruder herumriss. Das bemerkenswerteste Zugeständnis war wohl die Preisgabe von Sarajevo. Holbrooke: »[Milosevics] Worte waren vermutlich die erstaunlichsten und überraschendsten der gesamten Konferenz.«[54]

Kroaten und Muslime waren in Dayton, so Holbrooke, bei weitem nicht so kooperativ. Insbesondere die Muslime sahen sich ausschließlich als Opfer der serbisch-bosnischen Aggression und erwarteten von den USA, dass diese ihre Interessen vertraten. Wie spannungsgeladen die Konferenz bis zuletzt verlief, kommt etwa in folgender Notiz zum Ausdruck: »›Sie sind es‹«, fuhr Holbrooke den Muslim Haris Silajdzic, den bosnischen Ministerpräsidenten, am Ende des zwanzigsten und letzten Verhandlungstages in Dayton an, »›die alles ruiniert haben. Man hat Ihnen mindestens 95 Prozent Ihrer Wünsche erfüllt, und nun sind Sie im Begriff, alles das Klo runterzuspülen [...]‹. Als Silajdzic weiter wütete, bat ich ihn zu gehen.«[55]

Und ein paar Absätze weiter: »Der Tag [20.11.95] war fraglos der deprimierendste in meinem ganzen Berufsleben gewesen. Ich konnte kaum glauben, dass die Bosnier wegen so einer Kleinigkeit das Abkommen platzen lassen würden, und doch schienen sie genau dazu bereit.«

Die »Kleinigkeit«, die Holbrooke da ansprach, an der die Konferenz zu scheitern drohte, war der Status des Landkorridors bei der nordost-bosnischen Stadt Brcko, der die serbischen Gebiete von Ost- und Nordbosnien verbinden sollte. Holbrooke wartete fast die ganze folgende Nacht auf ein Einlenken der Muslime in dieser Frage. Vergeblich.

Am folgenden Tag musste die Weltöffentlichkeit informiert werden. Siebenhundert Journalisten aus aller Welt waren eigens nach Dayton gekommen, um vom Ort der Verhandlungen über Erfolg oder Misserfolg der amerikanischen Vermittlungsbemühungen zu berichten. Schon am frühen Morgen dieses Tages, dem 21. November 1995, verbreitete ein US-Sender die Meldung vom Scheitern der Konferenz; Holbrooke selbst hatte durchsickern lassen, man befinde sich »in einer absoluten Krise«. Um acht Uhr rief Holbrooke seine Mitarbeiter zu einer letzten Lagebesprechung zusammen, bevor er die wartenden Journalisten offiziell über das Debakel der dreiwöchigen Verhandlungen informieren wollte.

Holbrooke über die Wende in allerletzter Sekunde: »Die Lagebesprechung verlief in einer bedrückenden Atmosphäre. Zwanzig übermüdete Leute drängten sich in dem kleinen, unaufgeräumten Konferenzzimmer. Es gab nichts mehr zu tun. Ich sagte, dies sei unsere letzte, unsere ›Schlussbesprechung‹, und setzte zu einer abschließenden Dankrede an. ›Der Minister und ich möchten Ihnen allen für Ihre hervorragenden Leistungen danken. Wir haben alle unser Bestes gegeben, und gleichgültig, was heute geschieht: Nicht wir haben versagt, sondern –‹. Plötzlich stürmte Kati [Holbrookes Gattin] in den Raum und rief: ›Milosevic steht draußen im Schnee und will mir dir sprechen.‹«[56] Holbrooke unterbrach die Lagebesprechung unverzüglich, um Milosevic zu treffen; gemeinsam mit Außenminister Warren Christopher.

Milosevic unterbreitete den beiden zunächst einen untauglichen Lösungsvorschlag, den er offenbar mit Tudjman ausgebrütet hatte, den aber Christopher sofort kategorisch ablehnte. Doch dann fielen die entscheidenden Worte: »›Okay, okay‹, sagte Milosevic. ›Dann werde ich den letzten Schritt zum Frieden tun. Ich erkläre mich hiermit einverstanden, die Brcko-Frage heute in einem Jahr in einem Schiedsverfahren entscheiden zu lassen. Sie können dann die Entscheidung selbst treffen, Mr. Christopher.‹«[57]

Durch diese Worte wurde »Dayton« gerettet und ein – wenngleich noch sehr lange unsicherer – Friede gefunden, der noch heute, Jahre später, nur durch die Präsenz Zehntausender, unter Nato-Kommando stehender UNO-Soldaten aufrecht erhalten werden kann. Bosnien blieb formal ein einheitlicher Staat, bestehend aus zwei Teilen: der »Muslimisch-kroatischen Föderation«, die einundfünfzig Prozent des bosnischen Territoriums umfasst, und der »Republika Srpska«.

Boutros-Ghali kommentierte den Frieden von Dayton so: »In ihren ersten Wochen im Amt hatte im Jahr 1992 die Clinton-Administration dem Vance-Owen-Plan, nach dem die Serben dreiundvierzig Prozent des Gebiets eines einigen Staates erhalten sollten, den Todesstoß versetzt. 1995 war die amerikanische Regierung stolz auf ein Abkommen, das den Serben nach fast drei weiteren Jahren voller Gräueltaten und Morde neunundvierzig Prozent in einem Land zusprach, das nun zweigeteilt wurde.«[58]

Doch in der allgemeinen Freude über den Erfolg wollte niemand mehr daran denken, dass drei Jahre früher ein erheblich besseres Resultat in greifbarer Nähe lag. Im Gegenteil: Die USA konnten nicht nur ihr Gesicht wahren, sondern ihr Ansehen als Weltmacht erheblich verbessern. »Die Kritik an Präsident Clintons angeblicher Führungsschwäche verstummte jäh [...]. Nach Dayton wirkte die amerikanische Außenpolitik selbstbewusster und kraftvoller.« Und Holbrooke zitiert den französischen Außenminister Hervé de Charette: »Amerika war wieder da.«[59]

Wenn man sich vor Augen hält, wie sehr Slobodan Milosevic – sowohl vor Dayton als auch nicht allzu lange danach erneut – von den USA als »kommunistischer Schlächter« und »Balkan-Hitler« für alle Verbrechen in Jugoslawien verantwortlich gemacht wurde, mutet es seltsam an, wenn man bei Holbrooke liest, wie Bill Clinton zu diesem Milosevic Folgendes sagte: »›Ich weiß, dass dieses Abkommen nicht ohne Sie möglich gewesen wäre‹, erklärte Präsident Clinton kühl und etwas distanziert. ›Sie haben Dayton ermöglicht. Jetzt müssen Sie dazu beitragen, dass es umgesetzt wird.‹«[60]

Damit ist selbstverständlich nichts über Milosevic Friedensliebe gesagt, vielmehr einiges über seine Bereitschaft, mit den USA zu kooperieren, vor allem aber über seinen fast bedingungslosen Willen, alles für die Beendigung der UNO-Sanktionen zu tun. Diese brachten letztlich die Waffen zum Schweigen. Und ich füge meine Überzeugung hinzu, dass der Krieg vermutlich einen weniger blutigen Verlauf genommen hätte, wären die Sanktionen im Mai 1992 nicht einseitig nur gegen Serbien, sondern gegen alle kriegführenden Staaten, insbesondere auch gegen *Kroatien*, verhängt und konsequent durchgesetzt worden. Mindestens hätte sich die westliche Staatengemeinschaft in diesem Falle den Vorwurf ersparen können, die Krise durch einseitige Parteinahme zusätzlich verschärft zu haben.

Und noch etwas ist hinzuzufügen: In Bosnien gewann die viel zitierte neue Weltordnung, die es nach dem Zusammenbruch der Sowjetunion zu schaffen galt, erstmals Konturen. Dayton brachte eine »Pax Americana«, der ein jahrelanges Hintertreiben der Politik der EU und der UNO vorangegangen war. Die USA hatten dabei nicht nur Selbstbewusstsein getankt, sondern sie hatten deutlich demonstriert, dass sie als nunmehr einzige Supermacht gewillt waren, der UNO die Funktion einer Weltpolizei streitig zu machen. Und auch die Methoden, mit denen diese Polizei die weltweite Ordnung in Zukunft aufrechtzuerhalten gedachte, wurden in Bosnien erprobt und letztlich zu dem Instrumentarium gemacht, mit dem wir voraussichtlich noch häufig konfrontiert sein werden. »Luftschläge« – so heißt das neue Zauberwort; Demonstrationen der Macht, ohne großes eigenes Risiko. Kostproben davon gab es schon kurz nach Dayton, und zwar im Sudan und in Afghanistan 1998, zwischendurch immer wieder einmal im Irak und als bisherige Höhepunkte in Serbien 1999 und erneut in Afghanistan 2001.

»Journalismus« – oder:
Vom Glück und Unglück des neunjährigen Edin

Auch eine noch so knappe Darstellung des Krieges in Bosnien muss auf die Rolle der Medien eingehen. Dass dort wiederum fast ausschließlich die Serben als die bestialischen Angreifer galten, während ihre Gegner als wehrlose Verteidiger dargestellt wurden, ist zwar nach den bisherigen Ausführungen sicher nicht mehr besonders erwähnenswert. Doch zur Einäugigkeit kam jetzt die maßlose Übertreibung des täglichen Grauens. Je länger der Krieg dauerte und je mehr sich das Publikum an die schrecklichen Bilder des Krieges gewöhnte, umso mehr schien es vielen Berichterstattern notwendig, »noch eine Zacke draufzusetzen, indem sie ungesicherte Berichte über angebliche Gräueltaten noch ausschmückten oder kommentierend als gewollte Kriegstaktik der mittlerweile dämonisierten Serben darstellten«, wie es Hanspeter Born, Redakteur der Züricher »Weltwoche«, formulierte.

»Ein krasses Beispiel dafür«, so Born konkret, »dass sich die Medien für eine Propagandakampagne einspannen ließen (die ›Weltwoche‹ war in diesem Fall übrigens führend mit dabei!), war die ungeheure Hysterie um die ›systematischen Massenvergewaltigungen‹ und um die ›Vergewaltigungslager‹.« [61]

Einige wenige machten sich die Mühe, die oft von professionellen Agenturen im Auftrag der bosnischen Regierung verbreiteten Gerüchte und Berichte zu überprüfen. Beispielsweise Martin Lettmayer, ein Mitarbeiter von »Stern-TV«, der den Auftrag erhielt, den erschütternden und preisgekrönten Vergewaltigungsreports prominenter Journalistinnen nachzugehen, die es auf die Titelseiten zahlreicher internationaler Medien gebracht hatten. Lettmayer besuchte eine den Berichten zufolge »restlos von schwangeren Lager- und Flüchtlingsfrauen überfüllte« Klinik in Zagreb, wo täglich achtzehn Kinder vergewaltigter Frauen zur Welt kommen sollten – und fand einen leeren Gebärsaal vor. Er fuhr auch nach Doboj, eine von den bosnischen Serben eroberte Stadt, die als »Vergewaltigungsstadt« in die Schlagzeilen geraten war. Lettmayer inspizierte dort die bis ins Detail beschriebenen Vergewaltigungsstätten, fand nichts bestätigt und musste schließlich feststellen: »Von

Vergewaltigungslagern hatte keiner der Muslime von Doboj, mit denen wir sprachen, je etwas gehört.« Nicht anders stand es in Banja Luka und auch nicht in Manjaca, wo nach ZDF-Berichten »in einem Stadion vor 1.500 Leuten vergewaltigt worden sein« sollte. Lettmayer: »Ich weiß nicht, ob Frau Welser vom ZDF oder Frau Graupner von der ›Süddeutschen‹ in Manjaca waren. Ich war dort und habe vieles gesehen, nur kein Stadion.«[62]

Das oft beklagte Versagen des Journalismus im Bosnien-Krieg war auch das Resultat der seit Mitte 1991 vorherrschenden antiserbischen Grundstimmung. Diese wurde freilich noch verstärkt durch den Umstand, dass sich die meisten Journalisten während des ganzen Krieges im muslimisch dominierten Teil von Sarajevo aufhielten, wo sie gemeinsam mit der Bevölkerung von den serbischen Belagerern eingeschlossen waren, mit dieser litten und die serbischen Granatenhagel hautnah miterlebten. Das machte sie noch empfänglicher für Informationen, die sie fast ausschließlich von muslimischer Seite erhielten und deren Wahrheitsgehalt sie meist nicht überprüfen konnten.

»Unseriöser Journalismus«, »schlampige Recherche«, Weitergabe von »Informationen vom Hörensagen, aus dritter Hand«, »kühne Hochrechnungen« von Verbrechensopfern, »psychologische Spekulationen« (Martin Lettmayer) sind damit jedoch nicht zu entschuldigen. Denn nur wenige hundert Meter vom Hauptquartier der westlichen Journalisten – dem »Holiday Inn« – entfernt lag der Ostteil von Sarajevo, wo die *serbische* Bevölkerung unter den muslimischen Granaten litt. Darüber wurde jedoch kaum berichtet.

Ein Nato-Offizieller plauderte einmal aus der Schule der Schuldzuweisungen: »Wenn wir wissen, dass es die Serben getan haben, sagen wir: ›Die Serben waren es‹. Wenn wir nicht wissen, wer es getan hat, sagen wir: ›Die Serben waren es‹. Und wenn wir wissen, dass es *nicht* die Serben waren, sagen wir: ›Wir wissen nicht, wer es war.‹«[63]

Die journalistische Praxis im Bosnien-Krieg stellte derartige Manipulationen oft noch weit in den Schatten: Zahlreiche Fälle sind dokumentiert, wo massakrierte Menschen, die Halsketten mit orthodoxen Kreuzen trugen und somit als *Serben* erkennbar waren, in den Medien als von Serben hingeschlachtete *muslimische* Opfer ausgegeben wurden.[64] Schlimmer noch: In maßloser Gier, Bilder von serbischen Gräueltaten zu bekommen, schreckten einzelne Journalisten vor gar nichts zurück: Namentlich nicht bekannte Fernsehjournalisten ließen den neunjährigen Muslim-Jungen Edin für Bargeld beim Hygiene-Institut von Sarajevo so oft über die gefährlichste Kreuzung der Stadt rennen, bis ihn – beim achten Mal – die tödliche Kugel eines Heckenschützen traf.[65]

NACH DEM KRIEG IN BOSNIEN

Im April 1996 – die internationalen Truppen, I-FOR[66] genannt, hatten wenige Monate zuvor die Kontrolle im Lande übernommen – reiste ich erstmals wieder nach Bosnien.

Klelija, Ninas Halbschwester, die ich schon in Zadar kennen gelernt hatte und die mit einer Politikerdelegation auch einmal bei uns in Regensburg war, hatte mich eingeladen. Sie lebte in Tuzla, der Metropole von Nordost-Bosnien, war stellvertretende Vorsitzende der Liberalen Partei Bosniens und im Hauptberuf leitende Angestellte von »PROMO«, einer bosnischen Messegesellschaft. Sie setzte sich mit großem Engagement dafür ein, dass die einstmals überregional bekannte Frühjahrsmesse von Tuzla schon rasch nach Einstellung der Kämpfe – erstmals seit fünf Jahren – wieder stattfinden konnte, und sie beschwor mich zu kommen: Allzuviele würden aus Mitteleuropa wohl nicht anreisen, um so mehr komme es auf jeden Einzelnen an, denn die Messe solle zum Signal einer Normalisierung in Bosnien auch in wirtschaftlicher Hinsicht werden.

Alleine hätte ich die Reise wohl kaum gewagt, doch ich konnte Tomislav, einen kroatischen Freund und Geschäftspartner, als Begleiter gewinnen. So kamen wir denn bei Orasje über die Save, den Fluss, der Kroatien und Bosnien trennt – per Floß, befestigt an einem Seil und gezogen von einem primitiven Kahn, denn alle Savebrücken waren zerstört. Im Windschatten von US-Panzern fuhren wir nahe der Stadt Brcko durch den nur wenige Kilometer breiten serbischen Korridor im Norden Bosniens, der die serbischen Gebiete Ostbosniens mit jenen um Banja Luka im Nordwesten verbindet und an dem »Dayton« um ein Haar gescheitert wäre. Sein endgültiger Status ist noch heute offen.

Schließlich erreichten wir eine total übervölkerte Stadt: Tuzla, während des ganzen Krieges eine muslimische Hochburg, war Zufluchtsort Zehntausender Vertriebener geworden. Klelija empfing uns begeistert. Sie hatte bis zuletzt gezweifelt, ob ich kommen würde, und sie ließ, wie ich allerdings erst später erfuhr, sofort ein Zimmer im restlos ausgebuchten Hotel »Tuzla« räumen, das bereits mit bosnischen Geschäftsleuten belegt war.

Den ersten Abend verbrachten wir gemeinsam mit dem Südosteuropa-Leiter der »Friedrich Naumann Stiftung« sowie mit seiner bulgarischen Kollegin, mit der ich später noch eine Zeitlang in Briefkontakt stand. Diese beiden außerordentlich sympathischen Leute – sie waren mit einem Überschalljet der deutschen Bundeswehr von Zagreb nach Tuzla gekommen – teilten in vieler Hinsicht meine Einschätzung des Konfliktes; und sie zeigten mir einen sympathischeren Aspekt der deutschen Politik auf: Ich erfuhr, wie großzügig ihre FDP-nahe Organisation die Partei Klelijas förderte, indem sie beispielsweise Bosnier zu Seminaren nach Deutschland einlud, in Tuzla ein Büro finanzierte und Klelija im bevorstehenden Wahlkampf nach Kräften unterstützte.

Klelija besaß alle Eigenschaften einer erfolgreichen Politikerin und ihr Konterfei lachte wenig später im Wahlkampf von allen Plakatwänden. Leider errang sie kein Mandat, denn ihre liberale Partei war eine der wenigen übernationalen Gruppierungen im Lande und hatte im nationalistisch aufgepeitschten Klima keine Chance.

Die Messe selbst fiel erwartungsgemäß bescheiden aus: Außer einigen wenigen einheimischen Firmen waren es vor allem bosnische Repräsentanten japanischer und deutscher Unternehmen, die Bürogeräte und Lebensmittel ausstellten. Aber immerhin: Erste Ansätze einer wirtschaftlichen Wiederbelebung waren zu sehen. Und natürlich bot die feierliche Eröffnung der Messe hohen Politikern von Sarajevo die Gelegenheit, sich in Szene zu setzen und Optimismus zu verbreiten.

Ein kleines Lehrstück in Sachen Korruption

Dieser war in der Tat angesagt, denn von Seiten der Weltbank waren Milliarden an Aufbauhilfe zugesagt worden. Wie viele Milliarden letztlich geflossen sind, kann ich nicht sagen, wohl aber, dass ein großer Teil davon in korrupten Kanälen verschwand.

Wie diese von vielen beklagte Korruption ablief, habe ich ein paar Monate später durch ein kleines Lehrstück erfahren. Gemeinsam mit Tomislav hatte ich in Tuzla und anderen Orten etliche Geschäftskontakte geknüpft und wir erhielten bald zahlreiche Anfragen aus Bosnien.

In einem Fall lief das so: Tomislav schickte ein Fax, in dem er Preise und Lieferkonditionen für genau spezifizierte Werkzeuge erfragte. Wir boten an – Gesamtwert knapp vierzigtausend Mark – und Tomislav signalisierte, wir lägen gut. Zwei Wochen lang passierte nichts, doch dann kam ein merkwürdiges Fax: Alles wurde wie angeboten bestellt, nur die Preise waren in der Fax-Bestellung genau verdoppelt. Wenig später klärte mich Tomislav per Telefon auf: Wir sollten sofort eine Rechnung über den Bestellwert schicken – knapp achtzigtausend Mark – das Geld werde sofort im voraus überwiesen und wir sollten so rasch wie möglich liefern. Von der seltsamen Preisdifferenz dürften wir zehn Prozent behalten – das sollte wohl unser Schweigegeld sein – und über die restlichen neunzig Prozent des Aufpreises würden wir rechtzeitig informiert, wohin sie zu gehen hätten.

Tomislav nahm mir das Versprechen ab, Details der Sache für mich zu behalten, weshalb ich nur Folgendes festhalten will: Auftraggeber der Werkzeuge war eine internationale Hilfsorganisation und die Differenz hätte in die Benelux-Staaten fließen sollen.

»Glauben Sie kein Wort!«

Zurück nach Tuzla: Am zweiten Abend meines Aufenthaltes gab es im Hotel einen großen Empfang, bei dem ich auch etlichen angeblich bedeutenden Politikern vorgestellt wurde. Einer, der mir aus den Medien bekannt gewesen wäre, war al-

lerdings nicht dabei und die Gespräche waren nur sehr oberflächlich.

Sehr interessant war allerdings ein längeres Gespräch mit
einem muslimischen General, den mir Klelija präsentierte. Dieser, ein richtiger Haudegen im Kampfanzug, an die zwei Meter
groß und wohl schon über sechzig Jahre alt, war sichtlich froh,
unter den vielen Gästen jemanden gefunden zu haben, der
sich lebhaft für ihn interessierte. Er behandelte mich auf An-
hieb fast wie ein väterlicher Freund. Zur brennendsten Frage,
die sich in diesen Monaten stellte, ob nicht sehr rasch neue
Kämpfe ausbrechen würden, stellte er fest, dass alle müde
seien. »Der Krieg ist wirklich vorbei.«

Vorsichtig sprach ich die umstrittenen Marktplatz-Massaker
von Sarajevo an. Ich erwartete eine eindeutige Schuldzuwei-
sung an die Serben, doch ich erlebte eine kleine Überraschung:
»Diese Verbrechen werden niemals aufgeklärt werden«, war das
Einzige, was ich ihm dazu entlocken konnte.

Ich erzählte ihm dann von Berichten in unseren Medien,
wonach in den bosnischen Bergen noch immer radikale Mud-
schaheddin-Söldner aus dem Nahen Osten aktiv seien und
unter anderem – als Spielzeug getarnte – Minen auslegen sollten. »Glauben Sie kein Wort, das Sie über diesen Krieg hören«,
überraschte er mich erneut, »das ganze Land ist voller Leute, die
Horrorgeschichten erfinden und für viel Geld an eure Medien
verkaufen. Glauben Sie kein Wort – nehmen Sie das wörtlich!«

ANMERKUNGEN ZUR ARCHITEKTUR
EINES KRIEGES (1)

Bei mir rannte der General mit diesem Satz offene Türen ein.
Wie bereits mehrfach zum Ausdruck gebracht, genoss ich jede
Nachricht über die Vorgänge am Balkan schon seit langem
nur mit größter Vorsicht. Dazu hat nicht nur eigener Augenschein geführt, sondern auch die Lektüre von Analysen über
die Entstehungsgeschichte von Nachrichten und deren Verbreitung. Ein kurzer Blick darauf scheint mir an dieser Stelle
angebracht, denn zur Architektur von Kriegen gehört – neben
Waffen, Strategien und politischen Ränken – auch eine ge-

wogene öffentliche Meinung. Die Kontrolle darüber ist, heute mehr denn je, ein entscheidender Baustein für das erfolgreiche Führen von Kriegen.

»Die Wahrheit ist das erste Opfer des Krieges!« Das klingt gut. So gut jedenfalls, dass viele Journalisten im Fernsehen und in den Zeitungen ihre Berichte über die Kriege am Balkan mit diesem Zitat einleiteten. Das sollte wohl den folgenden Kommentaren eine höhere Objektivität verleihen, etwa nach dem Motto: »Andere lügen, aber ich sage euch jetzt die Wahrheit«.

In Wirklichkeit ist der Satz Unsinn. Wenn der Krieg einmal begonnen hat, ist die Wahrheit längst eine verweste Leiche. Das »Opfern« der Wahrheit, das Lügen also, beginnt viel früher und ist eine wesentliche Voraussetzung für alle Kriege. Auch was die Kriege am Balkan betrifft, wären sie ohne raffiniert ausgeklügelte, weltweit verbreitete und vorbehaltlos übernommene Lügen nicht möglich gewesen.

1993 erschien ein Buch, verfasst von Jacques Merlino,[67] dem damaligen Chefredakteur der französischen Fernsehanstalt »France 2«, in dem Dinge zu lesen waren, die einem durchschnittlichen Medienkonsumenten schlicht den Atem verschlugen. In zahlreichen Analysen und einer ganzen Reihe von Fachbüchern wurde in den folgenden Jahren aus Merlinos Werk zitiert. Trotzdem fanden seine Erkenntnisse keine weite Verbreitung, weshalb ich sie hier auszugsweise anführen will. Das Folgende zitiere ich von dort, wo ich es zum ersten Mal gelesen habe.[68]

Ruder Finn – oder: Dementis sind wertlos

Dieser französische Journalist, Jacques Merlino, hatte offenbar ein ähnliches Problem wie ich. Er fragte sich, wie die von fast allen westlichen Medien verbreiteten Horrorgeschichten über die Serben zustande kamen. Bei seiner Suche nach einer Antwort stieß er auf eine echte »Goldader«: auf eine Firma namens »Ruder Finn«[69] mit Sitz in Washington, die ihr Geld mit der Verbreitung von Nachrichten verdient.

Er flog in die US-Bundeshauptstadt und führte mit dem Chef dieser Firma, einem gewissen James Harff, ein sehr aufschlussreiches Gespräch. Merlino hatte nämlich in Erfahrung gebracht, dass die Firma Ruder Finn von den Regierungen Kroatiens und Bosnien-Herzegowinas für die Öffentlichkeitsarbeit in Auftrag genommen worden war – also dafür, Sympathien für deren Standpunkte zu wecken beziehungsweise das nicht gerade blendende Image dieser beiden neuen Balkan-Staaten in den USA und darüber hinaus aufzupolieren. Während der Anreise hatte sich Merlino wohl eine Strategie ausgedacht, mit der er Mr. Harff die Wahrheit über dessen PR-Arbeit entlocken könnte; man musste ja davon ausgehen, dass so eine Tätigkeit streng vertraulich ablaufen würde.

Doch Merlino irrte: James Harff plauderte im Interview ganz locker und offen aus seiner Schule. Er erzählte dem Franzosen, dass seine Firma, in deren Büroräumlichkeiten das Gespräch stattfand, eigentlich nur aus einer Kartei bestehe. Diese enthalte allerdings wichtige Namen, und zwar von einigen hundert Journalisten und Politikern sowie von Repräsentanten humanitärer Organisationen und Universitäten. Natürlich habe man auch Computer und andere technische Geräte, die das Arbeiten erleichtern. Das sei dann aber auch schon alles.

Harff zu Merlino: »Unsere Arbeit besteht darin, Informationen auszustreuen und so schnell wie möglich in Umlauf zu bringen, damit die Anschauungen, die mit unserer Sache im Einklang stehen«, womit offenbar die Aufträge der kroatischen und bosnischen Regierung gemeint waren, für deren Erledigung Ruder Finn bezahlt wurde, »als erste öffentlichen Ausdruck finden. Schnelligkeit ist hier die Hauptsache. Wenn eine Information für uns gut ist, machen wir es uns zur Aufgabe, sie umgehend in der öffentlichen Meinung zu verankern. Denn uns ist klar, dass nur zählt, was einmal behauptet wurde. Dementis sind dagegen völlig unwirksam.«

Merlino wollte wissen, wie oft solche Nachrichten an die Personen in der Kartei geschickt werden.

»Wichtig ist hier nicht die Häufigkeit, sondern die Fähigkeit, im richtigen Augenblick die richtige Person anzusprechen. Ich kann Ihnen einige Zahlen nennen, wenn Sie wollen. Von Juni bis September [1992] haben wir dreißig Pressegespräche mit den wichtigsten Zeitungsverlegern organisiert und dreizehn Exklusivinformationen, siebenunddreißig offizielle Briefe sowie acht amtliche Berichte in Umlauf gebracht.

Wir haben auch Zusammenkünfte zwischen bosnischen Amtsträgern und dem Vize-Präsidentschaftskandidaten Al Gore, dem sehr aktiven Staatssekretär Lawrence Eagleburger und zehn einflussreichen Senatoren organisiert, darunter George Mitchell und Robert Dole. Wir haben achtundvierzig Telefongespräche mit Mitgliedern des Weißen Hauses, zwanzig mit Senatoren und knapp hundert mit Journalisten, Leitartiklern, Nachrichtensprechern vom Fernsehen und anderen einflussreichen Persönlichkeiten aus der Medienwelt geführt.«

Monsieur Merlino wunderte sich, wie Mister Harff das alles auswendig so genau aufsagen konnte und fragte: »Worauf sind Sie bei Ihrer Arbeit eigentlich am meisten stolz?« Harff stellte offenherzig fest:

»Dass es uns gelungen ist, die Juden auf unsere Seite zu ziehen. Das war eine sehr heikle Angelegenheit, das Dossier enthielt in dieser Hinsicht eine sehr große Gefahr. Denn Präsident Tudjman war in seinem Buch ›Ruin der historischen Wahrheit‹ sehr unvorsichtig. Wer diese Schriften liest, könnte ihn des Antisemitismus beschuldigen. Auf bosnischer Seite war es nicht viel besser, denn Präsident Izetbegovic sprach sich in seiner Islamischen Erklärung von 1970 zu einseitig für einen fundamentalistischen islamischen Staat aus. Außerdem gab es in Kroatien und Bosnien in der Vergangenheit einen sehr realen und grausamen Antisemitismus. Zehntausende von Juden sind in kroatischen Lagern vernichtet worden. Die jüdischen Intellektuellen und Organisationen hatten daher allen Grund, den Kroaten und Bosniern feindlich gesinnt zu sein.

Diese Tatsachenlage umzukehren, das war für uns eine Herausforderung. Wir haben das meisterhaft geschafft, und zwar zwischen dem 2. und 5. August 1992, als die New Yorker ›Newsday‹ die Sache mit den Lagern herausbrachte. Wir sind sofort auf den Zug aufgesprungen und haben drei große jüdische Organisationen in unserem Sinn beeinflusst: die B'nai B'rith Anti-Defamation League, das American Jewish Committee und den American Jewish Congress. Wir haben ihnen vorgeschlagen, eine Anzeige in der ›New York Times‹ zu veröffentlichen und vor den Vereinten Nationen eine Protestkundgebung zu organisieren. Das hat hervorragend geklappt; die Parteinahme der jüdischen Organisationen für die Bosnier war ein außerordentlich gelungener Schachzug. Im Handumdrehen konnten wir die Serben in der öffentlichen Meinung mit den Nazis gleichsetzen.«

Und James Harff erklärte auch gleich, warum man selbst mit einer derart dreisten Manipulation durchkommen kann:

»Sehen Sie, das jugoslawische Problem ist sehr vielschichtig, niemand verstand, was dort vor sich ging, und um offen zu sein, die überwiegende Mehrheit der Amerikaner fragte sich, in welchem Teil Afrikas Bosnien eigentlich liegt, aber auf einen Schlag hatten wir eine einfache Geschichte mit Guten und Bösen. Wir wussten, dass davon alles abhing. Und wir haben gewonnen, weil wir das jüdische Publikum anvisiert haben. Die Presse wandelte umgehend ihren Sprachgebrauch und verwendete ab sofort emotional stark aufgeladene Begriffe wie ethnische Säuberung, Konzentrationslager usw., bei denen man an Nazi-Deutschland, Gaskammern und Auschwitz denkt. Die emotionale Aufladung war so stark, dass niemand mehr eine gegenteilige Meinung vertreten konnte oder andernfalls Gefahr lief, des Revisionismus beschuldigt zu werden. Da haben wir voll ins Schwarze getroffen.«

Jacques Merlino hat es bei diesen Sätzen glücklicherweise nicht die Sprache verschlagen. Er stellte fest: »Aber zwischen dem 2. und dem 5. August hatten Sie keinerlei Beweise für Ihre Behauptungen. Das Einzige, auf das Sie sich stützen konnten, waren die Artikel von ›Newsday‹.«

Dazu Harff: »Es ist nicht unsere Aufgabe, Informationen auf ihren Wahrheitsgehalt hin zu überprüfen. Wir haben dafür nicht die nötigen Mittel. Ich sagte Ihnen bereits: Unsere Aufgabe besteht darin, Informationen, die unserer Sache dienlich sind, schneller unter die Leute zu bringen und zu diesem Zweck sorgfältig ausgewählte Zielpersonen anzusprechen. Wir haben nicht behauptet, dass es in Bosnien Todeslager gibt, sondern wir haben bekannt gemacht, dass ›Newsday‹ das behauptet. [...] Wir sind Profis. Wir hatten eine Arbeit zu erledigen, und wir haben sie erledigt. Wir werden nicht dafür bezahlt, Morallehren zu erteilen. Und selbst wenn es darum ginge, hätten wir ein ruhiges Gewissen. Denn sollten Sie beweisen wollen, dass die Serben arme Opfer sind, dann versuchen Sie es mal, Sie werden damit ziemlich alleine dastehen.«

»Serben sind Monster«

Geschichten wie jene über Ruder Finn gab es eine ganze Reihe; ausführliche Dokumentationen und Analysen, die zeigten, wie diese Manipulationen abliefen. Und wie einfach sie funktionieren, wenn sie eine so schwer durchschaubare Materie wie die Kriege am Balkan behandeln. »Mein Gott«, offenbarten etwa Redakteure einer renommierten deutschen Tageszeitung den allgemeinen Informationsstand, »wir wussten ja noch nicht einmal, dass es in Jugoslawien Serben, Kroaten und Slowenen gibt. Was sollten wir nur schreiben?«[70]

In solch einer Situation haben es PR-Firmen leicht, denn von James Harff können wir lernen: Offenbar genügt es, komplexe Vorgänge geschickt mit emotionsgeladenen Bildern zu versehen, die Rollen von Gut und Böse in der gewünschten Weise klar zuzuordnen, und wenn dieses Gebräu einmal in den Köpfen verankert ist, prallt jede andere Darstellung ab. Seit dem erfolgreichen Engagement von Ruder Finn und anderen Agenturen derselben Art war praktisch die ganze Welt davon überzeugt, was man bei uns in Österreich und Deutschland schon längst wusste: Serben sind Bestien.

Nur der Vollständigkeit halber sei erwähnt, dass man die angeblichen Konzentrationslager, durch welche die Serben schon im Jahre 1992 mit den Nazis gleichgesetzt und in die Nähe von Auschwitz gerückt wurden, niemals fand, denn es gab sie nicht. Zwar geschahen auch im jugoslawischen Bürgerkrieg zahllose schwere Verbrechen, nicht anders als in allen anderen Kriegen der Weltgeschichte, sowohl von »oben« befohlene, als auch von Einzeltätern begangene, doch sie haben, um es mit einer namhaften deutschen Wochenzeitschrift zu sagen, »mit dem deutschen Vernichtungskrieg gegen Juden und Slawen nichts zu tun«.[71]

Und doch geistern die KZ-Geschichten noch heute in den Köpfen vieler herum. Nicht nur bei einfachen Medienkonsumenten, sondern offenbar auch bei Ministern und Nato-Generälen. Und weil sich diese Horrorgeschichten so unauslöschlich festgesetzt hatten, war es noch sieben Jahre später ein Leichtes, sie in Erinnerung zu rufen und damit die Nato-Bomben zusätzlich zu rechtfertigen. Ruder Finn und Konsorten haben sehr gut gearbeitet – und vermutlich auch sehr gut verdient: Allein das Werbebudget für die kroatische Medienkampagne in Amerika überstieg bei einigen TV-Anstalten phasenweise jenes von Coca Cola und Pepsi zusammen.[72] Und so ist es wenig überraschend, dass der Name Ruder Finn auch im Kosovokrieg wieder auftauchte.[73]

Mir ist im deutschsprachigen Raum keine Firma bekannt, die ähnlich schamlos wie Ruder Finn agiert, was nicht heißen muss, dass es sie nicht geben könnte. Aber auch ohne solche Firmen war die Informationslage bei uns nicht besser. Ich habe an mehreren Stellen darauf hingewiesen und will es damit belassen, ein paar Sätze aus »Die Zeit« zu zitieren, wo unter dem Titel »Der Krieg der Kriegsreporter« die Arbeitsweise und das Resultat der deutschsprachigen Medien zu Jugoslawien so zusammengefasst wurden:

»Im Krieg der Begriffe kam es nicht darauf an, was richtig oder falsch war, sondern darauf, was hängen blieb. Der Vergleich [der Serben] mit den Nazis war dabei nur ein Muster einer ganzen Kollektion von Eigenschaften, die den Serben zugeschrieben wurden. Was lasen wir nicht alles: die Serben als ›eroberungssüchtiges Herrenvolk‹, als die ›Erben Dschingis Khans‹, die ›Schüler Saddam Husseins‹ oder als ›Ethnofundamentalisten‹. Gelegentlich verschmolz ihr Name in Bezeichnungen wie ›Serbobolschewisten‹ oder ›Radikalserben‹. Karikaturisten zeichneten Serben als sich wälzende Schweine, mutierte Stiere, reißende Wölfe, blutsaufende Saurier, doppelzüngige Schlangen, aasfressende Geier, hungrige Hyänen und bullige Kampfhunde. Nicht mit Menschen hatte der Westen also zu tun, sondern mit Monstern.«[74]

»Ich weiß doch, was meine Chefs wollen!«

Während des Bosnien-Krieges saß ich eines Abends mit einem deutschen Journalisten in der Aperitifbar des Hotels Dubrovnik im Zentrum von Zagreb. Er war ein flotter Bursche, kaum fünfundzwanzig Jahre alt, wartete gerade, wie er mir erzählte, auf eine Informantin und kippte einen Whisky nach dem anderen. Er fand es lustig, dass man heute in vielen kroatischen Bars keinen Slibowitz mehr bestellen könne, da dies angeblich ein serbisches Gebräu sei. Weil er gar so locker wirkte, ergriff ich die Gelegenheit und fragte ihn ganz provokant, ob er denn auch solche Schauermärchen schreibe, wie man sie in Deutschland täglich lesen könne.

»Na klar«, sagte er, »ich weiß doch, was meine Chefredakteure wollen. Ich will, dass meine Artikel gedruckt werden. Ich bin seit Wochen hier und schreibe für fünf Zeitungen; alles auf eigene Kosten, rein auf Basis von Zeilenhonorar. Tag für Tag faxe ich meine Berichte hoch – und ich weiß genau, was ich schreiben muss, damit die es bringen. Oft ist es nur ein halber Satz, der bewirken kann, dass eine wunderschöne Story im Papierkorb landet; und das wäre doch schade. Dass es auch vergewaltigte Serbinnen gibt, das darfst du nicht schreiben! Mag sein, dass es die auch gibt. Ich weiß es nicht und ich will es auch gar nicht wissen. Die sind hier sowieso alle verrückt, ich kann und will das nicht ändern.« »Das müssen ja tolle Typen sein, Ihre Chefredakteure«, lästerte ich. »Die können doch nichts dafür, dass das so läuft«, nahm er seine Chefs in Schutz. »Glauben Sie, dass in meinen Provinzblättchen etwas anderes stehen kann als im ›Spiegel‹ oder in der ›FAZ‹?«

BOSNIEN AM ENDE DES JAHRHUNDERTS

Ende Oktober 1999, vier Jahre nach dem Frieden von Dayton, kam ich wieder einmal nach Bosnien. Auch diese Reise, die mich in der Folge auch noch ins kurz zuvor zerbombte Serbien führte[75], brachte von Anfang bis zum Ende eine fast nahtlose Aneinanderreihung aufregender Gespräche und Erlebnisse.

In den ersten Jahren nach dem Bosnien-Krieg war es unserer Firma gelungen, an alte Geschäftsbeziehungen mit bosnischen Betrieben anzuknüpfen, und wir bezogen von diesen regelmäßig Lieferungen mit Maschinenbauteilen. Diese Geschäfte hatten zwar keinen sehr großen Umfang und sie waren für beide Seiten alles andere als profitabel, aber wir betrachteten sie als Investition in die Zukunft. Ein neuer Anfang schien gemacht. Doch entgegen unserer Erwartung, dass sich die Leistungsfähigkeit der bosnischen Partner mit der Zeit verbessern würde, verschlechterte sich im Jahre 1999 die Qualität der Produkte und die vereinbarten Liefertermine wurden oft überschritten. Grund genug also, sich an Ort und Stelle ein Bild über die Lage zu machen.

Mein erstes Ziel war wiederum die nordostbosnische Stadt Tuzla. Spät abends, nach abenteuerlichen Umleitungen durch die in dichtem Nebel steckenden bosnischen Berge, traf ich dort ein. Klelija, Ninas Schwester, erwartete mich. Ich hatte sie seit meinem ersten Besuch in Tuzla vor dreieinhalb Jahren immer wieder getroffen und sie war wie stets ganz die souveräne Dame. Die Politik hatte sie jedoch resigniert an den Nagel gehängt.

»Brüderlichkeit«

Meinen vordringlichsten geschäftlichen Termin hatte ich in Novi Travnik, wohin ich am nächsten Morgen aufbrach. Dort gab es eine große Fabrik namens »BNT Bratstvo«, zu deutsch »Brüderlichkeit«, die ich schon während meiner ersten jugo-slawischen Reise gemeinsam mit Snjezana besucht hatte.

Wer heute durch Bosnien fährt, kommt immer wieder durch Dörfer und Städte, deren Namen für kurze Zeit im Brennpunkt der Medien standen und die infolge blutiger Kämpfe oder Massaker traurige Berühmtheit erlangten. Bei Maglaj war die Durchfahrt wegen Minenräumarbeiten eine Stunde lang gesperrt. Zwei junge Autostopper, die mit mir bis Novi Travnik fuhren, Kroaten, zeigten mir den Weg und erklärten, dass die Firma BNT im muslimischen Teil der Stadt liege.

Die Stadt ist heute also geteilt: Im Süden leben Muslime, im Norden Kroaten. Als ich auf dem Werksgelände stand, war schon an der Pforte erkennbar, dass ich in einer Geisterfabrik angekommen war. Solch ein Mammutunternehmen muss man sich wie eine von hohen Zäunen umgebene kleine Stadt vorstellen, bestehend aus zahlreichen Gebäuden, großteils riesigen Hallen, zwischen denen normalerweise rege Betriebsamkeit herrscht. Hier bewegte sich gar nichts. Jeder in Jugoslawien kannte die Firma Bratstvo, denn sie war eine, vielleicht sogar die größte von Titos zahlreichen Waffenschmieden mit einstmals weit über zehntausend Beschäftigten.

Und bei diesem Unternehmen tätigten wir nun seit etwa zwei Jahren kleinere Bestellungen. Nein, mit Waffen hatten wir nie etwas zu tun. Was BNT an uns lieferte, waren hochgenau bearbeitete Bauteile für Werkzeugmaschinen. Es gab auch in Deutschland nicht allzu viele Betriebe, die so etwas herstellen konnten, denn dafür waren präziseste Maschinen samt computergesteuerten elektronischen Messgeräten notwendig, die in der Lage sein mussten, speziell gehärteten Stahl auf tausendstel Millimeter genau zu bearbeiten. Und diese jugoslawischen Rüstungsbetriebe besaßen solche Maschinen en masse, die meisten davon »made in Germany«, und in besseren Zeiten machten diese Firmen damit glänzende Geschäfte.

Ergina

Der Pförtner war offenbar über mein Kommen informiert und wies mir sogleich den Weg zum Büro von Ergina, der neuen Geschäftsführerin jenes BNT-Teilbetriebes, in dem die von uns bestellten Werkzeuge gefertigt werden.

Anhand von Erginas Familiensituation will ich wieder einmal kurz die Verworrenheit der Volksgruppen auf dem Balkan beschreiben. Bei ihr ist es relativ einfach: Ihre Mutter ist Kroatin, doch sie ist Muslimin, pardon: Bosnierin, auf diesem feinen Unterschied besteht sie, und mit Religion hat sie wohl wenig am Hut, auch nicht am Kopftuch. Sie ist aristokratischer Herkunft, das ganze Tal war einmal Eigentum ihres Urgroßvaters. Ihr Mann dagegen ist in Montenegro geboren, sein Vater Muslim, die Mutter Serbin. Aufgewachsen in Belgrad, übersiedelte er später nach Bosnien und kämpfte schließlich auf der Seite der Muslime. Am Beginn des Krieges musste Erginas Familie in den heute rein muslimischen Teil Novi Travniks flüchten. (Als wir später mit dem Auto nach Travnik fuhren, zeigte sie mir ihr Haus, in dem zu diesem Zeitpunkt – vier Jahre nach Dayton – noch Kroaten lebten. Sie hofft, dass ihre Familie es irgendwann zurückbekommen werde.)

Ob denn noch Serben in der Gegend lebten, wollte ich wissen. »Ja, aber nur wenige, eher Alte, denn die Serben flüchteten als Erste.« Warum beziehungsweise vor wem diese denn geflohen seien, hakte ich nach. »You don't know?«, wunderte sich Ergina, »the Croatians made ›stupidities‹!« Ich versuchte zu erahnen, welcher Art »Dummheiten« sein müssen, damit eine ganze Volksgruppe fluchtartig und auf Dauer ihre Heimat aufgibt.

Die konkreten geschäftlichen Probleme, die wir zu besprechen hatten, tun nur wenig zur Sache. Doch eines ist wichtig: Für die Fortsetzung unserer Geschäftsbeziehung war es unabdingbar, dass Ergina nach Deutschland kam. Ihre letzte Lieferung war Ausschuss und der einzige Kunde, der bereit war, derart heikle Teile vom Balkan zu beziehen, wollte ohne ausführliche technische Abklärungen nichts mehr bestellen. Erginas Vorgänger waren aus ähnlichem Grund schon einige Male bei uns gewesen. Das war noch zu Helmut Kohls Zeiten. Seitdem die rot-grüne Koalition in Deutschland an der Macht war – konkret: seit der Humanist Otto Schily und der »multikulturelle« Joschka Fischer dafür zuständig waren –, wurden die Einreisebedingungen für Bosnier jedoch dramatisch verschärft.

Wir hatten Ergina schon Monate zuvor eine Einladung geschickt – notariell beglaubigt, sonst wäre sie wertlos gewesen – und uns schriftlich verpflichtet, dass wir für alle Kosten, auch im Falle von Unfällen – eine weitere unabdingbare Voraussetzung – aufkämen. Doch Ergina teilte uns mit, dass selbst das nichts genützt habe. Auch meine telefonischen Interventionen bei der deutschen Botschaft in Sarajevo, die in den Vorjahren schon einige Male zu Erfolgen geführt hatten, verliefen im Sand. Früher hatte ich dort einen »Gönner« gehabt, den ich durch Zufall in Zadar kennen gelernt hatte. Dieser war ein hoher deutscher Beamter, äußerst sympathisch und kompetent, jetzt aber leider an anderer Stelle eingesetzt.

In dieser Situation kam mir sehr gelegen, dass im Sommer 1999 in Sarajevo eine der spektakulärsten Versammlungen westlicher Staatsoberhäupter stattgefunden hatte: Clinton, Schröder, Blair, Chirac und andere namhafte Politiker trafen sich dort für ein paar Stunden, um, wie es allgemein hieß, ein machtvolles Zeichen zu setzen, um zu demonstrieren, dass der Westen jetzt voll und ganz hinter Bosnien stehe und Milliarden an Aufbauhilfe ins Land investiere.

Ich wollte jetzt ganz genau wissen, wie das gemeint war. Die billigste, einfachste und effizienteste Hilfe wäre es wohl, so dachte ich, die wenigen bosnischen Betriebe, die noch imstande sind, so genannte westliche Qualität herzustellen, nicht noch zusätzlich bürokratisch zu behindern. Denn mit Problemen der vielfältigsten Art haben die dortigen Unternehmen ohnehin schon hart zu kämpfen.

Um einen kleinen Einblick in diese »normalen« Probleme zu geben, halte ich fest, dass am 28. Oktober 1999, also an jenem Tag, als ich bei BNT weilte, gerade gestreikt wurde, und zwar schon seit einigen Tagen, unter anderem, weil die Juli-Löhne noch nicht bezahlt waren. (Ein Wort zu den Löhnen: Der Spitzenlohn beträgt gerade zweihundert Mark pro Monat.) Der Streik war mit Ergina abgesprochen, denn sie wollte Druck auf die Regierung ausüben, um eine Stundung der Sozialversicherungsbeträge zu erreichen. Andere Probleme bestanden etwa darin, dass kein Kunde rechtzeitig bezahlte, viele überhaupt nicht, dass aber Rohmaterial, Strom und Dergleichen nur gegen Vorauszahlung erhältlich waren. Wo diese Ergina und ihr während meines Besuches vollständig versammeltes Team überhaupt noch Energie und Optimismus hernahmen, ist mir heute noch ein Rätsel.

Als ich mit ihr durch die riesigen menschenleeren Hallen marschierte und sie mir stolz die noch immer recht intakten, sündhaft teuren Maschinen zeigte, fiel mir ein, dass ich 1990, bei meinem ersten Besuch in diesem Unternehmen, massenhaft Granaten – teils bereits fertig gestellt, teils in Produktion – gesehen hatte, die für den ersten Golfkrieg bestimmt waren. Ich fragte Ergina, an wen die denn damals geliefert worden seien, an den Irak oder an den Iran? »An beide«, sagte sie, »alle unsere Exportmanager hatten zwei Pässe, einen mit irakischem und einen mit iranischem Visum. Beide Länder schulden uns noch sehr viel Geld.«

In Ivo Andrics Heimatstadt

Am Nachmittag ging es zum Lunch, den wir in Ivo Andrics Geburtshaus in Travnik einnahmen. Dort befindet sich im ersten Stock ein kleines Museum, das an diesem Tag aber schon geschlossen war. Im Erdgeschoss gibt es ein hervorragendes Restaurant. Überhaupt schien die Gastronomie eine der wenigen noch funktionierenden Branchen in Bosnien zu sein. Womit die Gäste die Zeche bezahlten, war eine der zahlreichen nicht beantwortbaren Fragen, die sich mir stellten.

Travnik, durch das wir auch einen angenehmen Spaziergang machten, ist heute eine fast rein muslimische Stadt, sehr idyllisch, mit siebzehn Minaretten und etlichen sehr romantisch wirkenden islamischen Friedhöfen.

Später fuhren wir nochmals nach Novi Travnik zur Firma zurück, denn ich hatte mich dazu entschlossen, am nächsten Tag persönlich bei der deutschen Botschaft in Sarajevo vorstellig zu werden. Es wäre doch gelacht, so meine Meinung damals, wenn ich nicht innerhalb weniger Stunden ein Visum für Ergina besorgen, die erforderliche Prozedur zumindest so weit in die Wege leiten könnte, dass sie es in zwei Wochen bekäme. Immerhin leben wir in einem der humansten Staaten der Erde und mein Ansinnen war doch nichts Verwerfliches.

Da Ergina am nächsten Tag, es war ein Freitag, frühestens am Nachmittag Zeit gehabt hätte, musste ich es alleine versuchen. Dafür benötigte ich etliche Unterlagen wie Visumanträge, Fotos, unsere beglaubigte Einladung samt Haftungserklärung und natürlich ihren Reisepass. Diese Dokumente händigte sie mir am Abend in der Firma aus, wo ihre Mannschaft noch immer am Werke war.

Zwei junge Muslime erzählen von Himmel und Hölle

Ich wollte Ergina samt Gatten zum Abendessen einladen, nicht zuletzt, weil ich gerne erfahren hätte, was er zu erzählen hatte. Sie rief ihn auch an, doch er lehnte ab. Ergina vertraute mir an, dass er sich zu ungepflegt fühle, da es zu Hause seit Wochen kein Wasser gebe. So fuhr ich denn alleine die zehn Kilometer nach Travnik zurück, bezog mein Hotel und begab mich gleich auf eine nächtliche Tour durch die Stadt. Ich kenne jetzt alle Bars und Cafés im Zentrum von Travnik. Überall gönnte ich mir einen Drink und versuchte, mit den meist jungen Gästen ins Gespräch zu kommen, was kein besonderes Problem darstellte. Die Leute waren offen und fröhlich, überall fand ich rasch jemanden, der Deutsch oder Englisch verstand.

Die interessanteste Begegnung hatte ich mit zwei jungen Muslimen. Beide flüchteten 1992 nach Deutschland und lebten jahrelang in Ingolstadt. Der eine arbeitete am Band bei Audi – »das klingt beschissen, war aber super« –, doch er musste nach dem Erfolg von Dayton zurück – »die Ausweisung erfolgte ganz plötzlich«. Er versuchte es dann bei VW in Sarajevo, wo er sich mit dem Dienstzeugnis von Audi gute Chancen ausrechnete. Doch er hatte kein Glück: »Aber selbst wenn es geklappt hätte – ich weiß nicht; dreihundert Mark waren geboten, für das Zimmer hätte ich 150 Mark bezahlen müssen. Die produzieren dort den Skoda Oktavia, ganze fünf Stück am Tag. In Ingolstadt haben wir pro Schicht mehr als hundertfünfzig Audis vom Band gelassen, also hundertmal so viele.« Jetzt lebe er von Gelegenheitsarbeiten und an diesem Tag habe er Glück gehabt: »Fünfzehn Mark Cash auf die Hand für zehn Stunden Arbeit, ohne Versicherung. Doch was soll's, irgendwie muss es weitergehen, wir dürfen uns nicht die Kugel geben«, lachte er.

Sein Freund hatte mehr Glück, denn er war bei der Einreise in Deutschland noch nicht ganz achtzehn Jahre alt, weshalb er bleiben durfte. Er war jetzt zu Besuch bei seinem Freund in Travnik, es stand ja ein verlängertes Wochenende an. »Ich arbeite bei einer Ingolstädter Baufirma; ganz super, meinen Lohn bekomme ich stets pünktlich auf die Minute. Deutschland ist das Paradies! Meine Arbeitsgenehmigung wird jetzt immer für zwei Jahre verlängert, da gibt es keine Probleme.«

Ich fragte sie nach den Umständen ihrer Flucht. Beide stammten aus einem kleinen Dorf, ganz in der Nähe von Banja Luka, einer serbischen Hochburg. »Wir lebten da friedlich zusammen – Serben, Muslime, Kroaten. Als die Serben-Armee kam, mussten wir abhauen, zu Fuß, von einer Stunde auf die andere. Wer blieb, wurde erschossen. Sehr viele sind einfach verschwunden, wahrscheinlich irgendwo verreckt und verscharrt. Ja, theoretisch könnten wir zurück in unser Dorf, das hat unsere Regierung gesagt, aber praktisch kannst du das vergessen. Da sind jetzt die Serben und so wird es wohl bleiben.« Ich fragte nach den Serben von Travnik, was mit denen geschehen sei. »Ja, auch die mussten weg. Aber die sind mit Bussen abgefahren, nicht zu Fuß, so wie wir, darüber habe ich einen Videofilm gesehen.« Ich war bis weit über die Sperrstunde mit den beiden sympathischen Burschen zusammen.

Mein Hotel hieß »Vezirov Slon« (der »Elefant des Wesirs«), benannt nach einem Roman von Ivo Andric. Ich residierte in Zimmer Nr. 26. Warum ich das erwähne, hat einen besonderen Grund: Im Bett genau dieses Zimmers schlief etwa vier Jahre zuvor Lady Di, die im Zuge ihrer Anti-Minenkampagne einen Tag und eine Nacht in Travnik verbrachte. Das ganze Hotel und so manche Bar in der Stadt sind voll von Fotos von damals. Gemeinsam mit Diana sind da Gruppen von Menschen zu sehen, die den Eindruck machen, als stünde »Mutter Gottes« leibhaftig neben ihnen. Und wenn man einen Bewohner von Travnik auf Lady Di anspricht, dann verklärt sich sogleich sein Blick. Also, diese Frau der Regenbogenpresse hatte zwar vielleicht keine einzige Mine entschärfen können, aber allein durch ihren Besuch ein wenig Sonne in die Herzen der Menschen gebracht. Das Zimmer 26 ist recht hübsch und verfügt über einen gepolsterten Klodeckel, was ich ansonsten noch nirgends auf der Welt gesehen oder, besser gesagt, verspürt habe.

Marshallplan im Jahre 1999

Um Punkt acht am nächsten Morgen stand ich im Ivo-Andric-Museum, und während ich mir die vielen Fotos von der Nobelpreisverleihung ansah, Urkunden und Handschriften inspizierte, traf Ergina ein. Wir tranken noch schnell einen Kaffee und sie teilte mir mit, dass ich in Sarajevo von einem Freund, dem Generaldirektor der Firma »Famos« erwartet und von dessen Fahrer zur deutschen Botschaft gebracht werde; das sei für mich besser, da es bei der Botschaft keine Parkmöglichkeiten gebe. Sie musste dann gleich zu ihrem wichtigen Termin im Rathaus von Travnik. Mit dem Kellner kam ich noch ein wenig ins Gespräch; es war ein Muslim, der seinen Vater seit sechs Jahren vermisste und hoffte, dass er noch am Leben sei.

Voll düsterer Gedanken, aber auch voller Kampfeslust, machte ich mich dann auf die gut einstündige Fahrt nach Sarajevo. Dabei gab es eine skurrile, aber auch komische Szene. Das Wetter war herrlich, sehr frisch und klar, die bewaldeten Berge zeigten sich von ihrer farbenprächtigsten Seite. Als ich das Tal von Travnik verließ und auf die Hauptstrecke einschwenkte, stand am Straßenrand, heftig winkend, eine alte Frau. Ich blieb stehen und nahm sie mit. Sie hieß Habila, wollte auch nach Sarajevo, hatte nur Plastikpantoffeln an und war ganz durchfroren. Während der Fahrt schlief sie immer wieder für einige Minuten ein, ansonsten aber redete sie pausenlos auf mich ein: lautstark, mit heftigen Gesten, wovon ich jedoch nichts verstand. Ich hatte das Gefühl, als wolle sie mir unbedingt etwas mitteilen. Immer wieder machte sie einen neuen Versuch, aber meine wenigen serbokroatischen Brocken halfen mir nicht weiter.

Da erlaubte ich mir einen kleinen Scherz. Mein Mobiltelefon war in der Mittelarmlehne versteckt, auf Raumton geschaltet. Ich musste da nur zwei Tasten drücken, dann war ich mit Snjezana verbunden, denn das Mobilfunknetz funktioniert überall am Balkan. Snjezana meldete sich auch gleich, laut und deutlich vernehmbar; ich erklärte ihr die Situation und bat sie um Hilfe. Sie verstand und sprach die Frau auf Serbokroatisch an, sagte ihr, sie könne sie verstehen und forderte sie auf, ihr mitzuteilen, was sie von mir wolle.

Was dann folgte, hätte ich zu gerne auf Video gebannt. So ähnlich muss es Abraham gegangen sein, als Gottvater ihn aufforderte, seinen Sohn Isaak am Leben zu lassen. Die Frau hörte Snjezanas Stimme, sah sich um, wollte aufspringen, stieß Schreie aus – ach, was soll ich versuchen, das zu beschreiben, es ist unbeschreiblich. Es ging Minuten, bis ein Dialog zwischen den beiden zustande kam. Schließlich erfuhr ich, dass sie Mutter von sieben Kindern sei. Niemand habe etwas zu essen und sie sei jetzt auf dem Weg nach Sarajevo zum Betteln. In Zenica, wo sie wohne, sei das sinnlos, dort seien selbst die Mülltonnen leer. Während der restlichen Kilometer bis Sarajevo war sie ganz entgeistert, deutete oft Richtung Himmel – »Bog« (Gott) war das Einzige, was ich verstand.

Ich ließ sie kurz vor meinem Ziel aussteigen, an einem Platz in der Nähe des großen Elektrizitätsversorgungsgebäudes. Der Ort war nicht gut gewählt – oder auch doch, wie man es nimmt. Jedenfalls, nachdem ich mich zum Kofferraum begeben hatte, wo ich zwei prall mit Süßigkeiten und anderen Geschenken gefüllte Taschen hatte, war ich binnen Sekunden von handgreiflich bettelnden Kindern umringt – eine Szene, die ich von einem Aufenthalt in Tansania kannte. Doch hier befand ich mich »mitten in Europa, vor unserer Haustüre, am Ende des 20. Jahrhunderts«, wie eine bei unseren Politikern so beliebte Redewendung lautet. Mit einiger Mühe konnte ich immerhin eine der beiden Taschen retten. Auch Habila bekam ihren Teil ab. Sie wollte mich gar nicht wieder einsteigen lassen und verkrallte sich mit beiden Händen in meinem Arm.

Jetzt aber zu Daut Safet, dem Herrn über »Famos«. Der Name dieser Firma ist bei uns völlig unbekannt, doch in Bosnien hat er einen Klang, wie ihn hierzulande »Siemens« besitzt. Über fünfundzwanzigtausend Menschen haben früher dort gearbeitet. Jetzt erfuhr ich, dass in jenen Werkteilen von »Famos«, die heute auf bosnischem, besser gesagt auf muslimischem Gebiet liegen, noch ganze dreihundert Menschen in Arbeit und Brot stehen; früher waren es mehr als neuntausend. Über die anderen Werkteile war hier nichts bekannt, denn sie stehen unter kroatischer oder serbischer Verwaltung.

Erlebnisse in der deutschen Botschaft

Der Chauffeur brachte mich zur deutschen Botschaft. Diese liegt auf einem Hügel in einem großen Garten und befindet sich in einer von einer hohen Mauer umgebenen Villa. Auf dem Gehsteig entlang dieser Mauer standen, durch ein Geländer von der Straße getrennt, dicht gedrängt etwa hundertfünfzig Personen Schlange. Der Kopf dieser Schlange, die Leute ganz vorn, befand sich ein paar Schritte entfernt von einer Tür, die geschickt in die Mauer integriert war, sodass man sie auf den ersten Blick nicht erkennen konnte. Rings umher zählte ich acht bosnische Polizisten.

Ich studierte die Szene, sprach erfolglos einige der Uniformierten an, bemerkte, wie die Tür in der Mauer hin und wieder einen kleinen Spalt weit aufging und ein paar der Wartenden eingelassen wurden. Ich hatte ein schlechtes Gefühl, mich einfach vorzudrängen. Doch es blieb mir keine andere Wahl. Ich nahm all meinen Mut zusammen, rückte die Krawatte zurecht, setzte die strengste Miene der Welt auf, bugsierte sanft aber bestimmt zwei Polizisten zur Seite, öffnete die Tür und trat in den Garten.

Vor mir stand ein Bosnier, dem ich mit größter Wichtigkeit erklärte, ich käme aus Deutschland und wolle den Konsul sprechen. Ich wurde an einen Deutschen verwiesen, der mitten im Garten stand und offenbar den ganzen Ablauf beherrschte. Er hatte schütteres, kurzes blondes Haar und kam mir auch gleich entgegen. Keineswegs unfreundlich fragte er mich, was ich denn wolle. Ich erklärte ihm mein Anliegen – das Visum für Ergina – und holte alle Dokumente aus meiner Aktentasche. »Vergessen Sie das, keine Chance!«, stellte er trocken fest.

Darauf war ich vorbereitet, sagte, dass ich das nicht zur Kenntnis nehmen könne, nicht, nachdem jetzt überall vom Marshallplan für Bosnien gesprochen werde. »Was ich will, ist in zwei Minuten erledigt, kostet keine müde Mark, die Visumgebühr bezahle ich im Voraus und es könnte dazu beitragen, siebzig Leuten Arbeit zu geben, siebzig Familien zu ernähren.«

Welchen Umsatz wir hier in Bosnien denn machten, wollte er wissen. »Heuer waren es erst knapp hunderttausend, aber wir sind praktisch noch im Probebestellstadium«, stellte ich trotzig fest, »es könnte sehr viel mehr werden.« Er lachte: »Selbst wenn es Millionen wären, hätten Sie keine Chance. Sie sehen doch, was hier los ist. Es gibt nur einen einzigen Weg und das ist die Telefonnummer, die ich Ihnen gerne gebe. Dort muss sich die Dame einen Termin holen. Ich weiß, zugegeben, dass da immer besetzt ist, es gibt aber nur diese *eine* Nummer. Wir können auch nichts dafür, dass eine Million Bosnier nach Deutschland will. Vergessen Sie das, Ihre Geschäftspartnerin soll die allseits bekannte Nummer wählen, wie andere auch!«

Ich holte Luft. Wir standen mitten im Garten, genau zwischen Mauer und Villa, wenige Meter von einer Art Gartenhaus entfernt, und ich begriff, wie das hier organisiert war: Wenn das Tor in der Mauer aufging, wurden ein paar Leute eingelassen und von entsprechend postierten Bosniern in das Gartenhaus dirigiert. Dieses hatte über die volle Breite ein Glasfenster, durch das man die nächste Menschenschlange erkennen konnte: dicht gedrängt, von Geländern S-förmig geordnet, ähnlich dem Einlass zu einem Schilift, standen die Wartenden. Hin und wieder nickte mein Gesprächspartner, der Mann mit den schütteren Haaren, dem im Gartenhaus an vorderster

Stelle Befindlichen zu, worauf dieser eine Glastür öffnete, auf das Konsulat zuschritt und dort vom nächsten Aufseher empfangen wurde. Ordnung muss wohl sein, dachte ich, trotzdem war es eine anwidernde Prozedur, auch wenn die Leute im Gartenhaus sich bereits im Vorhof zum Himmel befanden, denn sie, das erfuhr ich später, hatten schon fast alles hinter sich, konnten jetzt ihr Visum abholen.

»Schauen Sie«, nahm ich einen dritten Anlauf, »es *muss* einen Weg geben, wie ich jetzt zu einem Visum komme. Es muss ja nicht gleich heute ausgestellt werden. Ich gebe die Unterlagen ab, das Konsulat kann sie prüfen, und wenn alles passt, holt unsere Partnerin das Dokument in zehn Tagen ab. Ich habe Verständnis dafür, dass das alles nicht so einfach ist, aber wir verbürgen uns ja dafür, dass die Dame nach wenigen Tagen wieder ausreist. Außerdem es ist doch ein Unterschied, ob jemand in Deutschland Verwandte besucht – wofür ich zwar auch Verständnis habe – oder ob jemand aus rein geschäftlichen Gründen einreisen will. Eine goldene Nase kann sich dabei ohnehin niemand verdienen, aber das Wichtigste für das Land ist es doch, dass seine Firmen am Markt bleiben, dass die Leute *hier* Arbeit haben – dann wollen vielleicht nicht mehr so viele nach Deutschland auswandern. Also, ich bitte Sie, helfen Sie mir.«

»Ich kann Ihnen nicht helfen«, stellte er bedauernd, fast mitleidsvoll fest, »niemand kann Ihnen helfen. Wenn Sie ein Großprojekt hätten – aber das müssten schon zig-Millionen sein –, dann wäre es etwas anderes. Aber in diesem Fall wären Sie ja gar nicht hier, das ginge dann über das Außenministerium. Also, es tut mir Leid.«

»Mir tut es auch Leid«, versuchte ich ebenso höflich wie hartnäckig zu antworten, »ich weiß, Sie tun hier nur Ihre Pflicht. Aber ich geh hier nicht weg, weil ich nicht glauben kann, dass das ganze Gerede von der Starthilfe für die bosnische Wirtschaft derart verlogen ist. Stellen Sie sich vor, wenn das die Presse erfährt! Was würde passieren, wenn ich jetzt einfach in das Konsulat hineinginge und mich so lange irgendwo hinsetzte, bis mein Antrag angenommen ist?« Er sah mich groß an: »Mensch, Mann, machen Sie sich nicht lächerlich! Sie kommen da nicht hinein. Und selbst wenn, es würde Ihnen nichts nützen. Niemand *darf* Ihnen helfen, nicht einmal der Konsul persönlich, falls Sie dem irgendwo auflauern wollten. Die Regeln sind von der deutschen Regierung *so* festgelegt, da machte sich doch jeder strafbar, der da etwas hintenherum drehen wollte. Begreifen Sie das doch endlich! Was glauben Sie, was hier los ist? Hier waren schon ganz andere Kaliber, Journalisten, ganze Fernsehteams. Also seien Sie friedlich und geh'n Sie nach Hause!« Mit diesen Worten ließ er mich stehen.

Eine zum Himmel stinkende Show

Eine volle Viertelstunde stand ich noch irritiert im Garten. Niemand behelligte mich, nur die Leute in der Schlange hinter dem Fenster des Gartenhauses starrten mich an. Was konnte ich tun? Absolut nichts, was irgendeinen Sinn gehabt hätte, das wurde mir mehr und mehr bewusst. Ich musste an den Gipfel von Sarajevo denken, an die salbungsvollen Worte von Schröder & Co. Achtzehn Fürze lässt der Mensch pro Tag, das wurde angeblich statistisch erhoben. Das macht sechs Stück in acht Stunden, errechnete ich, denn so lange hat dieser Gipfel gedauert. Kein Zweifel: Was die Politiker voller Pathos im Scheinwerferlicht von sich gegeben hatten, hatte für die Menschen hier nicht mehr Bedeutung als das, was – mehr oder weniger lautlos – unten herauskam: eine zum Himmel stinkende Politshow und sonst gar nichts. Die Show für die Dummen zu Hause, der Gestank für die Armen im Land.

Kleinlaut schlich ich von dannen. Der »Famos«-Chauffeur grinste, als er mich sah. Er erzählte mir, dass es in Bosnien einen neuen, sehr beliebten Beruf gebe: Telefonist. Das sind Leute, die den ganzen Tag nichts anderes tun, als auf einem oder gleich mehreren Handys pausenlos die Nummer der deutschen Botschaft anzuwählen. Für jeden erfolgreichen Versuch gebe es einhundert Mark. Mit etwas Glück könne man pro Monat durchaus auf ein paar Hunderter kommen. Wer durchkomme, könne den Namen des Antragstellers nennen – aber nur *einen* – und bekomme einen Termin in etwa sechs, sieben Wochen. Zu diesem müsse man dann erscheinen, die Papiere einreichen und wieder ein paar Wochen warten. Wenn alles mit den Dokumenten in Ordnung sei, werde man verständigt, dass man das Visum abholen könne. Die Leute, die ich an diesem Tage vor der Botschaft gesehen hätte, seien alle in dieser glücklichen Lage.

Endlich begriff ich, warum Ergina sagte, es sei absolut sinnlos, »the normal procedure« zu beschreiten. Eine ganz alltägliche Terminvereinbarung mit einem Kunden in Deutschland war völlig unmöglich.

Eine wertlose Telefonnummer und ein Brief an Schröder und Fischer

Wer will, mache sich den Scherz und wähle die folgende Nummer: 003 87–71 27 50 80. Ich habe mir den Scherz schon einige Male erlaubt – und noch dazu einen zweiten: An Schröder und Fischer schrieb ich den folgenden Brief:

Persönlich
Herrn
Bundeskanzler Gerhard Schröder
per Adresse Bundeskanzleramt
Schloßplatz 1
10118 Berlin

Regensburg, 8. November 1999

Betrifft: Hilfe für die bosnische Wirtschaft – Visumerteilung

Sehr geehrter Herr Bundeskanzler,
    die Menschen in Bosnien leben unter unvorstellbar schlechten Bedingungen, die Wirtschaft ist weit gehend kaputt. Ihre, wie von anderen, offen und nachdrücklich erklärte Bereitschaft, hier großzügig und unbürokratisch zu helfen, ist für zahllose Familien in dem Land eine Frage des nackten Überlebens. In diesem Zusammenhang bitten wir Sie um Ihre Unterstützung. Wir kooperieren seit Jahren mit einem bosnischen Betrieb. Es handelt sich um Fa. BNT Alatnica GmbH aus der Stadt Novi Travnik, ein qualifiziertes Unternehmen, das hochpräzise Werkzeuge für Bearbeitungszentren fertigen kann.

Wir vertreten diese Firma in Deutschland, leider sind nur wenige Kunden bereit, heute etwas aus Bosnien zu beziehen. Ein guter Kunde, Firma [...], wäre dazu bereit, wofür jedoch, infolge der Komplexität der Produkte, laufende persönliche Kontakte zwischen Produzent und Endkunden erforderlich wären.

Leider ist es wegen der strengen Visum-Vorschriften völlig ausgeschlossen, dass Fachleute der Fa. BNT nach Deutschland reisen können. Theoretisch ist es zwar möglich, ein Visum zu bekommen, die Prozedur in der Praxis schließt dies jedoch aus. In Telefonaten und Faxen haben wir beim Konsulat versucht, ein Visum für die Leiterin der Fa. BNT, Frau Dipl. Ing. Ergina [...], zu bekommen. Wir übernehmen alle Kosten und jede Haftung für den Besuch. Erfolglos. Letzte Woche sind wir persönlich nach Sarajevo gefahren, um die Sache zu beschleunigen, auch das war erfolglos. Man erklärte uns beim dt. Konsulat, dass die Bundesregierung die Prozedur so festgelegt habe und Ausnahmen auch in dringend erforderlichen, für jedermann leicht nachvollziehbaren Fällen nicht gemacht werden können. Mit dem Resultat, dass die wenigen bosnischen Betriebe, die noch in der Lage wären, westliche Qualität zu erzeugen, am Markt keine Chance haben. Fa. BNT hatte früher über zehntausend Beschäftigte, heute nur noch wenige hundert, und auch die haben kaum Arbeit, kaum Lohn. Dabei wäre es so wichtig, dass die Firmen am Markt bleiben, auch, damit vielleicht nicht mehr so viele Bosnier nach Deutschland ausreisen wollen.

Wir ersuchen Sie daher, die Bestimmungen für die Visum-Erteilung für bosn. Geschäftsleute zu erleichtern. Was für Fa. BNT gilt, gilt für viele Betriebe. Alle Unterlagen zu unserem konkreten Fall könnten wir sofort übermitteln.

Wir bitten Sie um Ihre geschätzte Nachricht und verbleiben mit freundlichen Grüßen ...

Ich will an dieser Stelle vorwegnehmen, welche Folgen dieser Brief hatte: Zu meiner Überraschung erhielten wir etwa zwei Wochen später ein Fax aus der deutschen Botschaft von Sarajevo. Darin wurde uns in knappen, aber eindeutigen Worten ein kurzfristiger Vorsprachetermin für Ergina genannt – offenbar die Reaktion auf mein Schreiben an das Auswärtige Amt.

Eine Woche später, am 1. Dezember 1999, kam ein Anruf direkt aus dem Bundeskanzleramt. Zufälle gibt es: Der Anrufer war kein Geringerer als der bereits erwähnte »Gönner«, der mir als Mitarbeiter der deutschen Botschaft von Sarajevo schon einige Male geholfen hatte. Jetzt war er im außenpolitischen Referat des Kanzleramtes tätig – ein, wie schon gesagt, sehr kompetenter Mann, der, das am Rande, in Dayton mit am Verhandlungstisch saß. Zufällig hatte er mein Schreiben an Gerhard Schröder gesehen und sich doch tatsächlich an meinen Namen erinnert. Er sorgte in der Folge dafür, dass Ergina unverzüglich ein Visum bekam. Das prinzipielle Problem war damit natürlich nicht im Entferntesten gelöst, darin stimmte mein »Gönner« vollständig mit mir überein, aber immerhin: Die tun was, die Deutschen.

Im Mekka des Multikulturalismus

Ich habe der Geschichte vorgegriffen, zurück nach Sarajevo: Ergina war telefonisch nicht zu erreichen, also hinterlegte ich ihre Dokumente bei »Famos« und verdrückte mich beschämt in mein Auto. Was tun? Meine Enttäuschung war derart groß, dass ich am liebsten sofort abgereist wäre, und zwar wie geplant in Richtung Serbien. Doch es war schon zu spät, ich wäre sicher in die Dunkelheit geraten und das galt es strikt zu vermeiden.

So begab ich mich zum Hotel »Saraj«, das mir Ergina empfohlen hatte. Es liegt wunderschön am Ostende der Stadt, hoch über einem engen, V-förmigen Tal, durch das sich der Fluss Miljacka aus der Serbischen Republik Bosnien windet. Vom Balkon meines Zimmers hatte ich einen herrlichen Ausblick über die Stadt. Ich sah tief hinein in das Tal, das sich, nur hundert Meter vom Hotel entfernt, in eine mehrere Kilometer breite Ebene öffnet, die von olympischen Bergen begrenzt wird. Die Altstadt liegt einem fast zu Füßen und in der Mitte des Beckens entdeckte ich zwischen zahlreichen Minaretten einige bestens bekannte Gebäude: die zwei »UNIS«-Tower, deren einer noch immer einem Skelett glich, und das »Holiday Inn«, das – gleichfalls lange Zeit im Granathagel – heute in neuem Glanze erstrahlte.

Ich spazierte in die Altstadt, an der Miljacka entlang, suchte die Brücke »Gavrilo Prinzip«, benannt nach dem Attentäter, der mit seinen Schüssen auf den österreichischen Kronprinzen Franz Ferdinand den Ersten Weltkrieg ausgelöst hatte. Heute hat die Brücke einen anderen Namen und Gavrilos am Ort des Verbrechens ausgegossene Fußstapfen, auf denen ich mich neun Jahre zuvor von Snjezana fotografieren ließ, sind auch nicht mehr da. Gavrilo Prinzip gilt jetzt auch hier als der Terrorist, der er bei uns schon immer war.

In der fast kitschig-romantisch anmutenden Altstadt, dem Basarviertel, dieser Pilgerstätte für ebenso zahl- wie selbstlose Künstler und »neue Philosophen« (Handke), diesem geheiligten Ort des Multikulturalismus, gönnte ich mir zwei köstliche Burek nebst reichlich Kaffee.

Jasminka und Igor

Am Abend kurz nach acht wurde ich vom Hotel »Saraj« abgeholt – von Jasminka und Igor. Die beiden hatte mir Roman vermittelt, den ich nachmittags in Zadar angerufen hatte. Roman hatte ja hier vor Jahren studiert. Es wurde ein vergnüglicher Abend.

Schon von weitem waren sie als Traumpaar erkennbar, Jasminka blond und sehr schön, Igor ein attraktiver sportlicher Typ – erfolgreiche Leute. Im neuen Passat fuhren wir über mehrere Hügel in einen anderen Teil der Stadt und landeten schließlich in der »Pivnica Avlija«, einer gemütlichen Kneipe. Wir waren mit Abstand die Ältesten im Lokal. Bei schmackhaften bosnischen Spezialitäten scherzten die beiden über die schreckliche Zeit: Sie imitierten den variantenreichen Klang der diversen Geschosse, das Heulen der Sirenen, das Peitschen der Sniper, das Gellen der Geller, das Dröhnen der Böller – jahrelang war die Stadt unter Feuer gelegen. Und sie erzählten mir von den diversen Überlebensstrategien. Niemals durfte man zu zweit durch die Gassen rennen; wenn es den einen trifft, bleibt den Kindern wenigstens noch der andere.

Mit den Serben brauchte ihnen niemand zu kommen. »We celebrated each of those bombs on Belgrade!« Und auch die Montenegriner dürfe man jetzt nicht scheinheilig davonschleichen lassen: »They are even worse, they, too, have to pay!« Auf die Nato ließen sie nichts kommen.

Einen anderen Aspekt der Nato lernte ich am nächsten Morgen kennen. Im Frühstückssaal des »Saraj«, morgens um halb acht, bietet sich ein atemberaubendes Schauspiel. Man sitzt vor einem riesigen Fenster mit Blick auf die andere Seite des Tals. Von links kommt langsam die Sonne, die unmerklich die Schatten wegdrückt und am gegenüberliegenden steilen Abhang, zum Greifen nah, ein Feld von schlanken, weißen Steinquadern bestrahlt: einen islamischen Friedhof. Wen es hierher verschlägt, der sollte es nicht versäumen, dieses morgendliche Lichtspiel mitzuerleben. Ich genoss diesen Ausblick gemeinsam mit Maria, die ebenso fasziniert war wie ich. In dieser geradezu feierlichen Atmosphäre sprach ich sie einfach an. Ich hielt sie für eine Journalistin, doch sie stammte aus Tampa, Florida, wo ich mich einmal mit meiner Tochter aufgehalten hatte, und arbeitete für »General Dynamics« als Systemengineer. »How can you make money in this crazy country?«, fragte ich scherzhalber. »Nothing's easier than that. We do a very good job, since we work here for Nato« – sprich »Neidou«!

AUF DEM WEG INS
»NEUE REICH DES BÖSEN«

Die Zeit drängte, auf nach Serbien. Aber auf welchem Weg? Mein erstes Ziel dort, die Stadt Sremska Mitrovica, liegt von Sarajevo aus genau im Nordosten. Der direkte Weg hätte mich quer durch die neu geschaffene Serbische Republik Bosnien geführt – eine Route, die mich sehr gereizt hätte, von der mir jedoch alle abrieten. Jasminka und Igor etwa meinten, in diesem Falle könne ich mein Auto gleich vergessen. Das Beste sei es wohl, zogen die beiden mich auf, wenn ich gleich im ersten serbischen Ort jemanden zu finden versuche, der mir noch zehntausend Mark dafür gebe, die Versicherung müsse das ja nicht erfahren. Das sei mit etwas Glück vielleicht noch realistisch, ansonsten: »You'll loose it for free!« Die Alternative wäre gewesen, Richtung Norden via Tuzla zurück nach Kroatien und dann auf der Autobahn ostwärts zu fahren. So wäre die »Republika Srpska « zu umgehen gewesen.

An der Rezeption des Saraj war ich die Sensation. Fünf junge bosnische Mädchen konnten es nicht glauben: »With this great car you want to go to the Serbs?« Doch eine war mir wirklich behilflich: Sie rief die »International Police« an, wo ich mit einer sehr kompetenten Dame verbunden wurde. Sie könne natürlich keine Garantie abgeben, glaube aber, dass ich keine Probleme haben werde. Na also, wieder einmal alles halb so wild.

Ich entschloss mich, zunächst zirka achtzig Kilometer Richtung Tuzla zu fahren, unterwegs nach Möglichkeit noch Informationen zu beschaffen und dann eventuell Richtung Osten abzubiegen.

Die Strecke von Sarajevo nach Kladanj kannte ich schon, denn da war ich mit meinem Freund Tomislav – das war ein paar Monate nach dem Friedensschluss von Dayton – schon einmal nach Tuzla gefahren. Die Fahrt damals war äußerst mühsam, nicht nur wegen der vom Krieg ruinierten Straßen, sondern weil wir über fast die volle Strecke in einem endlosen S-FOR-Convoy steckten. Wir mussten zahllose Militärfahrzeuge, Panzer, Jeeps und andere Transporter überholen, was stellenweise über viele Kilometer nicht möglich war, andererseits aber auch sein Gutes hatte, denn da fühlte man sich sicher. Damals hatte ich von den Amerikanern gelernt, dass man nach Bosnien mit viel Schokolade reisen muss. Denn etliche dieser Panzer, hinter denen wir die längste Zeit einhergefahren sind, müssen voller Süßigkeiten gewesen sein. Ich konnte beobachten, wie diese begehrte Ware von den Panzersoldaten – darunter sehr viele Schwarze – gleich handvollweise aus der Luke geworfen wurde, sobald jemand auf der Straße zu sehen war; Erinnerungen an Karneval-Zeiten wurden da wach.

Auch heute noch begegnet man der S-FOR in Bosnien zwar auf Schritt und Tritt, doch jetzt war die Straße ganz leer und ich war gespannt, was sich inzwischen geändert hatte. Denn mir war diese Gegend nördlich von Sarajevo als so genannte »100-Prozent-Zone« in Erinnerung geblieben. Die Zahl »hundert« steht für vollständige Zerstörung, was heißt, dass man über viele Kilometer kein einziges auch nur halbwegs intaktes Gebäude sieht.

Olovo und Kladanj

Es hatte sich nur sehr wenig geändert, fast alles war wie zuvor, die Gegend schien völlig entvölkert. Das wurde erst in Olovo anders, nach gut fünfzig Kilometern. Wer wie ich vom Süden her kommt, dem liegt diese Stadt nach einer scharfen Biegung plötzlich zu Füßen. Sie zieht sich den Berg hinab in ein Tal. Man traut zunächst seinen Augen nicht: Nach all den Verwüstungen blickt man auf eine scheinbar völlig intakte Stadt. Ich genehmigte mir eine Pause. Unterhalb der Straße befindet sich ein eindrucksvoller Friedhof mit weißen Quadern, ein muslimischer also. Der Hang ist vollständig verbaut, man entdeckt Menschen und alles sieht aus, als herrsche hier ewiger Friede. Weiter unten in der Ebene ändert sich das Bild, sind doch dort etwa fünfzig Prozent der Häuser zerschossen.

Bei einer Art Kiosk blieb ich stehen und tat, als benötigte ich Wasser. Eine freundliche junge Frau mit ziemlich entstelltem Gesicht freute sich über mein Kommen und wohl auch der dicke kleine Junge neben ihr. Sie sprach sogar Deutsch, nur ganz wenig, doch es reichte, um mir ihre größten Sorgen mitzuteilen. Ihr Bruder, so erzählte sie, habe lange bei Hannover gelebt, seine Frau sei vor ein paar Jahren gestorben – ich habe nicht verstanden, woran – und vor ein paar Wochen habe sich der Bruder erhängt. Sein Sohn, der Junge vor mir, lebe jetzt bei der Schwester. Ich versuchte mein Mitleid zu bekämpfen, indem ich dem Kleinen etwas Schokolade anbot. Außerdem erfuhr ich, dass oben am Hang der muslimische Teil von Olovo sei und unten der ehemals serbische. Die Serben seien fast alle weg. Meine Frage, ob ich bei den Serben mit Problemen zu rechnen habe, verneinte sie mit Nachdruck.

In Kladanj musste ich mich entscheiden: Fahre ich weiter Richtung Tuzla oder nach Osten zu den Serben. In einem neu eingerichteten Kaffeehaus – »Bar Amerika« hieß es oder so ähnlich – gönnte ich mir eine ausgezeichnete Baklava. Der freundliche Ober berichtete mir, dass Kladanj früher zur Hälfte von Serben bewohnt gewesen sei, dass aber alle verjagt wur-

den. Immerhin seien jetzt zwanzig Familien wieder zurückgekehrt. Auch er konnte meine Frage, ob ich in der »Republika
Srpska« um Leib, Leben und Auto zu fürchten hätte, absolut
nicht verstehen. »Nema problema«, wie es hier heißt. Die »Bar
Amerika« liegt nur wenige Kilometer, vielleicht auch nur ein
paar hundert Meter von der Grenze zur bosnischen Serben-
republik entfernt.

In der Serbischen Republik Bosnien

Die Art und Weise, wie der Kellner, vermutlich ein Muslim,
über die Serben sprach, stimmte mich optimistisch, doch auch
wieder einmal nachdenklich. Sollte, wie so oft, das Bild, das
man aus der Ferne gewinnt, wenig zu tun haben mit dem, was
man mit eigenen Augen feststellen kann? Gleich nach Kladanj
bog ich also rechts ab Richtung Osten. Schon nach kurzem
musste ich die Fahrt auf Schritttempo reduzieren, denn neben
der Straße befand sich eine Art Markt. Hunderte Menschen
blockierten die Straße und gaben diese nur zögernd frei. Und
jeder Dritte winkte und wollte, dass ich ihn mitnehme. Ich
überlegte kurz und blieb dann stehen.

Eine Minute später hatte ich vier Leute im Wagen, drei
Männer und eine Frau sowie acht gefüllte Nylonsäcke im Kofferraum. Alle vier waren Serben, einer sprach Deutsch. Sie wollten nach Vlasenica, was zwar nicht genau auf der geplanten
Route lag, aber kaum einen Umweg darstellte. Hier, meinten
sie, sei schon die Serbische Republik, sie selbst stammten aus
Kladanj, hätten aber von dort flüchten müssen und sähen
keinen Weg zurück. Die Muslime hätten furchtbar gewütet, es
sei dumm, sich noch einmal zu vermischen.

Vorsichtig fragte ich nach Karadzic und Mladic, nach den
Aktivitäten der serbischen Armee. »Ich weiß nicht, wo die ste-
cken, irgendwo in einem Keller wahrscheinlich. Die haben uns
kein Glück gebracht. Ja, auch wir haben gewütet, alle, Muslime
und Serben, müssen sich schämen. Doch jetzt ist es zu spät.«
Die Frau am Beifahrersitz wollte mir dauernd etwas sagen,
griff sich ständig würgend an den Hals, doch mein »Dolmetscher« sagte, es sei nicht wichtig. »Sta je bilo, to je bilo«, sagte
er mehrfach sehr heftig zu ihr – zufälligerweise ein Satz, den

ich in den letzten Jahren schon oft gehört hatte und daher auch verstand. »Was passiert ist, ist passiert.« »Haide reci, sta je bilo?«, forderte ich sie auf zu erzählen und wollte so eine Übersetzung erzwingen. Auf mehrfaches Drängen erfuhr ich, dass die Frau und ihre Familie mit den Muslimen schreckliche Dinge erlebt habe. Details wollte der »Dolmetscher« nicht übersetzen, erahnen konnte ich sie auch so. Die Frau sprach von Selbstmord – die Gesten dafür sind international.

Nach und nach ließen sich die vier einzeln absetzen. Der »Dolmetscher« war der Letzte. Er fragte mich händeringend nach den Chancen auf Arbeit und ein Visum für Deutschland, worauf ich ihm nur mitleidsvoll raten konnte, das so schnell wie möglich zu vergessen. In Vlasenica lud er mich in das Haus seines Schwagers ein, wo er jetzt samt Frau und zwei Kindern lebe; er habe den besten Rakija der Stadt. Dankend lehnte ich ab, aber wir saßen noch ein Weilchen im Auto beisammen und ich erfuhr ein wenig, wie es damals zugegangen sein könnte. Demnach seien alle Serben von Kladanj gewarnt worden und viele auch rechtzeitig abgezogen. Andere dagegen seien geblieben und viele von diesen hätten ihr Leben gelassen. Auch die Familie dieser Frau im Auto habe den Warnungen der serbischen Armee nicht geglaubt.

Auf der Strecke zwischen Kladanj und Vlasenica sieht man kaum zerstörte Häuser. Ab Vlasenica prägen sie jedoch wieder über viele Kilometer das Bild. Mein nächstes Ziel hieß Zvornik. Seit Kladanj gab es nur noch Straßenschilder in kyrillischer Schrift, doch der nette »Dolmetscher« von vorhin hatte mir auf einem Blatt alle größeren Orte auf meiner Route notiert, sodass ich keine Probleme bekam. Zumal ich fast die ganze Zeit Autostopper im Wagen hatte. Wie viele meiner Generation bin ich früher in ganz Europa und darüber hinaus herumgetrampt. Für mich ist das eine romantische Jugenderinnerung, doch das Prinzip gilt noch immer, wenn auch mit umgekehrten Vorzeichen: In Ländern wie diesen nehme *ich* jetzt alle mit; umso mehr, als man so am meisten erfährt – von einfachen, dankbaren Leuten, die der Zufall bestimmt.

Abgesehen von den Zerstörungen, abschnittsweise wieder bis zu hundert Prozent, ist die Landschaft auch hier sehr schön. Nach einer canyonähnlichen Senke mündet die Straße schließlich ins Tal des Flusses Drina, der kurz vor Zvornik zu einem herrlichen See aufgestaut ist.

In Zvornik galt es noch einmal voll zu tanken, denn Zoran, Lidijas Vater, hatte mich gewarnt: In ganz Jugoslawien gebe es kaum noch Sprit. Zwar bekomme jeder Erwachsene pro Monat einen Gutschein, der ihn zum Erwerb von zwanzig Litern berechtige, doch die Scheine seien wegen des Ölembargos wertlos, die Tankstellen fast alle geschlossen. Das Embargo galt nicht für Bosnien, auch nicht für die Bosnische Serbische Republik, an deren Tankstellen normaler Betrieb herrschte. Also tauschte ich meine restlichen bosnischen Devisen gegen den wertvollen Saft. Devisen ist gut: Auf den putzigen Scheinen stand »Konvertibilnih Maraka«, auf den kleinen Münzen entzifferte man »Konvertibilnih Pfeniga«. Was so hieß, war auch so: Mark und Pfennige – hundert Prozent eins zu eins konvertibel.

Jetzt stand ich also am Tor zum »neuen Reich des Bösen« – der Weg hinein führte über die Brücke über die Drina.[76]

KRIEG IN SERBIEN
1998 bis 1999

Es waren erst wenige Monate vergangen, seitdem Jugoslawien elf Wochen lang von der Nato bombardiert worden war. Bevor ich mit dem Bericht über den weiteren Verlauf dieser Reise fortfahre, will ich einen Blick darauf werfen, wie es – nach Slowenien, Kroatien, Bosnien – zu diesem vierten Balkankrieg kam und welche Resultate er vorerst erbrachte.

Der Ruf nach Bomben auf Belgrad war in den vorangegangen Jahren oft ertönt; noch etwas zögernd im kroatischen Krieg, in Bosnien schon unüberhörbar, doch erst das »Kosovo-Problem« machte es möglich oder notwendig, ganz wie man will, dass dem Ruf auch Taten, sprich: Bomben, folgten.

DAS PROBLEM »KOSOVO«

Fragte man in der westlichen Welt jemanden, der wenigstens ab und zu Nachrichten liest oder sieht, worin denn das »Kosovo-Problem« überhaupt bestanden habe, so würde man wohl in mindestens neun von zehn Fällen zur Antwort bekommen, dass die Serben in ihrem nationalistischen Wahn, dem Traum von Großserbien, die übergroße Mehrheit der Kosovo-Albaner verjagen wollten und dabei auch vor Massenvertreibungen und systematischem Völkermord nicht zurückschreckten.

Die Geschichte ist komplizierter. Für die Antwort auf die Frage, wer da die Täter und wer die Opfer sind, ist es von entscheidender Bedeutung, welche Epoche der wechselvollen Vergangenheit des Kosovo man jeweils betrachtet. Je nach dem gerade bestehenden Kräfteverhältnis wurden, ganz grob dargestellt, einmal die Serben, einmal die Albaner von den »Herren« der jeweils anderen Nation drangsaliert.

Zur Absicherung der eigenen Macht ist es allemal hilfreich – leider auch sehr einfach –, das eigene Volk auf ein anderes zu hetzen. Unter der jahrhundertelangen türkischen Herrschaft bis herauf ins Jahr 1912 waren es in erster Linie die Serben, die unterdrückt und vertrieben wurden, danach, im serbischen Königreich und im ersten jugoslawischen Staat, die Albaner, im Zweiten Weltkrieg wieder die Serben, in den ersten Nachkriegsjahrzehnten die Albaner, ab Ende der sechziger Jahre die Serben, unter Milosevic nach 1988 wiederum die Albaner; heute, vor den Augen der K-FOR, sind es erneut die Serben.

Damit wäre schon einiges gesagt. Die Meinung, dass *eines* dieser Völker das »bessere« sei oder dass die »Herren« des anderen die brutaleren seien oder umgekehrt, ist von vornherein ein Unsinn; sie ist allerdings weit verbreitet, steht zumindest als dumpfe Prämisse im Raume.

Deshalb will ich hier der Frage nachgehen, ob der Vorwurf der Ausrottungspolitik, die man den Serben unterstellte, zu Recht erhoben wurde, denn er war *die* Rechtfertigung für die Bomben. Da gilt es wieder einmal, in die Vergangenheit zu blicken. Ein schwieriges Unterfangen angesichts der abwechslungsreichen Geschichte dieser Region, die ganze Bibliotheken füllt. Trotzdem werde ich versuchen, die mir wesentlich erscheinenden Entwicklungen der letzten sechzig Jahre, also der Zeit ab dem Zweiten Weltkrieg, im Zeitraffer Revue passieren zu lassen.

Anfang der vierziger Jahre, unter der deutsch-italienischen Okkupation des Balkans, war ein Teil der albanischen Clans[77] zunächst mit den italienischen Faschisten verbündet, später mit den deutschen Nationalsozialisten, was von diesen, ähnlich wie in Kroatien, mit einem eigenen Staat belohnt wurde: mit »Großalbanien«, von dem auch heute oft wieder gesprochen wird. Dieser Staat umfasste neben Albanien den Großteil des heutigen Kosovo, dazu noch Teile der mehrheitlich von Albanern besiedelten Gebiete Mazedoniens und Montenegros. Er passte ausgezeichnet ins faschistische Konzept, denn er war – wie auch der kroatische Ustascha-Staat – stramm antikommunistisch, antisemitisch und völkisch orientiert.

Und auch sonst gab es auffallende Parallelen zu Kroatien: Wie die Ustaschen, wenngleich – quantitativ gesehen – nicht im selben Ausmaß, konnten Albaner unter Aufsicht der Deutschen unter den Serben wüten, Tausende hinschlachten und noch sehr viel mehr vertreiben. Und wie bei den Kroaten haben *andere* Albaner gemeinsam mit den kommunistischen Partisanen gegen die Besatzer und deren Komplizen gekämpft; dies geschah zum Teil auch unabhängig als eigenständige *nationale* Bewegung. Schon damals wurde – auch von albanischen *Partisanen* – die Forderung erhoben, im Kosovo dereinst einmal das Selbstbestimmungsrecht ausüben zu können, was allemal auf einen eigenen albanischen Staat hinausgelaufen wäre.

Nach dem Sieg der Tito-Partisanen wurde »Großalbanien« aufgelöst und der Kosovo, »Kosovo-Metohija« genannt, zur autonomen Region innerhalb Serbiens erklärt. Tito umwarb die Albaner zunächst, denn er wollte Albanien – den wiedererrichteten »*klein*albanischen« Staat, das heutige Albanien – und auch Bulgarien für eine Föderation unter seiner Führung gewinnen. Der starke Mann dieses Albaniens war Enver Hodscha[78], ein alter Kampfgefährte Titos. Doch Stalin, der alle kommunistischen Staaten der Welt unter Moskaus Hegemonie halten wollte, duldete eine solche Machtkonzentration bei Tito nicht. Er vereitelte die Föderationspläne, brach mit Tito und es gelang ihm, Enver Hodscha auf seiner Seite zu halten. Es kam zum Zerwürfnis zwischen Tito und Hodscha, was auch die Kosovo-Albaner rasch zu spüren bekamen: Aus Sorge, sie und die Albaner von Mazedonien könnten erneut einen großalbanischen Staat anstreben, wurde der Kosovo in einen Polizeistaat verwandelt. Unter dem berüchtigten serbischen Innenminister Rankovic fanden schlimme Säuberungsaktionen statt; zudem wurden – auf Grundlage eines Staatsvertrages mit der Türkei – über hunderttausend Kosovo-Albaner in die Türkei zwangsausgesiedelt.

Lange ließ Tito Rankovic agieren, bis er ihn 1966 entmachtete. Die bis dahin nur auf dem Papier stehende Autonomie des Kosovo wurde jetzt endlich umgesetzt und schließlich, 1974, zu einem republikähnlichen Status aufgewertet, der weltweit seinesgleichen suchte. Auch die nach dem Ende des Zweiten Weltkrieges im neu erstandenen Staate Österreich verbliebenen Slowenen, die insbesondere in Südkärnten eine starke Volksgruppe stellten, konnten von solch einer Autonomie nur träumen, die Serben in der kroatischen Krajina nicht einmal das.

Damit schlug das Pendel der Macht im Kosovo erneut auf die andere Seite aus: Ab jetzt fühlten sich wiederum die Kosovo-Serben von den Albanern verfolgt.

Zu den Mehrheitsverhältnissen im Kosovo

Hier empfiehlt sich ein Blick auf die demographische Entwicklung, denn diese ist untrennbar mit dem »Kosovo-Problem« verbunden. Schon unter der mehr als fünfhundert Jahre während türkischen Besatzungszeit, insbesondere ab dem 17. Jahrhundert, waren wie erwähnt viele Serben gewaltsam aus dem Kosovo vertrieben worden, während sich mehr und mehr Albaner ansiedelten; mit dem Resultat, dass die Serben in ihrer »Urheimat« zur Minderheit wurden.

Ab dem Jahre 1912, nach Ende der türkischen Herrschaft, versuchten serbische Politiker das Rad der Geschichte durch perfide Kolonisierungsmaßnahmen zurückzudrehen: Albaner wurden enteignet und verjagt, Serben aus dem Norden angesiedelt. Dieser Politik war jedoch nur mäßiger Erfolg beschieden, nicht zuletzt, da ihr der Zweite Weltkrieg ein jähes Ende setzte. In dessen Verlauf sank der serbische Bevölkerungsanteil erneut, zumal sich noch in den ersten drei Nachkriegsjahren viele Albaner aus dem Nachbarstaat Albanien im Kosovo ansiedelten.

Danach ging die Verschiebung der Mehrheitsverhältnisse rapide voran: Die Albaner, oft als das fruchtbarste Volk Europas bezeichnet, vermehrten sich rasant. Ein Blick in den Brockhaus zeigt, dass aus den 498.300 Albanern, die 1948 im Kosovo lebten, 1981 – also dreiunddreißig Jahre später – 1.226.700 geworden waren[79]; und diese Tendenz hielt auch in den folgenden Jahren an. Das ist, nur zum Vergleich, als würden sechs Millionen Österreicher nach lediglich eineinhalb Generationen auf fünfzehn Millionen anwachsen.

Zudem zogen Jahr für Jahr zahlreiche Serben schon aus rein wirtschaftlichen Gründen aus dem Kosovo in andere jugoslawische Regionen sowie nach Mitteleuropa und Übersee, während ab Anfang der siebziger Jahre weitere Albaner aus Albanien zuwanderten. Albanien, das sich nach dem Tode Stalins vollständig von der Welt abkapselte, bot seiner Bevölkerung unter Enver Hodscha bekanntlich ein nur wenig attraktives Leben. Wären nicht auch sehr viele Albaner aus dem Kosovo ausgewandert, so wären die Mehrheitsverhältnisse heute noch erheblich einseitiger.[80]

Ende der neunziger Jahre sprach man allgemein davon, dass der Kosovo zu neunzig Prozent von Albanern bewohnt sei. Bei genauen Prozentangaben ist jedoch Vorsicht geboten, da sich die Albaner seit 1981 weigerten, an Volkszählungen teilzunehmen. Nach einer amtlichen *jugoslawischen* Schätzung von 1998 lebten im Kosovo: 917.000 Albaner, 221.000 Serben, 97.000 Roma, 72.500 Muslime, 23.000 Montenegriner, 21.000 Türken und knapp 30.000 Angehörige anderer Volksgruppen, darunter Mazedonier, Zinzaren, Aromunen, Wallachen, Aranautaschen, Goranen und Ägypter. Demnach wären es »nur« sechsundsechzig Prozent Albaner gewesen, eine Zahl, die aber gleichfalls mit Vorsicht aufzunehmen ist.

Dass die Serben angesichts der jedenfalls eklatanten Verschiebung der Bevölkerungsverhältnisse die großzügige Autonomieregelung von 1974 akzeptierten, ist sicher auch auf die starke Hand der Kommunisten zurückzuführen, kann aber auch als Hinweis für die Kompromissbereitschaft der Serben angeführt werden; dies umso mehr, als sie den Kosovo als ihre »Urheimat« und – mit den vielen orthodoxen Klöstern und Kirchen – gar als ihr nationales Heiligtum, oft mit Jerusalem verglichen, betrachteten.

Beim »Kosovo-Problem« darf natürlich nicht übersehen werden, dass es auch hier die katastrophale Wirtschaftslage war, welche die nationalen Spannungen dramatisch erhöhte und sie letztlich zum – mit friedlichen Mitteln – nicht mehr lösbaren Problem werden ließ. Der Kosovo war schon unter Tito stets das Armenhaus Jugoslawiens gewesen, in das alle jugoslawischen Republiken sehr viel Geld transferieren mussten. Dazu waren insbesondere Slowenen und Kroaten in den achtziger Jahren immer weniger bereit. Sie vertraten nach Titos Tod vehement die Ansicht, der Kosovo sei eine *serbische* Provinz, also hätten die Serben die Lasten des Kosovo auch alleine zu tragen.

Zuspitzung der Lage nach Titos Tod

1981, ein Jahr nach Titos Tod, brachen gewalttätige Konflikte aus. Den Auftakt bildeten Studentenproteste, denen sich arbeitslose Akademiker anschlossen. Verständlich, standen doch im Kosovo einem Werktätigen gleich drei Studierende gegenüber, die jedoch am heimischen Arbeitsmarkt kaum Chancen vorfanden; und die Möglichkeiten, sich als Gastarbeiter im Westen zu verdingen, waren – mit ein Resultat der Ölkrise – stark gesunken. Aus den »akademischen« Forderungen wurden rasch politische und – auch keine große Überraschung – nationalistische. Rufe nach der völligen Unabhängigkeit von Serbien wurden laut[81] und auch solche nach Enver Hodscha[82], was der latent vorhandenen serbischen Angst vor einem »Großalbanien« neue Nahrung verschaffte. Die Unruhen weiteten sich rasch im ganzen Land aus und konnten von der damaligen *jugoslawischen* Regierung nur mit der Ausrufung eines Ausnahmezustandes unter Kontrolle gebracht werden.

Die Kosovo-Serben fühlten sich zu diesem Zeitpunkt in allen Bereichen des öffentlichen Lebens stark benachteiligt. Zudem häuften sich ethnisch motivierte Verbrechen radikaler Albaner, denen sich die Serben schutzlos ausgeliefert sahen: Morde, Anschläge auf Klöster und Kirchen, Vergewaltigungen, Brunnenvergiftungen und andere Delikte wurden von den Behörden im Kosovo kaum oder gar nicht verfolgt. Diese Gewalttaten sind vielfach dokumentiert[83], trotzdem werden sie heute häufig als Erfindungen der serbischen Propaganda bezeichnet, denn die *anti*serbische Propaganda sieht die Albaner nur als Opfer, nie als Täter.

Doch es gab damals auch Albaner, die diese Verbrechen verurteilten. So wird etwa Ali Sukrija, ein prominenter Kosovo-Albaner mit Sitz im Präsidium des Bundes der Kommunisten, in zahlreichen Studien mit folgendem Satz zitiert: »Welches Volk und welche ehrenhafte Person kann stolz sein auf die Tatsache, dass es serbische Mädchen nicht wagen, in die Schule zu gehen, dass Gräber geschändet oder Kirchenfenster eingeschlagen werden?«, fragte er Ende 1981 auf einer Versammlung von Albanern. »Wie würden sich albanische Familien fühlen, wenn ihre Gräber geschändet und ihre religiösen Einrichtungen zerstört werden würden?«[84] Ein weiteres Indiz gegen die Propagandathese ist in einer erneuten starken Abwanderungswelle von Serben aus dem Kosovo Anfang der Achtziger zu erkennen, die auch, aber keineswegs nur wirtschaftliche Gründe hatte.[85]

Die Auseinandersetzungen liefen in den achtziger Jahren darauf hinaus, dass zwei Völker die Vorherrschaft im Kosovo beanspruchten und beide absolut davon überzeugt waren, die besseren Argumente auf ihrer Seite zu haben: die Serben historische und völkerrechtliche, die Albaner quantitativ faktische. Bei solchen Machtfragen verfügt die Menschheit leider allzu oft nur über eine Antwort: Krieg, Bürgerkrieg. Und für beide Seiten ist es dabei stets ein Leichtes, der anderen die Hauptschuld an der Eskalation zuzuschieben: Attentate Einzelner provozierten staatliche Repressionen – Repressionen Attentate.

Dass die Schuld für die weitere Eskalation nicht nur auf einer Seite zu suchen ist, wie man es heute allgemein darstellt, lässt sich auch anhand von Pressemeldungen aus der damaligen Zeit nachvollziehen. So hieß es beispielsweise in »Die Welt« vom 17. Januar 1986: »Das Ziel der albanisch-nationalistischen Bewegung in Kosovo ist zunächst die Schaffung einer ›Republik‹ innerhalb Jugoslawiens und dann ein ›ethnisch reines‹, das heißt von Serben und anderen Slawen ›gesäubertes Gebiet‹, in dem nur Albaner siedeln.« Oder in der »Frankfurter Allgemeinen Zeitung« vom 11. Juli 1986: »Niemand bestreitet, dass für viele Serben im Kosovo das Leben schwierig geworden ist. Es gibt ernste Anzeichen dafür, dass der Ankauf serbischer Anwesen gesteuert und finanziell unterstützt wird – von wem und wie ist schwer zu sagen. Es gibt auch Fälle von Belästigungen, sogar von Überfällen auf Serben, auch von Vergewaltigungen. Es stimmt wohl ebenso, dass Anliegen der Serben von den Behörden im Kosovo oft nachlässig behandelt werden.«[86]

Milosevics Aufstieg

Den Serben dürfte in dieser Zeit erstmals die Gefahr bewusst geworden sein, dass sie ihrer »Urheimat« bald vollständig verlustig würden. Die Angst davor brachte schließlich Slobodan Milosevic nach oben. Sein Aufstieg in der Politik – er war zuvor als Bankmanager des Öfteren in den USA tätig – ging einher mit dem Bruch eines von Titos wichtigsten antinationalistischen Rezepten: niemals Politik auf der Straße machen! Die Massen, wie man im kommunistischen Sprachgebrauch sagte, müssten von politischen Entscheidungen fern gehalten werden. Milosevic tat das genaue Gegenteil: Er *mobilisierte* die Massen. In zahlreichen TV-Berichten konnte man sehen, wie etwa im Zentrum von Belgrad Hunderttausende Milosevic zujubelten, als er den Serben versprach, ihnen den »heiligen« Kosovo zu erhalten. In allen Städten wurden Versammlungen abgehalten – auch »Miting« genannt –, um das Nationalbewusstsein der Serben zu stärken. Und ganz wie im Falle Kroatiens sorgte auch hier ein großer Teil der Medien durch stupide nationalistische Propaganda für die notwendige Begleitmusik. Rühmliche Ausnahmen wie das kritische Wochenmagazin »Vreme« gingen in diesem Krawall unter.

Der Zufall wollte es, dass genau in die Zeit dieser Auseinandersetzungen das Sechshundert-Jahre-Jubiläum jener unseligen Schlacht auf dem Amselfeld fiel.[87] Das muss Milosevic wohl wie eine Steilvorlage des Schicksals erschienen sein. Tito hatte ja alles getan, um den Mythos vom Amselfeld, der im Geschichtsbewusstsein der Serben jahrhundertelang eine zentrale Rolle gespielt hatte, zugunsten des Partisanen-Mythos zurückzudrängen. Dieses runde Jubiläum schien nun die ideale Gelegenheit zu bieten, die Bedeutung der Mythen im Sinne der Serben zurechtzurücken. Milosevic nahm den Ball auf und knallte ihn vor einer Million Serben, die aus diesem Anlass ins Amselfeld gepilgert waren, mit Karacho ins Tor. Weder er selbst noch die jubelnden Serben ahnten damals, dass es das *eigene* Tor war. Es dauerte fast auf den Tag genau zehn Jahre, bis das auch dem Letzten klar wurde.

Zur Aufhebung der Autonomie des Kosovo

Auf dem Weg zur Macht über den Kosovo bestand Milosevics Hauptproblem in den Verfassungen Serbiens und Jugoslawiens. Diese erklärten den Kosovo zwar formal zum Bestandteil der jugoslawischen Republik Serbien, sicherten ihm jedoch, wie schon erwähnt, praktisch alle Rechte einer unabhängigen Republik innerhalb Jugoslawiens zu. Der Kosovo hatte, um nur einige Merkmale dieser Autonomieregelung aufzuzählen, ein eigenes Parlament, eine eigene Justiz, eigene Territorialstreitkräfte, ein eigenes Bildungswesen und sein Vertreter im achtköpfigen jugoslawischen Staatspräsidium hatte das gleiche Gewicht wie jene der »regulären« Republiken. Das ging so weit, dass Kosovo und Vojvodina – wo der gleiche Status galt – gemeinsam sogar rein innerserbische Angelegenheiten gegen den Willen Zentralserbiens durchsetzen oder blockieren konnten.

Die Beseitigung – *Beschneidung*, wie von serbischer Seite betont wird – dieser einzigartigen Autonomie wird heute oft als Startschuss für das Ende Jugoslawiens bezeichnet und die Maßnahmen, mit denen Milosevic schließlich sein Ziel erreichte, sind äußerst umstritten: Es handelte sich um illegale, polizeistaatliche Willkürakte, sagen die einen, um unumgängliche, gesetzlich gedeckte Schritte zur Aufrechterhaltung der staatlichen Ordnung in der Republik Serbien, die anderen.

Mit Hilfe von Säuberungsaktionen in der eigenen kommunistischen Partei, die viele als *Putsch* erlebten, gelang es Milosevic, erste Korrekturen am Autonomiestatus durchzusetzen. Dabei war es ihm hilfreich, dass der jugoslawische Ministerpräsident, der Kroate Markovic, auf seiner Seite stand. Der entscheidende Schritt war jedoch die Verhängung des Ausnahmezustandes über den Kosovo im Frühjahr 1989. Dieser wurde nach einstimmigem Beschluss im jugoslawischen Staatspräsidium von dessen Vorsitzendem, einem Muslim, verkündet. Der Ausnahmezustand dauerte mehrere Wochen und Milosevic konnte in seinem Verlauf die Weichen entscheidend stellen, die weit gehende Autonomie des Kosovo aushebeln.

Wenn also die Änderung des Kosovo-Autonomiestatus tatsächlich der Startschuss für die Auflösung Jugoslawiens war, dann war es ein Startschuss, der von *allen* jugoslawischen Republiken *gemeinsam* abgegeben wurde.

Dass indes nicht nur machtpolitische Aspekte bei der Autonomieaufhebung eine Rolle gespielt haben, sondern durchaus auch staatspolitische, geht beispielsweise auch aus einer Notiz in der »Süddeutschen Zeitung« hervor: »Niemand hat ernsthaft bezweifelt, dass die Verfassung von 1974 dringend reformbedürftig war, weil sie die Ausübung (serbischer) Souveränitätsrechte in den beiden auf ihrem Territorium liegenden autonomen Provinzen Vojvodina und Kosovo unmöglich machte. Serbiens politische und wirtschaftliche Entwicklung war, darüber gibt es keinen Zweifel, durch diese Verfassung behindert.«[88]

Eines bleibt festzuhalten: Die Forderung »Albaner raus aus dem Kosovo!« war *nicht* Gegenstand der neuen Kosovopolitik. Sie steht auch nicht in dem von vielen Experten so gerne mystifizierten »Memorandum der Serbischen Akademie der Wissenschaft und Künste«, das als ideologische Basis der neuen serbischen Politik galt. Zwar gab es ultranationalistische serbische Politiker, die solche Forderungen erhoben haben, in der Realpolitik spielten sie jedoch zu keinem Zeitpunkt eine Rolle.

Die Unabhängigkeitserklärung des Staates »Kosova«

Milosevic glaubte nun, sein Ziel erreicht zu haben, sein Versprechen einlösen zu können: Die Republik Serbien war endlich ein einheitlicher Staat ohne störende »Subrepubliken«. Er sollte sich gewaltig irren. Wie die kosovo-albanische Seite auf die neue Lage reagierte, wird von vielen als mehr als verständlich bezeichnet.

Dass man dies auch anders sehen kann, soll ein Vergleich deutlich machen: Angenommen, die oben erwähnten österreichischen Slowenen wären in Südkärnten fünfundvierzig Jahre nach dem Zweiten Weltkrieg dank rasanter Vermehrung und Zuzug von Landsleuten aus dem benachbarten Staat Slowenien tatsächlich zur mit Abstand stärksten Bevölkerungsgruppe geworden; und weiter angenommen, viele »echte« Österreicher hätten infolge wirtschaftlicher Not und slowenischer Terroranschläge in Scharen aus Südkärnten in sicherere Regionen Österreichs auswandern müssen – was würde wohl passieren, wenn die Südkärntner Slowenen in dieser Situation Parlaments- und Präsidentenwahlen veranstalteten und in der Folge die »Unabhängige Republik Südkärnten« ausriefen? Undenkbar! Auch ohne Jörg Haider. Das wird jeder Österreicher zugeben, jeder Kärntner erst recht.

Doch genau *das* fand jetzt im Kosovo statt: Ende September 1991 – man beachte das Datum, das unübersehbar auf die in Slowenien und Kroatien ausgelöste Kettenreaktion hinweist – führten die Kosovo-Albaner ein Referendum durch und riefen drei Wochen später die Unabhängigkeit ihres Staates »Kosova« aus. Im Mai 1992 wurde ein Parlament gewählt sowie ein Präsident namens Ibrahim Rugova, der sich ab diesem Zeitpunkt als Führer eines selbständigen Staates betrachtete und konsequent alle serbischen und jugoslawischen Staatsinstitutionen boykottierte.

Mir ist kein Staat der Erde bekannt, der auf solche Aktivitäten nicht mit der Ausrufung des Ausnahmezustandes reagiert und die Verantwortlichen wegen Hochverrates angeklagt hätte. Wer nun aber glaubt, die Serben, die nach gängiger Darstellung schon damals wie die Bestien im Kosovo gewütet haben, hätten diese Wahlen verboten oder auch nur behindert, der irrt. Ihre einzige Reaktion war, das Ergebnis der Wahlen nicht anzuerkennen, so wie übrigens auch der Rest der Welt, sieht man von Albanien ab.

Dass die albanischen Führer spätestens ab diesem Zeitpunkt nur noch ein Ziel hatten – die völlige Loslösung von Jugoslawien –, geht nicht nur aus vielen ihrer Aussagen hervor, sondern auch aus ihren konkreten Handlungen. So wurde allen Kosovo-Albanern die Teilnahme an regulären *jugoslawischen* Wahlen verboten. »Kosova« galt jetzt als eigener Staat, dessen Bürger sich nicht an Wahlen anderer Staaten beteiligen durften. Denn dies hätte ja bedeutet, dass sie sich noch als Jugoslawen fühlten. Nicht wenige Jugoslawien-loyale Kosovaren wurden verprügelt, manche gar getötet, weil sie trotzdem an jugoslawischen Wahlen teilnahmen. Wäre allein *Milosevic* das Problem der Albaner gewesen, wie man es heute oft darstellt, hätten sie ihn, ohne einen einzigen Schuss abgeben zu müssen, in der Wahlzelle aus allen seinen öffentlichen Ämtern kippen können. Nicht ganz grundlos stellten serbische Oppositionelle damals frustriert fest, dass die kosovarischen Volksvertreter, Rugova an der Spitze, durch den Wahlboykott die wichtigsten Verbündeten von Milosevic seien.

Aber nicht nur Wahlen, vielmehr alle serbischen und jugoslawischen Institutionen wurden von den Kosovo-Albanern boykottiert: Kinder wurden nicht mehr in staatliche, sondern in separate albanische Schulen geschickt; eine eigene Universität wurde gegründet, Einberufungsbefehle der Armee verweigert, ebenso das Entrichten von Steuern; sogar im Gesundheitswesen wurden eigene albanische Einrichtungen aufgebaut.

Neben repressiven, oft von Willkürakten begleiteten Maßnahmen zur Aufrechterhaltung der öffentlichen Ordnung unter serbischer Hoheit unternahm die serbische Regierung in den folgenden Jahren – auch infolge internationalen Drucks – zahlreiche Versuche, mit Rugova eine Lösung am grünen Tisch zu erreichen. Für die serbische Seite galt dabei jedoch als unabdingbare Prämisse, dass der Kosovo innerhalb der Grenzen Serbiens verbleiben müsse. Genau diese Prämisse aber verurteilte alle Verhandlungen von vornherein zum Scheitern, denn Rugovas unverrückbares Ziel war es, einen *unabhängigen* Staat »Kosova« zu schaffen. Seine Devise: »Keine unserer Forderungen kann ohne die Abtrennung von Serbien erfüllt werden.«[89]

So entwickelten sich im Laufe der neunziger Jahre in dem kleinen Land zwei völlig unterschiedliche, parallel nebeneinander bestehende Systeme. Die Weltöffentlichkeit nahm davon nur am Rande Notiz, denn in Kroatien und Bosnien tobten zu dieser Zeit Kriege, welche die Lage im Kosovo vergleichsweise friedlich aussehen ließen. Was nicht heißt, dass diese Kriege nicht schwere Auswirkungen auch auf den Kosovo hatten. Die wirtschaftlichen Probleme im isolierten Serbien – und damit auch im Kosovo – wurden mit jedem Kriegsjahr noch größer und mit ihnen wuchs die Verrohung der politischen Sitten. Zudem musste Serbien über siebenhunderttausend Flüchtlinge verkraften, die aus Bosnien und Kroatien vertrieben wurden.

Am Rande sei daran erinnert: Auch Deutschland nahm damals, das geschah noch unter Helmut Kohl, einige hunderttausend Flüchtlinge auf; darunter zwar kaum Serben und nur für begrenzte Zeit, aber zweifellos ist das als humanitäre Maßnahme zu würdigen. Denn selbst für das sehr viel größere und reichere Deutschland war dies nicht einfach, was auch in vielen heißen innenpolitischen Debatten zum Thema »Flüchtlinge« zum Ausdruck kam.

Wir können jedoch nur schwer erahnen, was dieser Flüchtlingsstrom für das gebeutelte Serbien bedeutete, wo die im Mai
1992 verhängten UNO-Sanktionen in allen Bereichen verhee-
rende Auswirkungen zeigten – zumal im schon zuvor bettel-
armen Kosovo. Will man sich ein realistisches Bild machen,
muss dieser Umstand gleichwohl in Rechnung gestellt werden.

Die UCK

In dieser Situation trat erstmals jene Organisation in Erscheinung, die letztlich die Entscheidung herbeiführen sollte:
»Ushtria Clirimitare e Kosoves« nannte sie sich, meist übersetzt
mit »Kosovo-Befreiungsarmee«, kurz UCK.

Über diese Truppe gab es von Anfang an die tollsten Berichte:
Das seien Maoisten, hieß es, Leninisten, Enver-Hodscha-Jünger,
Faschisten, die den Hitlergruß pflegten, Revolutionsromantiker,
bezahlte Agenten von Bin Laden[90], von Milosevic engagierte Pro-
vokateure, eingeschleuste Mudschaheddin, vom deutschen Ge-
heimdienst BND logistisch betreut; hinter ihrem offenbar reichlich vorhandenen Geld stehe die Albaner-Mafia, die sich durch
Schmuggel, Drogengeschäfte und Prostitution finanziere.

Die Verbindung der UCK mit Bin Laden klang ein wenig
abenteuerlich und die Vermutung, Milosevic habe sie »erfunden«, stellte sich rasch als Fehlinterpretation Rugovas heraus,
doch zu den anderen Gerüchten gab es eine Fülle von Doku-
mentationsmaterial; besonders zu den Drogengeschäften und
dem Engagement des BND, das einmal sogar vom Amerikaner
Richard Holbrooke kritisiert wurde. Außerdem gab es einen
gemeinsamen Nenner: ob Maoisten, Faschisten, Revolutionäre,
Drogendealer, Zuhälter, Mudschaheddin oder Geheimdienst-
agenten – der dringende Wunsch nach einem unabhängigen
Kosovo einte dieses heterogene Spektrum.

Und da das Lavieren des oft als »Balkan-Gandhi« bezeichneten »Kosova«-Präsidenten Rugova sich immer deutlicher als
symbiotische Hassliebe zu Milosevic herausstellte – der Vorwurf lautete etwa: Rugova und Milosevic dienten einander als
Feindbild zum Machterhalt im eigenen Lager –, Rugova jedenfalls einen unabhängigen Kosovo nicht zu erreichen schien,
griff man jetzt zu den Waffen.

Der erste Anschlag, zu dem sich die UCK offen bekannte, galt Anfang 1996, wie schon an anderer Stelle erwähnt, einem kurz zuvor im Kosovo errichteten Lager für serbische Flüchtlinge, die aus Bosnien und der Krajina vertrieben worden waren. Auch Rugova und seine Mitarbeiter fanden sich rasch auf den Todeslisten der UCK, nicht wenige Albanerführer fielen dieser Organisation zum Opfer, wofür aber nicht selten Serben verantwortlich gemacht wurden.

Als Albanien im Frühjahr 1997 im Zusammenhang mit den so genannten »Pyramidenspielen«[91] kollabierte und die Waffenarsenale Enver Hodschas geplündert wurden, konnte sich jeder, der wollte, für ein paar Dollar ein Schießeisen beschaffen. Massenhaft gelangten in der Folge Waffen in den Kosovo. Dann ging es Schlag auf Schlag, ein Terroranschlag folgte dem anderen.

Heute wird diese Entwicklung oft so dargestellt, als hätte Milosevic auf diese Terroristen nur gewartet, um endlich zuschlagen zu können. Man könnte aber auch sagen, dass Milosevic das versuchte, was jede andere Regierung der Welt in dieser Situation auch versucht hätte: den Terror mit polizeilichen und militärischen Mitteln in den Griff zu bekommen.

Sieg oder »Schutt und Asche«!

Um zu zeigen, mit wem es die Serben zu tun hatten, lasse ich die UCK selbst zu Wort kommen. Die nachfolgenden Zitate zu einigen relevanten Themen stammen aus einer kosovarischen Zeitung.[92]

Originalton zu Zielen, Ideologie und Kompromissbereitschaft:

»Für die Befreiungsarmee Kosovas und ihren Generalstab ist jede zeitweilige Lösung, die Kosova unter Serbien oder mit Serbien lässt, inakzeptabel. Jede unterschriebene Übereinkunft auf dieser Ebene sehen wir als nationalen Verrat an und erklären sie zum nationalen Verrat.« (Presseinformation vom 16.9.1998)

Zum weit über den Kosovo hinausgehenden Gebietsanspruch:

»[...] erklären wir, dass die Lösung der albanischen Frage nicht allein in den gegenwärtigen Grenzen Kosovas festgelegt werden kann, sondern sie muss als Ganze gelöst werden, indem die Albaner und ihre von ›Mazedonien‹ und Montenegro besetzten Gebiete einbezogen werden.« (27.2.1998)

Zu Ibrahim Rugova und dessen Politik:

»Tod den Feinden und Verrätern!« (2.3.1998)

»Die Versuche Rugovas und seines Clans, die UCK ›unter Kontrolle‹ zu bringen, sind nicht nur unseriös, sondern auch unmoralisch. Er akzeptiert bis heute nicht die Existenz der UCK. Er hat sie sogar [...] als Terroristen bezeichnet. So öffneten sich in unseren Familien auch noch giftigere Wunden als jene, die der Feind uns zufügte. [...] Wir anerkennen die Legitimität der [von Rugova] gestohlenen Stimmen nicht«, sondern nur »die mit Blut auf dem Schlachtfeld des Kampfes gewonnene Legitimität.« Jakup Krasniqi, Sprecher der UCK. (9.7.1998)

Und was passiert, wenn sich die UCK im Kosovo nicht durchsetzen kann?

»Die Befreiungsarmee Kosovas hat den Kampf nicht mit zwei Absichten begonnen, sondern mit dem Motto: Entweder Kosova wird unser oder wird sich in Schutt und Asche verwandeln!« (10.9.1998)

Sieg oder totale Zerstörung! Jeder, der wissen wollte, wes Geistes Kind diese »Revolutionäre« waren, welche Ziele sie verfolgten und mit welchen Mitteln sie diese zu erreichen beabsichtigten, konnte sich ein Bild darüber machen. Dafür war keineswegs ein Internetzugang notwendig, denn auch in vielen anderen Medien wurde ausführlich darüber berichtet.[93]

Henry Kissinger hat kurz nach Beginn des Nato-Bombardements in einem vielzitierten Interview mit der »Welt am Sonntag« folgende bemerkenswerte Sätze gesagt: »Von Jugoslawien, einem souveränen Staat, verlangt man die Übergabe der Kontrolle und Souveränität über eine Provinz mit etlichen nationalen Heiligtümern an ausländisches Militär. Analog dazu könnte man die Amerikaner auffordern, fremde Truppen in Alamo einmarschieren zu lassen, um die Stadt an Mexiko zurückzugeben, weil das ethnische Gleichgewicht sich verschoben hat.«

Wenn man Kissingers Gedanken weiterführte und unterstellte, dass in der Gegend von Alamo eine mexikanische Untergrundbewegung Terroranschläge auf US-Polizeistationen verübte, mit dem Ziel, einen unabhängigen, mexikanischen Staat herbeizuschießen, benötigte man nicht viel Phantasie, sich auszumalen, wie die amerikanische Regierung das Problem lösen würde: militärisch selbstverständlich. Jegliche Kommentierung oder gar Einmischung von außen würde man schärfstens zurückweisen.

DIE LETZTEN MONATE VOR DEN NATO-BOMBEN

Spätestens ab November 1997 herrschte im Kosovo Bürgerkrieg. »Hit and run« – »Zuschlagen und Abhauen« – hieß die Devise, nach der die UCK im Kosovo attackierte, wo sie nur konnte, Polizisten und Zivilisten tötete, darunter auch Jugoslawien-loyale Albaner. Serbische Polizeieinheiten schlugen zurück, militante Serben übten Selbstjustiz, immer öfter geriet die Zivilbevölkerung in die Schusslinien.

Dem Westen blieb diese Entwicklung keineswegs verborgen. Am 23. Februar 1998 traf der Balkan-Sondergesandte der amerikanischen Regierung, Robert Gelbard, zu Gesprächen in Belgrad ein, wo er einen aus heutiger Sicht äußerst bemerkenswerten Standpunkt vertrat: Gelbard bestärkte (!) Milosevic, im Kosovo mit militärischen Mitteln für Ordnung zu sorgen; er verurteilte die Anschläge der UCK, die er ausdrücklich als »terroristisch« bezeichnete, und er erteilte den Unabhängigkeitsbestrebungen Rugovas eine klare Absage: Die amerikanische Regierung, so Gelbard vor der Weltpresse, werde einseitig vollzogene Veränderungen der international anerkannten Grenzen Jugoslawiens keinesfalls akzeptieren.

Gelbard machte während seines Besuches durch einige sehr willkommene »Geschenke« deutlich, dass dies nicht nur seine private Meinung war, sondern durchaus den Standpunkt der US-Regierung darstellte. So kündigte er beispielsweise die Aufhebung des Jahre zuvor gegen die jugoslawische Fluggesellschaft »JAT« verhängten Landeverbotes auf amerikanischen Flughäfen an, was für Milosevic einen enormen Prestigegewinn bedeutete. Gelbard reiste damals sogar in den Kosovo, um den pro-serbischen Standpunkt der USA auch dort deutlich zu machen.[94]

Der Bürgerkrieg im Jahre 1998

Die serbische Regierung fühlte sich von Robert Gelbard offensichtlich ermuntert, gegen die Separatisten im Kosovo hart vorzugehen. Am 28. Februar, nur wenige Tage nach Gelbards Abreise, führten die durch Sondereinheiten verstärkten serbischen Sicherheitskräfte erstmals einen schweren Schlag gegen die Terroristen: Nach zwei Attacken der UCK, bei denen vier serbische Polizisten getötet wurden, kam es zu einer regelrechten Schlacht, in deren Verlauf fünfunddreißig Albaner, darunter Frauen und Kinder, getötet wurden. Kurz darauf fand ein noch entsetzlicheres Massaker statt: Bei einem mehrtägigen Angriff auf eine befestigte Anlage, in der sich führende UCK-Kämpfer befanden, wurden fünfzig Albaner erschossen. Die serbische Polizei hatte Frauen und Kindern freies Geleit zugesichert, viele von ihnen konnten unbeschadet aus der Festung fliehen, andere wurden von den Terroristen zum Bleiben gezwungen und kamen mit diesen ums Leben.[95] So unbestreitbar es ist, dass die serbische Seite dabei aufs Brutalste zuschlug, so unbestreitbar ist es, dass die UCK ebenso rücksichtslos agierte und dass die Gewalt von ihr ausgegangen war.

Mit diesen zwei Massakern geriet der Kosovo voll ins Schlaglicht der Weltöffentlichkeit. Die UNO verurteilte am 31. März sowohl die Gewalt der serbischen wie auch die der albanischen Seite und drohte mit Intervention. Die Situation, die damit im Kosovo gegeben war, könnte man mit einem Kinderzimmer vergleichen, in dem zwei verfeindete Brüder – ein starker Großer und ein frecher Kleiner – heftig miteinander streiten, während der Vater aus dem angrenzenden Wohnzimmer unter Androhung von Prügeln Ruhe anmahnt. Wenn sich nun der freche Kleine in dieser Lage aufgrund von Erfahrungen mit anderen Geschwistern und eindeutiger Signale des Vaters darauf verlassen könnte, dass der Vater bei anhaltendem Krawall nur den Großen verprügeln würde, dann wäre dieser hoffnungslos den Provokationen seines schwächeren Bruders ausgeliefert.

Auf den Kosovo übertragen, sah das »Kinderzimmer« in den folgenden Monaten so aus: Die serbische Regierung zog ihre Sonderpolizei aus dem Kosovo ab und legte den verbliebenen

Einheiten Zurückhaltung auf; die UCK nützte die Gunst der Stunde und attackierte weiter; angegriffene serbische Polizeiposten zogen sich oft ohne nennenswerte Gegenwehr zurück und überließen Ortschaft für Ortschaft der UCK; ganze Landstriche konnten von dieser zum »befreiten Gebiet« erklärt werden; von Übergriffen und Feuerüberfällen genötigt und vom Westen weitgehend unbemerkt, flüchteten Serben in Scharen aus dem Kosovo. »Beobachter vor Ort vermuteten, hier sollten allmählich ethnisch rein albanische Gebiete geschaffen werden.«[96]

Nach eigenen Angaben kontrollierte die UCK im Frühsommer 1998 den halben Kosovo. Selbst wenn das vielleicht übertrieben war, weite Teile des Kosovo waren tatsächlich in UCK-Hand, an die vierzig Prozent, und es war absehbar, dass die Serben die Kontrolle über den Kosovo bald vollständig verlieren würden. Mitte Juli 1998 fühlte sich die UCK bereits so stark, dass sie von der Taktik des »Zuschlagens und Abhauens« abging und den offenen Kampf mit der serbischen Staatsmacht wagte. Jetzt entschloss sich die serbische Regierung, Militär in den Kosovo zu verlagern und erneut zum massiven Gegenschlag auszuholen. Keine Regierung der Welt hätte anders reagiert. Die serbische Streitmacht war der UCK sowohl zahlenmäßig als auch waffentechnisch weitaus überlegen und es gelang ihr rasch, strategisch wichtige Positionen zurückzuerobern.

Sie sah sich jedoch mit einem neuen Problem konfrontiert: Der zuvor bei der albanischen Bevölkerung wenig geliebten, vielfach gefürchteten und verhassten UCK, die ja auch zahlreiche Morde an Albanern verübte, gelang es nicht zuletzt durch ihre Erfolge in den vorangegangenen Monaten, bei den Einheimischen Rückhalt zu finden. Sie erhielt großen Zulauf aus der bislang eher unbeteiligten Landbevölkerung und konnte nun aus dem Schutze der Zivilbevölkerung heraus agieren, diese viel mehr als schon zuvor zur eigenen Deckung missbrauchen.

Der Krieg wurde von beiden Seiten mit äußerster Brutalität geführt. Die UCK metzelte Serben nieder, wo sie dazu die Gelegenheit hatte. Die Armee schlug unbarmherzig zurück, schoss ganze Dörfer in Schutt und Asche. Paramilitärische serbische Verbände traten im Schutz der Armee als blutige Rächer auf. Der große Bruder, um noch einmal auf das »Kinderzimmer«

zurückzukommen, hatte durchgedreht und scherte sich nicht mehr um die vom Vater angedrohten Prügel. Die Zivilbevölkerung flüchtete in Massen, wo immer die Armee auftauchte. Auf dem Höhepunkt des Bürgerkrieges waren dreihunderttausend Albaner auf der Flucht; fünfzigtausend von ihnen schafften es nicht, sich zu Bekannten in weniger umkämpfte Gebieten zu retten, sondern mussten in Berge und Felder flüchten.

Militärisch gesehen war die serbische Offensive erfolgreich: Nach zweieinhalb Monaten war die UCK aus dem ganzen Kosovo vertrieben und Slobodan Milosevic erklärte die Kämpfe am 28. September für beendet. Es war indes ein Pyrrhussieg, wie sich rasch herausstellen sollte. Die Weltöffentlichkeit, die drei Jahre zuvor achselzuckend zugesehen hatte, als hunderttausende Serben vor der vom Westen hochgerüsteten kroatischen Armee aus der Krajina flüchteten – die Massenflucht wurde allenfalls als tragische Begleiterscheinung des Krieges bezeichnet –, reagierte jetzt mit größter Bestürzung. Damals hatte man die Kroaten nicht einmal zur Mäßigung gemahnt, als sie die serbischen Flüchtlingskolonnen von Flugzeugen aus mit Maschinengewehren beschossen und Zivilisten niedermetzelten. Jetzt forderte die westliche Welt fast einstimmig Bomben auf Belgrad. »Bomb Slobo!«, titelte beispielsweise auch das österreichische »Profil«[97].

Das Holbrooke-Abkommen und die OSZE-Mission

Richard Holbrooke, der bosnienerfahrene US-Vermittler, der schon im Juni im Kosovo aufgetaucht war, kam mit unmissverständlichen Bombendrohungen seitens der Nato und einem ganzen Katalog von Forderungen nach Belgrad. Milosevic lehnte zunächst jede Einmischung von außen kategorisch ab und beharrte darauf, die Probleme im eigenen Land wie jeder souveräne Staat selbst zu lösen. Es folgte ein beinhartes Pokerspiel. Milosevic schien stur zu bleiben, doch der Druck wurde enorm. Wie schon im Bosnien-Krieg wurde der Nato-Oberbefehlshaber ermächtigt, den Startschuss für begrenzte Bombenangriffe zu geben. Damit wurde Milosevic in buchstäblich letzter Sekunde zum Einlenken gezwungen. Er verständigte sich mit Holbrooke auf die vollständige Umsetzung der Forderungen des UN-Sicherheitsrates, den Abzug eines Großteils der serbischen Truppen aus dem Kosovo, auf Autonomie-Prinzipien für den Kosovo – die Einrichtung eines Parlamentes, einer Exekutive, einer Judikative, einer Polizei –, auf die Durchführung von Wahlen sowie auf die Überwachung des Abkommens am Boden durch zweitausend OSZE-Beobachter und aus der Luft durch unbemannte Flugzeuge der Nato.[98]

Das von Holbrooke erzielte Abkommen erforderte von der serbischen Seite beispiellose Zugeständnisse. Trotzdem waren im Westen nicht alle mit dem von Richard Holbrooke erzielten Ergebnis zufrieden. Im Gegenteil: Diejenigen – etwa in deutschen Zeitungsredaktionen –, die seit langem Bomben auf Belgrad herbeigesehnt und -geschrieben hatten, sahen sich wieder einmal enttäuscht. Die Nato wurde als Papiertiger beschimpft. Milosevic habe, so hieß es beispielsweise, noch jedes Abkommen gebrochen, das Hinausschieben von Luftschlägen würde das Leid der Albaner nur noch sinnlos verlängern.

Es kann jedoch kein Zweifel bestehen: Wäre das Holbrooke-Abkommen konsequent umgesetzt worden, wozu die serbische Seite zunächst offenbar bereit war, dann wäre alles anders gekommen. Schon zwei Wochen nach Abschluss der Vereinbarung hatte sich die serbische Armee weit gehend aus dem Kosovo zurückgezogen und der Großteil der Flüchtlinge war in die Dörfer zurückgekehrt.

Doch die Rechnung wurde ohne den Wirt gemacht. Der hieß UCK und er reagierte folgendermaßen: »Wir werden für einige Zeit unsere Angriffe einstellen, uns bessere Waffen besorgen und dann weiterkämpfen. Der Krieg wird erst mit unserer Unabhängigkeit beendet sein.«[99]

Die letzte Friedenschance fiel dem erneut aufflammenden UCK-Terror zum Opfer.

Der Vizepräsident der Parlamentarischen Versammlung der OSZE, der schon eingangs zitierte CDU-Bundestagsabgeordnete Willy Wimmer, dem man schwerlich ein besonders nahes Verhältnis zur serbischen Regierung nachsagen kann, stellte zu dieser für die Beurteilung der weiteren Entwicklung entscheidenden Aussage fest: »Die internationalen Beobachter, die OSZE-Beobachter, sie haben eindeutig erklärt – die Verantwortlichen wohlgemerkt –, dass die jugoslawische Seite nach den Oktober-Vereinbarungen sich an diese auch gehalten hat. Und dass hingegen die UCK systematisch diese unterlaufen hat.«[100]

Auch von militärischer Seite wurden die Aktivitäten der UCK kritisch registriert. So etwa vom deutschen Nato-General Klaus Naumann, der dafür allerdings bemerkenswerte Worte fand: »Die UCK«, erklärte er verharmlosend, »spielte in dieser Zeit eine unglückliche Rolle.«[101]

In einem Appell des jugoslawischen Außenministeriums am 1. Dezember 1998 an die OSZE wurde die »unglückliche Rolle« der UCK in den ersten sechs Wochen nach dem Abkommen so zusammengefasst: »310 terroristische Angriffe und Provokationen, Tötung von neun und Verwundung von 30 Polizisten, 87 Angriffe gegen Serben und Angehörige anderer Ethnien.«[102] Auch Albaner waren vor den Anschlägen der UCK nicht gefeit. Wer sich ihr nicht unterordnete, kam auf die Abschussliste. Nach vertraulichen OSZE-Berichten hat die UCK in der Zeit nach dem Holbrooke-Abkommen »mehr Kosovo-Albaner umgebracht als die Serben«.[103]

Noch etwas erscheint mir erwähnenswert. Die OSZE-Mission kam nur sehr schleppend in Gang. Offenbar war man nur schlecht darauf vorbereitet, was der westlichen Politik kein besonders gutes Zeugnis ausstellt: Für Rüstungszwecke werden Aberbillionen aufgebracht, doch für sinnvolle, friedenssichernde Maßnahmen sind keine ausreichenden Mittel vorhanden. Bis zum Jahresende waren erst einige hundert der vereinbarten zweitausend Beobachter im Kosovo eingetroffen und sie mussten hilflos mitansehen, wie sich die Lage nur wenige Wochen nach dem Holbrooke-Abkommen wieder dramatisch zuspitzte.

In dieser Situation geschah jenes Massaker, das schließlich die Entscheidung herbeiführen sollte: Am 16. Januar 1999 fand man in einer Ortschaft namens Racak fünfundvierzig Leichen – durchwegs Albaner, die, wie es hieß, von serbischen Milizen kaltblütig hingerichtet worden waren. Wieder einmal gingen grauenhafte Bilder um die Welt und mit ihnen der Aufschrei, dass jetzt etwas geschehen müsse.

Unmittelbare Konsequenz des Massakers von Racak war die Einberufung der Konferenz von Rambouillet, bei der die so genannten Kontaktgruppen-Staaten – die USA, England, Frankreich, Deutschland, Italien und Russland – eine Lösung des Konfliktes am Verhandlungstisch ultimativ erzwingen wollten. Die Konferenz scheiterte nach wochenlangem Tauziehen. Die OSZE-Beobachter zogen am 20. März 1999 aus dem Kosovo ab, Jugoslawien war zum Abschuss freigegeben.

ANMERKUNGEN ZUR ARCHITEKTUR EINES KRIEGES (2)

Bomben auf Belgrad – oder: Die Mutation von Tauben zu Falken

An dieser Stelle erscheint es mir notwendig, einige Vorgänge näher zu beleuchten, die ich bereits oben als »Bausteine für den Krieg« bezeichnete: den Kampf um die öffentliche Meinung.

Auf den kriegstreibenden Charakter der Berichterstattung vieler Medien habe ich bereits hingewiesen. Deren oft demagogische und manipulative Arbeitsweise[104] war aber auch Ausdruck einer Auseinandersetzung, die sich all die Jahre in den westlichen Ländern abspielte – jener zwischen »Falken« und »Tauben«. Nachdem die Serben ab Mitte 1991 als die alleinigen Täter ausgemacht worden waren, erhob sich die brennende Frage, wie ihnen das Handwerk gelegt werden könnte. Würde, wie es die Tauben propagierten, politischer und wirtschaftlicher Druck genügen, oder müssten sie, so der Standpunkt der Falken, mit militärischen Mitteln zur Vernunft gebracht werden?

Schon damals war von »Bomben auf Belgrad« die Rede. Ich selbst habe dieses Schlagwort – als Forderung formuliert! – zum ersten Mal von einem katholischen Priester vernommen; und zwar bereits im Herbst 1991, im Regensburger Kolpinghaus, auf einer Veranstaltung der »Paneuropa-Bewegung«.

Ganz so schnell, wie es manche gewünscht hätten, ging es allerdings nicht. Doch der Druck der Falken auf die Tauben wurde ständig gesteigert und die Sprache wurde immer militärischer. Berühmt geworden ist etwa der Spruch von Klaus Kinkel – Genschers Nachfolger, Fischers Vorgänger als Außenminister Deutschlands –, der Mitte 1992 forderte, jetzt müsse es »das Ziel aller Politik« sein »Serbien in die Knie zu zwingen«, oder jener des Militärsprechers der SPD, Freimut Duve: »Wenn alle friedlichen Mittel ausgeschöpft sind, dann hilft nur noch die Bereitschaft zur Gewalt.« Ab 1993 kursierten in Deutschland und anderswo Unterschriftslisten mit flammenden Aufrufen an die westliche Staatengemeinschaft, dem Morden der Serben endlich durch wirksame militärische Schläge ein Ende zu bereiten. Zu den Unterzeichnern zählten prominente Politiker jedweder Couleur, aber auch namhafte Künstler und Intellektuelle, wie etwa Wolf Biermann oder Karl Popper. Und Daniel Cohn-Bendit, der sich stets wie die höchste moralische Instanz Deutschlands gebärdet, erklärte frank und frei jeden zum Rechten, »der gegen eine Militärintervention in Bosnien ist«.[105]

Erste Erfolge der Falken

Als schließlich am 28. Februar 1994 die ersten Nato-Schüsse abgegeben wurden – vier serbisch-bosnische Flugzeuge wurden über Bosnien abgeschossen, eine Reaktion auf das bis heute nicht aufgeklärte erste »Marktplatz-Massaker« von Sarajevo –, stieß das in weiten Teilen der westlichen Welt, insbesondere in Deutschland und Österreich, bereits auf breite Zustimmung. Doch noch hieß es nicht: »Feuer frei!« Ein weiteres Massaker in Sarajevo, geschehen am 28. August 1995 – auch dieses bis heute nicht aufgeklärt – brachte schließlich die ganze Nato-Maschinerie erstmals ins Rollen: Zwei Tage nach diesem Massaker begannen mehrere Dutzend Nato-Kampfflugzeuge in einer zeitlich nicht begrenzten Aktion Stellungen der bosnischen Serben zu bombardieren und erzwangen so das Ende des Krieges in Bosnien. Die Falken hatten sich endlich durchgesetzt und sie konnten einen großen Erfolg reklamieren.

Während die Nato in Bosnien aber immerhin darauf verweisen konnte, dass sie mit voller Zustimmung der – zwar im Lande umstrittenen aber doch weltweit anerkannten – bosnischen Regierung handelte, von dieser sogar zum Bombardieren gedrängt wurde, so lagen die Dinge bei der nächsten Nato-Aktion – in Serbien und Montenegro – völlig anders. Dort wurde gegen den Willen eines souveränen Staates gebombt, was die Argumentation der Falken in diesem Falle beträchtlich erschwerte.

So wurde Volker Rühe, der deutsche Verteidigungsminister, von den Verantwortlichen einiger Nato-Staaten scharf zurückgepfiffen, als er im Juni 1998 – der Bürgerkrieg im Kosovo war bereits voll entbrannt – ohne entsprechende Beschlüsse nicht etwa *forderte*, sondern *ankündigte*, dass die Nato für eine Intervention im Kosovo »noch in dieser Woche das ganze Spektrum militärischer Operationen verfügbar« machen werde. »Der Spiegel« schrieb damals: »Rühes forsches Verlangen sorgte für erhebliche außenpolitische Verwirrung.«[106]

Rot-Grün ist der Wechsel

Wenige Monate nach Volker Rühes missglücktem Vorstoß gab es in Deutschland – nach sechzehn Jahren Helmut Kohl – wieder einmal eine Wende: den fulminanten Wahlsieg von Rot-Grün. Dieser hatte auch zur Folge, dass die deutsche Außenpolitik ab sofort von Leuten gemacht wurde, die politisch als entschiedene Antimilitaristen groß geworden sind – eine Entwicklung, die ich außerordentlich begrüßte. Wenngleich mir nicht entgangen war, dass auch von den deutschen »Grünen« schon seit längerem manch' kriegerische Töne zu hören waren, so musste es doch ein großer Unterschied sein, ob die deutsche Außen- und Verteidigungspolitik von Klaus Kinkel und Volker Rühe gemacht würde oder von Leuten, die, wenn schon nicht mehr orthodoxe Pazifisten, so doch zweifelsfrei Kriegsgegner waren. Zum Beispiel von Ludger Volmer, dem außenpolitischen Sprecher der »Grünen«, der im »Spiegel«-Interview zur Frage einer deutschen Beteiligung an militärischen Maßnahmen im Kosovo eine unmissverständlich ablehnende Position bezog. Und zwar so:

Spiegel: »In Ihrem Programm steht: ›Militärische Friedenserzwingung und Kampfeinsätze lehnen wir ab‹, eine Formulierung, die von der Wirklichkeit überholt ist.« *Volmer*: »Aber es gibt in unserem Koalitionspapier eine deutliche Aussage dazu, mit welchem Mandat eventuelle Auslandseinsätze der Bundeswehr ausgestattet sein müssen: Bindung an das Völkerrecht und an deutsches Verfassungsrecht.« Es wäre, so Volmer weiter, »eine fatale Entwicklung«, wenn »die Nato anstelle der

Uno ein eigenes globales Gewaltmonopol aufbauen« würde. Und wörtlich: »Es gibt keine Bekenntnisse zu Kampfeinsätzen.«[107]

Solche Worte, sechs Monate vor Beginn des Bombardements, zeigen deutlich, dass zu diesem Zeitpunkt für die Falken noch einiges zu tun war. Da sprach immerhin einer, dessen Partei gerade Regierungsverantwortung übernommen hatte, und zwar in Deutschland, dem erklärtermaßen wichtigsten Verbündeten der USA in Europa. Volmer wurde wenige Tage nach diesem Interview zum Staatssekretär im Außenministerium bestellt. In seinen Worten kommt auch zum Ausdruck, wo das Hauptproblem der Falken lag: Eine militärische Intervention des Westens gegen Jugoslawien hätte die Zustimmung des UN-Sicherheitsrates erfordert. Dort aber hatten mit Russland und China zwei Staaten Sitz und Stimme, die dies absolut ablehnten. So war klar, dass eine Nato-Intervention nicht ohne Bruch der UNO-Charta – und im Falle Deutschlands auch noch des Grundgesetzes – erfolgen könnte.

Das Programm »Grün ist der Wechsel«, mit dem die »Grünen« zur deutschen Bundestagswahl 1998 angetreten waren, nahm genau zu dieser Problematik erfreulich klar Stellung: Wir »akzeptieren nicht, dass die Nato ihre Rolle zu Lasten der UNO und der Organisation für Sicherheit und Zusammenarbeit in Europa (OSZE) ausweitet, um ihre eigene militärische Dominanz durchzusetzen.«

Und da die Wahl mit *diesem* Programm gewonnen wurde und es mit den Grundsätzen des Koalitionspartners SPD durchaus übereinstimmte, wurden diese Prinzipien auch in das gemeinsame Regierungsprogramm aufgenommen. Dort ist zu lesen: »Die Beteiligung deutscher Streitkräfte an Maßnahmen zur Wahrung des Weltfriedens und der internationalen Sicherheit ist an die Beachtung des Völkerrechts und des deutschen Verfassungsrechts gebunden. Die neue Bundesregierung wird sich aktiv dafür einsetzen, das Gewaltmonopol der Vereinten Nationen zu bewahren und die Rolle des Generalsekretärs der Vereinten Nationen zu stärken.«

Klarer kann man es kaum sagen. Deshalb glaubte ich damals tatsächlich, dass mit der Abwahl Helmut Kohls und seines vermeintlichen Kriegstreibers Volker Rühe die Gefahr einer

Ausweitung des Kosovo-Krieges gebannt, mindestens jedoch eine deutsche Beteiligung an einer Nato-Intervention ausgeschlossen sei.

Die Speerspitze des Friedens

Heute weiß ich es besser. Und ich weiß noch mehr: Ohne den Eintritt von Pazifisten in die deutsche Regierung wäre es für die Falken nicht so glatt gelaufen. Man versetze sich kurz einmal in die Rolle eines italienischen Ministerpräsidenten, der versuchte, der Mafia ein für alle Mal das Handwerk zu legen. In dieser Position wäre es doch ein genialer Coup, wenn es ihm gelänge, einen abgesprungenen Mafiaboss als Innenminister zu engagieren. Denn dieser wüsste zweifellos bestens darüber Bescheid, wie man da vorgehen müsste, wüsste, wie es bei der Mafia so läuft und wo man den Hebel ansetzen müsste und könnte. Und dann versetze man sich kurz in die Rolle eines Falken, der Bomben werfen will. Wer wüsste am besten, wie man das bei den Friedfertigen durchsetzen kann? Ein abgesprungener Pazifist, keine Frage. Was wäre auf den Straßen Deutschlands losgewesen, wenn *Helmut Kohl* hätte die Bomben durchsetzen müssen? Die Hölle – nein, der personifizierte Friede, besser gesagt, dessen Speerspitze – die »Grünen«!

Wie es schließlich gelang, aus den in die Regierung aufgerückten Tauben Falken zu machen, lasse ich am besten eine solche Taube selbst erzählen. *Was* machte Ludger Volmer zum Falken? Er erklärte es uns in einem Internet-Beitrag, den er unmittelbar nach Beginn des Bombardements unter dem Titel: »Krieg in Jugoslawien – Hintergründe einer Entscheidung« veröffentlichte:

»Den ganzen Winter über hatte die UCK gegen den Waffenstillstand verstoßen und mit selektiven Morden die serbische Ordnungsmacht, die sich auch nicht vollständig an den Waffenstillstand hielt, systematisch provoziert. Die Serben reagierten mit unvorstellbarer Brutalität. Ziel der UCK war es, Fernsehbilder zu provozieren, die vermittelt über die Empörung in der Bevölkerung der westlichen Welt die Nato zum Eingreifen auf kosovarischer Seite verleiten sollten. Im CNN-Krieg sollte die Nato zur Luftwaffe der UCK werden. [...] Doch dann kam das Massaker von Racak. Das Hinschlachten von Zivilisten durch die Serben erforderte eine deutliche Reaktion des Westens. [...] Die Amerikaner wollten sofort auf der Basis des noch gültigen ›act ord‹ mit der Bombardierung der Volksrepublik Jugoslawien beginnen. [...] Es war der grüne Außenminister Joschka Fischer und die Beamten des AA, die mit großem persönlichen Einsatz die anderen Außenminister dazu bewegten, statt einer schnellen Bombardierung den Verhandlungsprozess von Rambouillet zu organisieren«.[108]

Racak – oder: Massakerpolitik (2)

Da steht es schwarz auf weiß: Ein Massaker war maßgeblicher Auslöser für die Mutation dieser Taube zum Falken. »Racak« war der »Trigger-event«[109], wie man in der Fachsprache sagt, der nicht nur bei Ludger Volmer, sondern – soweit nicht schon zuvor erfolgt – in der gesamten Weltöffentlichkeit für den Umschwung sorgte, die Weichen endgültig auf militärische Intervention stellte. War, wie erwähnt, schon das »Brotschlangen-Massaker« 1992 in Sarajevo mit ausschlaggebend für den UN-Beschluss über die Sanktionen gegen »Restjugoslawien«, das »Marktplatz-Massaker« des Jahres 1994 entscheidend für die ersten scharfen Schüsse der Nato, die diese seit ihrer Gründung abfeuerte, und 1995 das zweite »Marktplatz-Massaker« Anlass für das erste Nato-Dauerbombardement, so ebnete das Massaker von Racak den Falken den Weg für die unbefristeten Luftschläge gegen Jugoslawien, für den Tod Tausender, den Bruch des Völkerrechtes.

Wäre es zynisch, hinter dieser von Massakern geleiteten Politik ein System zu vermuten? Anders gefragt: Kann es Zufall sein, dass diese Verbrechen so auffallende Parallelen aufweisen? Wie ist es zu erklären, dass in allen vier Fällen die Schuld am Tod von jeweils Dutzenden Menschen entgegen allen juristischen Erfordernissen sofort und ohne Überprüfung den *Serben* zugeschrieben wurde; und zwar in einer Weise, auf die nichts anderes folgen konnte als der weltweite Ruf nach sofortiger harter Bestrafung der Serben? Und was soll man davon halten, dass sich in allen vier Fällen nach akribischen Untersuchungen herausstellte, dass die rasche Verurteilung der Serben nicht aufrechtzuerhalten war?

Wie auch immer, das Massaker von Racak passte jedenfalls genau zu der von Ludger Volmer durchschauten UCK-Strategie, nämlich »Fernsehbilder zu provozieren, die vermittelt über die Empörung in der Bevölkerung der westlichen Welt die Nato zum Eingreifen auf kosovarischer Seite verleiten sollten«. Doch das machte seltsamerweise kaum jemanden stutzig. Das war umso verwunderlicher, als es auch im Fall »Racak« – wie bei den bosnischen Massakern – von Anfang an zahlreiche Meldungen gab, die von merkwürdigen Begleiterscheinungen berichteten.

Am Morgen des 16. Januar 1999 wurden in Racak fünfundvierzig aufeinander liegende Leichen entdeckt, das ist ein Faktum. Die Frage allerdings, *wie* diese Menschen zu Tode kamen, war heiß umstritten. Im Prinzip gibt es zwei Versionen zu »Racak«:

- Die UCK-Darstellung, nach der serbische Einheiten im Anschluss an ein Feuergefecht zwei Dutzend unschuldige Zivilisten kaltblütig exekutiert und auf einen Haufen geworfen hätten.

- Die serbische Version, wonach es sich bei den Toten ausschließlich um Gefechtsopfer handelte, die später von der UCK im weiten Umkreis »eingesammelt« und mediengerecht aufeinander geworfen worden wären, um den Eindruck eines Massakers zu vermitteln.

Welche dieser Versionen eher zutrifft, war auch vier Jahre später noch nicht eindeutig geklärt, obwohl sich ganze Heerscharen von Experten und Journalisten mit dieser Frage beschäftigten. Die Zweifel an der Richtigkeit der raschen Verurteilung der Serben wurden allerdings mit der Zeit selbst bei jenen immer stärker, die zuvor am lautesten aufgebrüllt hatten. Schließlich, vierzehn Monate nach »Racak«, ließ sogar das deutsche Außenministerium verlauten, dass über die wahren Hintergründe heute »nur spekuliert werden« könne. Und weiter: »Denkbar sei, dass die Zivilisten zwischen die Linien von Serben und UCK-Kämpfern gekommen waren oder dass die UCK sie als Opfer ›instrumentalisierte‹.«[110] Folgerichtig wurde die Bedeutung von »Racak« für die weitere Entwicklung mehr und mehr in den Hintergrund gerückt. Dort habe, so hieß es im Frühjahr 2001, ja nur *eines* von vielen Massakern stattgefunden. Doch da wird mit der Vergesslichkeit der Öffentlichkeit spekuliert. Jeder, der die Ereignisse mitverfolgt hat, weiß, dass *die* entscheidende Verhärtung der westlichen Politik maßgeblich mit »Racak« begründet wurde. Grauenvolle Bilder von Leichenhaufen gingen damals um die Welt und mit ihnen die Empörung, die Tauben zu Falken mutieren ließ.

Damit bin ich noch einmal bei Ludger Volmer. In seinem oben erwähnten Internet-Beitrag erfahren wir nicht nur, wie diese Verwandlung bei ihm persönlich ablief, sondern noch etwas außerordentlich Bemerkenswertes: Auf Joschka Fischers Einsatz sei es zurückzuführen, dass als Antwort auf »Racak« nicht sofort gebombt wurde, was ja die Amerikaner nach den Worten Volmers beabsichtigten. Hier wäre eigentlich eine Respektbekundung am Platze! Doch nur auf den ersten Blick, denn was von Volmer offenbar als Beweis für Fischers Friedfertigkeit gewertet wird, könnte auch als dessen Gegenteil interpretiert werden. Denn durch Fischers *»großes persönliches Engagement«* wurde aus einer Strafaktion à la USA – dem mehr oder weniger gezielten, jedenfalls aber auf wenige Stunden oder Tage *befristeten, lokalen* Bombardement, wie in Bosnien ein Dutzend mal praktiziert – sehr rasch ein *un*befristetes Bombardement des gesamten Kosovo, samt Zentralserbien, der Vojvodina und Montenegro.

Auf dem Weg dorthin fehlte jetzt nur noch eines: eine gescheiterte Friedenskonferenz. Sie war der letzte Baustein im Bemühen, die öffentliche Meinung endgültig auf Krieg einzustimmen.

»Rambouillet« – die Friedenskonferenz, die den Krieg bringen sollte

Am 6. Februar 1999, genau drei Wochen nach dem Massaker von Racak, begann im Jagdschloss von Rambouillet, einem Ort nahe Paris, die Veranstaltung, die man allgemein »Friedenskonferenz« nannte. Die Konferenz wurde am 23. Februar unterbrochen, am 15. März in Paris wieder aufgenommen und schließlich am 18. März abgeschlossen. Sechs Tage später begann das Nato-Bombardement. Die entscheidende Frage zu »Rambouillet« lautet: War diese Friedenskonferenz so angelegt, dass sie wenigstens eine halbwegs realistische Chance für den Frieden darstellte – oder war sie von den Veranstaltern von vornherein so konzipiert, dass sie scheitern musste? Es besteht für mich kein Zweifel, dass Letzteres der Fall ist.

Diese schwerwiegende Feststellung gilt es, sorgfältig zu begründen. Dabei werde ich mich in erster Linie an den Aufzeichnungen von Wolfgang Petritsch orientieren, die dieser in seinem erfreulich ausführlichen Bericht zur Konferenz festgehalten hat.[111] Petritsch war gemeinsam mit dem Amerikaner Chris Hill sowie dem Russen Boris Majorski einer der drei Chefverhandler von Rambouillet.

Die Einladung zur Konferenz

Ende Januar 1999, ausdrücklich unter Bezugnahme auf »Racak«, wurden die serbische Regierung sowie zahlreiche Vertreter der Kosovo-Albaner nach Rambouillet »eingeladen«. Für den Fall, dass der Einladung *nicht Folge geleistet* werden oder die Konferenz *nicht das gewünschte Ergebnis* bringen sollte, fasste die Nato am 30. Januar, wiederum mit ausdrücklichem Bezug auf »Racak«, den Beschluss, *alle* erforderlichen Maßnahmen – also wenn nötig, auch unbefristete Bombenangriffe – zu ergreifen. Eine Drohung, die massiver kaum sein konnte. Sie war ausschließlich gegen die Serben gerichtet.

Dazu Petritsch in seinem Bericht: »Dass Nato-Angriffe aber nur für eine Seite eine Drohung darstellten und der anderen unter Umständen sogar ins Kalkül passen könnten, machte dieses Friedensultimatum zu einer strittigen und viel diskutierten Entscheidung.«[112] Als Petritsch dieses *»Dilemma«*, wie er es heute nennt, zu Papier brachte, war das Nato-Bombardement längst vorüber. Vor und während der Konferenz war so viel »Sensibilität« nicht feststellbar. Nachgerade martialisch gab Petritsch wenige Tage vor Beginn der Konferenz in einem Spiegel-Interview zu Protokoll: »Aber eines garantiere ich: Vor Ende April wird der Kosovo-Konflikt entweder formal gelöst sein oder die Nato bombardiert.«[113] Eine bemerkenswerte Formulierung am Beginn von Friedensverhandlungen!

Ein Terrorist als Delegationsleiter

Noch etwas ist äußerst bemerkenswert: Die UCK – noch weniger als ein Jahr zuvor von den USA wortwörtlich als »Terroristen« bezeichnet – wurde nicht nur gleichfalls zur Konferenz eingeladen, sie stellte mit Hashim Thaci gar den Delegationsleiter der albanischen Seite. Allgemein war erwartet worden, dass der noch immer »amtierende«, jedenfalls gewählte und weltweit respektierte Kosova-Präsident Ibrahim Rugova, der ebenso nach Rambouillet eingeladen worden war, die Delegationsleitung übernehmen werde. Es ist sehr unwahrscheinlich, dass Rugova, den die UCK auf ihren Todeslisten geführt hatte, der Ernennung Thacis zum Delegationsleiter freiwillig zustimmte. Es liegt nahe, dass da jemand »nachgeholfen« hat. Wer könnte das gewesen sein?

Hashim Thaci wurde von Wolfgang Petritsch persönlich »entdeckt« und zum Verhandlungspartner aufgebaut. Wir lesen in seinem Buch: »Nachdem die amerikanischen Versuche, die für den weiteren politischen Prozess entscheidenden Personen der UCK zu identifizieren und mit ihnen Verhandlungen aufzunehmen, gescheitert waren, wurden unter der Ägide von Petritsch seit Sommer 1998 inoffizielle Erkundigungen über die relevanten politischen Führungspersönlichkeiten der Untergrundarmee durchgeführt. Nach einer längeren Phase der Recherche wurde die Gruppe um Hashim Thaci als die geeigneten zukünftigen Ansprechpartner identifiziert. Sowohl die EU als auch die Kontaktgruppe[114] haben die Initiative Petritschs schließlich akzeptiert und die Notwendigkeit der Einbeziehung der UCK in den Verhandlungsprozess als unumgänglich anerkannt.«[115]

Der Ambassador Petritsch und sein Mentor

Wer ist dieser Wolfgang Petritsch, der der Welt klarmachen konnte, dass man eine ausgewiesene Killerbande, mit dubiosesten Kontakten in die Unterwelt und zum internationalen Terrorismus, als führende Verhandlungspartner in einer für die ganze Welt so wichtigen Konferenz akzeptieren musste?

Petritsch ist Österreicher, zweisprachig, deutsch und slowenisch, in Südkärnten aufgewachsen, politisch groß geworden unter Bruno Kreisky, von September 1997 bis Juli 1999 österreichischer Botschafter in Belgrad und in der entscheidenden Phase, von Oktober 1998 bis Juli 1999, Sonderbeauftragter der Europäischen Union für den Kosovo.

Am Rande sei hier daran erinnert, dass Österreich in der zweiten Jahreshälfte 1998 den EU-Vorsitz führte, der Anfang 1999 nahtlos an Deutschland überging. Kann es Zufall sein, dass die vorläufige Entscheidung am Balkan genau in die Zeit fiel, da die beiden alten Erzfeinde Serbiens, Österreich und Deutschland, in Europa ein ganzes Jahr lang den Vorsitz führten? Genau *jene* zwei Staaten, die Serbien im gleichen Jahrhundert schon zweimal überfallen, beide Male Millionen Leichen und ein verwüstetes Land hinterlassen hatten, die zudem Anfang der neunziger Jahre mit der Forcierung der Anerkennung Kroatiens maßgeblich an der Auslösung der blutigen Balkan-Kettenreaktion mitgewirkt hatten?

Wie auch immer, Wolfgang Petritsch genoss das Vertrauen des deutschen Außenministers Joschka Fischer. Das war notwendig, denn Engländer und Franzosen wollten Petritsch zunächst nicht alleine für die EU in Rambouillet verhandeln lassen. Doch Joschka Fischer setzte sich durch. Aus Sicht der Nato war dies eine weise Entscheidung, denn wer Petritschs Aufzeichnungen zu Rambouillet aufmerksam liest, findet deutliche Hinweise dafür, dass das Nato-Bombardement ohne die deutsch-österreichische Regie an der Spitze der EU nicht stattgefunden hätte; jedenfalls nicht so, wie es schließlich kam, als unbefristetes Dauerbombardement ganz Jugoslawiens.

Wolfgang Petritsch kennt Jugoslawien sehr viel besser als alle, die sonst in und um Rambouillet mitgewirkt haben. Da hatte er schon von Geburt an einen Startvorteil. Zudem erwarb er seinen Doktortitel mit einer Arbeit über die südosteuropäische Geschichte und er war Botschafter in Belgrad. Außerdem hatte er gute serbische Freunde, wie ich zuverlässig von Leu-ten weiß, die ihn kennen. Was, im Vergleich zu ihm, konnte etwa der Amerikaner Chris Hill, der gemeinsam mit Petritsch die Verhandlungen in Rambouillet führte, über die weit verzweigten Wurzeln des Balkankonflikts wissen, über die Sichtweise der Streitparteien, über mögliche Spielräume für Kompromisse, über unüberwindbare »Knackpunkte«, kurzum, wo die Schmerzgrenze der Serben, jene der Albaner lag? Vergleichsweise nur wenig, wenngleich Hill seit Jahren im Auftrag der USA am Balkan tätig gewesen war.

Petritsch hätte sein Wissen und seine Erfahrung dafür einsetzen können, seinen serbischen Freunden, und nicht nur diesen, viel Leid zu ersparen. Er hat das nicht getan. Im Gegenteil, er hat mitgewirkt an der Maximierung des Leides, und da er die ganze Materie am besten kannte, trägt er auch ein hohes Maß an Verantwortung dafür.

Denn Petritsch wusste nicht nur, dass die Nato im Falle eines Scheiterns der Konferenz bombardieren würde, er muss auch gewusst haben, dass die serbische Seite dem vorliegenden, in seinen wesentlichen Punkten nicht verhandelbaren Vertragstext nie und nimmer zustimmen würde. Mit anderen Worten: Petritsch – und mit ihm sein Mentor Joschka Fischer – wusste (!) schon vor Beginn der Konferenz, dass die Nato spätestens Ende April bombardieren würde. Das legt nahe, dass die Konferenz nichts als ein Spektakel war, um der Welt vorzumachen, man hätte auch noch das Letzte versucht, das Bombardement abzuwenden.

Man kann natürlich fragen, was denn der arme Petritsch dafür kann, dass die Nato zum Bomben entschlossen war. Die Frage muss so gestellt werden: Was hat Petritsch dazu beigetragen? Die Antwort darauf gibt er selbst in seinem Buch.

Die Zielsetzung der USA – und damit der Nato – für Rambouillet hat US-Ministerin Madeleine Albright in ihrer unvergleichlich charmanten Art mehrfach unmissverständlich formuliert: Der den Streitparteien in Rambouillet vorgelegte Vertragstext sei nicht verhandelbar, allenfalls könnten ein paar Kommata versetzt werden. Die einzige Frage sei, ob er akzeptiert würde, und wenn ja, von wem: Unterschreiben *alle*, Serben *und* Albaner, dann marschiert die Nato mit dreißigtausend Mann und schwerem Gerät im Kosovo ein. Unterschreiben *nur die Serben*, dann sollen diese mit den Kosovaren machen, was sie wollen. Unterschreiben *nur die Albaner*, dann wird Jugoslawien bombardiert, bis es pariert. Unterschreibt *keine der beiden Seiten*, dann, so Albright, »können wir gar nichts mehr tun«. Ob charmant oder nicht, jedenfalls klare Worte.

Der Vertragstext und seine Knackpunkte

Wenden wir uns also dem Vertragstext zu, den es in Rambouillet zu unterschreiben galt. Er bestand aus einem *politischen* und einem *militärischen* Teil und wurde vielfach veröffentlicht[116], weshalb ich hier nur auf seine »Knackpunkte« eingehen will. Die gab es – und zwar für beide Seiten. Die Positionen von Serben und Albaner waren nicht vereinbar. Weder theoretisch noch praktisch. Die Serben betrachteten den Kosovo als völkerrechtlich anerkannten Bestandteil Serbiens, zudem als nationales Heiligtum; ein absolut unverrückbarer Standpunkt, was sie immer betont und schließlich auch bewiesen haben.

Darüber bestand in ganz Serbien völliger Konsens. Von Milosevic über Draskovic bis zu Djindjic, von Seselj[117] nicht zu reden: »Das Ultimatum für die Zulassung von Nato-Friedenstruppen ist in dieser Form unannehmbar«, zitiert Petritsch die oppositionelle »Allianz für den Wechsel«, in der Dutzende serbische Parteien und andere Gruppierungen vereint waren. Das galt nicht nur für die serbischen Politiker: »Jeder in Serbien war davon überzeugt, dass die Internationale Gemeinschaft von den Serben etwas verlangte, was sie nach der Auflösung Jugoslawiens von den Kroaten nicht gefordert hätte. Ein Großteil der Bevölkerung stand, was die Kosovofrage betraf, hinter der Regierung«, konstatiert Petritsch.[118]

Und für die Albaner war ebenso unverrückbar, dass jede Lösung, die den Kosovo langfristig bei Serbien belassen würde, nicht akzeptiert werden könnte. Das war der unauflösbare Gegensatz, den alle kannten, die sich mit der Materie befassten. Wolfgang Petritsch und sein Mentor zumal. Was also stand im Vertragstext, wie versuchte man diesem Gegensatz zu begegnen? Zusammengefasst so, dass *keine* der beiden Seiten zustimmen konnte. Das sieht auf den ersten Blick ausgewogen neutral aus, salomonisch, wenn man so will, doch der erste Blick trügt, denn am Ende fand man doch noch einen Weg, *eine* der beiden Seiten, die albanische, zur Unterschrift zu bewegen. Wie es dazu kam, ist ein richtiger Krimi und Wolfgang Petritsch spielt darin die Schlüsselrolle.

Auf serbischer Seite waren es insbesondere zwei konkrete Gründe, die eine Unterschrift definitiv ausschlossen: Zum einen hätte eine Zustimmung zum Vertrag die Stationierung von Nato-Soldaten im Kosovo bedeutet, also die jugoslawische Souveränität aufgehoben, zumal ohne UNO-Beschluss; zum anderen wurde der künftige völkerrechtliche Status des Kosovo im Vertrag »bewusst zweideutig« gelassen, wie Petritsch in seinem Buch ausdrücklich betont. Deshalb mussten die Serben befürchten, dass die nach Ablauf von drei Jahren vorgesehene Konferenz die faktische Trennung von Serbien beschließen würde. Der Rambouilletvertrag trug bekanntlich den Namen »*Interims*abkommen«.

Das waren die harten Punkte für die Serben. Alles andere war für sie verhandelbar, mehr noch, allem anderen hatten sie im Prinzip schon im Holbrooke-Abkommen zugestimmt.

Was waren die konkreten Knackpunkte auf albanischer Seite? Unverhandelbare Forderung der albanischen Delegation war die Ausübung des Selbstbestimmungsrechtes, konkret die Durchführung eines Unabhängigkeits-Referendums nach Ablauf von drei Jahren. Da der Ausgang dieses Referendums angesichts der albanischen Mehrheit von vornherein feststand, lief diese Forderung auf die völlige Unabhängigkeit des Kosovo von Serbien hinaus. Darin jedoch sahen die Westmächte die Gefahr einer weiteren Ausweitung des Konfliktes: Ein unabhängiger Staat Kosovo wäre allein kaum überlebensfähig und würde jedenfalls den Ruf nach einer Vereinigung mit Albanien enorm verstärken. Das wiederum hätte zwangsläufig unkontrollierbare Folgen für den Freiheitsdrang der diversen Minderheiten in Mazedonien, Bulgarien, Rumänien und Griechenland gehabt und damit den Balkan noch mehr destabilisiert.

Was der Westen den Albanern anbot, war ein formaler Verbleib des Kosovo innerhalb der jugoslawischen Grenzen, wenngleich mit einer Autonomie, die sogar über den Status einer innerjugoslawischen Republik hinausgehen könnte. Man wollte Zeit gewinnen und den endgültigen Status des Kosovo nach drei Jahren nicht durch ein Referendum, sondern im Rahmen einer internationalen Konferenz festlegen.

Man könnte dies durchaus als klugen Kompromiss bezeichnen. Er hatte nur den Schönheitsfehler, dass er für beide Seiten absolut unannehmbar war. Zu schwer lastete der Fluch des Selbstbestimmungsrechtes der Völker, das man Slowenen und Kroaten zugestanden hatte, über Rambouillet.

Von Ibrahim Rugova hätte man für diesen Kompromiss vielleicht noch eine – allerdings wertlose – Unterschrift bekommen können, von der UCK jedoch nicht. Die ließ zahllose

Male die ganze Welt wissen, dass sie solange kämpfen werde, bis der Kosovo völlig unabhängig sei. Schon lange vor der Konferenz – einige UCK-Statements habe ich ja bereits zitiert –, aber auch während der Verhandlungen. Via Internet[119] verkündete man unverschlüsselt: »Das Endziel unseres fortgesetzten Kampfes ist und wird sein: Freiheit, Unabhängigkeit und Demokratie.«

Nein, mit dieser Truppe war ein Verbleib des Kosovo innerhalb der Grenzen Jugoslawiens nicht machbar. Zumal der Vertrag die völlige Entwaffnung der UCK vorsah, was zu keinem Zeitpunkt mehr war als ein frommer Wunsch. Auch nach dreißig Jahren Bürgerkrieg sind in Nordirland noch immer viele Waffen im Untergrund und in Spanien bombt die ETA wie eh und je. Daran orientierte sich die UCK.

Der Konferenzverlauf

Wie verlief die Konferenz? Folgt man den Ausführungen Petritschs, so taktierten die Serben herum, versuchten zu verzögern, wo es nur ging, machten allenfalls ein paar Zugeständnisse im so genannten »politischen Teil« des Vertragstextes, während die Kosovaren mehr oder weniger konstruktiv an der Lösung mitarbeiteten.

Andere haben es anders erlebt: »Die Serben verhandelten klug und geschickt, kabelte Botschafter Christian Pauls an seine Bonner Vorgesetzten, Präsident Milosevic halte in Belgrad die Fäden in der Hand. Die 16 Kosovo-Albaner dagegen blieben mangels klarer Weisungen aus der Heimat zerstritten.«[120]

Erst am Abend des zwölften Verhandlungstages übergaben die Chefverhandler Petritsch und Hill das so genannte »Militärische Kapitel« des Vertragstextes. Dieses stellte nicht nur für die Serben eine böse Überraschung dar, sondern auch für die russische Konferenzdelegation: »Zu meiner Überraschung präsentierte Hill zwei zusätzliche Dokumente [...] mit Anhängen. Die beiden zusätzlichen Dokumente sind nie mit uns diskutiert worden. Es war klar, dass es mehrere Monate gedauert hatte, um sie zu formulieren. [...] General Clark hat vor dem Kongress zugegeben, dass die Vorbereitungen für die militärischen Operationen im Juni 1998 begonnen hatten. Daher ist dieser Schritt in Rambouillet hinter unserem Rücken geschehen.«[121]

Die Serben reagierten auf die Übergabe des militärischen Kapitels, wie zu erwarten war: »Die serbisch-jugoslawische Delegation verweigerte die offizielle Kenntnisnahme und damit auch die Verhandlungsbereitschaft«, hält Petritsch fest.[122] Und auch die kosovarische Seite wies eine Unterschrift unter das Vertragswerk zu diesem Zeitpunkt »entschieden zurück«.[123]

Die Konferenz, ursprünglich auf sieben Tage angesetzt – geplanter Abschluss am 12. Februar, eine Verlängerung um weitere sieben Tage war für den Fall einer *positiven* Entwicklung vorgesehen –, stand am 18. Februar, nach dreizehn Verhandlungstagen, dort, wo sie auch schon am Beginn gestanden war. Keine der beiden Seiten war auch nur im Entferntesten bereit, den *gesamten* Vertragstext zu unterschreiben.

Die Serben waren beim *politischen* Teil des Interimsabkommens nahe an einer Unterschrift, sie bemängelten hier vor allem, dass wesentlich präziser formuliert werden müsste, was die Kosovo-Autonomie in der Praxis bedeutete, lehnten jedoch Gespräche über den *militärischen* Teil vollständig ab, machten sich nicht einmal die Mühe, die seltsamen Bestimmungen des »Annex B« der Presse zuzuspielen. Dort war vorgesehen, dass die Nato nicht nur im Kosovo, sondern in *ganz* Jugoslawien einmarschieren und im Schutz völliger Immunität agieren dürfte.

Die Kosovaren wiederum hätten den *militärischen* Teil sofort unterschrieben, wenn ihnen im *politischen* Teil die Möglichkeit eines Referendums nach Ablauf von drei Jahren zugestanden worden wäre. Für den Westen jedoch galt, dass *beide* Teile unterschrieben werden müssten. Kurzum, unvereinbare Standpunkte, die Konferenz stand vor dem Scheitern.

Jetzt fuhr der Westen mit politischen Schwergewichten auf: »Kurz vor Ablauf des Ultimatums schwebten die Außenminister der Kontaktgruppe-Staaten ein. Im ›Beichtstuhlverfahren‹, so Joschka Fischer, nahmen sie die Kontrahenten einzeln ins Gebet. ›Setzen Sie sich nicht selbst ins Unrecht‹, beschwor Fischer den Albaner-Führer Thaci, ›ergreifen Sie den Mantel der Geschichte.‹«[124] Doch der griff nicht zu. Und auch Frau Secretary of State gab vergeblich ihr Bestes: »Madeleine Albright kniete förmlich vor den UCK-Kommandeuren, es war ein unwürdiger Anblick«, zitierte »Der Spiegel« höhnisch einen, der dabei war.[125] Selbst Albrights stärkste Trumpfkarte – »If you don't say ›Yes‹ now, there won't be any Nato ever to help you!«[126] – stach nicht.

Die entscheidende Nacht

Sollte alles vergeblich gewesen sein und die von Petritsch vor Konferenzbeginn gegebene »Bombengarantie« nicht eingelöst werden können? Sollte es so weit kommen, dass der »Westen gar nichts mehr tun« könne, wie Madeleine Albright für den Fall einer allseitigen Unterschriftsverweigerung angekündigt hatte? Sollte man die Lösung des Kosovo-Problems alleine den Serben überlassen müssen, Rambouillet also mit einer totalen Blamage des Westens enden?

Es sah ganz danach aus – doch dann kam die Wende. Sie kam über Nacht. Petritsch dokumentiert den überraschenden Umschwung, den er selbst herbeiführte, mit bemerkenswertem Understatement: »Am Morgen des 23. Februar, um 9.30 Uhr, wurde den Delegationen die endgültige Textfassung des ›Interim Agreement for Peace and Selfgovernment in Kosovo‹ ausgehändigt. In einem Begleitschreiben wurden die Delegationen aufgefordert, ihre Stellungnahmen bis 13 Uhr abzugeben. Nach einem nächtlichen Vier-Augen-Gespräch zwischen Petritsch und Thaci wurde dieser von der Notwendigkeit überzeugt, das Abkommen im Prinzip anzunehmen und die definitive Zustimmung erst nach einer Befragung ›des kosovarischen Volkes‹ zu geben.«[127]

Eine wahrlich sensationelle Wende, nach so vielen vergeblichen Verhandlungstagen, nachdem noch am Vorabend jede Zustimmung zum Interimsabkommen abgelehnt worden war. Was ist da gesprochen worden in diesem Vier-Augen-Gespräch zwischen dem Österreicher Petritsch und dem Anführer der Rebellenarmee? Das werden die beiden wohl für sich behalten. Aber wir dürfen raten, wie es gelaufen sein könnte. So vielleicht:

Petritsch zu Thaci: »Wenn Sie nicht unterschreiben, kann Ihnen die Nato nicht helfen, dann putzt euch Milosevic in zwei Wochen weg. Dann könnt ihr den Kosovo für immer vergessen.« Thaci: »Ich weiß, aber wenn wir unterschreiben, löst ihr die UCK auf und der Kosovo bleibt auf ewig bei Jugoslawien. Das akzeptieren meine Leute niemals. Es gab schon zu viele Tote.« Petritsch: »Das ist *Ihr* Problem! Sagen Sie Ihren Leuten, dass sie ohne Nato heute schon so gut wie tot sind, dass sie mit der Nato jedoch das ganze Land gewinnen werden.« Thaci: »Die Nato hat schon so oft mit Bomben gedroht, alles leere Worte. Wer garantiert uns, dass die Nato wirklich bombardiert, wenn wir unterschreiben?« Petritsch: »Wenn ihr unterschreibt, wird gebombt! Ich habe das öffentlich garantiert. Und der Westen kann unmöglich zurückstecken, das hat doch Frau Albright in aller Öffentlichkeit gesagt. Kein Land der Welt, niemand würde mehr Respekt vor der Nato haben, wenn sie jetzt nicht ernst machte.« Thaci: »Sicher, aber was ist, wenn die Serben im letzten Moment doch noch unterschreiben? Man kennt ja diese feige Bagage!« Petritsch: »Ich kenne die Serben besser als Sie. Überlegen Sie mal: Wenn die den Vertrag unterschreiben, hätte die Nato das Recht, morgen in *ganz* Jugoslawien einzumarschieren. Darüber wird nicht mehr verhandelt, *die* Latte liegt zu hoch. Bevor Milosevic das unterschreibt, gibt er sich selbst die Kugel, das muss Ihnen doch einleuchten. Sehen Sie sich den ›Annex B‹ an, den können die Serben nicht unterschreiben, sie verhandeln ja auch nicht einmal darüber!« Thaci: »Ja, Sie haben Recht, ich bin auch davon überzeugt, aber meine Leute in den Schützengräben akzeptieren keine Unterschrift, da kann *ich* mir gleich die Kugel geben.« Petritsch: »Sie haben keine Wahl. Das Problem müssen *Sie* lösen. Gelingt es Ihnen, dann steht Ihnen eine große Zukunft bevor. Ich habe Sie zu dem gemacht, was Sie heute sind, und ich werde es nicht vergessen, wenn Sie morgen früh erklären, dass Sie prinzipiell zustimmen. Wir bieten Ihnen als Äußerstes eine Vertagung der Konferenz an, damit Sie Ihre Leute überzeugen können.« Thaci: »Ich habe keine Wahl und ich werde es so machen, Sie haben mein Wort.«

Reine Spekulation. Aber auch wenn es nicht so war, dann lief es doch darauf hinaus: Das Rennen war nach diesem nächtlichen Vier-Augen-Gespräch gelaufen. Was Madeleine Albright und Joschka Fischer nicht geschafft haben – Wolfgang Petritsch hat es vollbracht, den Westen gerettet.

Bei diesem Stand der Dinge wurde die Konferenz vertagt. Es folgten hektische diplomatische Aktivitäten, die man sich allerdings hätte sparen können. Am Abend des 18. März unterschrieben Thaci und Rugova das Vertragswerk, die Serben blieben bei ihrem Nein. Wolfgang Petritsch konnte sein Bomben-Versprechen einlösen, Frau Albright, und mit ihr die Nato und der gesamte Westen, das Gesicht wahren. Fünf Tage später reiste Richard Holbrooke ein letztes Mal nach Belgrad. Holbrooke zu Milosevic: »Sie müssen sich im Klaren sein, die Luftschläge werden schnell kommen, sie werden schwer und andauernd sein.« Milosevic antwortete: »Es gibt nichts mehr zu verhandeln. Sie werden uns bombardieren. Sie sind ein mächtiges Land. Wir können nichts dagegen tun.«[128] Damit war das Bombardement endgültig freigegeben.

DIE NATO-LUFTSCHLÄGE

Mit der Begründung, eine humanitäre Katastrophe, einen Genozid, zu stoppen, begann die Nato am Abend des 24. März 1999, Marschflugkörper und Raketen auf Jugoslawien abzufeuern und das ganze Land mit Bomben einzudecken. »Das wird in wenigen Tagen vorbei sein«, verkündigte Madeleine Albright am zweiten Bombentag und Nato-Oberbefehlshaber Wesley Clark präzisierte, dass »der Job nach 72 Stunden« erledigt sein werde. Aus dem deutschen Verteidigungsministerium wiederum war über Milosevic zu hören: »Ein kleiner Rauchpilz über einer Radarstation reicht für diesen Feigling.«[129]

Ging man also im Westen zunächst davon aus, dass die Bomben-Aktion nach wenigen Tagen mit dem Nachgeben der Serben – der Annahme der in Rambouillet gestellten Bedingungen – erfolgreich abgeschlossen werden könne, so folgte rasch die Ernüchterung. Anstelle einer Kapitulation drangen serbische Armee- und Polizeiverbände mit mehr als zwanzigtausend Mann auf breiter Front in den Kosovo ein. Die serbische Regierung war offenbar entschlossen, das Land gegen die gewaltigste Militärmaschine der Geschichte zu verteidigen. Diese griff nicht nur pausenlos aus der Luft an, vielmehr hatte sie hinter den Grenzen zu Mazedonien und Albanien in den vorangegangenen Monaten ein enormes Militärpotential aufgebaut, das nur auf den Einmarschbefehl wartete. Und innerhalb des Kosovo galt es den Serben, die UCK zu bekämpfen, die sich als inoffizielle Bodentruppe der Nato verstand. Auf die Zivilbevölkerung wurde dabei keinerlei Rücksicht genommen. Binnen weniger Tage waren Hunderttausende auf der Flucht. Das Pulverfass Kosovo explodierte. Die Nato-Bomben zertrümmerten nicht nur Gebäude und Brücken, sondern auch letzte menschliche Hemmungen.

Je mehr sich herausstellte, dass sich die Nato völlig verkalkuliert hatte, der Krieg also nicht nach ein paar Tagen vorüber war, sondern Woche für Woche eskalierte, desto mehr war es offenbar notwendig, an einer anderen Front zu punkten – jener der Propaganda. Hier war die Nato tatsächlich erfolgreicher. Sie brillierte auf den täglichen Presse-Briefings und die von ihr freigegebenen Bilder vom sauberen High-tech-Krieg beherrschten jedes Wohnzimmer. So konnten kaum Zweifel am humanitären Charakter der Bomben aufkommen. Und wer angesichts der gigantischen Flüchtlingsströme ins Grübeln kam, ob denn die Nato nicht das Kind mit dem Bade ausschüttete, dem wurde mit kryptischen Dokumenten »nachgewiesen«, dass es längst Milosevics Plan gewesen sei, alle Albaner aus dem Kosovo zu vertreiben, und dass genau dieses Verbrechen die Luftschläge unumgänglich gemacht habe.

Elf schier endlose Wochen dauerte das Bombardement. Während der ganzen Zeit liefen im Hintergrund hektische diplomatische Bemühungen, die eine gesichtswahrende Beendigung der Luftschläge ermöglichen sollten. In den offiziellen Statements gab man sich jedoch unerbittlich und forderte die vollständige Zustimmung zu *allen* Vorgaben von »Rambouillet«, was auf eine bedingungslose Kapitulation der Serben hinausgelaufen wäre. Doch die kapitulierten nicht. So wurde in den Verhandlungen eine Formel gesucht, der die serbische Seite zustimmen konnte und die es dem Westen ermöglichte, die Aktion doch noch als Erfolg zu verkaufen.

Die letztlich gefundene Formel unterschied sich allerdings in wesentlichen Punkten von »Rambouillet« und hatte folgende Grundsätze: Der Nato-Einmarsch blieb auf den Kosovo beschränkt und er erfolgte auf Basis eines UN-Sicherheitsratsbeschlusses, der in Rambouillet *nicht* vorgesehen war. Außerdem wurde, was für die Serben besonders wichtig war, die völkerrechtliche Zugehörigkeit des Kosovo zu Jugoslawien ausdrücklich bestätigt; und zwar *ohne* den Zusatz, dass – wie in Rambouillet vorgesehen – eine internationale Konferenz später über den endgültigen Status des Kosovo befinden dürfe. Ob sich der Westen an diese Formel halten wird, ist fraglich, jedenfalls aber wurde sie unterschrieben – und sie war entscheidend für das Ende des Bombardements.

Sauberer High-tech-Krieg oder Bombenterror?

War es – wie auf den Presse-Briefings kund getan wurde – ein sauberer High-tech-Krieg, der ausschließlich gegen *militärische* Einrichtungen gerichtet war, allenfalls mit einigen wenigen tragischen »Kollateralschäden«? Oder galt der Krieg dem ganzen Land? War es etwa gar Taktik der Nato, das Belgrader Regime durch gezielte Schläge auf zivile Ziele mürbe zu machen?

Eine ungeheuerliche Fragestellung? Betrachten wir einmal einen der Angriffe etwas näher. Er steht exemplarisch für zahlreiche andere und hat keineswegs besonderes Aufsehen erregt: [130]

Am 30. Mai 1999 – das Waffenstillstandsabkommen zeichnete sich bereits ab – zerstörte die Nato eine Brücke in der zentralserbischen Kleinstadt Varvarin. Das völlig veraltete Bauwerk konnte schon infolge seiner geringen Belastbarkeit ausschließlich zivilen Zwecken dienen; im Umkreis von mehr als zwanzig Kilometern existierte keine einzige militärische Einrichtung. Der 30. Mai war ein wolkenloser Pfingstsonntag, trotz des Krieges wurde das Dreifaltigkeitsfest gefeiert. Mehrere Tausend Menschen befanden sich im Umkreis von etwa zweihundert Metern beiderseits der Brücke, bei der Kirche, dem Festgelände und auf einem Marktplatz, als kurz nach ein Uhr Mittag Nato-Kampfjets im Tiefflug über die Stadt donnerten, Raketen auf die Brücke abfeuerten und sie zerstörten. Einige Menschen wurden buchstäblich zerfetzt, andere teils schwer verletzt. Manche behielten die Nerven und versuchten, Verletzten zu helfen, Leichen aus dem Fluss zu bergen.

Die Rettungsarbeiten waren im vollen Gange, als die Kampfjets Minuten später noch einmal zurückkamen, zwei weitere Raketen auf die bereits restlos zerstörte Brücke abfeuerten, damit weitere Menschenleben auslöschten und noch mehr für immer verstümmelten. Die nur etwa zweihundert Meter hoch fliegenden Nato-Piloten wussten offenbar, dass hier keine Flugabwehr drohte, und – sie *müssen* die Menschenansammlung gesehen haben. Dass es sich tatsächlich nicht um eine Panne gehandelt hat, geht auch aus dem Umstand hervor, dass der Fall Varvarin *nicht* als Kollateralschaden ins Kriegstagebuch einging, sondern als »die Bekämpfung eines legitimen militärischen Zieles«. Sie forderte zehn Tote und Dutzende Schwerverletzte – ausnahmslos Zivilisten.

Sauberer High-tech-Krieg gegen Milosevics Militärmaschinerie? Das Beispiel Varvarin drängt eine andere Frage auf: War es »nur« die nackte Mordlust einzelner Piloten? Oder handelten diese *im höheren Auftrag*, um unter der Zivilbevölkerung möglichst viel Angst und Schrecken zu verbreiten?

Sir Michael Rose, jener englische General, der im Bosnien-Krieg UNO-Oberbefehlshaber war, stellte zu diesen Fragen Folgendes fest: »Das Ziel war, die Militärmaschinerie von Milosevic auszuschalten und zu zerstören. Doch das endete in einem Misserfolg. Daraufhin erweiterte man einfach die Liste der Ziele um so genannte zivil-militärische Objekte. Also Brücken, Straßen, die Stromversorgung, Krankenhäuser und sogar Fernsehstationen. Natürlich dient dies irgendwie alles dem Militär. Doch in erster Linie sind dies Einrichtungen zur Versorgung der Zivilbevölkerung. Ich nenne das einen totalen Krieg. Eigentlich hätte es nur ein begrenzter Krieg sein sollen, so die Nato anfangs. Doch die Liste der Ziele wurde ständig erweitert, bis sich die Nato schließlich im Krieg mit der Bevölkerung Serbiens befand. Obwohl man erklärt hatte, genau dies nicht zu tun.«[131]

Verlässliche Zahlen darüber, wieviele Menschen im Nato-Bombenhagel zu Tode kamen oder zu Krüppeln wurden, gibt es bis heute nicht. Die Nato sprach anfangs von fünftausend Toten und zehntausend Verletzten, offizielle serbische Stellen gaben erheblich weniger Opfer an. Mit einiger Sicherheit kann man jedoch feststellen, dass bei der Nato-Aktion mehr Menschen ums Leben gekommen sind als im vorangegangenen Bürgerkrieg. Die Kämpfe zwischen UCK und serbischer Armee hatten seit Anfang 1998 nach Angaben der »International Crisis Group«, einem renommierten Braintrust, der im Auftrag der

EU und der USA weltweit Krisenherde analysiert, etwa zweitausend Menschenleben gekostet – Leben von Albanern *und* Serben.[132]

Der erste Krieg der Weltgeschichte, der vorgeblich allein im Namen der Menschenrechte geführt wurde, war ein einziges Fiasko, in jeder Hinsicht, wie sich bald herausstellen sollte. (Siehe Anhang: das Fiasko in Stichworten.) Trotz vereinzelt – von Washington bis Berlin – auch heute noch verbreiteter Erfolgsmeldungen besteht in den meisten ernsthaften Analysen kein Zweifel mehr darüber, dass auch nicht eines der ursprünglich angestrebten Ziele erreicht wurde. Das angeblich wichtigste Ziel, ein multiethnischer Kosovo – nach dem Holbrooke-Abkommen durchaus noch realisierbar –, ist endgültig zur Illusion geworden.

Die ersten Monate nach den Luftschlägen

Trotz des offenkundigen Desasters der Bombenangriffe beharren die meisten westlichen Beobachter auf dem Standpunkt, der Nato-Krieg sei zwar schlimm gewesen – wie Kriege nun einmal seien –, aber eben leider unumgänglich und er habe schließlich ja doch die Voraussetzungen für eine friedlichere Entwicklung geschaffen. Betrachten wir also die Lage nach dem Ende des Bombardements.

Nach dem Abzug der serbischen Armee marschierten unter dem Jubel der albanischen Bevölkerung dreißigtausend Soldaten – »K-FOR« (Kosovo-Forces) genannt – im Kosovo ein. Es war die in Rambouillet geforderte robuste Truppe, sie stand unter Nato-Kommando und sollte nun endlich Ruhe in den Kosovo bringen. Doch mit der K-FOR kamen die Kämpfer der UCK, die sich in ihren Uniformen überall frei bewegen konnten. Hatte man der serbischen Armee für den vollständigen Abzug aus dem Kosovo samt schwerem Gerät eine Frist von nur wenigen Tagen gesetzt, so gestand man der UCK für die Abgabe ihrer Waffen seltsamerweise volle drei Monate Zeit zu. Und auch nach Ablauf dieser Frist war jedermann klar, dass Waffen in großer Zahl im Untergrund verblieben waren.

Mit dem Einzug der UCK setzte eine Massenflucht der Serben ein, was wie beim Exodus der Serben aus der Krajina in vielen Berichten als »typisch serbisch« bezeichnet wurde: Wo diese nicht mehr die Macht hätten, würden sie von ihren Anführern zum Abzug veranlasst oder gezwungen. Dass die abziehenden Serben jedoch lediglich ihre nackte Haut retteten, wurde sehr rasch deutlich, als vor den Augen der hoffnungslos überforderten K-FOR eine beispiellose Hetzjagd auf Serben und alles Serbische losging; besser gesagt, auf alles Nichtalbanische, denn auch alle anderen Minderheiten waren von den Anschlägen betroffen. Schon in den ersten zweieinhalb Wochen registrierte die K-FOR neunhundertzwölf Fälle von Brandstiftungen und neunhundertfünfundsechzig Plünderungen.

Doch dies war erst der Anfang. Bis weit ins Jahr 2000 hinein verging kein Tag ohne schwerste Verbrechen, kein Tag ohne Mord, kein Tag ohne Entführungen; Friedhöfe wurden gesprengt, Bibliotheken mit zehntausenden Büchern verbrannt, dutzende Kirchen und Klöster dem Erdboden gleich gemacht – die größte Kulturvernichtungsaktion seit der Nazizeit –, komplette Fabriken demontiert und nach Albanien geschafft. Bis Ende 1999 waren zweihunderttausend Serben aus dem Kosovo vertrieben, außerdem achtzigtausend Roma, tausende Angehörige anderer Nationalitäten, darunter Türken, Kroaten, bosnische Muslime, Goranen und alle Juden. Während Hunderttausende illegal aus Albanien in den Kosovo übersiedelten, konnte dort kein Nichtalbaner auch nur einen einzigen Tag seines Lebens sicher sein, wovon ich mich bei einer Reise in den Kosovo selbst überzeugen konnte. Sie alle mussten sich in schwer bewachte Gettos verkriechen, und wer sich herauswagte, war schon so gut wie tot.[133]

Und wie reagierte man im humanitätstriefenden Westen auf diese Entwicklung? »Haben Sie, liebe Leserin und lieber Leser, im Jahr nach dem Kfor-Einmarsch in den Nachrichtensendungen auch nur ein einziges Mal die Begriffe gehört, mit denen Sie im Jahr vor dem Krieg agitiert wurden – ›ethnische Säuberung‹, ›Völkermord‹, ›humanitäre Katastrophe‹? Ist Ihnen irgendein Prominenten-Appell bekannt, der die ermordeten Serben, Roma und Bosniaken beklagte? Gab es irgendeine Frauenorganisation, die das Leid der von der UCK als Sex-Sklavinnen verschleppten jungen Mädchen anprangerte? Eine Spendensammlung, um die Not der Flüchtlinge zu lindern?

Ein Solidaritätskonzert von Künstlern? Wenigstens eine Sondersendung nach der Tagesschau? Es gab nichts davon. Nichts. The sound of silence.«[134]

Dieses Schweigen ist ein weiterer schreiender Hinweis für das sehr selektive Humanitätsempfinden der Welt. Es wurde auch durch Erfolgsmeldungen gefördert. Etwa jene der Nato zum ersten Jahrestag des Beginnes der Luftschläge. Doch man traut seinen Augen nicht, was da unter dem Titel »Fortschritt im Kosovo seit dem Konflikt« als Erfolg (!) verkauft wird: »Die Kriminalität, noch immer ein Hauptproblem, ist gleichfalls dramatisch gesunken. Zum Beispiel, wie wohl noch immer viel zu hoch, ist die Mordrate von über fünfzig pro Woche im Juni 1999 auf etwa fünf pro Woche heute [März 2000] gesunken.« Auf der gleichen Seite erfährt man, welch drastische Maßnahmen diese »Erfolgsbilanz« ermöglichen: »Mehr als 50 Prozent der K-FOR-Manpower ist derzeit für den Schutz von Minderheiten (hauptsächlich Serben) abgestellt. Das bedeutet: Häuser und Dörfer beschützen, Leute zu Schulen und Geschäften transportieren, patrouillieren, Checkpoints bewachen, Friedhöfe schützen und andere Hilfestellungen.«[135]

Mit anderen Worten: Nur gigantische Anstrengungen der neunzehn Nato- und zahlreicher weiterer Staaten ermöglichen es, der in Gettos eingeschlossenen nichtalbanischen Bevölkerung des Kosovo wenigstens das nackte Überleben zu sichern, doch selbst das nur sehr bedingt.

Neue Erkenntnisse über einen Bundesgenossen

Auf wessen Konto gehen all die Verbrechen? Neben Einzeltätern, die auf eigene Faust die »Gunst der Stunde« nutzten, war und ist es, was kaum jemand bestreitet, die UCK. Jene Terrorgruppe – noch heute oft fast liebevoll »schillernde Truppe« genannt –, die schon den Bürgerkrieg ausgelöst und das Holbrooke-Abkommen torpediert hatte, die in Rambouillet trotzdem in den Rang einer gewählten Volksvertretung gehoben wurde, die während des Bombardements quasi als Nato-Bodentruppe agierte und mit deren Anführer Hashim Thaci sich Gerhard Schröder bei seinem Besuch im »befriedeten« Kosovo freundlich lächelnd hat ablichten lassen.

Es dauerte viele Monate, bis sich im Westen langsam herumsprach, dass man da einen Geist gerufen hatte, den man nun nicht mehr los wurde. Unter dem Titel »Die UCK lacht uns aus« bekam man im »Spiegel« am Ende des Jahres 1999 von Norbert Spinrath, dem Bundesvorsitzenden der deutschen Polizeigewerkschaft, über die Probleme der K-FOR mit der Guerillaarmee UCK Folgendes zu lesen:

»SPIEGEL: Nach einem Besuch sprechen Sie von der UCK als ›krimineller Vereinigung‹, die gegen Kfor und die internationale Polizei eine ›Schattenverwaltung‹ aufbaut.

Spinrath: Kfor suchte nach der Intervention im Kosovo nach Verbündeten, offenbar nicht sehr sorgfältig. Jetzt hat man die Lage nicht mehr im Griff. Die UCK ist offiziell aufgelöst, entwaffnet und hat sich in Kosovo-Schutzkorps umbenannt. Tatsächlich jedoch betreibt sie ein ausgeklügeltes Polizeisystem, darunter auch eine eigene Geheimpolizei, die versteckte Serben systematisch aufspürt und tötet. Dieses Volk ist noch immer von Rache beseelt. Die UCK wird dabei zu einer mafiaähnlichen Organisation, die auch an Entführungen, Raub, Schutzgelderpressung, Mord und Totschlag beteiligt ist. [...]

SPIEGEL: Die internationale Polizei könnte, wenn sie durchgreift, selbst zum Ziel der UCK werden.

Spinrath: Kampflos wird die UCK ihre Strukturen bestimmt nicht aufgeben. Schon jetzt versuchen die illegalen UCK-Polizisten herauszufinden, welcher internationale Polizist was macht, möglicherweise, um ihn später dafür abzustrafen.«[136]

SERBIEN IM WINTER NACH DEN NATOBOMBEN

Viereinhalb Monate nach Ende des Nato-Bombardements betrat ich – aus Bosnien kommend[137] – erstmals das nunmehr stark geschrumpfte Jugoslawien. Die Reise hatte auch einen geschäftlichen Hintergrund, aber ich hätte sie wohl nicht gemacht, wenn ich damit nicht die Hoffnung verbunden hätte, Informationen und Eindrücke über die aktuelle Lage in Jugoslawien zu gewinnen. Nicht verschweigen will ich das ungute Gefühl, das ich allein schon beim Gedanken bekam, in meinem neuen Audi mit deutschem Kennzeichen ausgerechnet in jenes Land zu fahren, auf das erst Monate zuvor auch deutsche Flugzeuge am Abwurf todbringender Fracht beteiligt waren, Häuser und Fabriken, Brücken und Busse, Kindergärten und Krankenhäuser zerstört hatten; in ein Land, von dem man mir sagte, dass die meisten seiner Einwohner jeden Deutschen als Nazi betrachten würden und wo zu alledem infolge des totalen wirtschaftlichen Zusammenbruches die Mafia die noch mit Abstand am besten funktionierende »Institution« sein sollte.

Die wenigen Leute, die ich in meine Pläne einweihte, rieten mir dringendst ab. Snjezana »verbot« es mir geradezu, da sie, wie auch ich, über zahlreiche Insider-Informationen verfügte. Diese hatten wir von kroatischen Freunden, vor allem aber von Lidija, einer Cousine von Atena und Pero. Lidija kam aus der Vojvodina, aus Jugoslawien also, genauer gesagt: aus Sremska Mitrovica. Sie studierte seit etwa sechs Jahren hier in Regensburg Kunstgeschichte und Romanistik und wohnte anfangs bei uns zu Hause. Ihr Vater, Zoran, besuchte uns vor vier Jahren in Regensburg und ihre Mutter Sonja war gerade erst vor zwei Monaten hier gewesen, was nur möglich war, weil sie neben dem jugoslawischen auch noch einen kroatischen Pass besaß. So bekamen wir also jede Menge mehr oder weniger authentischer Berichte über die Lage in Jugoslawien.

Darunter diesen: Einer von Lidijas Bekannten, ein seit Jahrzehnten in München lebender Serbe, mit dem sie in den letzten Jahren schon einige Male nach Jugoslawien gefahren war, sei im August 1999 mit seinem Mercedes in seine Heimat gereist, wo er offenbar schon auf der Autobahn kurz vor Belgrad ins Fadenkreuz der Mafia geraten sei. Die Mafia habe dort angeblich eine Art Videoüberwachung installiert, mit deren Hilfe jedes bessere ausländische Fahrzeug sofort registriert und an mobile Kommandos weitergemeldet werde.

Auch wenn diese Information reichlich abenteuerlich klang, Faktum war jedenfalls, dass er auf der Einfahrt nach Belgrad von einem Pkw scharf überholt, an die rechte Leitplanke gedrängt, »eingeklemmt« und zum Stehenbleiben gezwungen worden war. Vier finstere Gestalten seien aus dem Pkw gesprungen und hätten ihn mit unmissverständlichen Drohungen zum Aussteigen und zum sofortigen Verschwinden gezwungen. Er sei um sein Leben gerannt und habe aus sicherer Entfernung beobachtet, wie die vier versucht hätten, mit seinem Mercedes wegzufahren, was ihnen aber dank der elektronischen Wegfahrsperre nicht gelungen sei. Er habe nämlich beim fluchtartigen Verlassen des Wagens instinktiv den Zündschlüssel abgezogen, womit die Banditen offenbar nicht gerechnet hätten. Nach einigen Minuten fieberhafter Bemühungen hätten die Gangster aufgegeben und mit ihrem Wagen das Weite gesucht, allerdings nicht, ohne erhebliche Beschädigungen an seinem Daimler zu hinterlassen; die Reparatur in Deutschland habe dann zwölftausend Mark gekostet.

Warum ich die Reise trotz dieses und ähnlicher Berichte ins Auge gefasst und auch angetreten habe, ist neben dem übergroß gewordenen Wunsch, mir ein eigenes Bild zu machen, auch auf den Umstand zurückzuführen, dass mir meine Kfz-Versicherung bestätigte, ich würde in allen Ländern, die vom deutschen Außenministerium nicht ausdrücklich zu Kriegsgebieten erklärt worden seien, normalen Versicherungsschutz genießen, sodass mein Auto vollkasko versichert sei. Eine Rückfrage beim Auswärtigen Amt in Bonn ergab zwar, dass man nur unbedingt notwendige Reisen nach Serbien machen solle, eine unmittelbare Gefährdung für deutsche Staatsbürger aber nicht gegeben sei. Das Außenministerium hat für jedes kritische Reiseland einen recht informativen Tonbanddienst eingerichtet, den ich auch meinen Versicherungsvertreter abhören ließ, worauf dieser »grünes Licht« gab. Vor allem aber gewann ich während eines längeren Telefonats mit Lidijas Vater den Eindruck, dass die Horrorberichte nicht verallgemeinert werden dürften. Und inzwischen war ich es ja gewohnt, dass es noch nirgendwo so aussah, wie es nach den vorliegenden Berichten eigentlich aussehen sollte.

Beim Konsulat in München

Ich machte mich also früh am Morgen des 27. Oktober 1999 auf die Reise. Mein erster Weg führte mich nach München zum jugoslawischen Konsulat, da ich für Jugoslawien ja ein Visum benötigte. Nach allen Meldungen waren bereits hier Schwierigkeiten zu erwarten und unbewusst hoffte ich vielleicht sogar ein wenig, meine Reise würde an irgendwelchen Formalitäten scheitern, was ich als höhere Gewalt akzeptiert hätte. Als das Konsulat um halb neun Uhr öffnete, stand ich schon in einer Traube von etwa dreißig Personen und wartete auf Einlass. Das kann ja lange dauern, dachte ich, doch schon um neun Uhr fünfzehn hatte ich mein Visum.

Es ging mir fast zu schnell, denn rasch war ich in spannende, wenngleich deprimierende Gespräche verwickelt. Von meiner Person abgesehen waren alle Konsulatsbesucher auf den ersten Blick als in Deutschland lebende Exjugoslawen erkennbar; ein Teil war bereits im Besitz der deutschen Staatsbürgerschaft, der Großteil jedoch setzte sich aus Kroaten und Slowenen zusammen, die Bruder, Vater oder sonst einen in Serbien lebenden Verwandten besuchen wollten, wofür sie ein Visum benötigten. Das ist etwa so, als ob ich meine Tochter in Österreich besuchen wollte und dazu ein Visum erforderlich wäre.

Jedem Journalisten, der gerne herzzerreißende Geschichten schreibt, empfehle ich, sich einmal vor ein jugoslawisches Konsulat in Deutschland zu stellen. An einem einzigen Tag bekäme er Stoff für eintausend Geschichten zusammen – Geschichten darüber, wie die Politik Familien auseinanderreißt und Existenzen zerstört. Wäre ich nicht in Eile gewesen, hätte ich zudem noch ganz einfach tausend Mark verdienen können: Die vier freien Plätze in meinem Wagen hätte ich in kürzester Zeit à zweihundertfünfzig Mark an den Mann gebracht. Mein Plan war es indes, noch vor Einbruch der Dunkelheit in Tuzla einzutreffen, wo ich den schon beschriebenen bosnischen Teil dieser Reise antrat. Davon trennten mich noch gut achthundert Kilometer und eine Reihe neu geschaffener Grenzen.[138]

Von Todesängsten und Vorurteilen

Welch unseliges Land, das ich Anfang November 1999 betrat! Nach meinem Aufenthalt im nun befriedeten Bosnien, dessen Wunden zwar nicht mehr bluteten, aber noch offen waren und kaum Ansätze einer Narbenbildung erkennen ließen, fuhr ich weiter in das Land, in dem sich der Krieg wohl noch in allen Gesichtern widerspiegeln musste: nach Serbien.

In Zvornik verließ ich die Serbische Republik Bosnien. Genau in der Mitte der Brücke über die Drina kam ich in einer kurzen Kolonne zum Stehen. Ivo Andric kam mir in den Sinn und ich überlegte, was mich wohl in den bevorstehenden drei Tagen erwarten würde. Ich komplettierte mein Tagebuch, prüfte noch einmal das Visum. Es wurde mir bewusst, wie absurd das alles war: Ich war mitten in Europa, zehn Jahre nach dem fast weltweiten Sieg unserer Demokratie, keine fünfhundert Kilometer von Wien entfernt – und doch musste ich mich als verwegener Abenteurer fühlen. Jedenfalls gab es in meinem Bekanntenkreis niemanden, der mein Vorhaben, ausgerechnet jetzt nach Serbien zu reisen, nicht als vollständig abwegig bezeichnet hätte. Ich musste lächeln bei dem Gedanken, dass ich am Vortag einem Freund per Telefon, in Sarajevo auf Gavrilo Princips Brücke stehend, sicherheitshalber mein Testament durchgegeben hatte.

Der Zöllner riss mich aus meinen Gedanken, denn rasch war ich an der Reihe. Kühl nach außen, im Innern gespannt, erwartete ich eine penible Kontrolle. Ein österreichischer, antiserbischer Hetzer, mit einem Pkw aus dem »Vierten Reich« – so musste mich der Zöllner doch sehen. Doch nichts von alledem. Er wollte nur wissen, wohin ich unterwegs war, und, vom Visum befriedigt, verwies er mich auf einen nahen Wohnwagen, in dem ich eine Versicherung abschließen musste: fünfzig Mark für genau drei Tage, die Gültigkeitsdauer wurde auf die Minute fixiert.

Nachdem mir der Zöllner dann den Pass zurückgegeben hatte, deutete er auf zwei Männer – »my friends« –, die bei meinem Wagen standen. Freundlich, halb auf Deutsch, halb auf Englisch, ersuchte er mich, die beiden bis Sabac mitzunehmen. Sie wollten nach Belgrad, meinte er, und Sabac liege genau auf meinem Weg.

Da sah ich die beiden. Mit freundlichem Lächeln strahlten sie mich an, doch abgesehen vom Lächeln hatten sie absolut nichts Gewinnendes an sich. Der eine jung, hager und knochig, mit erkennbar mehrfach gebrochenem Nasenbein, der andere ein bulliger Riese, steckten sie in großen schwarzen Lederjacken und waren von bedrohlich dunkler Haut. Nur mit Mühe konnte ich meine Fassung bewahren. Diese beiden »Brüder«, Gangster auf den ersten Blick, durfte ich nie und nimmer mitnehmen. Doch wie sollte ich mich aus der Affäre ziehen? Ich tat zunächst, als hätte ich nicht verstanden, lenkte ab, ging zurück in den Wohnwagen und erkundigte mich dort nach den Wechselkursen. »Sechs Dinar für eine Mark, aber das gilt nur offiziell; tatsächlich sind es gut sechzehn.« Das klang gut, doch im Moment interessierte es mich nur wenig.

Durch das kleine Wohnwagenfenster erkannte ich, dass sich die beiden genau vor meiner Wagentüre postiert hatten, der Zöllner daneben, und mir dämmerte, dass dieser Kelch nicht an mir vorübergehen werde. Bis nach Sabac waren es knapp hundert Kilometer, da konnte vieles passieren. »Das müssen Zigeuner sein«, redete ich mir ein, »die Allerärmsten der Armen.« Und: »Wenn schon du sie nicht mitnimmst, dann stehen sie noch nächstes Jahr da.« Nervös zögerte ich noch ein, zwei Minuten, sah aber keine Möglichkeit, jetzt alleine einzusteigen und davonzufahren. Kurzum, ich ging hinaus, nickte den Ärmsten der Armen kurz zu und schon saßen sie auf der Rückbank. Es kostete mich einige Mühe, einen der beiden, den mit der »Nase«, nach vorn auf den Beifahrersitz zu bewegen.

Englisch und Deutsch waren nicht angesagt, also Serbokroatisch: »Odakle ste?« (Woher kommt ihr?) – »Sarajevo«. »Gdje idete?« (Wohin geht ihr?) – »Pristina!« »Vi ste Albanci?« (Ihr seid Albaner?) – »Da!« Also ja. In diesem Moment muss ich wohl um zwei Farbtöne blasser geworden sein. Albaner! Gerade aus Sarajevo kommend, auf dem Weg nach Pristina, dorthin also, wo UCK-Albaner gerade ihr Land von allen Nichtkosovaren, von Serben, Zigeunern und anderen säubern, wo ein Menschenleben keinen Pfifferling wert ist und wo die gestohlenen Westlimousinen bereits in die Zehntausende gehen!

Nicht nur das tägliche Grauen im Kosovo schoss mir ins Hirn, auch Atenas Worte fielen mir ein, wonach man in Regensburg eine bestimmte, von Albaner-Gangs beherrschte Straße nicht betreten könne, ohne von diesen ausgeraubt und verprügelt zu werden. Und das nicht nur in Regensburg: »Albaner« war ja überhaupt in ganz Deutschland lange Zeit ein Synonym für »Albaner-Mafia«. Erst seit knapp einem Jahr konnte man unseren Medien entnehmen, dass auch Albaner zivilisierte Menschen sein können. Bis dahin war von ihnen ausschließlich im Zusammenhang mit Morden auf St. Pauli die Rede gewesen und davon, wie sie die Bordell- und Rauschgiftszene in ganz Deutschland beherrschten, die Geldwäscherei noch dazu.

Erst als sich herumsprach, dass sie Feinde der Serben seien, und seit Bomben auf den Kosovo fielen, änderte sich die Stimmungslage. Da sah man dann weinende Mütter, die an das Gefühl der Menschen appellieren sollten. Doch man muss kein Prophet sein, um zu wissen, dass das Bild über die Albaner sehr bald wieder so aussehen wird wie früher. Dass in Albanien die Blutrache wieder eingeführt worden sei, ist schon recht häufig zu lesen.

Wie dumm war es doch zu glauben, die zwei Tramper seien Freunde des Zöllners, wo sie doch gerade aus Sarajevo kamen. Der Zöllner *konnte* die doch gar nicht kennen. Wahrscheinlich, so dachte ich, haben sie ihm zehn Mark in die Hand gedrückt und ihn um eine Empfehlung bei mir gebeten. Zehn Mark ist viel Geld, wenn man nichts hat – und ein Deutscher weniger, das war wohl weder für die beiden noch den Zöllner ein Problem. Mit einem Wort, ich begriff: Jetzt ist es passiert, ich sitze in der Falle. Gegen jeden einzelnen der beiden hätte ich nicht den Funken einer Chance gehabt, zumal man ja weiß, dass solche Typen niemals unbewaffnet sind.

Mein Beifahrer strich prüfend über das Leder der Sitze, betastete wohlgefällig die Wurzelholzeinlagen und grinste mir frech ins Gesicht. Ganz klar, das fast nagelneue Auto gehörte jetzt ihnen und der Sprit reichte dreimal bis Pristina. Die Frage war nur, was sie mit mir vorhatten – eine Frage, die sie offenbar gerade lebhaft diskutierten. Der neben mir griff in die Jacke, ich wollte schon bremsen, da sah ich gerade noch, dass es nur ein Handy war, das er zückte. Er sprach nicht viel, lauschte fast nur, das Einzige, was ich verstand, war »novi Audi« und »Turbo Diesel«.

Fieberhaft überlegte ich, welche Chance ich hatte, was ich noch tun könnte. Von der Hauptstraße wegzufahren und in einen Ort abzubiegen, hätten sie wohl nicht zugelassen. Wie dumm von mir, gleich am Anfang darauf zu bestehen, dass sie sich angurteten, denn mit einer Notbremsung bei Tempo hundert hätte ich wenigstens den neben mir unschädlich machen können. Ich sah nur eine Chance: Sobald die Attacke kommt, bremse ich scharf ab und renne um mein Leben. Haben sie nur ein Messer, dann werde ich noch versuchen, den Zündschlüssel herauszureißen, bei einem Revolver nicht einmal das.

Dann war es so weit: Der hinter mir – er saß die ganze Zeit absichtlich so, dass ich ihn im Spiegel nicht sehen konnte – schlug mir auf die Schulter und schrie irgend etwas Lautes. Vor Schreck tat ich genau das Verkehrte und gab noch mehr Gas. Beide brüllten und ich erhielt einen wuchtigen Hieb. Jetzt trat ich mit aller Kraft auf die Bremse, riss die Tür auf – doch sie waren schneller: Ich war noch kaum draußen, da rannten die beiden – auf und davon. Ich war fast von Sinnen, als der Riese hastig zurückkam und die Beifahrertür zuschlug, die der Knochige offen gelassen hatte. Er deutete nach hinten und rief etwas, was so klang wie »Hvala!« (danke) und »Bus!«.

Das war alles. Man verzeihe mir die Dramatik, doch in Wirklichkeit ist die Schilderung noch stark untertrieben. Wer versucht, sich in die Szene zu versetzen, kann es vielleicht ein bisschen verstehen. Ich war wirklich sicher: Jetzt ist es vorbei. Und es war vorbei – doch ich war noch immer am Leben und das Auto stand auch noch da. Langsam wurde mir klar: Die beiden hatten offenbar in einer Ortschaft nahe der Straße einen Bus gesehen; wohl den nach Belgrad und dieser war ihnen offenbar wichtiger als mein Auto. Noch immer blutleer im Kopf, fuhr ich schließlich weiter, und je mehr ich mich erholte, desto mehr schämte ich mich meiner Gedanken. Die Albaner hatten eine Abbitte verdient.

Erste »Interviews«

Ich musste mit jemandem sprechen und stoppte bei der nächstbesten Frau. Die stand irgendwo allein auf der Strecke und ich erkundigte mich nach dem Weg. Ich konnte spüren, dass sie mich fragen wollte, ob ich sie mitnehmen könne, doch sie hatte offenbar Angst – vor *mir*. Mit dem charmantesten Lächeln nahm ich ihr diese Angst und bekam so mein erstes »Interview«.

Es war meine Absicht, in diesen meinen zweiundsiebzig serbischen Stunden möglichst viele Eindrücke zu gewinnen, zu erfahren, wie die Leute so dachten, über Milosevic und Konsorten, wie sie die Bomben erlebt hatten, was sie meinten zu Nato, Amerikanern und Deutschen. Also ran an den Mann, an die Frau!

Die da, die jetzt neben mir saß, war reichlich verwirrt. Zwei Stunden habe sie schon gewartet, manchmal komme ein Bus, manchmal nicht. Nichts funktioniere im Land; Milosevic sei ein Monster, so wie Ceausescu, doch seine Gegner viel zu schwach. Auf meine Frage nach der Nato gab es nur ein apathisches Achselzucken; doch Deutschland sei gut: »Nemacka dobro«.

Bis zu meinem Ziel, Sremska Mitrovica, hatte ich später noch etliche weitere Personen im Auto; jeweils nur kurz, bis in eines der nächstgelegenen Dörfer. Es geht ganz einfach: Man bleibt bei einer Bushaltestelle stehen, fragt nach dem Weg und schon hat man das Auto voll. Die Straße war gut, beschildert in Lateinisch und Kyrillisch, doch sonst – die Landschaft, die Häuser – sah alles wie im österreichischen Burgenland aus. Stimmt nicht ganz, denn hier lag alle paar Kilometer ein Tierkadaver am Straßenrand und es herrschte kaum Verkehr. Die meisten der wenigen Autos hatten bosnische Kennzeichen. Ist wieder nicht ganz richtig, denn heute war Samstag und da wird überall geheiratet. Und so ein Fest lässt man sich nicht nehmen, auch nicht in Zeiten wie diesen. Auf einen solchen Anlass hin spart man hier jetzt Benzin und so habe ich denn allein an diesem Nachmittag sicher ein halbes Dutzend dieser endlosen Hochzeitsconvoys vorbeihupen gesehen.

Meine Gespräche verliefen fast alle gleich: Auf die Frage nach »Slobo« zum Beispiel – »Kako je Milosevic?« – bekam ich eine ärgerlich wegwerfende Handbewegung zur Antwort; bei Zoran Djindjic abschätzig nach unten gezogene Mundwinkel und ein gelangweiltes Kopfschütteln; am ehesten punktete noch Vuk Draskovic, der sich bekanntlich für die Wiedereinführung der Monarchie einsetzte.

In Sremska Mitrovica

Sremska Mitrovica liegt genau an der Save und die ist hier sehr breit, die Brücke intakt. Zoran zu treffen war einfach, denn auch hier gab es kein Problem mit dem Mobiltelefon: Treffpunkt im Zentrum. Er war stolz auf seine Stadt, und noch bevor wir zu ihm nach Hause fuhren, zeigte er mir ihre wichtigsten Sehenswürdigkeiten: den gepflegten Park und die habsburgischen Häuser im Zentrum, die alten Römermauern, das riesige Sportzentrum sowie drei schöne Kirchen, zwei orthodoxe, eine davon russinisch, die dritte katholisch. »Russinisch?«, fragte ich, »das soll wohl *russisch* heißen.« »Nein«, klärte mich Zoran auf: »Die Russinen sind eine eigene Minderheit hier. Ursprünglich waren das Ukrainer, sie sprechen Slowakisch und sie haben ihre eigene Religion: russinisch orthodox. In Sremska Mitrovica gibt es noch eine zweite russinische Kirche.«

Bei diesen Worten fiel mir Aleksandar Tisma ein, den ich einmal im nahen Novi Sad besuchte. Er verwies auf die vielen Völker, die seit Jahrhunderten in Serbien miteinander lebten, und stellte fest, dass die Idee vom »reinen Volk« nicht aus dem Osten, sondern aus dem Westen komme.

Sonja, die ich ja von ihrem Besuch in Regensburg kannte, empfing mich herzlich, und wiewohl rekonvaleszent, hat sie traumhaft gekocht. Würzigen »Schunka« (Schinken) gab es zum Auftakt, eine echte Balkanspezialität, wie ich dachte, doch Zoran erklärte mir, das habe man von den Deutschen gelernt. Hier habe es bis zum Zweiten Weltkrieg viele Deutsche gegeben, doch Tito habe sie alle vertrieben. Aber jetzt, vor den Nato-Bomben natürlich, seien immer wieder Leute aus Deutschland gekommen, um die Häuser ihrer Ahnen zu sehen.

Ich erkundigte mich, was Sremska Mitrovica von den Nato-Bomben abgekriegt habe, und erfuhr von mehreren Raketenangriffe auf die etwas außerhalb der Stadt gelegenen Kasernen, die heute ein Trümmerhaufen seien. Auch eine Tote habe es gegeben, doch das sei ein Unfall gewesen: Die Frau, eine sehr gute Bekannte von Zoran, sei gerade vor ihrem Haus gestanden, als die Bomben in der Kaserne einschlugen, zwei Kilometer entfernt. Trotz der großen Distanz habe sie ein Splitter mitten ins Herz getroffen. Sie sei sofort tot gewesen, habe einen Mann und zwei kleine Kinder hinterlassen. »Es war«, so Zoran, »einfach unglaubliches Pech. Natürlich könnte man auch sagen, es war unglaubliches Glück, dass es nicht noch andere erwischt hat.«

Am Abend stand Basketball auf dem Programm, live in der riesigen Halle, ein 1-B-Liga-Spiel. Die Atmosphäre war brodelnd, mit Pauken und Trompeten und noch mehr Geschrei; das kannte ich bisher nur vom Fernsehen. Die Pause des Spieles, das Mitrovica schließlich 69 : 62 gegen Valjevo gewann, konnte ich gut für weitere Gespräche nützen, denn Zoran, hier eine Größe, stellte mich einigen vor.

Da war ein Installateur, Chef seiner eigenen Firma, die sehr gut ausgelastet war, denn in der nahe gelegenen Stadt Novi Sad hatte die Nato die Wasserleitungen zerstört. Ein anderer hatte zu berichten, gerade heute sei ein Lkw aus dem Kosovo gekommen, der alle Eier der ganzen Umgebung aufgekauft habe – eine Mark pro Stück, bar auf die Hand, das Fünffache des normalen Preises. Im Kosovo, so hieß es, würde er sie für drei Mark fünfzig pro Stück wieder los, denn die K-FOR zahle sehr gut.

Belgrad fünf Monate nach den Bomben, ein Jahr vor Milosevics Sturz

Zoran bot mir an, mir am nächsten Tag Belgrad zu zeigen, die Resultate der Bomben. Auch ihm komme die Fahrt gelegen, denn dort studiere Maria, seine zweite Tochter, und ohne Sprit sei es nicht einfach, sie zu besuchen. Es war Sonntag, wieder ein strahlender Tag, und schon morgens um neun waren wir auf der Autobahn. Kurz davor hatte mich Zoran noch abbiegen lassen; er wusste, wo man Diesel bekam. Bei einer Landwirtschaftsgenossenschaft füllte ich den Tank und zwar zu einem Preis, den ich selbst bestimmen durfte.

Die Autobahn war fast vollständig leer – Erinnerungen an die autofreien Sonntage der frühen siebziger Jahre. Doch Vorsicht, hier kontrolliert die Mafia! Alles von Wert ist am Körper, Pass, Kreditkarten, Bargeld. Es ist aber gar nichts passiert.

Jetzt also Bombensightseeing, Zoran kannte sich aus. Belgrad ist eine wuchtige Stadt – und wuchtig müssen auch die Bomben gewesen sein. Die Straßen erinnerten mich an Wien. An die Mariahilfer Straße etwa, nur war hier das »Generali-Center« zerfetzt. Solche Centers gab es viele; vor allem Ministerien und Militärverwaltungsgebäude, wie mir Zoran erklärte. Nicht ohne anerkennenden Unterton beschrieb er die Präzision, die erforderlich gewesen sein musste, diese Objekte punktgenau aus den Häuserreihen herauszuschießen. Im zwanzigstöckigen ZK-Gebäude[139] etwa, da hatte Milosevics Tochter ihr Büro, im dritten Stockwerk von oben, dem vierten Fenster von links. Genau da hatte die Bombe getroffen.

Wenn man das hört und auch sieht und unmittelbar danach zur völlig freistehenden, noch heute beflaggten Chinesischen Botschaft fährt, versteht man die Chinesen, wenn sie nicht glauben wollen, dass es nur eine veraltete Karte war, die an den drei Toten und dem zerstörten Gebäude schuld gewesen sein sollte. »An der Geschichte ist so ziemlich alles faul«, zitierte »Der Spiegel« dazu sogar Nato-Experten.[140]

Zu Fuß spazierten wir dann im Zentrum umher und kamen auch zum Televisionsgebäude, einem beachtlichen Komplex; links und rechts war nichts Besonderes zu sehen, die zerborstenen Scheiben durch neue ersetzt, doch in der Mitte des Bauwerks, wo sich einstmals die Technik befand, ist alles kaputt. Die Bombe sei senkrecht von oben gekommen, an jenem 23. April kurz nach zwei in der Nacht. Sie habe vom Dach durch sieben Stockwerke bis in den Keller alles vernichtet – sechzehn Rundfunkangestellten den Tod gebracht und zahlreiche andere für den elenden Rest ihres Lebens zu Krüppeln gemacht.

»Knez Mihailova«, so heißt hier der »Ku-Damm«. Wo sie anfängt, steht ein hohes Gebäude, das war, als es vor Jahrzehnten gebaut wurde, das höchste der Stadt; man nennt es »Albania«. Wie konnten sie nur, diese rassistischen Serben? Das ist ja so, wie wenn die New Yorker ihr Empire State Building auf »Nigger« getauft hätten. Die »Knez«[141] hat zweifellos Charme, die eindrucksvollen Gebäude, das ganze Ambiente, die vielen promenierenden Menschen, herausgeputzt trotz der Schwere der Zeit. Die Menschen haben mich am meisten beeindruckt, ganz besonders die Frauen, die eine ebenso legere wie zurückhaltende Ausstrahlung hatten.

Das französische Kulturzentrum, eines der vielen hübschen Häuser in dieser Straße, hatte was abgekriegt, allerdings nicht von der Nato, sondern von Serben. Es sah aus wie das AVIS-Gebäude damals in Zadar, und wo früher der Eingang war, hatte jemand ein Hakenkreuz aufgesprüht, gleich daneben ein »Nato«. Ganz ähnlich vis-à-vis, ein paar Schritte weiter, das amerikanische Kulturzentrum und noch ein Stück weiter das deutsche; doch das war außen schon wieder renoviert.

Zoran blieb vor den Schaufenstern stehen, alles sehr hübsch, leider auch astronomisch teuer: ein Paar Adidas-Schuhe kosteten viertausendneunundneunzig Dinar. »Was verdient man heute in Belgrad?«, wollte ich wissen. Zoran druckste herum, ich hakte nach. »Tausend Dinar vielleicht.« Das wären nach Schwarzmarkttarif gerade einmal sechzig Mark netto pro Monat. Später erfuhr ich, dass Zoran leicht übertrieben hat, denn wer auch nur zweihundert Dinar bekommt, ist schon privilegiert, denn viele verdienen gar nichts.

Voller Wehmut sprach Zoran von den längst vergangenen Zeiten, als er in Moskau mit russischen Partnern vor Schaufenstern gestanden war. »Denen ging es damals so wie uns heute. Die mussten ein volles Jahr für einen einzigen Anzug arbeiten. Wir waren damals reich, sind nie ohne volle Koffer von Moskau zurück nach Hause gefahren.« Doch seiner Tochter Maria, die auch schon bei uns in Regensburg war, schien es gut zu gehen. Sie studierte Verkehrswissenschaft und wohnte in einer hübschen Studentenwohngemeinschaft; alles machte auf mich einen sympathischen und ungezwungenen Eindruck.

Also sprach Mitscha

Jetzt ging es zu Mitscha, einem guten Freund Zorans. Der sei, so hieß es, genau der Richtige für mich; und das war alles andere als übertrieben. Mitscha ist Slowene. Als kleiner Junge schon nach Belgrad gekommen, war er hier aufgewachsen; studiert hatte er in Deutschland, insgesamt siebzehn Jahre in Hannover gelebt. Wegen einer schweren Krankheit seines Vaters war er vor zwanzig Jahren nach Belgrad zurückgekehrt, was er jetzt als *den* Fehler seines Lebens bezeichnete. Er war Gartenbauingenieur, Fachmann der Hortikultur, wie man hier sagt.

Schon nach fünf Minuten auf seinem Sofa in der gutbürgerlichen Stadtwohnung war mir klar, dass das jetzt ein echter Glücksfall für mich war, denn Mitscha sprach Klartext zu allem, was mich interessierte. Und ich bin mir sicher, dass in Serbien nicht wenige so dachten wie er. Er war einer, dem hätte man einen Tag lang ein Mikrophon vor den Mund halten können und, ungekürzt aufgezeichnet, hätte man am Abend ein druckfertiges kleines Lexikon über sein Weltbild gehabt. Das gab er in blütenreinem Hannoverdeutsch zum Besten. Wir kamen unverzüglich zur Sache: »Milosevic ist ein Krimineller«, stellte Mitscha auf meine Frage hin lapidar fest, »der tut alles, was schlecht ist für die Serben, ist der beste Mann der USA.« »Der USA?«, fragte ich verwundert. Ja, meinte er, die »Amis« und Engländer seien an allem schuld, nicht so sehr die Deutschen. Diese würden von jenen ja nur erpresst und hätten doch nichts zu sagen. »Was gut ist für Deutschland, das ist gut für die Serben. Was schlecht ist für die Serben, ist schlecht für Deutschland. Ja, so einfach ist das.«

»Halt«, warf ich ein, »wer hat denn 1941 Belgrad bombardiert – die Amerikaner oder die Deutschen?« »Ich weiß schon«, winkte Mitscha ab, »aber warum ist das denn passiert? Wir waren damals neutral, bis die Engländer bei uns einen Militärputsch inszenierten. Oder glaubst du, das hätten unsere doofen Offiziere alleine geschafft? Da hatte Hitler dann einen Grund zum Zuschlagen. Ohne den Putsch wären die Deutschen bei uns doch schlimmstenfalls nur durchmarschiert und niemandem wäre ein Haar gekrümmt worden.«

»Und wer«, ließ ich nicht locker, »hat 1991 die Anerkennung von Slowenien und Kroatien durchgeboxt? Damit war doch diesmal die Misere besiegelt. Waren das auch die Amerikaner?« »Unsinn«, konterte Mitscha, »das war dieser eitle Genscher, der vor jedermann stets gut dastehen wollte. Eine Zeitlang stand der ganz schön unter Druck: Hier die Medien, die die Anerkennung forderten, dort die Amerikaner, die Markovic[142] unterstützten. Da hat er ganz schön geschwitzt, der Hans-Dietrich, bis ihn unsere Militärs nicht nach Ljubljana fliegen ließen. Diese Majestätsbeleidigung hat er nicht verkraftet: Er vergaß die Amerikaner und sah die Chance, endlich mit den Wölfen heulen zu können.«[143]

Ich widersprach: »So einfach ist es nicht. Es waren ja *deutsche* Medien, die Genscher bedrängt und vehement die Anerkennung gefordert haben.« »Mensch Meier«, lachte Mitscha auf, »so naiv kannst du doch nicht sein! Die deutschen Medien stehen doch alle unter amerikanischer Kontrolle. Das weiß doch ein jeder.« »Also, *ich* weiß das nicht«, entgegnete ich, »und ich glaube, du unterschätzt die Deutschen.«

Die Serben, stellte Mitscha auf meine Frage nach den Ursachen der jüngsten Kriege fest, hätten Tito, den Kroaten, geliebt. Doch dieser habe die Serben gehasst, habe stets alles gegen sie gemacht. Denn Tito sei in erster Linie *Kommunist* gewesen und in Serbien habe es damals kaum Kommunisten gegeben; und die wenigen, die es gab, habe er nach Moskau geschickt, wo sie allesamt von Stalin liquidiert worden seien. Auch sei die orthodoxe Kirche von Tito behindert worden, während er mit der katholischen paktierte. Hunderttausende Serben hätten nach dem Zweiten Weltkrieg nicht mehr in den Kosovo zurückkehren dürfen, aus dem sie von faschistischen Albanern vertrieben worden wären; dafür habe Tito hunderttausend Menschen aus Albanien hereingeholt und im Kosovo angesiedelt.

Die Serben hätten zwar immer »eine große Klappe« geführt, aber in Wirklichkeit hätten sie meist alles mit sich machen lassen. *Kein* Serbe habe in Jugoslawien je etwas zu sagen gehabt, nicht bei Tito und auch nicht danach. »Der Aleksandar Rankovic noch am ehesten, doch auch er war nur der verlängerte Arm Titos.« Niemals sei ein Serbe in Jugoslawien Ministerpräsident gewesen. Doch der *serbische* Verteidigungsminister Kadijevic sei es gewesen, der verhindert habe, dass die Armee in Slowenien mit Munition losmarschiert sei. »Der Kroate Markovic wollte in Slowenien doch zuschlagen, die Sezession mit Waffengewalt verhindern. Gedankt hat es den Serben keiner.« Markovic sei unter der Decke der Amerikaner gesteckt, habe die Befehle des Weltwährungsfonds ausgeführt und damit zwar die Inflation gestoppt, aber gleichzeitig die Betriebe ruiniert. Jetzt müssten alle die Suppe auslöffeln.

»Und dann diese Republiken, mit *diesen* Grenzen!«, sprach Mitscha die Verfassungsreform von 1974 an, eines der umstrittensten Probleme Jugoslawiens. Tito habe den Serben damals gesagt, das seien reine Verwaltungsgrenzen, ohne wirkliche Bedeutung. Viele, auch er, Mitscha, hätten damals schon geahnt, dass das nicht gut gehen könne, doch niemand habe Tito widersprechen können oder wollen. Dieser sei der Erfinder der modernen Diktatur. »Eine Diktatur ist ein System, wo alle nach einer Pfeife tanzen *müssen*. Eine Diktatur ist *modern*, wenn alle das *freiwillig* tun, glauben, *sie* hätten das Sagen. Die modernste Diktatur haben heute die Amerikaner.«

Und die Amerikaner seien es auch, die am meisten von der Misere in Europa profitierten. »Sieh dir doch an, welches Chaos jetzt am Balkan herrscht. Im Kosovo werden Milliarden verpulvert und auch ringsherum gibt es nichts als Not und Elend. Wirtschaftlich stehen Ex-Jugoslawien sowie Rumänien und Bulgarien im letzten Jahrhundert. Und wer muss alles bezahlen? *Wir* müssen leiden – die *Deutschen* letztlich bezahlen. Und das«, folgerte Mitscha, »ist doch gut für Amerika!«

Und kopfschüttelnd setzte er fort: »Jene Deutschen, die heute vorne stehen, sind zu dumm, das zu begreifen. Die fühlen sich noch geehrt, wenn ihnen Bill Clinton auf die Schulter klopft. Sieh dich doch um hier auf den Straßen, da siehst du fast nur *deutsche* Autos; schau in unsere Fabriken, da stehen fast nur *deutsche* Maschinen. Bei den Kroaten ist das schon anders. Die reden den Deutschen zwar stets nach dem Mund, doch Autos und Maschinen kaufen sie gern auch in Frankreich, England und Italien. Die Serben wissen, dass die Deutschen stärker sind, aber sie wollen Partner sein, nicht Sklaven. Jetzt sind sie die Allerletzten der Welt. Serbien war für euch ein beachtlicher Markt, den könnt ihr bis auf weiteres vergessen. Und das kann nicht gut sein, nicht für uns und auch nicht für euch. Außerdem«, fügte Mitscha resignierend hinzu, »wandern unsere Besten in großer Zahl aus: Dreihunderttausend serbische Intellektuelle haben in den letzten Jahren das Land verlassen, fast alle in den angloamerikanischen Raum, wo sie jetzt gute Arbeit leisten. Ein schlimmer Aderlass – auch für Europa.«

Und Milosevic, so Mitscha, sei all die Jahre der geheime Verbündete der USA gegen Europa gewesen. Beispielsweise hätten die USA in Bosnien gemeinsam mit Milosevic die bereits erstellten europäischen Lösungen torpediert.[144] Ohne eine Type wie Milosevic wäre es den USA niemals gelungen, ihre Politik durchzusetzen. Denn Milosevic habe es lange Zeit geschafft, die Serben glauben zu machen, er sei ein serbischer Tito. Noch heute habe Milosevic in Serbien alles unter Kontrolle. Die Medien zum Beispiel. »Hier in Belgrad hat er zwar nicht viel zu melden; wir haben unser ›Vreme‹, ›Danas‹ und ›Blic‹ und vor allem unseren Sender ›Studio B‹[145], wenngleich der auch in der Stadt hin und wieder gestört wird; doch aufs Land hinaus dringt nicht viel.« Die USA könnten Milosevic jede Sekunde »ausknipsen«, doch offenbar brauchten sie ihn noch.

Das Fest des Heiligen Lukas

Ich erfuhr von Mitscha auch etwas von den serbischen Traditionen. Jede Familie habe einen so genannten Hausheiligen, an dessen Tag es jeweils ein Fest gebe, zu dem man gute Freunde einlade. In Mitschas Familie sei es Johannes der Täufer. Doch heute sei »Sveti Luka«, der Tag des Heiligen Lukas, der Patron eines von Mitschas vielen Freunden, einem Arzt. »Da sind wir heute Abend eingeladen, leider habe ich dann keine Zeit mehr für dich. Doch wenn du willst, kommst du ganz einfach mit.«

Das war ein Angebot, das ich mit Freude annahm. Ich änderte also meine Pläne, brachte Zoran die achtzig Kilometer zurück nach Mitrovica und fuhr sofort wieder nach Belgrad. Längst war es dunkel geworden, doch ich ließ der Autobahn-Mafia keine Chance. Das Auto gut versorgt in der »Obilic«-Garage, ganz nahe der Knez Mihailova, ging ich zu Fuß zu Mitscha. Dort hatte ich gerade noch Zeit, mir eine Krawatte umzuhängen, und schon fuhren wir samt Mitschas Gattin und den zwei Töchtern in einem bereits in die Jahre gekommenen Audi zum Fest des Heiligen Lukas.

»Seien Sie herzlich willkommen«, empfing mich der Hausherr, der Arzt, in sehr gutem Deutsch. »Sie kommen in ein serbisches Haus. Das freut mich sehr.« Ich befand mich in einer nicht sehr großen, aber wiederum gutbürgerlichen Wohnung, der man ansah, dass es den Leuten zumindest früher recht gut gegangen sein musste. Biedermeier. Etwa dreißig Personen standen und saßen dicht gedrängt auf drei Räume verteilt und in der Küche hielten sich noch etliche Jugendliche auf. Abgesehen davon, dass jeder Neuankömmling zur Begrüßung einen Löffel mit einem mir unbekannten weißen Brei zu essen bekam, konnte ich den ganzen Abend nichts erkennen, was diese St.-Lukas-Feier von einer Party bei uns unterschied. Stimmt nicht ganz – es wurde sehr wenig, vor allem nicht laut gelacht.

Doch die Leute machten keineswegs einen depressiven Eindruck, für den es ja mehr als genügend Gründe gegeben hätte. Sie vermittelten eher ein zurückhaltendes Selbstbewusstsein, als wollten sie signalisieren, dass ihnen zwar durchaus bewusst sei, dass sie heute zu den Outlaws der Welt gezählt würden, gleichzeitig aber zweifelsfrei wüssten, dass dieses Image auf Betrug und Irrtum beruhe, was sich letztlich nur gegen jene richten könne, die dafür verantwortlich seien. »Bomben« und »Milosevic« waren hier kaum ein Thema, die Gespräche trotzdem sehr interessant. So erfuhr ich beispielsweise von einer reiferen Dame, dass ihr Vater zu jenen gehörte, die im Jahre 1941 viele Juden vor den Nazis versteckten; darunter auch einen Tschechen namens Josef Korbel samt dessen kleiner Tochter Jana, die sich später Madeleine nannte und als Mrs. Albright, Secretary of State, maßgeblich an den Beschlüssen für das Bombardement auf Belgrad mitwirkte.

Jovana
Schließlich fand ich doch noch eine Person, die mir ungeniert von den Bombennächten erzählte. Sie hieß Jovana, war gut vierzig Jahre alt und eine außerordentlich gepflegte Erscheinung. Sie ist erst später gekommen und erwies sich für den Rest des Abends als meine wichtigste Gesprächspartnerin. Bis zu ihrem zwölften Lebensjahr hatte sie in Frankfurt am Main gelebt, wo ihre Mutter als Radiologin arbeitete. Jovana, perfekt in Deutsch, ausgesprochen eloquent, spontan und witzig, war jetzt als Biochemikerin bei der jugoslawischen Televisionsgesellschaft beschäftigt, tätig genau in dem Gebäude, das von der Nato beschossen worden war. Sie lenkte nicht ab, als ich vorsichtig auf die Bombennächte zu sprechen kam.

Die ersten Nächte seien die Hölle gewesen. Als an jenem 24. März zum ersten Mal die Sirenen losgeheult hätten, sei sie in einen panikartigen Krampf verfallen, habe sich, der Ohnmacht nahe, an ihre zwei fast erwachsenen Söhne geklammert. Diese hätten größte Mühe gehabt, sie aus dem siebenten Stock in den Keller zu befördern, wo sich alle Bewohner des riesigen Hauses eingefunden hätten. Dort habe das blanke Chaos geherrscht. »Jeder Zweite heulte oder wimmerte, manche brüllten hysterisch herum, andere behielten die Nerven, versuchten, Aggressive voneinander zu trennen.« Nachdem jeder halbwegs einen Platz gefunden habe, sei die Nachricht eingetroffen, dass sich in einem Nachbarblock ein alter Mann erhängt habe.

Ab der dritten Bombennacht seien sie nicht mehr in den Keller gegangen. »Sie glauben gar nicht«, erklärte mir Jovana, »wie schnell man sich an so etwas gewöhnt. Ich habe einfach gelernt, mich dem Schicksal anzuvertrauen: Wenn es sein soll, dann trifft es mich. Zu dritt sind wir oft am offenen Fenster gestanden; der Horizont war manchmal ganz blutrot erleuchtet, dazu kam das Abwehrsperrfeuer unserer Armee, das fast wie bei einem Feuerwerk aussah.« Während der elf Wochen habe es mit einer einzigen Ausnahme jede Nacht Angriffe gegeben. Und da Jovana im Zentrum der Stadt wohnte, das am stärksten betroffen war, konnte sie das Herannahen vieler Raketen mit eigenen Augen verfolgen. »Die kamen so langsam daher, dass man beinahe die Aufschriften lesen konnte.« So am Abend des 7. Mai, als es das nur zwei Blöcke entfernte Generalstabsgebäude getroffen habe. »Ich glaube, diese Rakete trug die Nummer Fünftausend.«

Ich staunte nicht schlecht, wie sachlich Jovana über diese Bombennächte sprechen konnte. Nur einmal, bei der Schilderung jenes nächtlichen Angriffs auf ihren Arbeitsplatz, das Televisionsgebäude, wurde sie sehr, sehr ernst. Alle sechzehn Getöteten habe sie bestens gekannt. »Drei der Leichen waren derart verstümmelt, dass wir sie nicht eindeutig identifizieren konnten. Und als Biochemikerin war es dann meine schreckliche Aufgabe, bei möglichen Verwandten Blut für einen Gentest zu nehmen.« Dieses Verbrechen, so Jovana, habe auch noch eine weitere furchtbare Komponente: »Später stellte sich heraus, dass unser Direktor über den drohenden Nato-Angriff Bescheid gewusst hatte, doch er hat niemanden gewarnt. Es sollte wohl so aussehen, dass die Nato unsere Journalisten umbringt. Doch es hat ›nur‹ Leute von der Technik getroffen. Der Mann sitzt noch immer nicht im Gefängnis«, fügte sie kraftlos dazu.[146]

Später hätten sie dann eine gute Idee gehabt. Nur etwa zweihundert Meter von ihrem Haus entfernt befand sich nämlich die amerikanische Botschaft und dort gleich vis-à-vis gab es ein Café. »Das schloss abends um zehn Uhr. Nacht für Nacht gingen wir mit Decken dorthin und jeder stellte sich drei Stühle zusammen. Gut schläft man so nicht, dafür aber sicher, denn dass die ihre eigene Botschaft bombardieren würden, war doch nicht anzunehmen.« Wie sie das so mit vielen Details erzählte, musste ich unwillkürlich an Jasminka und Igor aus Sarajevo denken, die in jenen Belgrader Bombennächten wohl jeweils ein gutes Tröpfchen geöffnet hatten.

Jovana berichtete mir auch von einer Freundin aus Novi Sad, die viele Jahre lang in Köln gelebt habe. Die vojvodinische Stadt Novi Sad hatte bekanntlich unter den Bomben noch erheblich mehr zu leiden als Belgrad, eine Tatsache, für die überhaupt niemand auch nur Ansätze einer Erklärung finden konnte. Denn obwohl Novi Sad von der Opposition regiert wurde und die Menschen dort sicher nicht mehr mit den Problemen des Kosovo zu tun hatten als die Bewohner Belgrads, zerbombte die Nato alle Donaubrücken im Raum Novi Sad und zerstörte auch die Wasserversorgung der Stadt. Diese Ex-Kölner Serbin aus Novi Sad habe einmal einen interessanten, hypothetischen Vergleich gezogen: Was würden wohl ihre alten Kölner Bekannten dazu sagen, wenn die Nato infolge eines Minderheitenkonfliktes in Schleswig-Holstein all die schönen Rheinbrücken Kölns zerstörte? (Novi Sad liegt etwa gleich weit entfernt vom Kosovo wie Köln von Schleswig-Holstein.)

Später habe ich mit Jovana einen mitternächtlichen Spaziergang gemacht. Sie führte mich durch die Skadarlija, Belgrads hübsches Bohemien-Viertel, und schließlich landeten wir in der »Knez«, wo uns Mitscha mit dem Auto erwartete. Wir brachten Jovana nach Hause, vorbei an der US-Botschaft und »ihrem« Café.

Die Serben und Milosevic

Mit Mitscha saß ich dann bei hervorragendem Eigenbauwein noch bis in die frühen Morgenstunden zusammen. Das Gespräch drehte sich hauptsächlich um das damals wichtigste Thema – um Slobodan Milosevic. Ich wollte einfach besser verstehen, warum sich dieser noch immer an der Macht halten konnte, obwohl er die Serben in das totale Fiasko geführt hatte.

»Ihr könnt ganz sicher sein«, stellte Mitscha fest, »dass die Serben Milosevic schon vor Jahren weggeputzt hätten, wenn damals nicht das Embargo gegen Serbien beschlossen worden wäre.[147] Gut, ein Embargo haben wir wahrscheinlich sogar verdient. Aber wenn schon, dann auch die Kroaten und die Muslime. Jedem Serben, dem klügsten wie dem dümmsten, war klar, dass diese Einseitigkeit nicht gerecht sein konnte. Das konnte der Milosevic wunderbar verkaufen und damit alle um sich scharen, sich als Fels in der Brandung präsentieren und jede Kritik an ihm als Hochverrat an den Serben brandmarken.« Er schwieg nachdenklich.

»Ich habe dir offen gesagt«, fuhr er dann fort, »was Milosevic für mich ist: ein Krimineller. Und ich kann meine Ansicht sehr gut begründen. Aber eines darf man nicht übersehen: Wenn der Westen die Präsidenten der anderen jugoslawischen Republiken, die keinen Deut besser sind als der unsere, derart in den Himmel hebt, beispielsweise dem korrupten Ex-Kommunisten Tudjman jede erdenkliche Hilfe zukommen lässt, damit er die Krajina-Serben verjagen kann, dann hat es Milosevic leicht, den Westen als kriminell darzustellen.«

Auch dürfe man das widersprüchliche Verhalten speziell der USA nicht übersehen: »Nach dem Frieden von ›Dayton‹ wurde Milosevic von den Amerikanern in den Himmel gehoben, davor war er ein Schlächter und wenig später wurde er zum ›Balkan-Hitler‹ erklärt. Das passt doch alles nicht zusammen, das kann man doch keinem erklären. Nein, damit stürzt man Milosevic nicht, im Gegenteil, damit *stützt* man ihn.«

Jedermann in Serbien könne sehen, dass da mit falschen Karten gespielt werde. »Was man ihm bei euch im Westen vorwirft, ist doch alles Unsinn: Er sei ein neuer Hitler heißt es – ein seltsamer Hitler, der kein einziges Land angefallen hat. Er sei ein Demagoge – ein seltsamer Demagoge, der nur dreimal pro Jahr am Bildschirm zu sehen ist, der sich selbst im Wahlkampf versteckt. Er sei ein Diktator – ein seltsamer Diktator, der sich x-mal Wahlen stellt, dessen Partei im Parlament mühsam nach Koalitionspartnern suchen muss. Er sei ein Despot – ein seltsamer Despot, der keinen verhaften lässt, der ihn öffentlich beschimpft. Er habe Slowenien angreifen lassen – seltsam, wo er doch darauf drängte, Slowenien ziehen zu lassen. Er habe in Kroatien und Bosnien gewütet – seltsam, wo er doch in entscheidenden Fragen mit Tudjman und den Amis paktiert, schließlich die Krajina, Slawonien und die bosnischen Serben verraten hat. Er habe die Kosovo-Albaner vertrieben – seltsam, wo doch eure serbischen Lieblinge, Djindjic und Draskovic, im Prinzip die genau gleiche Kosovo-Politik vertreten haben wie Milosevic. Er bereichere sich, horte Millionen auf Schweizer Konten – seltsam, wann hat das den Westen bei anderen derartigen Figuren jemals gestört, bei den Tudjmans, den Mobutos, den Somozas, den Markos'?«

Etwas Besseres, so Mitscha, könne Milosevic nicht passieren als solche Vorwürfe, die hier für jedermann leicht als Propaganda zu durchschauen seien. Für die Serben gelte, dass Milosevic sie von einer Katastrophe in die nächste geführt habe; deshalb müssten auch allein die *Serben* mit ihm fertig werden. Doch die ganze durchsichtige, widersprüchliche Politik des Westens spiele ihm nur in die Hände. »Du hast ja heute Abend die Leute gehört und gesehen; die sind doch nicht dumm, die wissen doch, was und wer gut ist für sie. Milosevic ganz sicher nicht, den wünschen sie alle zum Teufel; aber sie wissen auch, dass da von der ganzen Welt ein total verlogenes, skrupellos-mörderisches Spiel gegen sie gespielt wird.«

Zrenjanin, Kikinda und weitere Begegnungen

Am nächsten Morgen stand »Business« auf dem Programm. Ich war in der Stadt Kikinda verabredet und zwar mit dem Exportmanager der Firma Livnica Kikinda. Wie bereits erwähnt, hatte ich diese Firma schon im Januar 1991 mit Snjezana besucht; sie war damals ein sehr eindrucksvolles Unternehmen. Wir hatten zwar all die Jahre kein einziges gemeinsames Geschäft abgewickelt, aber da die Firma in Deutschland eine Niederlassung hatte, hatte es immer wieder Kontakte gegeben. Man traf sich auf Messen, von Hannover bis Peking. So war ich denn sehr gespannt, wie es heute dort aussah.

Kikinda liegt ganz im Nordosten des Landes; genauer gesagt, in der Vojvodina, nur wenige Kilometer von der rumänischen und der ungarischen Grenze entfernt. Die Gegend ist auch bekannt als »Banat«, früher eine Heimat der Donauschwaben. Von Belgrad bis Kikinda waren es gut hundert Kilometer. Da standen natürlich wieder sehr viele Anhalter und es gab zahlreiche interessante Gespräche. Doch es erübrigt sich, Details darüber zu berichten, denn die Aussagen der Leute deckten sich weitgehend mit denen, die ich schon kannte.

Ein Erlebnis auf dieser Fahrt nach Kikinda war sehr schön. Kurz vor Zrenjanin, das etwa auf halbem Weg liegt, hatte ich wieder einmal den ganzen Wagen voll: zwei Frauen und gleich vier kleine Kinder. Routiniert spulte ich mein »Fragen-Programm« ab (»Kako je …«). Die Frau neben mir gestikulierte bei jeder Frage heftig herum, zeigte deutlich, dass sie sich nur für *eine* Sache interessiere, nämlich für Arbeit. »Raditi [148], raditi, raditi, raditi, raditi, raditi, raditi, raditi, raditi!«, bläute sie mir x-fach ein. Das – und nichts anderes – erwarte sie von der Politik.

In Zrenjanin angekommen, wollte ich die ganze Gruppe nicht einfach aussteigen lassen, sondern machte deutlich, dass ich sie bis vor ihre Haustüre fahren wolle, was die zwei Frauen in helle Begeisterung versetzte. Als wir unweit der Hauptstraße inmitten einer dicht bebauten Einfamilienhaus-Siedlung zum Stehen kamen und die Kinder nach und nach aus dem Auto herauspurzelten, forderte mich eine der beiden Frauen auf, auszusteigen und zu warten. Sie müsse mir etwas geben. Dann eilte sie ins Haus.

Innerhalb kürzester Zeit war ich Mittelpunkt einer kleinen Versammlung. Ärmlich gekleidete Leute, alte und junge, kamen, bestaunten mein Auto und sprachen, während ich wartend dastand, freundlich auf mich ein. Im Nu fand ich mit einigen eine sprachliche Basis, nur Brocken zwar, aber die genügten, um zu erfahren, dass ich mich in einer illustren Gesellschaft befand: Da waren Serben, Kroaten und Ungarn. Im einen Nachbarhaus, wurde mir erklärt, lebten Rumänen, im nächsten Slowaken. »Ima sve!« – hier gebe es alles, versicherte man mir mit selbstverständlichem Stolz, Bulgaren, Zigeuner, Bosnier, Slowenen. Unwillkürlich musste ich wieder an Aleksandar Tismas Worte zur Idee vom »reinen Volk« denken und ich begriff, dass es für diese Leute wohl nicht nachvollziehbar sein könne, wenn andere, etwa Deutsche, sie zum Multikulturalismus bekehren wollen.

Ganz in der Nähe waren mehrere Kirchtürme verschiedener Konfessionen zu sehen, was die selbstverständlichste Sache der Welt zu sein schien; außerdem sollte es hier ein großes Flüchtlingslager mit Krajina-Serben und Serben aus Bosnien geben. Scherzhalber zählte ich alle osteuropäischen Völker auf, die mir einfielen, und bei fast jedem deutete man, heftig nickend, auf irgendein nicht allzu entferntes Haus: Da könne ich einen Angehörigen der gerade genannten »Rasse« finden. Selbst bei »Austrijanci«, also Österreicher, bekam ich das Gefühl, dass die hier vertreten seien. Die Leute fanden es recht lustig, dass mich das so sehr interessierte. »Problema?«, fragte ich immer wieder und erhielt ebenso oft ein fast verständnisloses, jedenfalls ein sehr glaubwürdiges »Nema problema!« zur Antwort. Das bezog sich natürlich nur auf das Zusammenleben dieser Menschen untereinander. Sonstige Probleme, das gab man mir gleichfalls sehr deutlich zu verstehen, gab es mehr als genug: »*Firma –* problema! Sve kaputt!« und wieder das »Raditi, raditi, raditi, raditi ...«.

Mittlerweile war auch die Frau wieder aus dem Haus gekommen und zwar mit zwei riesigen Nylontüten, die sie mir wie Pokale strahlend überreichte. Die eine war randvoll gefüllt mit gelbem Paprika und auch in der anderen erkannte ich irgendwelches Gemüse, dazu noch zwei große Einweckgläser. Aivar[149] und Marmelade, klärte man mich mit Genuss verheißendem Blick auf. Ich fühlte mich beschämt, das anzunehmen, die hatten ja wohl selbst nichts, zumal ich wirklich nicht wusste, was ich mit dem Paprika hätte anfangen sollen. Wortund gestenreich erfand ich daher, dass ich in Kikinda das ganze Auto voll Material laden müsse, also gar keinen Platz dafür hätte. Doch beim Aivar und der Marmelade hatte ich keine Chance, die mussten mit – und ich bereute es nicht.

Dusan

Die Gegend hier ist bretteben, vorwiegend landwirtschaftlich genutztes Gebiet, doch immer wieder tauchen am Horizont mächtige Schlote auf; allerdings ist kein Rauch zu sehen. Da kam mir ein Dialog in den Sinn, den ich unlängst mit einem dieser großartigen »Grünen« geführt hatte. Das war ein Umweltexperte und ein Nato-Gegner noch dazu. Der hatte mir detailliert die katastrophalen, noch nach vielen Jahren spürbaren Folgen des Bombardements der jugoslawischen Chemiefabriken und Raffinerien beschrieben, auch wusste er erstaunlich gut Bescheid über die Auswirkungen der abgereichertes Uran enthaltenden Nato-Geschosse.

»Doch *ein* Gutes hatten die Bomben schon auch«, überraschte er mich dann plötzlich, »immerhin haben die auch dafür gesorgt, dass viele dieser Ostblock-Dreckschleudern«, er meinte zerstörte jugoslawische Fabriken, »nie mehr die Luft verpesten können. Wie man sieht: Es hat doch alles zwei Seiten.«

Bei der Firma Livnica Kikinda erlebte ich dann eine echte Überraschung. Schon an der Pforte herrschte reger Betrieb und Dusan, der Exportmanager, erklärte mir mit zurückhaltendem Stolz, dass man noch immer zweitausendvierhundert Leute beschäftigte. Man produziere hier nach wie vor alle Arten von Schleifmaschinen. An der riesigen Gießerei, erinnerte er mich, sei früher »General Motors« zu fünfzig Prozent beteiligt gewesen. Jahr für Jahr seien für viele Millionen Mark Gussteile an Opel nach Deutschland geliefert worden. Als im Mai 1992 das UNO-Embargo in Kraft getreten sei, sei die Gießerei innerhalb von zwei Tagen stillgelegt worden.

Ende 1996, ein Jahr nach »Dayton«, sei das Handelsembargo aufgehoben worden; seither seien schon wieder etliche Delegationen aus Detroit und Rüsselsheim auf Besuch gekommen. Die Deutschen nähmen den Betrieb der gemeinsamen Gießerei gerne sofort wieder auf, doch die Amerikaner erlaubten das nicht.[150]

»Die Amerikaner«, dachte Dusan laut über eine mögliche Erklärung dafür nach, »haben eine ganz andere Kultur als wir Europäer. Die wissen nicht, was das ist, eine Nation. In den USA leben zwar viele Völker zusammen, doch es gibt kaum einen wirklichen Unterschied zwischen dem Leben in Brooklyn und dem in L. A. Wie anders ist es doch, wenn man durch Europa fährt und alle paar hundert Kilometer schon an der Sprache und vielen anderen Dingen interessante Unterschiede erkennt? Und wir hier in der Vojvodina, wir sind wirklich Nationalisten, dazu bekennen wir uns: Wir pflegen unsere Sprachen und Bräuche in zahllosen kulturellen Vereinigungen, im Theater und bei vielen Gelegenheiten. Von so etwas verstehen die Amerikaner nichts. Doch jetzt lehren sie uns, wie wir miteinander umgehen sollen.«

Der Generaldirektor der Firma Livnica Kikinda sei ein Ungar und unter den Arbeitern der Fabrik seien mindestens zehn Nationen vertreten. All die Jahre sei das immer gut gegangen, aber vielleicht werde jetzt bald allen klar, dass in Wirklichkeit doch stets alles schlecht gewesen sei.

Der Rundgang durch die vielen riesigen Hallen – da legt man Kilometer zurück – war so eindrucksvoll wie damals, als ich vor bald zehn Jahren zum ersten Mal hier gewesen war. Hier war er zu hören, der monotone Sound rotierender Maschinen, der Arbeit verheißt und auch Brot. Alles war blitzsauber und die Menschen machten einen konzentrierten Eindruck, präsentierten freundlich und stolz ihre Arbeit. Jede Maschine lief – und was für Maschinen! In einer einzigen Halle habe ich einunddreißig Stück »MAHO«-Bearbeitungszentren gezählt, jedes zweite voll computergesteuert. Und auch sonst standen sie da, wohlplatziert und gewartet, die Pittler, Reißhauer und Waldrich, die Crème de la Crème der deutschen Werkzeugmaschinenbau-Industrie.

»Wir haben immer gern mit den Deutschen gearbeitet«, verriet mir Dusan, »die sind einfach korrekt. Wir liefern auch jetzt laufend nach Deutschland, aber natürlich nur einen Bruchteil von damals.« Ich sah mir die aktuellen Produkte für die deutschen Abnehmer an und in so mancher Abteilung musste ich schmunzeln, doch ich darf nicht sagen, warum. Namen nenne ich keine, nur soviel: Was hier in Jugoslawien produziert wird, wird von deutschen Kunden als »Made in Germany« weiterverkauft; das kenne ich auch aus kroatischen Fabriken.

Gelacht hat Dusan kein einziges Mal, auch nicht später beim Essen. Er war stets ernst, doch alles andere als apathisch. Ich ging mir zwar selbst schon ein wenig auf die Nerven mit meinen neugierigen Fragen, doch er ermunterte mich: »Fragen Sie nur, ich habe nichts zu verbergen!«

Nein, mit Milosevic sei niemand zufrieden, man müsse doch nur das Land heute vergleichen mit dem, das er vor zehn

Jahren übernommen habe. In Kikinda gebe es jetzt ein Lager mit viertausend Krajina-Flüchtlingen; die würden von der Stadt versorgt, manche hätten Verwandte hier, einige wenige sogar Arbeit. Doch die allermeisten würden einfach perspektivlos dahinvegetieren, allenfalls Zigaretten aus Rumänien hereinschmuggeln.

Im Kosovo seien die Dinge außer Kontrolle geraten, es habe schlimme Verbrechen gegeben, vor allem, als das Bombardement begann; natürlich auf beiden Seiten. »Es ist keine Frage, dass wir das Problem auf friedliche Weise lösen wollten und auch zu sehr schmerzlichen Kompromissen bereit gewesen wären. Doch in Wirklichkeit bestand schon lange keine Chance mehr, denn die albanischen Anführer hatten das Land schon seit Jahrzehnten für sich alleine reklamiert. Das war für die stets nur eine Frage der Zeit. Das Embargo hat uns dann den Rest gegeben. Sie glauben nicht, wie das alles verändert hat. Nicht nur die Betriebe sind kaputt gegangen, in den Spitälern gab es viel zu wenige Medikamente, die Preise für alles sind explodiert, nur am Schwarzmarkt war alles geregelt, die Mafia erlebte goldene Zeiten. Und wie reagierten die Leute unter solchen Umständen? Die einen apathisch, die anderen depressiv, ja, und so manche auch aggressiv. Wir alle hatten unter dem Embargo zu leiden, natürlich auch die Menschen im Kosovo. Und als dann noch massenhaft Waffen ins Spiel gekommen sind, da war es so weit, da ist das Ganze explodiert.«

Es war sehr viel Zeit vergangen, zumal wir nach dem üppigen Mahl noch einen Spaziergang durch die reizvolle Stadt machten. Und als wir schließlich in einem fast wienerisch anmutenden Kaffeehaus noch einen abschließenden Drink einnahmen, war die Dämmerung schon in die Nacht übergegangen. Trotzdem hatte ich meine Pläne geändert und ich ließ das Hotelzimmer stornieren, das Dusan für mich reserviert hatte, denn ich hatte heute noch einiges vor.

Der 42. Tag

Ich machte mich auf den Weg zurück nach Belgrad. Da muss ich jetzt endlich erwähnen, was – neben dem äußerst geringen Verkehr – das Seltsamste war auf den jugoslawischen Straßen:

In allen Ortschaften und Städten, auch in Belgrad, standen alle fünfzig Meter Benzinverkäufer am Straßenrand; manchmal hatten sie einen oder sogar zwei Kanister zu bieten, manchmal aber auch nur eine Colaflasche voll.

Gegen neun Uhr abends kam ich nach einer problemlosen Fahrt, während der ich einen sehr netten ungarischen Jugoslawen – »nema problema« – im Auto hatte, bei meinem Hotel an; dem »Majestic«, fünfzig Meter neben der »Knez«. Das war nicht zu früh, denn um zehn Uhr war eine Kundgebung angesagt. Und zwar eine jener täglich im Zentrum von Belgrad stattfindenden Demonstrationen, über die auch im Westen ausführlich berichtet wurde.

Schon drei Jahre zuvor, im bitterkalten Winter 1996/97, gab es eine mächtige Protestwelle, die unter dem Namen »Zajedno« weltweit Schlagzeilen machte. Die serbische Opposition – Draskovic und Djindjic an der Spitze, insbesondere aber getragen von tausenden einfachen Bürgern, darunter vielen Studenten – demonstrierte damals drei Monate lang Nacht für Nacht gegen das Regime.

Kurz vor den damaligen Dauerdemonstrationen – die UNO-Sanktionen aus dem Jahre 1992 waren nach dem Frieden von Dayton gerade gelockert worden – hatte es eine Bürgermeisterwahl gegeben, bei der die Partei von Milosevic in Belgrad und anderen großen Städten eine schwere Niederlage erlitten hatte. Doch Milosevic wollte die Macht in der Hauptstadt nicht abtreten und deshalb wurde demonstriert. Mit großem Erfolg. Jedenfalls musste Milosevic nachgeben und die Opposition gewann schließlich den Belgrader Bürgermeistersessel. Leider zerstritten sich die Oppositionsparteien in der Folge sehr rasch: Draskovic wurde von Milosevic »gekauft«, später sogar zum stellvertretenden Ministerpräsidenten ernannt, sodass diese Bewegung keinen nachhaltigen Umschwung in der serbischen Politik erbrachte; zumal sich bald darauf die Lage im Kosovo dramatisch zuspitzte.

Seit Mitte September 1999 gab es nun wieder Demonstrationen, Abend für Abend. Schon vom Hotelzimmer aus konnte ich die laute Musik hören, die vom Kundgebungsplatz aus enormen Verstärkeranlagen das Stadtzentrum mit englischen Rock-Klängen erfüllte. »We are the champions«, dröhnte es gerade, als ich dort um halb zehn eintraf. Heute war der 42. Demonstrationstag, wie ich auf einem großen Transparent über der riesigen Bühne lesen konnte. Der Platz war belebt, aber nicht dicht gedrängt.

Ich sprach ein paar Leute an, um zu erfahren, worum es da gehe. Mit dem Wort »Milosevic« war alles gesagt. Kurz nach zehn Uhr traf aus einer Seitenstraße ein breiter Demonstrationszug ein und füllte den Platz rasch mit etwa ein- bis eineinhalbtausend Menschen. Etliche Redner bestiegen die Bühne und gaben kurze Statements ab. Meine Dolmetscherin, eine junge Frau, die zufällig neben mir stand, erklärte mir jeweils, wer gerade sprach. Ansonsten aber war sie mehr hübsch als informativ. Egal, es ging mir ja um die Atmosphäre und die war nicht schlecht, doch eine echte Aufbruchstimmung verspürte ich nicht; der Beifall der Menschen hielt sich in Grenzen. »Tscheterdeset milliona za to idiotski eksperiment«, hörte ich den Rektor der Belgrader Uni mehrfach ins Mikrophon schimpfen (»vierzig Millionen für so ein idiotisches Experiment«); vom Embargo war die Rede, von der Krajina und in jedem zweiten Satz fiel der Name »Milosevic«.

Nachdem die Reden vorbei waren, verlief sich die Menge rasch. Ich ging vor zur Bühne und suchte das Gespräch mit einer Gruppe junger Aktivisten; es handelte sich offenbar um Studenten. Die waren zunächst sehr misstrauisch, denn sie wollten nur dann mit mir reden, wenn ich sagte, für welche Zeitung ich schrieb. Dass ich gar kein Journalist war, konnten sie einfach nicht glauben. »I am just a tourist«, sagte ich mehrfach, doch das nahmen sie mir nicht ab, denn hier gebe es keine Touristen. Gut, ich hätte irgendwie auch geschäftlich hier zu tun, pflege alte Kontakte, räumte ich ein. Doch das war erst recht ein Fehler: »In this case you must be a business-friend of our Gouvernement, or even from the mafia, what means about the same. With which company do you make business?« Ich erzählte, dass ich gerade bei der Firma Livnica Kikinda gewesen war; doch auch das kam in die falsche Kehle. »I know this company, they produce weapons!«, hielt man mir vor, was ich guten Gewissens bezweifelte.

Kurzum, es dauerte ein hübsches Weilchen, bis ich das Vertrauen der Leute gewann und schließlich erfuhr, dass sie

Anhänger von Zoran Djindjic waren, dem Chef der damals noch in Opposition befindlichen Demokratischen Partei Serbiens. Es habe sich schon vor längerer Zeit eine so genannte »Allianz für den Wechsel« gebildet, ein Zusammenschluss von einigen Dutzend Organisationen, etlichen Parteien, Gewerkschaften, Uni-Instituten und zahlreichen anderen Gruppierungen. Draskovics »Serbische Erneuerungsbewegung« sei nicht in der Allianz vertreten – »he is even worse than Milosevic«. Draskovic habe, als Djindjic Bürgermeister von Belgrad war, eine rücksichtslose Clanpolitik betrieben, habe lauter Verwandte in wichtige und gut bezahlte Positionen gehievt. Da sei es zum Bruch gekommen, was gut gewesen sei, denn Draskovic passe viel besser zu Milosevic als zu Demokraten.

Milosevic habe seine Hochburgen am Land, dort komme seine Propaganda noch an, doch in keiner größeren Stadt habe er etwas zu sagen. Seine Stärke beziehe er hauptsächlich aus dem Kosovo, denn dort seien viele Mandate zu vergeben und die räume er alle ab. Denn die Kosovo-Albaner verweigerten ja die Teilnahme an serbischen Wahlen, was zwangsläufig zur Folge habe, dass für ein Mandat im Kosovo nur ein Zehntel der Stimmen notwendig sei, die man in Belgrad dafür brauche. Milosevic schikaniere alle Städte, in denen seine Partei nicht an der Macht sei, blockiere etwa die städtischen Busse und nütze alles, was in seiner Bundeskompetenz liege, gegen die oppositionellen Stadtregierungen aus.

»Als ob wir nicht schon genug Probleme hätten. Es funktioniert ja überhaupt nichts im Land, in den Krankenhäusern etwa, es mangelt an gar allem und jetzt kommt noch die Angst vor dem Winter dazu. Können Sie mir sagen, wie wir den ohne Öl überleben sollen?« Trotz alledem vermittelten die vier oder fünf Studenten, die mir das erzählten, einen durchaus kämpferischen, um nicht zu sagen optimistischen Eindruck. Wir standen etwa eine gute halbe Stunde zusammen, es waren wirklich sehr sympathische Leute, intelligent und voller Elan. Ich wäre gerne noch länger mit ihnen geblieben, doch sie mussten weg, es stehe noch eine Redaktionssitzung an. Zum Abschied schenkten sie mir noch einen Sticker, auf dem in Kyrillisch das Wort »Wechsel« (Promene) stand.

Ich gebe ein Interview

Obwohl es bereits Mitternacht war, verspürte ich keinerlei Lust, jetzt schon ins Hotel zu gehen. Es waren noch massenhaft Leute auf den Straßen und ich erkundigte mich nach der Skadarlija, dem Bohemien-Viertel, das hier gleich um die Ecke liegen musste. Schließlich strandete ich dort im Café »Guli«, wo ich mir an der Theke ein Bier gönnte. Die Tische waren alle besetzt, durchwegs mit jungen Leuten. Mal sehen, was passiert, wenn ich mir den Sticker an den Pullover hefte. Doch abgesehen vom sehr beschäftigten jungen Mann hinter der Theke, der mir freundlich zunickte, schien das niemanden zu interessieren.

Ich hatte, nach dem zweiten Bier, schon bezahlt, als drei Herren, etwa in meinem Alter, hereinkamen und sich neben mich an die Theke stellten. Einer hatte eine frappierende Ähnlichkeit mit Vuk Draskovic. Er sah meinen Sticker und sprach mich gleich an. Als er begriff, dass ich aus Deutschland war, reagierte er sehr erfreut und verwies auf einen der beiden anderen. Der schreibe gerade ein Buch über die Donauschwaben und sei erst vor kurzem im Goethe-Institut in Prien am Chiemsee gewesen.

Zwei von den Dreien mussten dann rasch weg, nur einer blieb bei mir stehen und bestellte eine weitere Runde. »Vuk«, so nenne ich ihn jetzt einfach – seinen wirklichen Namen hat er mir zwar genannt, mich aber gebeten, ihn nicht zu verraten –, war Journalist. »I'm working in the underground!« Er erzählte mir, dass er eine »pretty illegal« Tageszeitung herausgebe, die Ausgabe für morgen sei gerade in die Rotationsmaschine gegangen. Er sei ziemlich geschafft, doch jetzt wolle er sich noch schnell einen Drink gönnen.

Wo ich denn ein Exemplar dieser Zeitung erwerben könne, wollte ich wissen, worauf er mich bat, ein paar Minuten zu warten. Nach etwa einer Viertelstunde war er wieder zurück, mit einem Pack Zeitungen unterm Arm und in Begleitung noch eines Herrn. Die Zeitungen, alle natürlich in Kyrillisch, knallte er auf die Theke, griff in die Tasche seines zerfransten Mantels und hielt mir ohne jede Vorwarnung ein sehr professionell aussehendes Diktiergerät vor den Mund.

»What's your name and where you are from?«, startete er offenbar ein Interview. Ich war ein wenig verdattert, zumal der zweite eine ebenso professionell aussehende Kamera aus seinem Mantel herauszog und mich mit einer ganzen Serie von Blitzen erschreckte. Doch ich spielte mit. Es war zwar nicht gerade nach dem ersten Bier, an etliche Fragen kann ich mich aber noch gut erinnern: Welche Eindrücke ich in Jugoslawien gewonnen habe, wie man in Deutschland über Serbien denke, wie ich zu den Nato-Bomben stehe, wie zu Milosevic, zur Opposition und welche Ratschläge ich für diese auf Lager habe.

Hier, zusammengefasst, meine Antworten: Beeindruckt habe mich besonders, dass die Leute hier einen sehr selbstbewussten Eindruck machten, keineswegs in eine totale Depression verfallen seien, trotz wirtschaftlicher Not, trotz Bomben und weltweiter Ächtung; auch, wie positiv die Leute zu Deutschland stünden, obwohl die Deutschen Jugoslawien gerade eben zum dritten Mal in diesem Jahrhundert attackiert hätten. Das in Deutschland vorherrschende Bild über die Serben, stellte ich fest, habe mit der Wirklichkeit, wie sie sich mir darstelle, gar nichts zu tun, sei vielmehr von großer Ignoranz und Erbarmungslosigkeit bestimmt; die Nato-Bomben seien ein einziges Verbrechen. Milosevic sei nach dem, was ich in den letzten Tagen von seinen Landsleuten zu hören bekommen habe, wohl *das* Unglück der Serben schlechthin. »I didn't find anyone who was on his side!« Der Opposition könne ich nur viel Glück wünschen. Allzu optimistisch sei ich da im Moment nicht, Milosevic habe ja den ganzen Apparat in der Hand und das Ölembargo sei wohl sein stärkstes Argument gegen Kritik aus dem eigenen Land. Ratschläge? »Sorry, no advice from my side, maybe just one: ›Don't wait for hints from abroad! Believe in your own brain and power!‹«

Vuk fluchte, als das Band plötzlich zu Ende war und er in seinen vielen Manteltaschen kein weiteres fand. Er schien zufrieden, klopfte mir kräftig auf die Schulter und bestellte zwei weitere Pils. Wir sind dann noch eine ganze Weile zusammengestanden, letztlich aber doch viel zu kurz. Denn Vuk hatte sehr viel zu berichten. Vor kurzem habe er den auch bei uns bekannt gewordenen Autounfall von Vuk Draskovic recherchiert, der eindeutig ein Mordanschlag gewesen sei. Kosovo sei eine einzige Tragödie, Dutzende Morde an Serben pro Woche; er könne nur hoffen, dass die wenigen Nichtalbaner, die jetzt noch im Kosovo lebten, so schnell wie möglich flüchteten.

Seine Zeitung, verriet mir Vuk, erscheine täglich mit sechsstelliger Auflage und man verfüge über ein perfektes Verteilungssystem. Wer denn das alles mache und finanziere, wollte ich wissen. »You saw all of the editors, we are just three.« Und: »Milan Panic[151] pays the paper, but only the paper!« Immerhin, dachte ich und fragte, was es mit den gestörten Fernsehsendern auf sich habe? Ich erfuhr, dass vor ein paar Monaten eine amerikanische Organisation die komplette Ausrüstung für das landesweite Ausstrahlen der oppositionellen Programme geschickt habe, doch alles sei beim Zoll verschwunden.

Auch einiges Privates gab er mir preis: Er sei Ingenieur, seit Jahren ohne bezahlte Arbeit, doch er arbeite Tag und Nacht, lebe von den spärlichen Einkünften seiner Frau. Zwar habe er die Möglichkeit, zu Verwandten nach Australien auszuwandern, er wolle jedoch hier bleiben. »I don't want to live anywhere else, *this* is my country!« Klar, für seine Generation sei nichts mehr zu erwarten, »but we all have children!«.

Bombensightseeing

Am nächsten Morgen war ich für halb zehn Uhr mit Mitscha verabredet. Noch einmal Bombensightseeing, denn Mitscha hatte seinen deutschen Freunden in Hannover versprochen, Fotos von den Bomben-Ruinen zu schicken. Im Schritttempo ging es also wieder vorbei an all den zerstörten, ehemals sehr schönen Gebäuden im Zentrum; verstohlen knipste Mitscha alles aus dem offenen Fenster des fahrenden Autos. Wir sahen die österreichische Botschaft, die in einem der schönsten Gebäude der Stadt untergebracht war, davor eine sehr lange Schlange wartender Menschen. Natürlich ging es auch nochmals zur chinesischen Botschaft, wo ich gemeinsam mit vier Chinesen, die offenbar aus Budapest angereist waren, Modell vor dem Trümmerhaufen stand.

Am Stadtrand waren zahlreiche dem Erdboden gleichgemachte Kasernen zu erkennen. Auf dem Weg hinaus ins Grüne, Richtung Süd-Osten, führte mich Mitscha, wie zum Beweis der serbisch-deutschen Freundschaft, zu einem deutschen Kriegerdenkmal: General Mackensen wird hier geehrt, ein deutscher Held aus dem Ersten Weltkrieg, der den Serben eine halbe Million Tote bescherte. Das Mahnmal war mit frischen Blumen geschmückt.

Dann ging es weiter ins Villenviertel, das wunderschön auf einem Hügel lag, links die Titoresidenz, rechts Slobos Palast. Mitscha wirkte leicht nervös, denn in dieser Gegend war viel Polizei und Militär zu sehen. Neben Milosevic beschützten die noch etliche andere – die heutigen Herren der Nation. Die fristeten hier ihr Dasein in traumhaften Palais. Mitscha deutete auf eine schöne Jugendstilvilla, die hinter einer hohen Mauer hervorragte: »Das musst du dir vorstellen«, schimpfte er, »dieser Palast wurde erst vor ein paar Jahren errichtet, in diesem aufwändigen Stil. Während wir im Embargo fast verreckten, haben die hier Gold an die Säulen geklebt.«

Schließlich kamen wir zu einem hohen Hügel, auf dessen Spitze König Aleksandar ein riesiges Monument in den Himmel gebaut hat. Unweit von dort stand einstmals der hundertachtzig Meter hohe Fernsehturm auf drei gigantischen Füßen – einen davon hat die Nato mit einer einzigen Rakete umgelegt. Jetzt liegt der Turm zertrümmert am Abhang.

Mitscha wollte mir noch vieles zeigen, auch Bücher beschaffen, doch die Zeit wurde knapp, denn genau um vierzehn Uhr fünfzig lief mein Versicherungsschutz ab. Nach kurzem aber herzlichem Abschied brauste ich dann mit zweihundert Sachen zurück Richtung goldener Westen. Der Zöllner prüfte kurz die Papiere, sah auf die Uhr und sagte: »Two minutes left, come on, have a cup of coffee!«

DER NEBEL LICHTET SICH, DIE SICHT BLEIBT SCHLECHT

Eine Zwischenbemerkung

Ursprünglich war es meine Absicht, mich an dieser Stelle aus dem Geschehen in Ex-Jugoslawien auszublenden. Einige Monate zuvor hatte ich damit begonnen, meine Gedanken zu den

Kriegen am Balkan niederzuschreiben. Meine Schwester Christa Mahdy hatte mich schon lange gedrängt, dies zu tun, und sie war es auch, die mir beim Schreiben bis zuletzt aufs Engste beratend zur Seite stand. Das Schreiben war für mich eine absolut neue Erfahrung, die mich voll und ganz in Beschlag nahm. Nachdem einige erste Kapitel im Computer waren, legte ich sie ein paar guten Freunden vor, die mich mit fast euphorischen Worten bestärkten, die Arbeit fortzusetzen und mir ihre Unterstützung anboten. Allen voran waren es Reinhard Gasser und Günter Metzler – der eine Philosoph und Autor eines Standardwerkes über Nietzsche und Freud[152], der andere ein versierter Germanist –, die sich über Monate in oft nächtelangen Diskussionen mit dem stets anwachsenden Text kritisch beschäftigten. Ein dritter kam dazu, Kurt Greußing, selbst Autor zahlreicher historischer Bücher[153], von dem ich gleichfalls entscheidende Unterstützung erfuhr. So waren bis ins Frühjahr 2000 – auch mit Hilfe zahlreicher weiterer Freunde, von denen Snjezana Desnica und Rudolf Perwein hervorzuheben sind – hunderte Seiten auf ein Manuskript komprimiert, mit dem ich mich auch an renommierte Fachleute heranwagte.

Ich sandte den Text an Peter Glotz und Malte Olschewski und auch von diesen wurde ich in für mich sehr überraschender Weise ermuntert, tatsächlich an eine Veröffentlichung zu denken. Peter Glotz erklärte sich sogar spontan dazu bereit, das Vorwort zu schreiben. Die Verlagssuche gestaltete sich nach zunächst sogar sehr viel versprechendem Beginn letztlich doch recht langwierig, was natürlich keine große Überraschung war. Das verschaffte mir andererseits die Möglichkeit, weiter am Text zu arbeiten.

Das war auch notwendig, denn in der Zwischenzeit waren viele Monate ins Land gezogen und auch am Balkan ist die Zeit nicht stehen geblieben, wenngleich der ganze Jugoslawienkomplex während der ersten neun Monate des Jahres 2000 fast vollständig aus den Schlagzeilen unserer Medien verschwunden war. Zwar scheiterte die Belgrader Protestbewegung fürs Erste, sodass Milosevic zunächst scheinbar wieder fest im Sattel saß, doch im Kosovo schienen die Probleme im Griff zu sein. Westliche Politiker, die das gepeinigte Land hin und wieder bereisten, kamen mit durchaus beruhigenden Botschaften zurück. Die Welt war mit sich im Reinen und zur Tagesordnung übergegangen, zumal sich andere Themen in den Vordergrund drängten. Der blutige Krieg in Tschetschenien beispielsweise oder der dramatische Wertverfall des Euro; in Deutschland waren es insbesondere Helmut Kohl, ganz kurz auch Christoph Daum, die Aufsehen erregten, und in Österreich beherrschten die Sanktionen die Diskussion, die von der EU im Gefolge der Regierungsbeteiligung von Jörg Haiders FPÖ über das Land verhängt worden waren.

In meinem näheren Bekanntenkreis gab es nur wenige, die es noch immer nicht fassen konnten, was da am Ende des Jahrhunderts in Europa geschehen war. In zahllosen Berichten internationaler Medien, die ich als Mitglied der »Decani News Group« täglich im Dutzend auf den Bildschirm bekam, stellte sich mir die Lage im Kosovo auch ein Jahr nach Ende der Luftschläge schier unglaublich chaotisch dar. Doch dies schien schlicht niemanden zu interessieren. Und soweit doch das eine oder andere Mal davon die Rede war, konnte ich feststellen, dass die Nato-Kriegspropaganda vollständig verfangen hatte.

Andererseits erschienen in diesen Monaten zahlreiche Publikationen von Fachleuten, die dieser Propaganda schwer zusetzten. Journalisten und Politologen, Historiker und Juristen, darunter scharfe Regimekritiker, aber auch »unverdächtige« Bürger, sogar ein ehemaliger Bundeswehrgeneral – viele sammelten Daten, werteten sie aus und stellten das Resultat ihrer Analysen der Öffentlichkeit zur Verfügung. So lichtete sich für jene, die es genauer wissen wollten, langsam der Nebel, den Politiker, PR-Spezialisten und Medien über die Ereignisse gelegt hatten.

Dieser Nebel sollte die Tod und Chaos bringende Politik der Strategen der Weltpolizei verschleiern beziehungsweise als unausweichlich und letztlich doch erfolgreich erscheinen lassen. Das trotz des Nebels unbestreitbare Fiasko der Politik, der Bruch des Völkerrechtes zumal, konnte nur dadurch gerechtfertigt werden, dass damit ein noch viel größeres Desaster abgewendet werden konnte: die groß angelegten, rassistisch bedingten Vertreibungsaktionen, das hemmungslose Massenmorden der serbischen Soldateska. Es gelang den besagten Strategen vortrefflich, diese Argumentation in fast allen Köpfen fest zu verankern. Dafür sorgten erschütternde Bilder von endlosen Flüchtlingskolonnen und hoffnungslos überfüllten Flüchtlingslagern sowie Horrorberichte mit Scham, Ekel und Wut auslösendem Bildmaterial von Massakern und grauenvollen Massengräbern. Die Wut traf natürlich in erster Linie die Serben, aber auch jeden, der angesichts dieser Bilder noch an der Notwendigkeit der Luftschläge zweifelte. Damit wurde jegliche Diskussion darüber im Keime erstickt und das gilt bis auf den heutigen Tag.

Dabei wäre es dringend geboten, die behaupteten Massenvertreibungen und Massentötungen genau zu untersuchen, denn nur wenn sie tatsächlich stattgefunden hätten, könnte man den Entscheidungen unserer Staatenlenker wenn schon keine völkerrechtliche, so doch immerhin eine moralische Berechtigung zubilligen. Daher stelle ich wieder einmal Fragen und versuche, sie einer kritischen Prüfung zu unterziehen. Zunächst:

Wer flüchtete wann, vor wem und warum?

Hier drängt sich gleich eine Frage auf: Was ist überhaupt ein Flüchtling, was ein aus rassistischen Gründen Vertriebener? Schon wer solche Fragen stellt, läuft Gefahr, als Zyniker angesehen zu werden, der den Versuch unternimmt, menschliches Leid mit Haarspaltereien zu verspotten und Verbrechen zu relativieren. Doch so einfach ist die Sache nicht. Wer sich mit dem Thema »Flüchtlinge« beschäftigt, kommt nicht umhin, zuerst die Begriffe zu klären.

Ein kleines Beispiel mag dies verdeutlichen: Im »Spiegel« vom 4. Dezember 2000, eineinhalb Jahre nach Ende der Luftschläge, zwei Monate nach dem Sturz von Milosevic, war unter dem Titel »Albaner-Milizen zündeln wieder« zu lesen, dass bewaffnete albanische Untergrundkämpfer aus dem Kosovo in Südserbien eingedrungen seien, um die dort lebenden siebzigtausend Albaner zu befreien. Sie hätten, so der »Spiegel«, vier serbische Polizisten getötet, Angst und Schrecken verbreitet. Und weiter: »Bereits Wochen vor der jüngsten Zuspitzung der Krise, so berichtet der aus dem Grenzdorf Veliki Trnovac geflohene Albaner Haliti, hätten Vorauskommandos der Guerrilla die Bevölkerung in den albanischen Dörfern aufgefordert: ›Verlasst eure Häuser, es wird Krieg geben.‹ [...] Das Uno-Flüchtlingshilfswerk schätzt, dass seit Beginn der Krise mehr als 4000 Albaner die Region verlassen haben.«[154]

Bei den viertausend, die da geflohen sind, handelt es sich zweifellos um bedauernswerte Menschen. Wer mit Kind und Kegel Haus und Hof verlassen muss, um nicht in die Schusslinien von verfeindeten Armeen zu geraten, verdient die Solidarität der Weltöffentlichkeit. Man kann ihn jedoch nicht gleichsetzen mit einem, der mit Waffengewalt dazu gezwungen wird, sein Heimatland für immer zu verlassen, da Angehörige seines Volkes dort nichts mehr verloren hätten. Dieser wäre ein auf Dauer Vertriebener, das Opfer einer kriminellen ethnischen Säuberung, während jener wenigstens davon ausgehen kann, nach dem Ende der Kämpfe wieder in sein Haus zurückkehren zu dürfen.

Im Englischen spricht man im einen Fall von »refugees«, im anderen von »displaced persons«, während sich diese Begriffe im deutschen Sprachgebrauch vermischen.[155] Jedenfalls wurden sie bei der Berichterstattung über die zahlreichen Flüchtlingsströme am Balkan zumeist nicht sauber getrennt: Ein Flüchtling wurde in der Regel automatisch mit einem aus ethnischen Gründen Vertriebenen gleichgesetzt, womit ein völlig falscher Eindruck entstehen musste. Ich selbst würde nicht zögern, auch schärfste Maßnahmen zu befürworten, falls ein Staat Teile seiner Bevölkerung aus ethnischen Gründen verfolgte und aus seinen Grenzen vertriebe. Verbrechen *dieser* Art haben in Kroatien zuerst stattgefunden – ich erinnere an die Sprengung serbischer Häuser in Zadar, an denen *staatliche Organe* mitgewirkt haben –, sie fanden ihre Fortsetzung im Bosnienkrieg und in der Krajina und es schien, als hätten sie im Kosovo ihren Höhepunkt gefunden: Über eine Million Menschen befanden sich während der Nato-Angriffe in Flüchtlingslagern außerhalb des Kosovo und sie stellen heute – neben den behaupteten Massentötungen, auf die ich noch eingehen werde – das Hauptargument für die Nato-Luftschläge dar. Das gilt es näher zu betrachten.

Im Kosovo gab es Ende der neunziger Jahre vier Mal riesige Flüchtlingsströme:

- während des ersten Teiles des Bürgerkrieges im Frühling/Sommer 1998: ca. dreihunderttausend Menschen,
- während des zweiten Teils des Bürgerkrieges im Winter 1998/99: ca. dreihunderttausend Menschen,
- während der Nato-Angriffe im Frühling 1999: mehr als eine Million Menschen,
- nach Einmarsch der K-FOR ab Sommer 1999: ca. dreihunderttausend Menschen.

Flüchtlinge im Bürgerkrieg, Frühling/Sommer 1998

Die Ersten, die fliehen mussten, waren Serben. Sie wurden im Frühjahr 1998 durch Mord- und Brandanschläge der UCK vertrieben, wobei es zweifellos nicht die Absicht der UCK war, die Flüchtlinge jemals wieder in ihre Dörfer zurückkehren zu lassen. Man muss sie daher in die Kategorie »ethnisch Vertriebene« einstufen. In der Folge, auf dem Höhepunkt des Bürgerkrieges, Mitte Juli bis Ende September, waren Albaner zur Flucht innerhalb des Kosovo gezwungen, zahlenmäßig in ungleich stärkerem Ausmaß als Serben. Sie konnten jedoch im Herbst 1998 – von der serbischen Regierung dazu aufgefordert und unter den Augen der OSZE – wieder in ihre Dörfer zurückkehren. Sie waren, keine Frage, vom Bürgerkrieg schwerstens betroffen, können jedoch nicht als ethnisch Vertriebene angesehen werden. Niemand war gezwungen, das Land zu verlassen, weil er einer »falschen Rasse« angehörte. Die Menschen sind vor dem Krieg geflüchtet, doch im November 1998 waren die Fluchtbewegungen kurzfristig gestoppt.

Flüchtlinge im Bürgerkrieg, Winter 1998/99

Die erneuten Angriffe der UCK und das dadurch provozierte Zurückschlagen der serbischen Staatsmacht ließen die Flüchtlingsströme ab Ende 1998 wieder sehr rasch anschwellen. In absoluten Zahlen gesehen waren erneut Albaner die Hauptleidtragenden; in Relation zur Wohnbevölkerung waren jedoch Serben in stärkerem Maße betroffen – eine nicht unwesentliche, wenngleich eher unbekannte Tatsache: Nach Angaben des UN-Flüchtlingshilfswerkes waren unmittelbar vor Beginn des Nato-Angriffes zwanzig Prozent der serbischen und fünfzehn

Prozent der albanischen Bevölkerung des Kosovo auf der Flucht.[156]

Was die Flucht*gründe* betrifft, so gilt für diesen Zeitabschnitt das Gleiche wie im ersten Teil des Bürgerkrieges: Erklärtes Ziel der UCK war es stets, den Kosovo serbenfrei zu machen, während die serbischen Sicherheitskräfte zwar massiv Krieg führten, nicht jedoch ethnische Säuberungen betrieben.

Diese manchem wohl überraschend erscheinende Behauptung lässt sich nicht nur durch die schon erwähnten Berichte der OSZE belegen, sondern von noch »unverdächtigerer« Stelle. In seinem Bericht vom 19. März 1999, also unmittelbar vor Beginn des Nato-Bombardements, stellte das deutsche Außenministerium die Situation im neu entfachten Bürgerkrieg in einem schriftlichen Bericht so dar: »Die Zivilbevölkerung wird, im Gegensatz zum letzten Jahr, i.d.R. vor einem drohenden Angriff durch die VJ [Jugoslawische Streitkräfte] gewarnt. Allerdings ist laut KVM [OSZE-Mission] die Evakuierung der Zivilbevölkerung vereinzelt durch UCK-Kommandeure unterbunden worden. Nach Beobachtungen des UNHCR [UNO-Flüchtlingshilfswerk] ebnet die VJ die Dörfer entgegen der Vorgehensweise im letzten Jahr nicht völlig ein und zieht ihre Kräfte nach Beendigung ihrer Aktion rasch wieder ab. Nach Abzug der serbischen Sicherheitskräfte kehrt die Bevölkerung meist in die Ortschaften zurück. UNHCR schätzt, dass bisher lediglich etwa 2.000 Flüchtlinge im Freien übernachten müssen. Noch ist keine Massenflucht in die Wälder zu beobachten. Von Flucht und Vertreibung sind alle dort lebenden Bevölkerungsgruppen betroffen. Etwa 90 vormals von Serben bewohnte Dörfer sind inzwischen verlassen. Von den einst 14.000 serbisch stämmigen Kroaten leben noch 7.000 im Kosovo. Anders als im Herbst/Frühwinter 1998 droht derzeit keine Versorgungskatastrophe.«[157]

Auch wenn es ganz und gar nicht zur Argumentation der westlichen Politik passt, steht zweifelsfrei fest, dass es unmittelbar vor Beginn der Luftschläge von Seiten der serbischen Staatsmacht keine ethnischen Vertreibungen gegeben hat. Es gab Kriegsflüchtlinge, schlimm genug, aber keine »rassenbedingte« Vertreibung, die völkerrechtswidrige Luftschläge wenigstens unter humanitären Gesichtspunkten hätten rechtfertigen können. In den Nachbarstaaten Albanien und Mazedonien befanden sich Mitte März 1999 nach Angaben des UN-Flüchtlingshilfswerkes etwa dreißig- bis vierzigtausend Flüchtlinge.[158] Diese Zahl erscheint auf den ersten Blick sehr hoch. Stellt jedoch man in Rechnung, dass zu diesem Zeitpunkt jedermann im Kosovo bewusst war, dass die Nato-Luftschläge unmittelbar bevorstehen, es also im Kosovo sehr rasch sehr »heiß« zugehen werde, so ist die Zahl allerdings erstaunlich gering. Ich erinnere an die oben erwähnten Viertausend, die Ende November 2000, ganz ohne Milosevic, allein aufgrund einer Kriegswarnung einiger albanischer Terroristen ihre Häuser in Südserbien verlassen hatten.

Flüchtlinge während der Nato-Angriffe, Frühling 1999

Ab dem 23. März 1999, einen Tag vor Beginn der Luftschläge, explodierten die Flüchtlingszahlen, worüber die OSZE genau Buch geführt hat. Nach zehn Tagen waren bereits etwa vierhunderttausend Menschen in den Lagern in Albanien, Mazedonien, Montenegro und Bosnien eingetroffen, Tag für Tag wurden es Tausende mehr. Bis Mitte Juni schnellte die Zahl in diesen Lagern auf fast achthunderttausend. Weitere achtzigtausend Albaner wurden in vierzig verschiedene Länder ausgeflogen. Dazu kamen »mehrere hunderttausend Albaner« (OSZE), die innerhalb des Kosovo auf der Flucht waren, des weiteren »mehr als hunderttausend Serben« (OSZE), die in Zentralserbien oder Montenegro als Flüchtlinge registriert wurden.

Dies sind die schrecklichen Zahlen[159], die es zu interpretieren gilt: Waren die gigantischen Flüchtlingsströme ein unmittelbares Resultat der Luftschläge, was das zeitliche Zusammenfallen der Ereignisse eigentlich nahe legt? Oder waren sie das Resultat einer schon zuvor von der serbischen Staatsmacht geplanten ethnischen Säuberung, was uns die Politiker erzählt haben? Anders gefragt: Hätten die Menschen auch ohne Nato-Luftschläge aus dem Kosovo fliehen müssen?

Die Frage scheint mir geklärt zu sein, da der einzige »Beweis« für die Behauptung unserer Politiker als glatter Betrug entlarvt worden ist. Dieser »Beweis«, der unter dem Namen »Hufeisenplan« bekannt geworden ist, wurde vom deutschen Verteidigungsminister zwei Wochen nach Beginn der Luftschläge der Öffentlichkeit präsentiert; zu einem Zeitpunkt also, wo die Fernsehbilder mit den Flüchtlingsmassen die Weltöffentlichkeit erschütterten und Zweifel an der Sinnhaftigkeit der Nato-Bomben aufzukommen drohten. Rudolf Scharping verkündete Anfang April 1999: »Endlich haben wir einen Beweis dafür, dass schon im Dezember 1998 eine systematische Säuberung und die Vertreibung der Kosovo-Albaner geplant worden waren, mit allen Einzelheiten und unter Nennung aller dafür einzusetzenden jugoslawischen Einheiten.«[160]

Alle Bombenbefürworter waren dankbar für diese »Enthüllung« und wiederholten diese so oft, bis niemand mehr daran zweifeln konnte; und der früher so viel geschmähte Scharping wurde in den Medien urplötzlich als Star gefeiert. Ein Jahr später gelang es Heinz Loquai, dem hier mehrfach zitierten ehemaligen General der Bundeswehr, diesen »Hufeisenplan« als plumpe Erfindung des deutschen Verteidigungsministeriums zu entlarven.[161] Viele haben Scharping in der Folge öffentlich als Lügner bezeichnet, der Parlament und Öffentlichkeit hinters Licht geführt habe, doch meines Wissens hat er keinen verklagt. Es scheint indes niemanden zu stören, wenn man einen der höchsten deutschen Politiker ungestraft einen Lügner nennen darf.

Wenn nicht vor der Umsetzung des »Hufeisenplans«, vor wem oder was also sind die Menschen geflüchtet? Mehrere Umstände müssen dafür ausschlaggebend gewesen sein, sie alle haben jedoch eines gemeinsam: Ohne die Luftschläge wären sie nicht eingetreten. Oder, wie es der französische Schriftsteller Régis Debray in »Le Monde« formulierte: »Es war rundweg der Angriff der Nato, der wie eine Lawine die humanitäre Katastrophe auslöste.«[162] Debray, einstmals auch Berater von Präsident François Mitterrand, war während des Bombardements für ein paar Tage im Kosovo. Einige wenige andere waren während der ganzen elf Wochen dort; etwa der Pulitzerpreisträger Paul Watson, Korrespondent der »Los Angeles Times«, oder Alexander Mitic, ein gebürtiger Serbe, der für »AFP« arbeitete, oder Renaud Girard von »Le Figaro«. Deren differenzierte Berichte gingen durchaus hart mit den Serben ins Gericht, widersprachen aber den Genozidvorwürfen, die bei uns täglich gegen Serbien erhoben wurden.

In der Tat braucht man keinen »Hufeisenplan«, um zu verstehen, wovor die Menschen flüchteten: Vom Himmel fielen die Bomben – sie trafen ständig auch *zivile* Ziele im Kosovo – und am Boden bekämpften sich Armee und UCK. Es war ein Kampf auf Leben und Tod und da konnte es nur heißen: rette sich, wer kann! Außerdem kamen kriminelle Energien, die schon zuvor in reichlichem Maße vorhanden waren, jetzt voll zum Ausbruch: Albaner flüchteten vor serbischen Mörderbanden, die, die »Gunst« der Stunde nützend, alte Rechnungen mit Albanern beglichen und Dutzende Menschen umbrachten.[163] Doch das fand auch umgekehrt statt, wie ein deutscher UNO-Beobachter feststellte: »Dass es in Dörfern mit albanischer Mehrheit auch zu Ausschreitungen gegenüber der serbischen Minderheit kam, kann sicher nicht geleugnet werden.«[164]

Weitere Fluchtgründe: Die Armee vertrieb die Bevölkerung aus strategisch wichtigen Zonen; die UCK, teils verkleidet in erbeuteten serbischen Uniformen, zwang Albaner zur Flucht; was durchaus »Sinn« machte, denn je größer das Chaos war, desto größer wurde der Druck auf die Nato, noch härter und bis zum bitteren Ende zu bombardieren, womöglich auch Bodentruppen in Marsch zu setzten; wer nicht floh, setzte sich zudem der Gefahr aus, von der UCK als serbischer Kollaborateur erschossen zu werden; auch gibt es zahlreiche Berichte, wonach viele Albaner vor einer Zwangsrekrutierung durch die UCK flüchteten. Und um das Chaos perfekt zu machen, verbreiteten Piratensender der UCK und der Nato pausenlos Horrormeldungen.

Zweifellos war es *auch* das serbische Militär, vor dem die Massen flüchteten, aber eben keineswegs *nur* dieses. Wie sonst wäre es zu erklären, dass siebzigtausend Albaner in Montenegro Schutz suchten, also aus dem serbisch kontrollierten Kosovo ins serbisch kontrollierte Montenegro flüchteten? Und wovor wären die mehr als hunderttausend Kosovo-*Serben* geflüchtet – vor serbischem Militär? Nein, die Menschen sind vor dem Krieg und seinen grauenvollen Begleiterscheinungen geflüchtet. Der Krieg war schon zuvor im Gange, doch erst die Luftschläge ließen die Flüchtlingszahlen derart explodieren.

Flüchtlinge nach dem Einmarsch von Nato und UCK, ab Sommer 1999

Das UNO-Flüchtlingshilfswerk registrierte in den ersten Monaten nach den Luftschlägen hundertachtzigtausend geflüchtete Serben, Roma und Angehörige anderer Minderheiten. Tatsächlich dürfte aber eine erheblich größere Zahl geflohen sein – die serbische Regierung spricht von dreihundertfünfzigtausend –, denn ein großer Teil der Flüchtlinge ließ sich gar nicht erst registrieren, da sie weder von internationalen Hilfsorganisationen noch vom ohnehin völlig verarmten serbischen Staat Unterstützung erwarten konnten.[165] Wie hoch auch immer die genaue Zahl sein mag, es handelt sich hier jedenfalls nicht um Bürgerkriegsflüchtlinge, sondern um ethnisch Vertriebene, die nach dem Willen der Vertreiber nie mehr in ihre Heimat zurückkehren dürfen. Und die durch die Luftschläge im Kosovo geschaffenen Realitäten haben es auf Dauer verhindert, dass sie zurückkehren konnten.

Zusammengefasst: Mit ethnischen Säuberungen können die Luftschläge *nicht* begründet werden. Doch wie sieht es mit der zweiten Behauptung – dem Vorwurf der serbischen Ausrottungspolitik – aus? Dieser Vorwurf wurde zahllose Male erhoben, mit einschlägigen Worten wie »Massengräber«, »Massaker«, »Genozid« oder »Massenerschießungen« verbunden und meist mit konkreten Zahlenangaben »belegt«. So musste der Eindruck eines breitflächigen Massenmordens durch die serbische Soldateska entstehen. Ich stelle und behandle daher eine weitere Frage:

Wer oder was tötete wen?

Insbesondere deutsche und amerikanische Minister überboten einander mit Zahlen über Leichen. Und wer die höchsten Zahlen zu bieten hatte, schien in der Gunst der Öffentlichkeit am stärksten zu steigen. Als während des Bombardements die Meldung verbreitet wurde, hunderttausend Flüchtlinge seien über Nacht von den Nato-Satellitenschirmen verschwunden, zweifelte kaum einer daran, dass die allesamt getötet worden seien. »500.000 Kosovo-Albaner werden vermisst und es wird befürchtet, dass sie getötet wurden«, war vom amerikanischen Außenministerium zu vernehmen. Joschka Fischer begründete die Luftschläge mit der skrupellosen serbischen Politik, »die bereit ist, über Leichen zu gehen, auch wenn es Tausende, Zehntausende, Hunderttausende Tote bedeute«. Sein Kollege Scharping wollte da nicht hintanstehen und brachte ungeniert – nein, »bewusst«, wie er betonte – »Auschwitz und Holocaust« ins Spiel. Und um auch die deutsche »Bildzeitung« einmal zitiert zu haben: »Nun wird der Alltag im Kosovo zur KZ-Wirklichkeit. Hitler und Stalin sind in Milosevic wieder auferstanden. Menschenfeinde, Menschenjäger, Menschenvernichter.«[166]

Doch selbst diese Horrorzahlen und -meldungen schienen den Nato-PR-Strategen noch nicht genug. Um das Bild über die serbischen Bestialitäten noch grauenvoller erscheinen zu lassen, verzichteten die während des Bombardements täglich auf den Bildschirmen auftauchenden Politiker fast nie auf den Hinweis, dass das *tatsächliche* Ausmaß des serbischen Wütens erst *nach* dem Einmarsch der Nato ans Tageslicht kommen werde – als würden hunderttausend Hingemetzelte noch nicht genügen, die Bomben zu rechtfertigen.

Und als es dann so weit war und die Nato im Kosovo die Kontrolle übernommen hatte, hieß es in den ersten Wochen folgerichtig, dass die jetzt gemachten Funde die »schlimmsten Befürchtungen der letzten Monate zu übertreffen scheinen« (»Tageszeitung«). Die »Frankfurter Rundschau« konstatierte ein »mit Massengräbern übersätes Kosovo«, der »Spiegel« fand »die schlimmsten Befürchtungen bestätigt«, während die britische Regierung verlauten ließ: »Es ist sehr schwierig, eine Gesamtzahl zu nennen, aber klar ist, dass sich ein wesentlich schlimmeres Bild ergibt, als wir es erwartet hatten.«[167]

Und in der »Frankfurter Allgemeinen Zeitung« waren unter der Überschrift »Warum Scharping untertrieben hat« folgende erschreckende Zeilen zu lesen:

»Ob Rudolf Scharping nicht doch übertrieb mit seiner ›extremen Rhetorik‹? Oder Joschka Fischer mit seiner ›Pose‹ des in die Tragödie geworfenen Politikers, der sich nicht mehr für das eindeutig Richtige, sondern nur für die Abwendung des absolut größten Übels entschieden hatte? Das war nicht die Frage, sondern der Generalverdacht, dem die Bundesregierung

und mit ihr sämtliche Vertreter der Nato in den Tagen des Luft-
krieges ausgesetzt waren. Die Bilder sprachen von Bomben auf
Belgrad, und mit ihnen tat es die Debatte über den Krieg. [...]
Solange die Bilder fehlten, die Rudolf Scharping beschrieb,
stand selbst hintan, dass es sich bei Milosevics Politik der
›ethnischen Säuberung‹ nicht allein um eine Völkervertrei-
bung, sondern um einen über zehn Jahre hinweg in Etappen
betriebenen Völkermord handelt. Man unterhielt sich lieber
über ›Kollateralschäden‹. [...] Jetzt sind die Bilder für alle zu sehen. [...] Und es ist nachzuvollziehen, wie sehr Scharping und
die Nato-Generäle nicht über-, sondern untertrieben haben.
Sie wussten, was geschah. Sie wussten, dass Milosevics maro-
dierende Heerschar ein Srebrenica nach dem anderen schuf,
während die Intelligenz über den Bombenangriff debattier-
te, der auf der Straße nach Prizren mehreren Dutzend kosovo-
albanischen Vertriebenen das Leben gekostet hatte. [...] Doch
auf diese Einsicht wird nicht hoffen dürfen, wer das große
Schweigen vernimmt, das dem vielstimmigen Lamento ge-
folgt ist, und wer das buchhalterisch-kühle Notiznehmen von
den vierzig, fünfzig, neunzig Massengräbern betrachtet und
auf die täglich sich steigernde Zahl der Ermordeten blickt. Man
wünscht sich eine Kritikerabwurfstelle im Hof des ehemaligen Hauptquartiers der serbischen Sicherheitspolizei in Pristina.«[168]
Zunächst drängt sich hier die Frage auf, was um alles in der
Welt eine »Kritikerabwurfstelle« sein soll, die sich die »Zeitung für Deutschland« wünscht? Soll das ein Platz sein, auf den
– aus Hubschraubern? – Intellektuelle abgeworfen werden, die
Scharpings Schauergeschichten misstrauten? Scharping hat,
das war live am Fernsehen zu vernehmen, in Srebrenica dreißigtausend Tote geortet. Wieviele Leichen hätten es demnach
sein müssen, wenn die vielen Srebrenicas, wenn hunderttausende Tote, wenn Auschwitz gar noch untertrieben waren?
Die Frage schrie geradezu nach Antwort. Unmittelbar nach
dem Einzug der Nato-Truppen begannen fünfzehn Experten-
teams aus fünfzehn Ländern mit Untersuchungen, die Klarheit
bringen sollten. Bestens ausgerüstet gingen sie den zahllosen
Hinweisen auf Massengräber nach. (Der Ordnung halber sei
erwähnt: Im internationalen Sprachgebrauch sind das Gräber

mit mehr als einer Leiche.) Die Hinweise stammten von Einheimischen, von der UCK, aber auch aus Auswertungen der Satellitenüberwachung. Einige erwiesen sich als zutreffend – man fand tatsächlich schrecklich entstellte Leichen.

Die bisher kaum hinterfragbaren Horrorzahlen – jeder, der Zweifel anmeldete, wurde wütend zum Zyniker erklärt, gar, siehe »FAZ«, mit einem »Abwurf« bedroht – erfuhren jedoch bald eine erste deutliche Erschütterung: In den Bergwerksminen von Trepca, in deren Schächten sich nach zahlreichen Medienberichten Hunderte, wenn nicht Tausende von ermordeten Kosovo-Albanern befinden sollten, fand man keine einzige Leiche.

Ende September wurde der Untersuchungsbericht des spanischen gerichtsmedizinischen Teams, das im Kosovo eineinhalb Monate lang Gräber untersuchte, bekannt. »Man sagte uns«, berichtete Juan López Palafox, der Leiter des spanischen Teams, »dass wir in der schlimmsten Zone des Kosovo zum Einsatz kommen und wir uns auf mehr als 2.000 Autopsien vorbereiten sollten.«

Das Ergebnis war ein ganz anderes. »El Pais«, die bekannteste spanische Tageszeitung, fasste es zusammen: »In neun Dörfern wurden 187 Leichen gefunden und analysiert; dem Glauben der Albaner entsprechend begraben in meist nach Mekka ausgerichteten Einzelgräbern, ohne Anzeichen von Gewaltanwendung. ›Es gab keine Massengräber‹, reflektierte Emilio Pérez Pujo, ein offizieller Gerichtsmediziner.«[169]

So wurde denn die Zahl der mutmaßlich von Serben getöteten Kosovaren auf etwa zehntausend revidiert. Mitte November, nach fünfmonatigen Untersuchungen, veröffentlichte Carla del Ponte, die Chefanklägerin des Kriegsverbrechertribunals von Den Haag, erste konkrete Zahlen: Nach Öffnung eines Drittels der vermuteten Massengräber waren zweitausendeinhundertacht Leichen gezählt worden, wobei del Ponte offen ließ, wieviele davon Albaner, wieviele Serben oder andere waren. Offen blieb auch, ob die Toten Massakern oder den Nato-Bomben zum Opfer gefallen beziehungsweise wieviele davon eines natürlichen Todes gestorben waren.

Einige Tage stand man dieser Zahl ratlos gegenüber. Dann wurde sie von offiziellen Nato-Stellen »hochgerechnet«: zu-

nächst auf sechs- bis siebentausend, später wieder auf zehn-
bis elftausend, wobei ohne jeden Nachweis schlicht vorausge-
setzt wurde, dass es sich ausschließlich um Opfer serbischer
Massaker handle. Weitere Zahlen wurden von Carla del Ponte
bis Ende 1999 nicht bekannt gegeben.

Wer nach dieser gewissermaßen amtlichen Feststellung aus
Den Haag angenommen hätte, dass sich wenigstens einer der
Politiker oder Generäle berichtigt hätte, nachdem sie kurz zuvor noch mit sechsstelligen Zahlen operiert hatten – eine Ent-
schuldigung für die eklatanten Fehlmeldungen war ohnehin
nicht zu erwarten –, der sah sich im Irrtum. Im Gegenteil: Wer
immer am Bildschirm, in kritischen Kommentaren oder am
Stammtisch fragte, ob da vielleicht manipuliert worden sei,
wurde zum schamlosen Leichenzähler erklärt oder moralisie-
rend belehrt, dass doch schon ein einziger Toter einer zu viel
sei.

Und wer die Möglichkeit in Erwägung zog, unter den bisher
gezählten zweitausendeinhundertacht Toten seien vielleicht
auch etliche von der UCK getötete Serben oder auch im Kampf
gefallene UCK-Leute, wer es gar wagte, einen Vergleich mit den
vielen Bombenopfern in Zentralserbien, den von der Nato
»kollateral Getöteten« zu ziehen, der wurde frank und frei zum
Helfershelfer der serbischen Killer ernannt. Die nahe liegende
Frage, wieviele der zweitausendeinhundertacht Toten möglicherweise direkt auf das Konto der Nato-Bomben gehen, ließ
man unter solchen Umständen lieber bleiben.

Es wurde denn auch rasch still um die Horrorzahlen. Nato-
Enthusiasten »trösteten« sich noch eine Zeitlang damit, dass ja
erst ein Drittel der Gräber geöffnet worden war und die wirklich »dicken Brocken« doch noch entdeckt werden könnten.
Ein schwacher »Trost«, denn es lag auf der Hand, dass man in
den ersten Monaten mit der Untersuchung der mutmaßlich
größten Massengräber begonnen hatte. Und in der Tat: Bis
Sommer 2000 wurden sechshundertachtzig weitere Leichen
geborgen. Auch deren Nationalität und Todesursache wurden
nicht angegeben, doch dafür interessierte sich zu diesem Zeitpunkt eigentlich schon niemand mehr.

Nur wenige versuchten, Licht ins Dunkel zu bringen. Der
Journalist Malte Olschewski etwa, der den Ablauf des Krieges

Lechts und rinks kann man nicht velwechsern«

(Ernst Jandl), dies gilt auch für die Politik. Der Begriff der politischen Linken und Rechten geht auf die Sitzordnung in den Parlamenten des 19. Jahrhunderts zurück.

Wo bildete sich diese Terminologie heraus? In

DUDEN

- *Preußen*
- *Italien*

- *England*
- *Frankreich*

Samstag | Sonntag

30. | 31.

Juli **30.** Woche 2005

Fr	1		
Sa	2		
So	3		
Mo	4	Mo	18
Di	5	Di	19
Mi	6	Mi	20
Do	7	Do	21
Fr	8	Fr	22
Sa	9	Sa	23
So	10	So	24
Mo	11	Mo	25
Di	12	Di	26
Mi	13	Mi	27
Do	14	Do	28
Fr	15	Fr	29
Sa	16	Sa	30
So	17	So	31

Die politischen Koordinaten »links« und »rechts« sind aus dem Sprachgebrauch der französischen Kammern übernommen worden; sie entsprachen der Sitzordnung – vom Präsidentenstuhl aus gesehen – der politischen Parteien im Parlament.

Im ersten Drittel des 19. Jahrhunderts nannte man die liberale Partei noch »links«, und zwar im Gegensatz zu den Konservativen. Seit dem letzten Drittel des 19. Jahrhunderts ging der Begriff der Linken auf die sozialistischen Parteien über. Noch später wurden alle »links«, die das Moment des Veränderns stärker betonen als das des Bewahrens. Umgekehrt hebt die »Rechte« mehr das Moment der Erhaltung überkommener Normen hervor; sie ist – anders als die »Linke« – nationalstaatlich orientiert. Heute sind die Kategorien »links« und »rechts« unscharf geworden.

	Samstag		Sonntag	
☉ Sonne:	5.43	21.12	5.45	21.11
☽ Mond:	0.24	17.30	0.51	18.40

analysierte und die Gründe, die zum Tod der geborgenen Leichen geführt haben, plausibel so zusammenfasste:

1. Serbische Polizeibeamte wurden überfallen und getötet, worauf Serben die Täter und sie unterstützende Personen erschossen haben.
2. Die UCK hat loyale Albaner und auch Zivilisten anderer Ethnien wegen vermuteter Kollaboration ermordet.
3. Bei Kämpfen zwischen jugoslawischer Polizei und der UCK hat es auf beiden Seiten Gefallene, aber auch zivile Opfer gegeben.
4. Geheime Kommandos auf beiden Seiten haben Auftragsmorde begangen.
5. Fälle der Blutrache, die aus vergangenen Zeiten offen waren, wurden bereinigt.
6. Mit den Luftangriffen hat die Offensive der Jugoslawen unter der UCK viele Opfer gefunden, doch auch bei den Jugoslawen sind Soldaten gefallen.
7. Nicht beglichene Fehden und Feindschaften sind nun von den Jugoslawen als Täter bereinigt worden.
8. Die Bomben der Nato haben im Kosovo mehr albanische als serbische, dann aber auch noch andere Opfer gefordert.
9. Nach Einmarsch der Nato haben die Albaner serbische und auch andere Zivilisten ermordet.
10. In der ganzen Zeit sind viele Menschen aus Alters- und Krankheitsgründen gestorben. Hunger, Kälte und Erschöpfung haben viele weitere Opfer gefordert.[170]

Eine um Aufklärung bemühte Untersuchung, so Olschewski, hätte den Versuch unternehmen müssen, die Toten nach diesen Todesursachen einzuordnen, worüber jedoch nichts bekannt geworden ist.

Man sollte allerdings davon ausgehen, dass die Mitarbeiter des Den Haager Kriegsverbrechertribunals solche Einordnungen auch tatsächlich vorgenommen haben, hatten sie doch die Aufgabe, hieb- und stichfeste Beweise für Gerichtsverfah-ren zu sammeln. Resultate wurden jedoch nicht veröffentlicht. Vermutlich mit gutem Grund. Unter dem Titel »Where are Kosovo's Killing Fields?« hat »Stratfor Intelligence«, eine im Auftrag von US-Konzernen tätige amerikanische Nachrichtenagentur, nach intensiven Recherchen am 17. Oktober 1999 eine Bilanz gezogen, die den Aussagen unserer Politiker Hohn sprach: »Jedoch zeigen sowohl unsere eigenen Nachforschungen als auch die Aufzeichnungen von Beamten [des Kriegsverbrechertribunals], dass die Zahl der Toten nur in die Hunderte und nicht in die Tausende gehen. [...] Die tatsächliche Zahl der getöteten kosovo-albanischen Zivilisten scheint um mehrere Größenordnungen unter dieser Behauptung der NATO« zu liegen.[171]

Zusammengefasst: Weder mit den Flüchtlingszahlen noch mit der behaupteten serbischen Ausrottungspolitik lassen sich die Luftschläge begründen. Was stattgefunden hat, war ein grausamer Bürgerkrieg, der durch die Nato dramatisch eskalierte. Der schon erwähnte Pulitzerpreisträger Paul Watson, der während des elfwöchigen Bombardements als Korrespondent der »Los Angeles Times« durchgehend im Kosovo recherchiert hat, widersprach der westlichen Propaganda in ausführlichen Reportagen diametral und er zog dieses Resümee: »Keinen Moment glaube ich an den Völkermord im Kosovo.«[172]

VÖLKERMORD? – ODER: ASYL NEIN – BOMBEN JA

Ein weiterer Aspekt sei hier angeführt, der gleichfalls zeigt, dass die falschen Entscheidungen getroffen wurden und dass sie zudem mit unzutreffenden Behauptungen begründet und gerechtfertigt wurden.

Wer Bomben wirft, nimmt bekanntlich in Kauf, dass dabei Menschen getötet werden. Man könnte auch sagen, dass dies neben der Zerstörung militärischer Einrichtungen ihr eigentlicher Zweck ist. Der Abwurf von Bomben kommt also der Verhängung eines Todesurteils gleich: Der Angeklagte ist schuldig, er wird zum Tode verurteilt – das Urteil wird sofort vollstreckt.

Von einem Richter, der ein so schwer wiegendes Urteil fällt, muss man mindestens erwarten, dass er selbst von der Schuld des Angeklagten absolut überzeugt ist. Würde er ein so schwer wiegendes, nicht mehr rückgängig zu machendes Urteil sprechen, ohne sicheres Wissen um die Schuld des Angeklagten oder, schlimmer, würde er den Schuldspruch fällen, obwohl er genau wüsste, dass der Angeklagte im Hauptanklagepunkt *nicht* schuldig sei, dann wäre das selbst ein Verbrechen.

Ging die deutsche Bundesregierung davon aus, dass Völkermord stattfand?

Die Hauptanklagepunkte im Falle Jugoslawien lauteten: Ausrottungspolitik, Genozid, ethnische Vertreibungen. Es erhebt sich die nicht unwesentliche Frage, ob denn etwa die deutschen Politiker, die über diese Anklagepunkte mitentschieden, also das Todesurteil gemeinsam mit anderen ausgesprochen und sich an dessen Vollstreckung beteiligt haben, tatsächlich selbst an die Schuld des Angeklagten – der Serben oder meinetwegen der serbischen Politiker, die allerdings nicht bombardiert wurden – glaubten.

Konkret: War die deutsche Bundesregierung vom Vorwurf des Völkermordes überzeugt? Oder war der Völkermord-Vorwurf nur ein Vorwand, um für die Öffentlichkeit einen Kriegsgrund, eine akzeptable Rechtfertigung für die Bomben zu haben?

Die Antworten, die sich aufgrund von Dokumenten des deutschen Außenministeriums sowie von Urteilen deutscher Gerichte aufdrängen, sind schlicht unfassbar: Die deutsche Bundesregierung glaubte selbst *nicht* an das, was sie so engagiert verbreitete. Sie ging vielmehr davon aus, dass die Völkermord-Vorwürfe maßlos übertrieben waren. Sie hat selbst festgestellt, dass von Völkermord im Kosovo bis zum Zeitpunkt der endgültigen Entscheidung über die Bomben keine Rede sein konnte!

Woher man das weiß? Von deutschen Regierungsdokumenten. Diese Dokumente sind öffentlich zugänglich und zudem fein säuberlich zitiert in Urteilssprüchen deutscher Gerichte. Und zwar in Urteilen in so genannten Asylverfahren.

Dazu ein paar erklärende Vorbemerkungen: Zwar ist es schon fast in Vergessenheit geraten, aber das Thema »Asyl« war in den neunziger Jahren ein in Deutschland heiß umstrittenes Thema. Jahr für Jahr flüchteten Hunderttausende nach Deutschland – aus dem Nato-Staat Türkei, aus Afrika, aus Sri Lanka und vielen anderen unsicheren Gegenden der Welt. Politisch verfolgte Menschen suchten Schutz vor staatlich veranlassten oder geduldeten Repressionen. Dieser Ansturm wurde den Deutschen schließlich zuviel – man sprach davon, dass es sich in vielen Fällen um Scheinasylanten handelte, um Wirtschaftsflüchtlinge also – und so einigte man sich schließlich auf den so genannten »Asylkompromiss«. Seither ist es erheblich schwieriger, in Deutschland Asyl zu bekommen. Aber Flüchtlinge aus Ländern, in denen gerade staatlich organisierter Völkermord stattfindet, haben auch heute noch Rechtsanspruch auf Asyl in Deutschland.

Und damit bin ich schon bei der Sache: Es gab gerade in den Monaten vor Beginn des Bombardements viele Kosovo-Albaner, die in Deutschland um politisches Asyl ansuchten. Und da im Kosovo angeblich spätestens seit Sommer 1998 Völkermord stattfand, standen die Chancen für die eingereisten oder eingeschleusten Kosovaren sehr gut, nicht als Wirtschaftsflüchtlinge zurückgewiesen, sondern als berechtigte Asylanten anerkannt und aufgenommen zu werden.

Deren Asylansuchen wurden jedoch allesamt abgelehnt. Und warum? Weil die deutsche Bundesregierung davon ausging, dass von einer ethnischen Verfolgung der Kosovaren keine Rede sein könne. Mit *dieser* Begründung wurden die Anträge abgelehnt, die Asylsuchenden mussten dorthin zurück, woher sie gekommen waren: nach Jugoslawien beziehungsweise in den Kosovo, wo – nach anderer Lesart – gerade Völkermord stattfand.

Nicht alle Kosovaren haben die Ablehnung ihrer Asylanträge einfach akzeptiert. Einige sind vor Gericht gegangen und haben Berufung eingelegt, haben also versucht, die drohende Abschiebung auf juristischem Wege zu verhindern. Daher musste über jeden Einzelfall der jeweils zuständige Richter ein Urteil fällen. Eine schwierige Aufgabe. Wo sollte der Richter denn gesicherte Erkenntnisse beschaffen, ob im Kosovo tatsächlich gerade Völkermord stattfinde oder nicht? Hätte er sich alleine an Medienberichten oder an Politikeraussagen orientiert, hätte er unverzüglich jedem Kosovaren Anspruch auf Asyl zugestehen müssen. Denn da war seit langem vom serbischen Völkermord die Rede.

Richter arbeiten jedoch vorsichtiger. Sie fragen dort nach, wo man am besten Bescheid wissen muss: im deutschen Außenministerium. Die Informationen, die die Richter von diesem bekamen, widersprachen jedoch dem, was allgemein behauptet wurde und was die Anwälte der Asylsuchenden ins Treffen führten: Alles falsch, im Kosovo findet gar kein Völkermord statt. Deshalb mussten die Asylanträge auch allesamt abgelehnt werden.

Die Lageberichte des deutschen Außenministeriums

Das deutsche Außenministerium hat in den Monaten vor dem Nato-Bombardement über die Situation im Kosovo zahlreiche so genannte Lageberichte verfasst, die nicht nur dem Völkermord-Vorwurf deutlich widersprachen, sondern auch zeigten, dass die Regierung genau darüber informiert war, wie massiv die UCK den Bürgerkrieg fortgesetzt hat. Die Berichte wurden veröffentlicht. Nachfolgend zwei kurze Zitate aus schriftlichen Stellungnahmen an rückfragende Richter:

- Auskunft des deutschen Außenministeriums vom 12. Januar 1999 an das Verwaltungsgericht Trier (Az: 514-516.80/32 426): »Eine explizit an die albanische Volkszugehörigkeit anknüpfende politische Verfolgung ist auch im Kosovo nicht festzustellen. [...] Das Vorgehen der Sicherheitskräfte war nicht gegen Kosovo-Albaner als ethnisch definierte Gruppe gerichtet, sondern gegen den militärischen Gegner [...].«

- Auskunft des deutschen Außenministeriums vom 15. März 1999 (Az.: 514-516,80/33841) an das Verwaltungsgericht Mainz: »Wie im Lagebericht vom 18.11.1998 ausgeführt, hat die UCK seit dem Teilabzug der [serbischen] Sicherheitskräfte im Oktober 1998 ihre Stellungen wieder eingenommen, so dass sie wieder weite Gebiete im Konfliktgebiet kontrolliert.«

Auf vielen Seiten geben die Lageberichte die Situation im Kosovo so wieder: Dort, wo die UCK attackiert, gibt es Kämpfe; ethnische Vertreibungen oder gar Völkermord finden nicht statt. Die folgenden Zitate aus veröffentlichten Urteilen deutscher Gerichte zeigen, dass es die Lageberichte des Außenministeriums waren, die zur Ablehnung der Asylanträge führten:

- Urteil des Bayerischen Verwaltungsgerichtshofs vom 29. Oktober 1998 (Az: 22 BA 94.34252): »Die den Klägern [asylsuchende Kosovaren] in der Ladung zur mündlichen Verhandlung angegebenen Lageberichte des Auswärtigen Amts vom 6. Mai, 8. Juni und 13. Juli 1998 lassen einen Rückschluss auf eine Gruppenverfolgung ethnischer Albaner aus dem Kosovo nicht zu. [...] Ein staatliches Verfolgungsprogramm, das sich auf die gesamte ethnische Gruppe der Albaner bezieht, besteht nach wie vor nicht.«
- Urteil des Verwaltungsgerichtshofs Baden-Württemberg vom 4. Februar 1999 (Az: A 14 S 22276/98): »Die dem Senat vorliegenden Erkenntnisse stimmen darin überein, dass die zeitweise befürchtete humanitäre Katastrophe für die albanische Zivilbevölkerung [...] abgewendet werden konnte und dass sich seitdem sowohl die Sicherheitslage wie auch die Lebensbedingungen der albanisch-stämmigen Bevölkerung spürbar gebessert haben.«
- Das Hessische Verwaltungsgericht am 5. Februar 1999 zur Abschiebung von Kosovo-Albanern: »Der beschließende Senat ist [...] zu der Überzeugung gelangt, dass die Kläger als albanische Volkszugehörige aus dem Kosovo weder im Zeitpunkt ihrer Ausreise noch im Falle ihrer jetzigen Rückkehr einer asylerheblichen Gruppenverfolgung ausgesetzt waren bzw. wären [...] und dass ihnen [...] auch keine politische Verfolgung aus individuellen Gründen drohen würde. [...] Auch die asylrelevanten Übergriffe der serbischen Sicherheitskräfte im Verlaufe der bewaffneten Auseinandersetzungen seit Ende Februar/Anfang März 1998 stellen sich [...] nicht als Ausdruck und begonnene Umsetzung eines Verfolgungsprogramms [...] dar.« (Das Urteil ist rechtskräftig. AZ: 7 UE 587/98.A)
- Urteil des Oberverwaltungsgerichts Münster vom 24. Februar 1999 (Az: 14 A 3840/94.A): »Die Maßnahmen der bewaffneten serbischen Kräfte sind in erster Linie auf die Bekämpfung der UCK und deren vermutete Anhänger und Unterstützer gerichtet.«
- Urteil des Oberverwaltungsgerichts Münster vom 11. März 1999 (Az: 13A 3894/94.A): »Albanische Volkszugehörige aus dem Kosovo waren und sind in der Bundesrepublik Jugosla-

wien keiner regionalen oder landesweiten Gruppenverfolgung ausgesetzt.«

Genau dreizehn Tage nach dem zuletzt zitierten Urteil fielen die ersten Bomben.

Als ich von diesen Lageberichten und Urteilsprüchen zum ersten Mal im Internet[173] las, hielt ich das für einen Scherz, den jemand machte, um Außenminister Fischer eins auszuwischen. Denn wenn das wahr gewesen wäre, wäre ja der Völkermord-Vorwurf als Propaganda entlarvt, sogar amtlich zum Betrug erklärt gewesen.

Es stellte sich jedoch bald heraus, dass es sich keineswegs um einen Scherz handelte. Diese und weitere Dokumente erschienen in mehreren Zeitungen, waren bald Thema von Talkshows im Fernsehen und können heute in etlichen Büchern nachgelesen werden.[174] Auf der einen Seite spricht also Außenminister Fischer mit inbrünstiger Abscheu von Völkermord, der das Bombardieren – den sicheren Tod vieler Menschen – unumgänglich mache, auf der anderen werden in seinem eigenen Ministerium Schriftstücke verfasst, die dem eindeutig widersprechen. Einen klareren Rücktrittsgrund für einen Minister konnte ich mir kaum vorstellen.

Denn: Entweder gab es im Kosovo Völkermord, dann hätte man die Asyl suchenden Kosovaren nicht zurückschicken dürfen. Oder es gab keinen Völkermord, dann hätte man die Bomben nicht damit begründen dürfen.

Bekanntlich ist Fischer nicht zurückgetreten, nicht einmal eine Rücktrittsforderung war zu hören. Ganz im Gegenteil: Genau in diesen Tagen ist er zum beliebtesten Politiker Deutschlands aufgerückt. Und diese Beliebtheit hält an. Ein bemerkenswerter Vorgang.

Wie ist Joschka Fischer diesem Widerspruch offiziell begegnet? Er hat die Gefahr, die von diesen Veröffentlichungen ausgegangen ist, sehr schnell erkannt, und, da er sein Publikum kennt, auch elegant gemeistert: Er zeigte sich bestürzt über die in *seinem* Ministerium verfassten Berichte, gab reumütig zu, dass er sie hätte verhindern müssen, was aber leider nicht möglich gewesen sei, da er – da bat er um gnädiges Verständnis – halt eben so unheimlich viel um die Ohren gehabt habe.

Seine Bestürzung war echt, denn die Lageberichte zerstörten tatsächlich seine gesamte humanitäre Argumentation. Weshalb ich ihm auch gerne glaube, dass er die Berichte wohl verhindert hätte, wenn er rechtzeitig geahnt hätte, dass sie ihm einmal um die Ohren geschlagen werden. Nach Fischer waren die Berichte wohl »gefingert«, um eines seiner Worte zu gebrauchen. Gefälscht! Es ist allerdings kein Fall bekannt geworden, dass gegen einen der Außenamts-Beamten, die diese »Fälschungen« zu verantworten hatten, jemals ein Disziplinarverfahren eingeleitet worden wäre, was wohl das Mindeste gewesen wäre. Niemand wurde gerügt. Zurecht, denn die Lageberichte gaben die bürgerkriegsähnliche Lage im Kosovo richtig wieder und sie deckten sich auch mit anderen Berichten, etwa jenen der OSZE.

Ein paar Monate lang waren die Lageberichte des Außenministeriums im Sommer 1999 Gegenstand heftiger Diskussionen, bis schließlich Erhard Eppler, eine graue Eminenz der SPD, das Wort ergriff: »Solche Analysen« – die Lageberichte – »angefertigt, damit das Innenministerium unbeschwert abschieben kann, haben nicht die Qualität einer belastbaren historischen Quelle.«[175] Wenn es so ist, dann wären die Berichte des Außenministeriums nichts anderes als Beihilfe zum Mord. Wie sonst kann man es bezeichnen, wenn gefälschte Berichte erstellt werden, aufgrund derer ein um Asyl Ansuchender in den fast sicheren Tod geschickt wird?

Außerdem ist zu fragen: Wenn sich das Außenministerium dafür hergibt, dem Innenministerium gefälschte Expertisen anzufertigen, damit dieses »unbeschwert abschieben kann«, was Eppler schlicht und einfach unterstellt, was ist denn das für eine Behörde? Was kann man denn von dieser sonst noch alles erwarten?

Erhard Eppler genießt in Deutschland als moralische Instanz höchstes Ansehen. Schon sein frommer Blick lässt vermuten, dass er keine Fliege erschlagen kann. Aber Bomben zu rechtfertigen, Bomben, die zwangsläufig auch völlig Unschuldige treffen müssen, das traut er sich offenbar zu.

Hatte die Nato das Recht, militärisch zu intervenieren?

Und falls – hypothetisch gefragt – die schwer wiegenden Vorwürfe, Massenmord, Massenvertreibungen, die gegen Jugoslawien erhoben wurden, *doch* in vollem Umfange berechtigt gewesen wären? Hätte die Nato in diesem Fall das Recht gehabt, das ganze Land mit Bomben einzudecken? Es gibt kaum einen Völkerrechtsexperten, der diese Frage bejaht. Zu eindeutig sind die Bestimmungen des Völkerrechtes, die ein militärisches Vorgehen gegen souveräne Staaten regeln. Zwar wird von der Nato und deren Befürwortern gern ins Treffen geführt, dass das Völkerrecht der Staatengemeinschaft vorschreibe, Völkermord zu verhindern und zu bestrafen, die UNO-Charta der Nato also geradezu die *Pflicht* auferlegt habe, Bomben zu werfen. Doch der Einwand dient nichts anderem als der Verschleierung des Rechtsbruchs. Ich kann mich hier nicht ausführlich damit beschäftigen und will nur darauf verweisen, dass in der UNO-Charta zwar durchaus eine ganze Reihe von Gründen aufgeführt sind, die militärische Interventionen erlauben. Sie alle haben jedoch eines gemeinsam: Die Zustimmung des UNO-Sicherheitsrates ist eine absolut unabdingbare Voraussetzung jeder Gewaltanwendung gegenüber souveränen Staaten.[176] Die Nato-Staaten haben diese Bestimmung missachtet und damit das Völkerrecht zur Makulatur gemacht.

Neben der UNO-Charta gibt es zahlreiche weitere internationale Verträge – etwa die Schlussakte der OSZE von ihrer Konferenz im Jahr 1975 in Helsinki[177] –, gegen die von den Nato-Staaten verstoßen wurde. Selbst gegen ihre eigenen Statuten hat die Nato gehandelt. Etwa gegen Artikel 7 des Natovertrages, wo es heißt: »Dieser Vertrag berührt nicht die sich aus der Charta ergebenden Rechte und Pflichten der Vertragsparteien, die Mitglied der Vereinten Nationen sind, oder die vorrangige Verantwortlichkeit des Sicherheitsrates für die Wahrung des Weltfriedens und der internationalen Sicherheit. Der Vertrag darf in keiner Weise als eine Einschränkung hierfür verstanden werden.«[178] Nur kurz erwähnt sei, dass der Bombenkrieg gegen die Zivilbevölkerung auch das internationale *Kriegs*recht schwerstens verletzte, namentlich die »Haager Landkriegsordnung«, die »Genfer Konvention« und die Zusatzprotokolle zum

»Genfer Abkommen«. Nach diesen Bestimmungen sind »Angriffe [...] streng auf militärische Ziele zu beschränken«[179], was, wie wir wissen, ganz und gar nicht geschah.

Und im Falle Deutschlands war eine Beteiligung an den Luftschlägen noch zusätzlich durch den »2+4-Vertrag«, der die deutsche Einheit ermöglichte, unmissverständlich ausgeschlossen. Dort heißt es unter anderem: »Deutschland verpflichtet sich, dass von deutschem Boden nur Frieden ausgehen wird und dass das vereinte Deutschland keine seiner Waffen jemals einsetzen wird, es sei denn in Übereinstimmung mit der Verfassung und der Charta der Vereinten Nationen.« Nicht weniger eindeutig sind die Bestimmungen des Grundgesetzes oder des Strafgesetzbuches, wo es im § 80 heißt: »Wer einen Angriffskrieg [...] vorbereitet und dadurch die Gefahr eines Krieges für die Bundesrepublik Deutschland herbeiführt, wird mit lebenslanger Freiheitsstrafe oder mit Freiheitsstrafe nicht unter zehn Jahren bestraft.«

Auch das ist unmissverständlich. Man muss jedoch davon ausgehen, dass jene Politiker, die Deutschland in den Angriffskrieg gegen Jugoslawien geführt haben, sich niemals vor einem Gericht dafür verantworten werden müssen, was unserem Rechtsstaat kein sehr gutes Zeugnis ausstellt. Seit den Luftschlägen gegen Jugoslawien regiert nicht mehr die Stärke des Rechtes, sondern wieder das Recht des Stärkeren. Davon konnte ich mich auch bei meiner vorerst letzten größeren Reise ins Land der Kriege überzeugen.

ALS TOURIST IM KOSOVO
Oktober 2000

»Und jetzt wollen Sie wissen, ob das gefährlich werden könnte?«, fragte mich eine junge Grazerin in der österreichischen Botschaft in Belgrad, nachdem ich mein Anliegen vorgetragen hatte. Seit dem überraschenden Sturz von Milosevic am 5. Oktober 2000 drängte es mich, wieder einmal die jugoslawische Hauptstadt zu besuchen, die aktuelle Stimmungslage meiner dortigen Freunde und Bekannten kennen zu lernen und dann nach Möglichkeit endlich auch zu versuchen, in den Kosovo zu fahren.

Vergleichsweise nur sehr wenig war in den vergangenen Monaten von dort zu vernehmen, von Morden und Brandstiftungen war kaum mehr die Rede, der Auszug der Serben und Roma schien weitgehend abgeschlossen, die Suche nach Massengräbern niemanden mehr zu interessieren. Und Joschka Fischer hatte schon ein halbes Jahr zuvor festgestellt, man könne mit der Entwicklung im Kosovo zufrieden sein. Zudem standen im Kosovo Wahlen an und der längst von allen abgeschriebene frühere Kosova-Präsident Ibrahim Rugova schien mit einem Comeback rechnen zu können.

Wie kommt man als Tourist in den Kosovo?

Allein, wen immer ich fragte, sei es bei Telefonaten vor meiner Abreise aus Deutschand, sei es hier in Belgrad, niemand konnte mir sagen, wie – und ob überhaupt – man als Tourist in den Kosovo reisen könne. »Ich weiß, dass orthodoxe Priester immer wieder da runter fahren«, sagte Mitscha, »die werden dabei von K-FOR-Soldaten begleitet. Ich könnte versuchen, dich da einzuschleusen. Auf eigene Faust, als Tourist? Nein, das geht nicht, ich kenne niemanden, der da einfach hingefahren wäre. Mit dem Flugzeug aus Wien müsste es gehen, aber mit dem Auto, ohne Presse- oder Diplomatenausweis – unmöglich.«

So war ich denn im schönen Gebäude meiner Botschaft gelandet, vor dem, nicht anders als im Jahr zuvor, eine lange Schlange meist junger Menschen geduldig um Visa anstand. »Ich weiß es nicht«, sagte die Grazerin, »aber vielleicht kann Ihnen der Vizekonsul helfen.« Der konnte es auch nicht, doch immerhin versuchte er, den österreichischen Außenhandelsdelegierten in Pristina zu erreichen, was zwar nicht gelang, aber ich bekam dessen Telefonnummer. Ich fuhr sofort los. Wenn im Kosovo ein österreichischer Zivilist zur Betreuung von Geschäftsleuten sitzt, so meine Überlegung, dann müsste es auch möglich sein, dorthin zu fahren.

Bis Nis, der südserbischen Metropole, waren es zweihundertvierzig Kilometer, doch die legte ich in eineinhalb Stunden zurück. Von der gerade erfolgten Aufhebung des Ölembargos war noch wenig zu spüren; noch immer konnte man fischerrutenähnliche Stangen, an denen mit Benzin gefüllte Flaschen baumelten, an den Leitplanken der Autobahn lehnen sehen und der Verkehr war gleich null. Da, wo die Nato Treffer gelandet hatte, war längst wenigstens eine Fahrbahnhälfte wieder befahrbar gemacht worden.

Bei Nis verließ ich die Strecke, die einstmals die Hauptverkehrsader zwischen Mitteleuropa und dem Nahen Osten war, in Richtung Westen. Nach meiner großformatigen Straßenkarte von Freytag Berndt war es die Europastraße »E 752«, die direkt in den Kosovo, nach Pristina und Prizren führte. Von Europa war indes wenig zu bemerken. Das Durchschnittseinkommen der Belgrader, jener, die überhaupt ein Einkommen haben, gaben meine dortigen Gesprächspartner mit fünfzig bis siebzig Mark an, gerade genug für eine Tankfüllung pro Monat. Hier in der tiefsten Provinz dürften die Leute wohl noch etwas weniger verdienen. Selbst wenn es Sprit gäbe, wer könnte ihn bezahlen?

Prokuplje, Grabovnica, Raca. Hundert Straßenkilometer hinter Nis beginnt das Land, aus dem die Serben stammen. So sehr man sich oft wünscht, auf den Straßen ungestört dahinbrausen zu können, auf keine anderen Verkehrsteilnehmer Rücksicht nehmen zu müssen, hier war es beklemmend und trostlos. So war ich also fast ein wenig erleichtert, als ich nach der einsamen Fahrt schließlich auf die serbischen Grenzsoldaten stieß: Endlich menschliche Wesen, wenn auch von Panzern umgeben.

Die Kontrolle begann frostig. Wieder einmal stand ich mit österreichischem Pass und deutschem Autokennzeichen vor Leuten, die mich – das Gefühl habe ich noch immer – eigentlich hassen müssten. Und wieder brach schon ein kurzes, kräftiges »dobar dan« (guten Tag) das Eis. Die Verständigung erfolgte wie meist in einer Mischung aus Deutsch, Englisch und Serbokroatisch, wobei ich bei letzterem unwillkürlich darauf achtete, alle »i« und »j« wegzulassen, um nicht in eine hier wohl wenig opportune Nähe von Kroatien zu geraten. Drei oder vier Schwerbewaffnete scherzten mit mir herum – »We give you one tank (Panzer) for that car« –, während einer den Wagen durchsuchte. »I like music«, rief dieser aus dem Wageninneren, als er auf dem Beifahrersitz eine CD entdeckte. Ich klärte ihn auf, dass es sich dabei um einen Spanisch-Sprachkurs handle, was er mit den Worten »I like Flamenco« quittierte.

Einem von denen war ich offenbar doch suspekt. Wann ich in Jugoslawien eingereist sei? Ich verwies auf den Stempel im Pass. Nein, die genaue Uhrzeit, wollte er wissen. »Um Punkt zwölf Uhr Mittag.« Ich konnte mir nicht recht vorstellen, wofür diese Angabe wichtig war, doch er verschwand damit in seiner Sandburg. Dabei musste es sich wohl um eine neue militärische »Mode« handeln, die sich international durchgesetzt hat, denn ganz ähnliche Burgen, Checkpoints genannt, sah ich in den folgenden Tagen auch bei der K-FOR noch oft: Sandsack für Sandsack war da zu einem quadratischen, bungalowähnlichen Gebilde aufgetürmt; ein darüber gespanntes dunkelgrünes Netz verlieh dem Ganzen einen romantischen Zug. Von meinem eigenen Militärdienst hatte ich das nicht so »hübsch« in Erinnerung.

Der Skeptiker kam aus der Burg: »Papier von Hotel!«, forderte er. Ich gab ihm die Rechnung des Hotels Vojvodina aus Novi Sad und fügte hinzu, in Belgrad privat gewohnt zu haben. Er verschwand erneut und ich fragte die mich noch immer umgebenden Schwerbewaffneten, was mich denn da drüben im Kosovo erwarten würde, ob die UCK noch immer ihr Unwesen treibe. »Wir wissen gar nicht, was im Kosovo vor sich geht«, erklärte mir der Musikfan, »wirklich keine Ahnung. Das ist *unser* Land, aber wir dürfen da nicht hin. *Sie* werden keine Probleme haben, aber wenn *ich* da rüber ginge ...«, er beendete den Satz, indem er sein Kinn nach vorn schob und mit dem abgespreizten Daumen der rechten Hand ruckartig vor seiner Kehle vorbeistrich.

Der Unfreundliche kam wieder aus der Festung und stellte zahlreiche weitere Fragen, aber meine Antworten schienen ihn nicht zu befriedigen. Ich hätte mich in Belgrad bei der Polizei melden müssen. Doch schließlich ließ er mich laufen. Wenige Meter weiter versperrten, mal rechts, mal links, mächtige Sandsackmauern jeweils eine Hälfte der Fahrbahn. Slalom fahrend kam ich zum nächsten Checkpoint, von dem mir die englische Fahne entgegenwehte. Richtig, die Gegend um Pristina gehörte zum englischen Sektor.

»Your documents, sir!«, empfing mich salutierend ein Gentleman. Er gab meine Papiere an ein neben ihm stehendes, zivil gekleidetes, hübsches Mädchen weiter. »Where are you heading for, sir?« »Orahovac«, antwortete ich ebenso stramm. Der Gentleman blickte fragend zum Mädchen, offenbar eine in Einschulung befindliche Albanerin, die wiederum mich groß ansah. Nach kurzem Zögern nickte sie stumm und verschwand mit meinen Papieren in einem Wohnwagen. Fünf Minuten später war alles erledigt und ich hatte, nach einer weiteren kurzen Slalomstrecke, geschützt von englischen Panzern, freie Fahrt in die befriedete Zone.

Fahrt nach Orahovac

Die Straße war zunächst sehr gut, nur hin und wieder musste der Wagen infolge tiefer Schlaglöcher einen kurzen Elchtest bestehen. Schon nach wenigen Kilometern schwoll die Verkehrsdichte fast explosionsartig an, während das Durchschnittsalter der Autos im Vergleich zu jenen der vergangenen Tage um mindestens fünfzehn Jahre absank. Mehr als neun von zehn Autos waren deutscher Herkunft und alle fünf Kilometer war eine nagelneue Tankstelle zu sehen.

Pristina ließ ich links liegen. Trotz zahlloser Versuche mit dem Mobiltelefon hatte ich den Außenhandelsdelegierten nicht erreicht und ich wollte noch deutlich vor Anbruch der Dunkelheit in Orahovac eintreffen. Leider gestaltete sich das Vorankommen ab Pristina immer schwieriger. Zum einen setzten Regen und stellenweise dichter Nebel ein, zum anderen wurde die Straße ständig schlechter. Immer wieder steckte ich in kilometerlangen Staus und in den zahlreichen Ortschaften kam die Blechlawine langsamer voran als die Fußgänger, die da in wahren Prozessionen neben und auf der Straße zwischen den Autos vorüberzogen. Die Passanten waren zum allergrößten Teil Jugendliche, viele in dunklen Lederjacken, und ich bekam erstmals vor Augen geführt, dass die vielzitierte Fruchtbarkeit des albanischen Volkes mehr als nur ein Schlagwort war. Die Orte wirkten hässlich, zumal bei *dem* Wetter, die Straßen waren ein einziger Matsch. Zahlreiche Ruinen legten Zeugnis von Bürgerkrieg und achtundsiebzigtägigem Nato-Bombardement ab. Doch überall quirlte es wie auf einem Bazar und die Geschäfte, oft nur Verkaufsbuden, schienen zum Bersten mit Waren bestückt.

Zu meinem Ärger wusste ich fast nie, wo ich mich gerade befand, und an etlichen Kreuzungen musste ich die Richtung der Weiterfahrt rein nach Gefühl entscheiden. Zwar gab es zahlreiche zweisprachige Wegweiser und Ortsschilder, doch war nur die albanische Schreibweise der Orte lesbar; die serbische, im unteren Teil der Tafeln, war ausnahmslos unkenntlich gemacht. Meine Straßenkarte war zwar ganz neu, doch noch nicht auf die neuen Gegebenheiten abgestimmt, alles nur in Serbisch.

Ich hatte noch gar kein Gefühl für das Land und die Menschen, von denen es hier wimmelte. Waren es großteils Leute, die nichts als in Frieden leben wollten? Waren es nur einige wenige, die, getrieben von wirtschaftlicher Not, verhetzt von kriminellen Politikern, ihrem Land das Ansehen eines Mafiastaates gaben? Eines Staates, dem man nachsagt, er sei heute der größte Heroin-Umschlagplatz Europas, wo Schutzgelderpressung, Waffenhandel und Menschenraub an der Tagesordnung seien, wo kein nicht-albanischer Einwohner auch nur einen einzigen Tag seines Lebens sicher sein könne; und all das vor den Augen von vierzigtausend K-FOR-Soldaten und Tausenden Polizisten aus aller Herren Länder?

Zahlreiche Vorfälle der letzten eineinhalb Jahre gingen mir durch den Kopf: Die flüchtenden Menschen, die brennenden Häuser, die vielen Morde, die beschossenen Busse, und ich gestehe, dass ich die ganze Zeit ein äußerst flaues Gefühl im Magen hatte. Alle Türen des Wagens sorgsam verriegelt, wagte ich es zunächst nicht, irgendwo stehen zu bleiben.

So war es denn längst dunkel geworden, als ich in eine Tankstelle einbog, um mir endlich ein genaues Bild zu machen, wo ich mich überhaupt befand. Ich hatte Glück und geriet an einen sehr hilfsbereiten älteren Albaner, der lange Zeit in der Schweiz gearbeitet hatte. »Orahovac? Mein Herr, Sie meinen wohl *Rahovac*. Orahovac ist ein serbischer Name, den gibt es nicht mehr.« Schlagartig fiel mir die Geschichte jenes aus Bulgarien stammenden US-Bürgers ein, der hier für die K-FOR arbeitete und der vor einem Jahr – am 11. Oktober 1999 – in Pristina erschossen wurde. Er wurde, mitten in einer Menschenmenge, von einem Passanten um die Uhrzeit gefragt und er antwortete wohl auf Bulgarisch. Sein Pech war, dass Serbisch und Bulgarisch allzu ähnlich klangen. So hat man ihn offenbar für einen Serben gehalten und vor vielen Zeugen erschossen. Sein Mörder konnte in der Menge unerkannt verschwinden.

Mir wurde bewusst, dass ich gerade eben sehr leichtsinnig gewesen war. Doch das weithin hörbare »Guaten Obig«, mit dem mich der Tankwart nach Erteilung einer präziser Auskunft schließlich verabschiedete, beruhigte mich ein wenig. Ich befand mich offenbar auf dem richtigen Weg und hatte jetzt auch schon eine erste Erfahrung gemacht. Schärfstens bläute ich mir ein, in den nächsten Tagen nur ja keine serbokroatischen Worte zu gebrauchen.

Einige Kilometer hinter Prizren, dem Zentrum des deutschen K-FOR-Sektors, in dem ich mich gerade befand, ging es rechts ab Richtung Orahovac, pardon, Rahovac; eine Nebenstraße, der Verkehr sank auf null. Nach einigen Kilometern passierte ich einen leider unbesetzten K-FOR-Checkpoint und erreichte schließlich das auf der Karte eingezeichnete Bergland, an dessen Ausläufern mein Ziel liegen sollte. Doch leider war nirgends eine Ortschaft zu sehen, in keinem der wenigen erkennbaren Häuser brannte Licht. Links tauchte eine Tankstelle auf, in der ein flackernder Schein schemenhaft einen Menschen erkennen ließ. Wieder hatte ich Glück. Der Mann kam sogleich heraus; er hatte einmal in Deutschland gearbeitet und war ausgesprochen nett. »Sie sind völlig richtig hier. Achthundert Meter zurück und dann links rein in den Ort.« Erleichtert tat ich wie geheißen, nur fand ich auf dem Weg zurück auch nach drei Kilometern noch keine Abzweigung. Der Gute musste sich geirrt haben, dachte ich und fuhr wieder in die ursprüngliche Richtung, hinauf in die Berge.

Ich stoppte bei einer weiteren Tankstelle, in der ich, wieder im Gasfeuerschein, drei junge Kerle erkannte. Meine Hoffnung, dass einer von ihnen herauskäme, erfüllte sich nicht, also musste ich rein. »Sprechen Sie Deutsch?«, fragte ich lautstark unter der Tür. »Wo bitte geht es nach Rahovac?« »Rahovac? Das klingt serbisch, das kenne ich nicht«, maulte einer der breitbeinig dasitzenden finsteren Typen zurück. Nur mit Mühe schaffte ich es, mich gelassen zu geben: »Auf meiner Karte steht Orahovac, aber das ist wohl eine veraltete Karte.« »Orahovac? Das heißt schon lange Rahovec. Orahovac können Sie vergessen.« Ziemlich unfreundlich wurde mir schließlich beschieden, dass ich noch zwei Kilometer weiterfahren müsse.

Ich hatte gleich das Gefühl, dass diese Auskunft falsch war, doch was sollte ich tun? Langsam, oft nur im Schritttempo, fuhr ich weiter auf der holprigen Straße, doch auch nach fünf Kilometern hatte ich noch keine Stadt entdeckt. Soweit ich es im auf und ab springenden Lichtkegel der Scheinwerfer erkennen konnte, befand ich mich in einem gottverlassenen Gebirge. Plötzlich tauchte ein K-FOR-Checkpoint auf. Zwei offenbar müde Soldaten lehnten ganz unmilitärisch an einer Sandsackmauer. »Sprecht ihr Deutsch?«, fragte ich aus dem offenen Fenster. Sie diskutierten kurz miteinander, doch sie antworteten nicht. Ich war mir sicher, mich noch im deutschen Sektor zu befinden, trotzdem fragte ich: »Do you speak english? Parlez vous français? Parlate italiano?« »Deutsch!«, rief einer gelangweilt herüber, doch das war auch schon das einzige Wort, das ich den beiden entlocken konnte.

Ich redete auf sie ein, fragte nach Rahovec, nach Orahovac, bat sie eindringlich, mir zu helfen, doch sie deuteten mir nur, ich solle weiterfahren. Am nächsten Tag erfuhr ich, dass das Russen waren, die vor kurzem noch in Tschetschenien gekämpft hatten und den Job hier quasi als Urlaub betrachteten. Im Kosovo sind zahlreiche Russen Teil der K-FOR, doch die Nato wollte ihnen keinen eigenen Sektor überlassen; also wurden sie gruppenweise auf die Sektoren der anderen Nationen aufgeteilt. Ich befand mich jetzt also in jenem Teil Jugoslawiens, der faktisch den Albanern gehörte, der den Deutschen unterstand und von Russen kontrolliert wurde. Das muss man erst einmal begreifen. Ich hielt die beiden für verrückt, wenigstens aber mit Alkohol oder anderen Drogen vollgepumpt. Da jedoch Flinten neben ihnen lehnten, fuhr ich weiter, wissend, dass ich total in die Irre gelangt war.

Bis sechzehn Uhr wollte ich in Orahovac eingetroffen sein, jetzt war es gleich einundzwanzig Uhr, seit drei Stunden war es finster. Die Gegend schien absolut menschenleer und meine Nervosität tendierte langsam zur Panik. Sollte ich die Nacht irgendwo in der Wildnis verbringen müssen? Nach weiteren zehn Kilometern tauchte die nächste Tankstelle auf und, welch Glück, gerade in diesem Moment fuhr ein Taxi daher. »Rahovec? Folgen Sie mir!«, sagte der freundliche Fahrer, sprang in sein Auto und fuhr gleich voraus, ohne auf Reifen und Stoßdämpfer zu achten; wieder zurück, vorbei an den seltsamen »Deutschen«.

Genau auf Höhe der zweiten von mir aufgesuchten Tankstelle blieb er dann stehen und deutete auf eine in der Nacht kaum erkennbare Straße, die links abzweigte. »Noch einen Kilometer und Sie sind am Ziel.« Mit neuem Optimismus, aber noch immer verunsichert fuhr ich die Straße hinab und erkannte bald die Umrisse von Häusern sowie mehr und mehr Menschen. Dann geschah aber noch etwas, was mich in helle Aufregung versetzte. Ich befand mich offenbar schon mitten in der Stadt, das war trotz der stockdunklen Nacht unübersehbar, als urplötzlich rings um mich zahllose Lichter angingen. Ich konnte die Szene nicht anders deuten, als dass ich hier erwartet wurde, was nun wirklich nichts Gutes bedeuten konnte. In Wirklichkeit war, wie ich wenig später erfuhr, gerade ein mehrstündiger Stromausfall zu Ende gegangen.

Selten habe ich mich so sehr über einen deutschen Polizisten gefreut wie über den, der mich kurz darauf anhalten ließ. »Na klar spreche ich Deutsch«, sagte er lachend und schon eine Minute später parkte ich meinen Wagen vor der OSZE-Zentrale, wo ich nach Heidi fragte. Als diese dann vor mir stand, fiel ich ihr, obwohl ich sie noch nie gesehen hatte, glücklich um den Hals.

Heidi

Heidis Eltern hatte ich einige Wochen zuvor während eines Urlaubes kennen gelernt und ganz beiläufig erzählten mir die beiden von ihrer Tochter, die früher schon in Bangladesch und anderen Notstandsgebieten der Erde als Ethnologin gearbeitet habe und nun im Auftrag der OSZE im Kosovo tätig sei. Klar, dass mich das brennend interessierte. Endlich zeichnete sich da jemand ab, den ich zur Lage im Kosovo befragen, womöglich gar dort besuchen konnte. Heidi sei telefonisch nicht zu erreichen, hieß es, doch zwei Wochen später erhielt ich ihre E-Mail-Adresse.

Unverzüglich entließ ich einen ganzen Katalog von Fragen an sie ins Netz. Leider hatte Heidi, wie ich später erfuhr, nur etwa einmal pro Woche einen Internetzugang, sodass die Antwort auf sich warten ließ. Ja, mailte sie eine Woche später zurück, sie könne mir durchaus als Anlaufstelle im Kosovo dienen, aber nur wenn ich ein konkretes Projekt und wenigstens zwei Wochen Zeit hätte. Einfach so, als Tourist, für ein paar Tage in den Kosovo zu kommen, sei nicht anzuraten, die Einreise nur auf dem Luftwege möglich.

Zum Zeitpunkt, als mich diese Nachricht erreichte, hatte ich mich schon entschlossen, es einfach selbst zu versuchen. Ich antwortete ihr, dass ich in zwei Tagen starten werde, und bat sie, meine Mobiltelefonnummer zu wählen, falls sie diese Nachricht innerhalb der nächsten acht Tage zu lesen bekomme. Tatsächlich erreichte mich Heidis Anruf in Belgrad. Viel mehr, als dass sie in Orahovac – oder sagte sie Rahovec? – stationiert sei und mich in der dortigen OSZE-Zentrale erwarte, falls ich es bis dorthin schaffe, konnten wir zwar nicht besprechen, doch das war eigentlich schon genug.

So kam es, dass sie nun vor mir stand. Sie hatte einen langen Arbeitstag hinter sich, war gerade im Begriff, das Büro zu verlassen, und sie lud mich in das von ihr und ein paar deutschen Polizisten gemietete Haus, das sich am Stadtrand befand. Heidi war hier als »Democratization Officer« tätig. So sagte sie, so stand es auf ihrer Visitenkarte. Ich erzählte von meiner abenteuerlichen Anreise, doch sie lächelte nur milde. »Jetzt ist es hier doch schon fast wie im Paradies. Im letzten Winter hättest du kommen sollen! Da gab es gar nichts, keinen Strom, kein Wasser, nichts bewegte sich auf den völlig unbefahrbaren Straßen. Über Wochen hatte es minus zwanzig Grad, manchmal auch minus dreißig. Keine Heizung, nichts funktionierte, ich weiß gar nicht mehr, wie wir das überlebten.« Jetzt würden Milliarden in den Kosovo gepumpt und das Land sei heute schon nicht mehr wieder zu erkennen.

Wir saßen in einem großen, schönen Einfamilienhaus, vor dem die Besitzerin, die mich freundlich begrüßt hatte, einen Berg von rotem Paprika zu Aivar verarbeitete. Heidi hatte mir Heiko, einen baumlangen, sympathischen Hamburger Polizisten vorgestellt, der im Nebenzimmer fern sah, und vor uns auf dem Tisch stand, neben reichlich Käse und Wurst, eine Flasche »Kaberne Sovinjon«. Sieht man von der eigenwilligen Schreibweise des Tropfens ab, konnte man ihn durchaus weiter empfehlen. »Schön trocken, mit passablem Abgang«, würde ein Weinkenner wohl sagen. Die Gegend um Orahovac sei für den Weinbau bekannt, klärte mich Heidi auf, der »Amselfelder« komme großteils von hier.

Was, bitte schön, tut eine Democratization Officer, wollte ich wissen und erfuhr, dass es deren Aufgabe sei, politische Parteien, Kandidaten und Wahlberechtigte auf die bevorstehenden Wahlen vorzubereiten. Gemeinsam mit einigen wenigen Kollegen obliege ihr diese Arbeit in achtzig Ortschaften der Region um Prizren. Daneben sorgten so genannte »Election Officers« für die Durchführung und Überwachung der Wahlen, die auf den 28. Oktober 2000 angesetzt waren. Wir schrieben den 19. Oktober und der Wahlkampf befand sich auf seinem Höhepunkt. Heidis Arbeitstag hatte derzeit zwölf bis sechzehn Stunden, die Woche sieben Tage. Die Erfassung der Wähler, zahllose Bestimmungen zum Wahlablauf und zur Abhaltung von Wahlveranstaltungen müssten den Vertretern der einzelnen Parteien bis hinein ins kleinste Kaff klargemacht, die Einhaltung der Spielregeln überwacht werden. »Wenn du willst, komm morgen um elf ins OSZE-Büro, dann kannst du mich für ein paar Stunden begleiten.«

»Was seid ihr für die Menschen hier, die Retter, die Befreier?« Heidi zögerte. »Wir sind die, die sie um Geld und Arbeit fragen; jedes Problem sollen wir lösen.« »Also seid ihr die Wohltäter?« »Nein«, widersprach sie, »so sieht man uns nicht. Von, wie soll ich sagen – Dankbarkeit ist ein blödes Wort –, von Anerkennung, wie es mir Kollegen erzählten, die schon in Bosnien waren, ist hier nichts zu verspüren. Man muss das nüchtern sehen, wenn wir Geld geben, wird es sofort in Autos und Kleidung für die Söhne investiert. Die Söhne sind hier das Wichtigste.« Lautlos ging das Licht aus. Heidi hatte schon Kerzen parat und scherzte, nie mehr in ihrem Leben eine Candlelight Party besuchen zu wollen. »Leben hier noch Serben?«, wollte ich wissen. »Ja, die gibt es hier auch, etwa fünf- bis sechshundert, ich bringe dich morgen dorthin. Auch Roma leben in einem abgeschlossenen Teil von Orahovac. An den Wahlen nehmen die Serben nicht teil, aber wir sind täglich mit ihnen im Kontakt.«

Lange saßen wir noch zusammen, obwohl Heidi schon seit frühmorgens auf den Beinen war und auch am nächsten Tag schon um sieben Uhr in den Einsatz musste. Ich war sehr beeindruckt von ihr. Mit der Landlady sprach sie Albanisch – »Das habe ich schon vor fünfzehn Jahren gelernt« –, nichts an ihr erinnerte an das, was manchmal mit »Helfersyndrom« bezeichnet wird; professionell, aber mit viel Engagement für die Sache, präzise und herzlich zugleich in der Wortwahl.

»Seither bin ich kaputt«

Heidi war offenbar schon aus dem Haus, als ich am nächsten Morgen nach einer Nacht in einem komfortablen Zimmer um halb acht aufgestanden war. Adriana, die nette Landlady, reinigte die Küche und sie servierte mir köstliches, noch warmes Aivar. Die ganze Nacht habe sie durchgearbeitet. Tatsächlich, der Paprikaberg vor dem Haus war verschwunden. Fast die ganze Zeit über hatte sie ein freundliches Lächeln im Gesicht, andererseits klagte sie über starke Schmerzen. Immer wieder griff sie sich an die Brust und erklärte mir mit ein paar deutschen Brocken, dass sie seit den Bomben nicht mehr richtig atmen könne. »Jeden Tag, jede Nacht: bumm bumm!« Jede einzelne Bombe, die auf den Kosovo fiel, habe man gehört, sogar jene, die Pristina trafen, und das sei immerhin sechzig Kilometer Luftlinie entfernt. Auf Orahovac sei keine Bombe gefallen, sie blickte dankbar zum Himmel, aber einmal hätten Serben von Velika Hoca, einem fünf Kilometer entfernten winzigen Ort, mit Gewehren auf ein Flugzeug geschossen. Da habe der Pilot eine Schleife gemacht, sei zurückgekommen und habe eine Bombe abgefeuert. »*Das* war ein Knall!«, Adriana rollte die Augen, warf die Hände in die Höhe, »seither bin ich kaputt.«

Ich fuhr in die Stadt. Die »Straßen« in den Außenbezirken würden bei uns wohl nicht einmal als Motocrosspiste durchgehen, doch im Zentrum kam ich gut voran. Die Stadt – etwa zweiundzwanzigtausend Einwohner – war sehr belebt, überall wurde gehämmert und zementiert, deutsch beflaggte Panzer rollten vorbei, an einer einzigen Hausfront zählte ich achtzehn Satellitensalatschüsseln. Ich betrat ein Kaffeehaus, niemand beachtete mich. Fünf junge Burschen saßen an drei Tischen und beobachteten durch die große Scheibe wortlos das Treiben auf der Straße. Ein Herr meines Alters kam in das Lokal. Ich hatte das Gefühl, dass ich ihm von der Straße aus als Ausländer aufgefallen war, jedenfalls setzte er sich sofort an meinen Tisch und fragte mich ohne Umschweife nach Arbeit. Er sei zwar beim Technischen Hilfswerk als Dolmetscher beschäftigt, aber derzeit brauche man ihn nicht. Er habe fünf Kinder zu Hause und die hätten gar nichts zu essen.

Bei der OSZE

Um Punkt elf war ich beim OSZE-Gebäude, wo es wie in einem Bienenhaus zuging. Etliche junge Albanerinnen und Albaner schwirrten dienstbeflissen umher, andere waren eifrig mit Computern, Funk-, Fax- und Kopiergeräten beschäftigt, und daneben herrschte ein Kommen und Gehen von »westlich

aussehenden« Personen, teils uniformiert, teils in Zivil geklei-
det. Ein deutscher Soldat, der wie ich dastand und wartete,
erkannte in mir sogleich einen »Neuling«.

»Passen Sie auf Minen auf, gehen Sie nie dort, wo sonst niemand geht«, warnte er mich freundlich, nachdem wir uns einander vorgestellt hatten. Achtundneunzig Prozent der Minen seien noch nicht entschärft und viele davon würden wohl
noch sehr lange scharf bleiben. Da die Minen bis auf den
Zündkopf aus Kunststoff bestünden, könnten sie nur von Hunden, nicht aber von Metalldetektoren aufgespürt werden. Auch
seien die gefährlichen »Dinger« nicht als Sprengkörper erkennbar, denn sie hätten alle erdenklichen Formen, Spielzeuge,
Fußbälle, Flaschen. Noch erst vor kurzem habe es hier einem
Albaner beide Beine weggerissen – in seinem Garten, fünf Meter vom eigenen Haus entfernt. Auf meine Frage, wer denn derart hinterhältige Minen ausgelegt habe, sagte er: »Alle. Die Serben behaupten gar, auch die Nato habe sie abgeworfen.« Ob
das zuträfe, könne er nicht sagen, die Deutschen verwendeten
jedenfalls generell nur Minen, die sich sechsunddreißig Stunden nach dem Auslegen selbst zerstörten, unterrichtete er
mich.

Ein weiterer Uniformierter gesellte sich zu uns, ein deutscher Polizist. Wie der Soldat verfügte auch er über Gardemaße,
war sehr freundlich und bestens gelaunt wie alle Deutschen,
denen ich in diesen Tagen begegnete. Was tut ein deutscher
Polizist im Kosovo? »Normale Polizeiarbeit, nicht anders als in
Deutschland.« Worin diese bestehe, wollte ich wissen. »Wir regeln den Verkehr, werden bei Einbrüchen gerufen, klären Morde auf.« Morde? »Ja, gerade vor ein paar Wochen gab es hier
einen Streit um Dachziegel, da hat einer durchgedreht und drei
Menschen erschossen.« (Heidi erzählte mir später, dass der
Streit durchaus noch eine Vorgeschichte hatte.) »Seid ihr Abenteurer oder Idealisten?«, fragte ich ein wenig provokant. »Allein wegen des Geldes ist keiner hier, aber ich gebe schon zu,
dass der Job hier sehr gut bezahlt ist. Beim aktuellen Dollarkurs
schauen achttausend Mark im Monat heraus und das normale
Gehalt läuft natürlich in Deutschland weiter aufs Konto. Ich
habe jetzt gerade um Verlängerung bis Mai angesucht. Was soll
ich im Winter an der Nordsee?« Ich versuchte, überschlags-

mäßig die Personalkosten allein für die Tausende internationaler Polizisten zu errechnen, scheiterte jedoch an der gigantischen Zahl, zumal Heidi kam und zum Aufbruch drängte.

Sie stellte mir ihren Assistenten vor, einen aufgeweckten, gut Englisch sprechenden jungen Albaner, und zu dritt fuhren wir unverzüglich los, in einem bärenstarken, allradbetriebenen Geländewagen. Jeder hier kannte Heidi. Freundlich winkte sie alle paar Meter nach rechts und links aus dem Wagen, während sie mit dem Lenkrad routiniert die gröbsten Unebenheiten der Piste umschiffte. »Es ist gut, dass die Leute sehen, wie ich als Frau mit einem Hunderttausend-Dollar-Auto umgehe. Alles, was wir tun, färbt ein wenig ab.«

Wir schwenkten auf die Gebirgsstraße, die ich gestern schon zweimal befahren hatte, und sie erzählte ein wenig von der Lage. Die Wahl werde zwischen Rugovas LDK und Thacis PDK entschieden, daneben gebe es noch etliche kleinere Parteien. Details könne sie mir nicht sagen, denn sie sei zu strenger Neutralität verpflichtet. Natürlich wäre es eine Illusion, von den Wahlen Wunderdinge zu erwarten – »Dem Land steht noch ein sehr weiter Weg bevor« –, aber man müsse *jetzt* beginnen, demokratische Strukturen zu schaffen. Heute habe sie zunächst ein Treffen mit dem Ortsparteivorsitzer. den der LDK in Maliseva (serbisch: Malisevo) und dann müsse sie mit der lokalen Polizei über eine am Abend stattfindende Wahlveranstaltung reden, bei der ihr das Monitoring obliege.

Wir passierten den russischen Checkpoint. »Schau da drüben«, deutete Heidi auf das große, mit viel Stacheldraht geschützte russische Camp, »die halten sich Hühner, denen geht es nicht so gut wie den anderen.« Am Ortsanfang von Malisevo erkannte ich die Tankstelle, bei der ich letzte Nacht den Taxifahrer getroffen hatte.

Das Gespräch mit den LDK-Leuten verlief für mich sehr interessant, weniger seines konkreten Inhaltes wegen, vielmehr weil ich eine Ahnung davon bekam, was es heißt, Democratization Officer zu sein. Eine Checkliste für die bevorstehende Wahlveranstaltung wurde durchgearbeitet, von einem noch unveröffentlichten Wahlplakat war die Rede, Namen von Vertretern der örtlichen LDK in diversen Kommissionen wurden notiert und genau festgelegt, was in den letzten zweiundsiebzig

Stunden vor der Wahl an Wahlaktivitäten noch erlaubt war und was nicht. Wieder hatte ich Gelegenheit, über Heidi zu staunen, wie sie, eine recht zierliche Person, mit manchmal mehr, manchmal weniger fein dosiertem Nachdruck, jedenfalls aber mit viel Geduld stets so lange nachhakte, bis man den Eindruck gewonnen hatte, dass sie wenigstens halbwegs verstanden worden war.

Zur Polizei durfte ich nicht mit, dafür konnte ich die Atmosphäre von Malisevo ein wenig auf mich einwirken lassen. Im Gegensatz zu Orahovac, wo ich nur wenige Wahlplakate und mit Slogans verschmierte Häuser gesehen hatte, schien hier eine richtige Materialschlacht zu toben; Thacis PDK sah ich deutlich im Vorteil. Im Übrigen war hier das Militär mit allen möglichen Fahrzeugen und Geräten noch erheblich stärker vertreten. Malisevo spielte im Bürgerkrieg, das war mir aus Büchern bekannt, eine wichtige Rolle, war lange Zeit eine Hochburg der UCK.

Zurück in Orahovac setzten wir Heidis albanischen Assistenten ab. Zu zweit fuhren wir gleich weiter, hinauf in die Altstadt, ins serbische Getto. Durch eine hohl wirkende Gasse, gebildet von eng aneinander gebauten, verlassenen Häusern, gelangten wir zum höchsten Punkt der hügeligen Stadt. Ein deutscher Militärposten ließ uns salutierend passieren. Das Viertel schien fast ausgestorben, nur ein paar alte Leute waren zu sehen. Im »Fenix«, dem einzigen Gasthaus, war auch nicht viel los. Wir speisten mit Oliver aus Kalifornien, einem netten Fellow, Democratization Officer wie Heidi und gleichfalls schon in anderen Krisenregionen erprobt. Ich begriff, dass in den internationalen Organisationen für hochqualifizierte, mobile Leute ganz neue Berufszweige entstanden sind.

Nach dem Essen meinte Heidi, sie müsse mir Cica vorstellen. Diese sei die serbische Vertrauensperson der OSZE und eine äußerst bemerkenswerte Frau. Wir fanden Cica in einem großen kahlen Raum, ihrem Büro. Die beiden Frauen schienen sich sehr gut zu kennen, denn sie begrüßten sich geradezu stürmisch. Die Atmosphäre war sehr herzlich, wir unterhielten uns auf Englisch und Heidi meinte, dass Cica eine begnadete Kaffeesatz-Leserin sei. Dafür hatte ich weniger übrig, doch schon nach ein paar Minuten war mir klar, dass ich mit mehr

Zeit noch einmal hierher kommen müsse, denn Cica machte ganz den Eindruck, als hätte sie viel zu erzählen. Wir vereinbarten, dass ich am nächsten Tag wiederkommen würde. Heidi war in Eile, machte aber noch eine kleine Rundfahrt auf die Felder am Rande der Stadt. Sie stoppte bei einer Müllhalde. »Hier hat man Leichen gefunden und man vermutet, dass noch weitere zum Vorschein kommen werden. Es heißt, die Serben hätten sie hierher transportiert, als besondere Demütigung.« Weiter ging es in die Nähe eines Friedhofes. »Hier hatte ich vor einem Jahr mein erstes Kosovo-Erlebnis. Ein alter Serbe war am Tag vor meiner Ankunft ermordet worden, doch niemand wollte ihn begraben. Die Serben trauten sich nicht aus ihrem Viertel heraus und die Albaner weigerten sich.« Mit viel Geld habe man schließlich doch noch einen Totengräber engagieren können und die kurze Trauerfeier unter größten Sicherheitsvorkehrungen vorgenommen. Später sei die Witwe spurlos verschwunden.

Wieder allein, spazierte ich erneut durch Orahovac. Die teils nur kurzen Gespräche, die ich in einigen Lokalitäten führen konnte, waren natürlich alles andere als repräsentativ, aber ich gewann den Eindruck, dass insbesondere junge Albaner bei Erwähnung der Serben fast durchwegs schroff ablehnend reagierten. Nur mit einem älteren Herrn kam ich ins Gespräch, das allerdings sehr überraschend verlief. Er saß alleine am Tisch eines Kaffeehauses und hatte einen weißgrauen, hohen, einer Bischofsmütze ähnelnden Filzhut auf dem Kopf. Ich fühlte mich schon ein wenig routinierter und fragte ihn, ob ich mich zu ihm setzen dürfe, was er freundlich bejahte. Er konnte ein wenig Deutsch und hatte, wie sich rasch herausstellte, eine sehr kritische Einstellung zur UCK, die er zu meiner Verwunderung auch ganz offen aussprach. Die UCK habe die Wasserleitung zerstört und vor zwei Jahren den Krieg in die Stadt gebracht. Seither sei nichts mehr wie es war. Und wörtlich: »Die UCK ist schuld.« Diesen Satz wiederholte er mehrmals. »Die sind noch immer in der Stadt, jeder kennt sie, jeder weiß, wo sie wohnen. Aber hier haben sie keine Chance. Orahovac wird zu mindestens achtzig Prozent Rugova wählen.« Ich glaubte, meinen Ohren nicht trauen zu können, doch ich hatte nicht das Gefühl, dass er mir etwas besonders Vertrauliches mitteilen wollte.

Von Bürgerkriegs- und Bombenzeiten

Am nächsten Morgen war ich bei unseren Gastgebern eingeladen. Adriana, meine Landlady, hatte mir schon von ihrem Gatten erzählt, der etliche Jahre in Deutschland gearbeitet habe und gern mit mir sprechen würde. Das Haus, in dem ich hier wohnte, gehörte einem von fünf Brüdern, von denen jeder, einer neben dem anderen, ein stattliches Haus mit gepflegtem Garten errichtet hatte. Die Gastgeberfamilie war wegen ihrer Schweizer und deutschen Mieter offenbar in eines der Nachbarhäuser übersiedelt, wo ich in einem blitzsauberen Wohnzimmer erwartet wurde. Der Hausherr erwies sich als sehr nett, sprach mit ruhiger Stimme ein gutes Deutsch. Er hatte wohl damit gerechnet, dass mich insbesondere die Bürgerkriegs- und die Bombenzeiten interessierten, jedenfalls kamen wir sehr rasch zur Sache.

»Der Krieg kam zweimal nach Orahovac«, begann er. »Das erste Mal am 17. Juli 1998.« Ich horchte auf: Juli 1998 – dieses Datum kannte jeder, der sich näher mit dem Bürgerkrieg im Kosovo beschäftigte. Nachdem die UCK in den vorangegangenen Monaten in vielen Teilen des Kosovo Angriffe auf Polizeistationen durchgeführt hatte und die Kontrolle über große Gebiete übernehmen konnte, begann die serbische Staatsmacht damals, auch mit Militär zurückzuschlagen. In der Folge waren unsere Medien voll mit Berichten über fürchterliche Massaker der Armee an der albanischen Zivilbevölkerung. Auch die Stadt Orahovac war damals in die Schlagzeilen geraten. Etwa am 5. August 1998 in der Berliner »Tageszeitung« (TAZ): »Massengräber auch im Kosovo entdeckt«; Untertitel: »TAZ-Reporter stößt bei Orahovac auf Hunderte Leichen«. Oder, am gleichen Tag, in der Wiener Zeitung »Die Presse«: »Massengräber im Kosovo. Hunderte Kinder verscharrt. ›Presse‹-Korrespondent sah die Massengräber«. In den Berichten war zu lesen, dass in Orahovac »bis zu 1.000 Menschen getötet« und »bisher 567 Menschen verscharrt« worden seien. Die italienische »La Repubblica« ließ am 6. August 1998 gar einen Totengräber zu Wort kommen: »So habe ich den Serben geholfen, 430 Kinder zu begraben«.[180] Etliche dieser Horrorberichte wurden zwar später dementiert, doch Dementis werden bekanntlich kaum zur Kenntnis genommen und ich hatte die Berichte noch gut im Gedächtnis.

Nun sollte ich also die Geschichte aus Sicht eines albanischen Einwohners von Orahovac hören. »Der 17. Juli war ein Freitag«, fuhr er fort. »Ich weiß noch, wie ich in meinem Zeitungskiosk stand, als plötzlich ein Nachbar kam und mich aufforderte, sofort nach Hause zu gehen, die UCK sei im Anmarsch.« Zu Hause hätten alle schon Bescheid gewusst und wenig später sei eine wilde Schießerei losgegangen, die die ganze Nacht angedauert habe und auch am nächsten Tag weitergegangen sei. Man habe nichts anderes tun können, als sich im Keller zu verstecken. Die UCK sei aus den Bergen gekommen, aber auch innerhalb der Stadt habe sie schon zuvor ihre Leute gehabt.

Wieviele Tote es insgesamt gegeben habe, könne er nicht sagen. Dafür wusste er Details über den Tod eines UCK-Kämpfers zu berichten: Der Betreffende sei, um sich schießend, in ein Wohnhaus gestürmt, in dem Serben und Albaner gewohnt hätten. Er habe die Namensschilder gelesen, und als er die Tür einer serbischen Familie auftreten wollte, habe ihm ein Serbe aus einer gegenüberliegenden Wohnung von hinten in den Kopf geschossen. »Sie müssen wissen, dass alle Serben mindestens fünf oder sechs Waffen zu Hause hatten. In meiner Familie gab es nie Waffen, obwohl es ein Leichtes gewesen wäre, diese aus Deutschland mitzubringen.« (Er beschrieb mir genau, wie man da hätte vorgehen müssen.)

Am Nachmittag des folgenden Tages sei die offenbar von Serben alarmierte Armee aus Prizren angerückt und die Schießerei sei dann noch bis Montag weitergegangen. Schließlich habe sich die UCK zurückgezogen. Er habe gehört, dass sie fünfundvierzig Serben mitgenommen hätten, auf albanischer Seite habe es hundertsechsunddreißig Tote gegeben, von denen viele auf die Müllhalde vor der Stadt geworfen worden seien.

»Nachdem die Kämpfe abgeflaut waren«, fuhr mein Gesprächspartner fort, »sind alle Albaner der Außenbezirke vor der Armee ins Zentrum von Orahovac geflüchtet, denn die Soldaten haben die ganze Gegend nach UCK-Leuten abgesucht. Nachdem es einige Tage lang ruhig war, ging ich runter zum

Haus.« Seine Frau, die mit einem Enkelkind neben uns saß, unterbrach ihn: »*Ich* habe gesagt, er solle gehen und die Blumen gießen.« Sie schlug sich die Hände vors Gesicht, während ihr Mann ganz ruhig weitererzählte. »Ja, so war es, ich ging runter und entdeckte etliche Kinder im Haus, die offenbar plünderten. Ich habe gar nichts gemacht, nur gefragt, was sie hier suchten.« Die Kinder seien sofort davongerannt und wenige Minuten später seien fünf oder sechs bewaffnete Soldaten gekommen. Sie hätten ihn angebrüllt, er sei ein UCK-Mann, man habe ihn angezeigt und er werde jetzt erschossen. Einer habe ihn gleich am Anfang niedergeschlagen. »Zweieinhalb Stunden lang haben sie mich verhört, einer hat mich die ganze Zeit brutal getreten, während die übrigen mit den Gewehren in der Hand um mich standen. Ich lag wehrlos am Boden.«

Ständig habe er beteuert, mit der UCK gar nichts zu tun zu haben, jeder in der Stadt könne das bezeugen, sie sollten raufgehen und fragen, wen sie wollten, alle Serben würden ihn als friedlichen Bürger kennen. »Aber sie glaubten mir nicht. Da entdeckte einer der Soldaten einen ganzen Berg unverkaufter ›Politika‹, eine serbische Zeitung. Das war für sie der Beweis, dass ich ein UCK-Mann war.« Die Soldaten seien davon überzeugt gewesen, er habe die »Politika« verschwinden lassen und nur albanische Zeitungen verkauft. »Doch das war meine Rettung. Ich führte sie in eine Garage, wo ich einen ganzen Haufen unverkaufter ›Religia‹ – eine albanische Zeitung – gestapelt hatte. Zunächst sagten sie, dass mir das auch nicht helfen werde, dass ich jetzt erschossen würde, aber plötzlich sagte einer: ›Verschwinde!‹. Da bin ich auf und davon.«

Adriana hatte in der Zwischenzeit Fotos geholt. Ich sah den malträtierten Mann entblößt auf dem Bauch liegen: Vom unteren Teil des Rückens bis zu den Oberschenkeln, auch auf der Seite, war alles mit blauen und braunen Flecken bedeckt. »Das Foto haben wir ein paar Tage später gemacht«, betonte Adriana, der Körper habe ursprünglich noch erheblich schlimmer ausgesehen.

Nach meiner Rückkehr aus dem Kosovo, das sei hier eingeschoben, suchte ich in meinen Unterlagen nach Berichten über diese Vorgänge. Bei Malte Olschewski ist über die Toten von Orahovac Folgendes zu lesen: »Bald kursierten Gerüchte, wonach die Serben bei der Eroberung von Orahovac Hunderte Albaner exekutiert und neben einer Müllhalde bestattet hätten. Die Nachricht ging um die Welt. Die EU entsandte sofort Beobachter nach Orahovac. Belgrad dementierte energisch und auf allen Ebenen: Hier seien vierzig bis fünfzig Albaner bestattet worden, die bei den Kämpfen um Orahovac getötet worden waren. Die westlichen Beobachter sahen die Örtlichkeit und verzichteten auf die Exhumierung. Das TV-Material zeigte eine Müllhalde, in die einige hölzerne Markierungen mit Namen und Vatersnamen gesteckt worden waren. Albanische Menschenrechtsgruppen gaben an, dass bei den Kämpfen um Orahovac bis zu fünfzig Menschen getötet worden seien.«[181]

Auch Matthias Rüb, Balkankorrespondent der FAZ, beschäftigt sich in seinem Buch »Kosovo« mit Orahovac: »Zu einer Wende im Krieg zwischen UCK und serbisch-jugoslawischer Militärmaschine kam es um den 17. Juli. Offenbar überstürzt und wenig vorbereitet, zudem beflügelt von der romantischen Hoffnung auf ein bald ganz befreites Kosovo, brachten UCK-Kämpfer die Stadt Rahovec (serbisch Orahovac) im Südwesten der Provinz unter ihre Kontrolle. Die belagerten serbischen Polizisten mussten ihr Polizeirevier aufgeben. Die Rückeroberung der Stadt durch massive serbische und jugoslawische Einheiten fünf Tage später markierte den Beginn der Sommeroffensive der serbisch-jugoslawischen Streitkräften. [...] Nach Angaben kosovo-albanischer Zeitungen, die später von Menschenrechtsorganisationen bestätigt wurden, dürfte die Zahl der in und um Rahovec getöteten Albaner bei achtzig bis hundertzehn liegen.«[182]

Die vielen Toten von Orahovac wären demnach die Folge einer übereilten Aktion von Romantikern (!) gewesen.

Zurück zu meinem albanischen Gesprächspartner. Der Krieg sei ein zweites Mal nach Orahovac gekommen und zwar kurz nach Beginn des Angriffes der Nato. »Als die serbische Armee nach Orahovac kam, sind alle Albaner der Stadt hinauf in die Berge. Auch UCK-Leute waren unter uns. Die erste Nacht verbrachten wir etwa zwei Kilometer oberhalb der Stadt. Am nächsten Morgen hat uns die Armee mit Granaten beschossen. Es gab drei Tote und vier Verletzte.« Auch eine Kuh habe es erwischt. Dann seien sie im Konvoi nach Malisevo gezogen, später in einen weiteren Ort, dessen Namen ich nicht genau verstanden habe (er klang so ähnlich wie »Druze«). »Die Armee blieb fünf Tage in Orahovac. Und nach neun Tagen habe ich im Fernsehen gehört, wie der Chef der Stadt bekannt gegeben hat, dass alle, die nichts verbrochen hätten, zurückkommen sollten. Da habe ich zu meiner Frau gesagt: ›Wir haben nichts gemacht, komm, wir gehen zurück!‹ Ja, und dann sind wir zurück.«

Es sei ihnen tatsächlich nichts passiert, aber das Haus habe schrecklich ausgesehen. Man legte mir viele weitere Fotos vor, die zeigten, wie das Haus zugerichtet war; jeder Raum glich einem Schlachtfeld. »Alles war kaputt. Fenster, Vorhänge, Küche, alle Elektrogeräte. Der Schaden betrug wenigstens hunderttausend Mark.«

Alles, was mir der Mann erzählte, klang glaubwürdig. Hass auf Serben konnte ich aus keinem Satz heraushören, was umso erstaunlicher war, da er ja nur knapp dem Tode entronnen war. Auch war auffallend, dass er stets von »Orahovac« und niemals von »Rahovec« sprach, was er mir so erklärte: »Wir alle sagten immer nur Orahovac. Hier lebten ja verschiedenste Völker, neben Albanern und Serben auch Zigeuner, Bulgaren und etliche andere. Und wir hatten unsere eigene Sprache, jeder verstand jeden. Es war ganz normal, dass ich etwa auf Albanisch ›Guten Morgen‹ sagte und dann auf Serbisch oder Bulgarisch geantwortet wurde. Da gab es nie ein Problem.«

Pec

Ich musste mich von meinen Gastgebern verabschieden, obwohl ich gerne länger geblieben wäre. Für den Rest des Tages hatte ich mir noch einiges vorgenommen. Ich wollte die ganz im Westen des Kosovo liegenden serbischen Klöster von Pec und Decani besuchen, von denen ich schon vieles gehört hatte. Der Weg führte mich über Djakovica. Nach den zahlreichen Ruinen zu schließen, musste diese Stadt der Nato besonders am Herzen gelegen sein; große Gebäudekomplexe sah man in Schutt und Asche. Jedem, der die »Erfolgsstories« der Nato-Luftschläge mitverfolgt hat, ist Djakovica ein Begriff: Am 14. April 1999 wurde hier aus fünftausend Metern Höhe ein albanischer Flüchtlingstreck beschossen. Die vierundsiebzig

Toten, zunächst den Serben in die Schuhe geschoben, gelten heute als einer der größten Kollateralschäden des Krieges.[183]

Ein paar Kilometer hinter Djakovica stieß ich auf einen Checkpoint, der sich durch einen kleinen Stau ankündigte: Italiener, wie eine weithin sichtbare grün-weiß-rote Flagge erkennen ließ. Langsam rollte die Wagenkolonne auf panzerbewachte Sandburgen zu und ich wollte so ein Szenario endlich einmal mit der Kamera festhalten, wenigstens aus dem Auto heraus. Sekunden später bereute ich diese kindische Tat, denn während alle anderen Autos durchgewunken wurden, wurde ich aus der Blechlawine gefischt: Dokumente! Aussteigen! Kofferraum auf und fünf Meter wegtreten, wurde mir barsch befohlen.

Da sage noch einmal einer, bei den Italienern ginge es lockerer zu, dachte ich, doch schon Augenblicke später stimmte das »Weltbild« wieder: Etliche Soldaten, die mit ihren Gewehren herumfuchtelten, interessierten sich hauptsächlich für die Autopreise in Deutschland und schimpften über die hohen italienischen Steuern. Es wurde viel gescherzt und so konnte ich mein bescheidenes Italienisch ein wenig trainieren. Wenn ich nach Decani wolle, wurde ich aufgeklärt, müsse ich zuerst ins italienische Hauptquartier, das sich, fünfzehn Kilometer hinter Decani, im Zentrum der Stadt Pec befinde; dort bekomme ich eine Genehmigung für den Besuch des Klosters. Weil's gar so locker zuging, fragte ich zum Schluss, ob ich denn so einen »hübschen« Panzer fotografieren dürfe. Absolut kein Problem. Einer nahm mir gleich den Apparat aus der Hand, schob mich vor einen Panzer, drei weitere Soldaten gesellten sich dazu und grinsten mit mir in die Kamera.

Ich passierte also Decani und fuhr gleich weiter nach Pec. Mehr noch als bei anderen Ortschaften staute sich der Verkehr hier schon etliche Kilometer vor der Stadt. Zu allem Überfluss leuchtete plötzlich die Öllampe meines Autos auf. Welch Glück, dass mir das nicht in Zentralserbien passiert ist; hier gab es sofort eine Tankstelle und auch das richtige Öl.

Im Zentrum von Pec einen Parkplatz zu bekommen, war ein Ding der Unmöglichkeit, um jeden freien Quadratmeter stritten sich gleich mehrere Wagen. Gleichfalls nicht einfach war es, den richtigen Eingang des riesigen K-FOR-Geländes zu finden, zweimal hieß es: »Altro ingressio!«. Und als ich schließlich das richtige Tor gefunden hatte, war offenbar bereits die Siesta angebrochen; ich solle, so wurde mir beschieden, in eineinhalb Stunden wieder kommen. Genug Zeit also, mich ein wenig umzusehen.

Auch Pec ist wahrlich keine schöne Stadt; heute schien zwar die Sonne, doch die nicht asphaltierten Straßen waren vom Regen des Vortages aufgeweicht und riesige Wasserpfützen, eher schon kleine Seen, behinderten den Spaziergang. Pec stellte sich mir als UCK-Hochburg dar. Dafür sorgten viele Graffiti an den Häusern, vor allem aber Wahlkämpfer, die in hemmungslos hupenden Autokonvois im Schritttempo durch die engen Gassen rollten. Die Autos waren voll besetzt, aus allen Fenstern wurden große, rote Fahnen geschwenkt und die lautstarken Sprechchöre – »Thaci, Thaci, Thaci« – versuchten erfolgreich den Krawall der Hupen zu übertönen. Im Zusammenspiel mit dem sonstigen Verkehr, mit den Fußgängermassen, in denen sich immer wieder fahnenschwenkende, »Thaci« skandierende Demonstrationsgruppen bemerkbar machten, bot sich eine brodelnde, fast schon bedrohliche Atmosphäre.

Nachdem ich diese einige Zeit hatte auf mich einwirken lassen, verzog ich mich in eines der vielen Kaffeehäuser, in dem es infolge dröhnender Musik allerdings nicht wesentlich gemütlicher war. Im Fernsehen lief RTL, die Tische waren durchwegs mit lederbejackten Halbstarken besetzt, die teils in heftige Diskussionen verwickelt waren, teils mit ernsten Minen stumm dasaßen. Ein großformatiges Foto, das Hashim Thaci im eleganten Anzug in staatsmännischer Pose zeigte, dazu jede Menge Poster seiner PDK, ließen auch hier keinen Zweifel darüber aufkommen, wer die Szene beherrschte.

Ich gesellte mich zu einem auf einem Barhocker unmittelbar vor dem TV-Gerät sitzenden jungen Mann und fragte ihn, ob er Deutsch verstehe. Sofort sprudelte er begeistert los, dass Michael Schumacher heute morgen in Malaysia die Poleposition errungen habe. Auch die Italiener hier seien ganz aus dem Häuschen.

Vorsichtig lenkte ich das Thema auf Dinge, die mich mehr interessierten. Ich sagte, dass ich zum ersten Mal in Pec sei, verwies auf die zerstörten Häuser, gab mich naiv und meinte, dass jetzt aber bald alles besser werde, wo doch Milosevic abgesetzt sei. Entrüstet belehrte er mich, welchen Unsinn ich da rede: Erstens sei Kostunica der Zwillingsbruder von Milosevic und zweitens sei es vollständig egal, wer in Serbien regiere. Er habe gehört, fuhr er fort, dass Kostunica in den Kosovo kommen wolle, worauf sich hier alle schon herzlich freuten. »Das wird seine letzte Reise, das verspreche ich dir«, sagte er und legte mit gekonnter Pantomime ein Gewehr an.

Ich protestierte vorsichtig und meinte, es müsse doch endlich Ruhe einkehren, fragte, ob es denn keinen Weg gäbe, sich mit den Serben zu arrangieren? Er starrte mich an. »Bist du verrückt? Nach dem, was die unserem Volk angetan haben? Was heißt arrangieren? Wir *haben* uns arrangiert, sie sind abgehauen und die paar, die noch da sind, mit denen werden wir uns auch arrangieren«, sagte er, machte die internationale Geste für das Kehledurchschneiden und fügte hinzu: »Bitte, wenn sie freiwillig gehen – aber das müsste schon sehr rasch passieren –, dann sollen sie gehen. Die ganze Welt ist da auf unserer Seite.«

Es wurde mir zu heiß in der stickigen Bude, ich zahlte und ging. Die Siesta der Italiener war erfreulicher Weise schon zu Ende. Ein albanisches Mädchen übernahm meinen Pass und ein paar Minuten später bekam ich ihn von einem Soldaten zurück, der mich informierte, dass ich sowohl im Kloster von Pec als auch in jenem von Decani angemeldet sei.

Das Monasterio von Pec, wie die Italiener es nannten, lag etwa fünf Kilometer vom Zentrum der Stadt entfernt, wunderschön am Eingang zu einem idyllischen Tal. Beim Checkpoint wurde ich mit »Kurt?« schon erwartet, dann noch ein paar hundert Meter und ich war am Ziel: Von einer Sandburg und weiteren Panzern bewacht, präsentierte sich das Kloster als echtes Juwel. Fünf italienische Soldaten ließen sich gemeinsam mit mir von einer älteren Frau durch die hehren Gebäude führen, die zum Teil noch aus dem 12. Jahrhundert stammten. Vor herrlichen Fresken und unter grandiosen Kuppeln wurden wir über die wechselvolle Geschichte des Klosters informiert.

Decani

Allzuviel Zeit hatte ich leider nicht. Ich brauste nach Decani und war gespannt, ob ich dort auf Pater Sava treffen würde, von dem ich als Mitglied der »Decani-News-Group« schon so viele E-Mails bekommen hatte. Das Tal, in dem das dortige Monasterio einige Kilometer westlich von Decani lag, wäre mit *idyllisch* nur unzureichend beschrieben. Auch hier wurde ich am Checkpoint schon erwartet, es ging jedoch etwas militärischer zu. Ich musste warten, bis mich ein gepanzertes Fahrzeug den letzten Kilometer bis vor das Kloster geleitete. Dort angekommen, parkte ich meinen Wagen zwischen zwei Panzern. Ein blutjunger Italiener »übernahm« mich und führte mich, das Gewehr stets im Anschlag, durch ein imposantes Tor in den Klosterhof, dessen Mitte eine wunderschöne Kirche beherrschte. Der Junge mit dem Gewehr empfahl sich, dann war keine Menschenseele mehr zu sehen. Unsicher öffnete ich die Tür eines langen, weißen Gebäudes und stieg eine steile Holztreppe hinauf. Ein freundlicher Kuttenmann mit langem Bart trat aus einer Tür und bat mich, im Hof zu warten. Dort erschien alsbald ein weiterer langbärtiger Mönch, der mich fragte, ob ich die Kirche besuchen wolle, was ich natürlich bejahte.

Wir kamen nur bis kurz hinter die Kirchentür, wo wir dann eine dreiviertel Stunde lang standen und uns unterhielten. Denn schon nach wenigen Worten wurde mir klar, dass ich einen kompetenten Gesprächspartner gefunden hatte, der mich noch mehr interessierte als das kostbare Innere der Kirche. Er war gut dreißig Jahre alt, machte in jeder Hinsicht einen souveränen Eindruck und vermittelte mir mit präzisen Worten ein wenig von der Sicht der orthodoxen Kirche.

Er sei im August 1995 nach dem kroatischen Sturm auf die Krajina aus der Banija hierher geflüchtet. Vor Jahrhunderten habe die orthodoxe Kirche seine frühere Heimat, etwa fünfzig Kilometer südlich von Zagreb gelegen, mit viel Gold von den Habsburgern erworben. So stehe es auch in Verträgen und Grundbüchern, soweit diese nicht in den letzten Jahren vernichtet worden wären. Die Orthodoxie habe sich immer um Ausgleich unter den Völkern bemüht, niemals Andersgläubige bedrängt, sich nie in die Politik eingemischt. Nur gegen Milosevic habe man nach anfänglicher Zurückhaltung klar Stellung bezogen. Unter den Türken sei die orthodoxe Kirche im Großen und Ganzen respektiert worden, die vielen Kirchen und Klöster im Kosovo, auch Decani, seien in dieser Zeit gebaut oder ausgebaut worden. Die katholischen Ustaschen hingegen hätten im Zweiten Weltkrieg Tausende orthodoxe Priester ermordet, zahllose Kirchen zerstört. Auch Tito habe seine Glaubensgemeinschaft nicht gerade gefördert, schon in seiner Zeit hätte es Anschläge auf religiöse Einrichtungen und Friedhöfe gegeben. Es sei aber verboten gewesen, dies als rassistisch oder ethnisch motivierte Verbrechen zu bezeichnen.

Der Kosovo sei immer serbisches Gebiet gewesen, was man eigentlich schon am Namen erkennen könne: »Kosovo« sei ein serbisches Wort und bedeute »Amsel«, während »Kosova«, wie die Albaner das Land nennen, nur die Albanisierung der serbischen Bezeichnung sei. »Ähnliche Rückschlüsse erlauben fast alle zweisprachigen Ortsnamen. Im Serbischen haben sie jeweils ihre Bedeutung, die albanische Version hingegen ist nur die albanische Ausdrucksweise für unsere Namen und bedeutet auf Albanisch gar nichts. Trotzdem stellt die UNO jetzt Ortsschilder auf, auf denen meist nur noch die albanische Bezeichnung angeführt ist. *Wir* hatten kein Problem mit den zwei Sprachen, wir sind das schon lange gewöhnt, doch *andere* hatten damit ein Problem.« Probleme habe es indes keineswegs mit *allen* Albanern gegeben. Im Gegenteil, viele hätten sogar in den orthodoxen Kirchen ihre Andachten abgehalten, obwohl sie gar nicht orthodoxen Glaubens waren.

»Da jedoch die serbisch orthodoxe Kirche immer eine der wichtigsten kulturellen Institutionen des Serbentums war, war sie auch stets Zielscheibe antiserbischer Fanatiker. Schon seit Jahrzehnten, auch unter Tito.« Nach dessen Tod sei es ganz besonders schlimm geworden. Anfang der achtziger Jahre hätten hier Zustände geherrscht, die durchaus pogromartige Züge gehabt hätten. Dies und nur dies habe den Aufstieg Milosevics ermöglicht. Auch unter der K-FOR seien die Attacken weitergegangen. Seit deren Einmarsch seien sechsundachtzig Kirchen und Klöster zerstört worden. Er übergab mir eine umfangreiche, vierfarbige Dokumentation, in der alle diese Gebäude zweifach abgebildet waren: einmal vor, einmal nach ihrer Zerstörung. »Wenn die Italiener nicht gleich am ersten Tag nach Decani gekommen wären, gäbe es auch dieses Kloster nicht mehr.« Noch vor ein paar Monaten habe es einen Granatenangriff auf das Kloster gegeben, und wenn die K-FOR morgen abzöge, wäre es übermorgen dem Erdboden gleichgemacht.

Ich wollte ihn ein wenig provozieren und stellte fest, dass die Serben offenbar das unschuldigste und verfolgteste Volk seien. Wie sonst wäre diese Leidensgeschichte zu verstehen? »Quatsch«, meinte er, »die Serben sind ein Volk wie andere Völker auch. Sie haben nur das Pech, dass sie in diesem Teil der Erde, wo so viele verschiedene Völker leben, die größte Gruppe darstellen. Natürlich gab es da immer wieder Streit unter diesen Völkern, nicht anders als in Mitteleuropa. Aber sehen Sie sich die Geschichte an: Alle *großen* Konflikte sind von außen auf den Balkan hereingetragen worden. Egal, ob Türken, Habsburger oder Deutsche, immer waren die Serben hier deren Hauptgegner, die es in erster Linie zu besiegen galt, wenn man die Macht über den Balkan erringen wollte. Und es war für diese Eroberer stets sehr hilfreich, zahlenmäßig kleinere Völker zu umwerben, sie als Verbündete gegen die Serben zu gewinnen. Teile und herrsche!«

Pater Sava sei eine bedeutende Persönlichkeit, sei aber leider nicht da und auch er müsse mich jetzt verlassen, sagte er noch, da um fünf Uhr eine Andacht anstehe. Während ich mir dann in der Kirche Fresken und Ikonen aus sieben Jahrhunderten ansah, kamen zwei junge Leute herein, die einen etwas verunsicherten Eindruck machten. Ich sprach sie an und erfuhr, dass sie aus Deutschland kamen; sie, keine zwanzig Jahre alt, aus Leipzig, er, nicht viel älter, aus Hamburg. Sie wohnten wie ich in Orahovac und arbeiteten im Auftrag einer Organisation mit dem Namen »Schüler für Frieden auf dem Balkan«. Ich war beeindruckt, denn von dieser Organisation hatte ich bisher noch nichts gehört.

Die beiden erzählten mir eine merkwürdige Geschichte, die mir auch ihre Verunsicherung verständlich machte: Sie seien heute Morgen mit zwei Serbinnen aus Velika Hoca, der schon erwähnten serbischen Enklave bei Orahovac, nach Pec gefahren. Eine der serbischen Frauen habe vor dem Krieg im Kloster von Pec gewohnt und sie habe den Wunsch gehabt, wieder einmal dorthin zu kommen – ohne K-FOR-Begleitung, eine nicht ungefährliche Sache. Sie seien jedoch problemlos bis zum italienischen Checkpoint vor dem Kloster gelangt. Dort aber hätten die Italiener darauf bestanden, dass sie sich im Zentrum von Pec eine Besichtigungsgenehmigung besorgten.

»Wir haben ihnen eindringlich gesagt, dass es zu gefährlich sei, mit Serben in die Stadt zu fahren, doch die Italiener blieben stur, sie ließen uns nicht hinein.« So mussten sie denn – so wie ich auch – zum K-FOR-Hauptquartier in die Stadt. »Dort versuchten wir, die Genehmigung zu bekommen, ohne unsere zwei Begleiterinnen als Serbinnen enttarnen zu müssen. Es half nichts, alle vier Pässe mussten abgegeben werden.« Sie hätten die Genehmigung bekommen, doch als sie dann im Kloster waren, seien plötzlich italienische Soldaten angerückt. »Die haben gesagt, dass man die beiden Frauen in der Stadt als Serbinnen erkannt habe und sie deshalb das Kloster nicht verlassen dürften.« Die Rückreise ohne militärischen Schutz sei nicht zu verantworten, sie würden am nächsten Tag von der K-FOR nach Velika Hoca zurückgebracht.

Ich war sprachlos, denn die kleine Geschichte zeigte, unter welchen Bedingungen Serben heute im Kosovo leben, wie tief der Hass saß und wie weit verbreitet er offenbar war.

IM SERBISCHEN GETTO

Ich war um achtzehn Uhr mit Oliver in der OSZE-Zentrale in Orahovac verabredet, der mich ins serbische Getto hinauffahren sollte. Es herrschte noch reger Betrieb; Oliver war noch nicht da und ich kam mit einem älteren Engländer ins Gespräch, einem hageren Herrn, dessen graue, am Hinterkopf zu einem Zöpfchen zusammengebundenen Haare nicht ganz zur sonst eleganten Erscheinung passten. Er sprach mich an und wollte wissen, zu welcher Organisation ich gehöre. »I'm just a tourist«, antwortete ich, was ihn ziemlich erstaunte. Er habe hier noch keine Touristen gesehen, meinte er, und ich würde ihn wohl auf den Arm nehmen. Um ihn nicht an meinem Verstand zweifeln zu lassen, sagte ich, dass ich hier eine alte

Freundin, die bei der OSZE arbeite, besuchte. Selbst das wollte er mir nicht so recht abnehmen, doch er erzählte mir, dass er hier im Auftrag von »Christian Aid« arbeite, einer großen englischen Hilfsorganisation.

Er sei schon in vielen Ecken der Erde gewesen, in Indien, in Afrika, aber was sich hier im Kosovo abspiele, das sei schier unglaublich. »Unbelievable, unbelievable«, wiederholte er einige Male, hier stünden sich die Helfer gegenseitig im Wege. Vierhundert große Hilfsorganisationen seien hier im Einsatz, und wenn man noch die lokalen Einzelprojekte dazuzähle, dann komme man auf über siebenhundertfünfzig. Das schiene mir denn doch maßlos übertrieben, meinte ich, doch er beharrte darauf. Später habe ich dazu einige Leute befragt, die meinten, diese Zahlen könnten durchaus zutreffen.

So sehr jede Hilfsorganisation meinen vollen Respekt genießt und so sehr ich jedem Hilfsbedürftigen, von denen es hier trotz der vielen neuen Autos zweifellos viele gab, jede Hilfe gönnte, so kam ich nicht umhin, etwa an meine Bekannten in Novi Sad zu denken. Die mussten mit ein paar Mark im Monat auskommen, niemand half ihnen. Soweit überhaupt jemand an sie dachte, geschah es – völlig zu Unrecht – mit schadenfreudiger Verachtung; acht Jahre lang wurden sie vom Embargo ausgehungert, der Mafia ausgeliefert, von den Bomben gar nicht zu reden.

Cica

Mein »Chauffeur« kam und wir besprachen die Strategie: Wenn ich länger bei den Serben bleiben wolle, meinte er, wäre es besser, wenn ich meinen eigenen Wagen nehme, dann könne ich bleiben so lange ich wolle und später allein mit dem Wagen herunterfahren; das sei sicherer als zu Fuß, er habe mit der K-FOR schon alles abgesprochen. So fuhr ich denn hinter ihm her, hinauf durch die hohle Gasse, ins Getto der Serben.

Nach kurzer Passkontrolle am deutschen Checkpoint parkte ich mein Auto in der finsteren Geisterstadt. Cica musste mich gehört haben, denn sie stand plötzlich vor mir. Sie habe gerade Aivar gemacht und könne mir daher die Hand nicht geben, sagte sie entschuldigend und verwies auf ihre verschmutzten Hände, die im Dunkel der Nacht allerdings kaum erkennbar waren. Wir gingen ins »Fenix«. Cica war gut gelaunt; im OSZE-Büro sei nachmittags nichts los gewesen, und am Vormittag habe sie wie stets unterrichtet.

Damit waren wir schon bei einem Thema, das mich interessierte, da es oft in unseren Medien behandelt wurde: »Wie war das mit der Schule nach Aufhebung der Kosovo-Autonomie? Durften nun die albanischen Kinder damals noch in die Schulen oder nicht?« Cica war entrüstet, jeder frage sie das. »Wo habt ihr nur eure Informationen her? Schau, ich bin Lehrerin, unterrichte Serbisch und Literatur. An unserer Schule gab es bis zuletzt serbische und albanische Schulklassen. Mein Vater war Direktor an der Schule, aber nur einer von zweien; mein Vater war der *Zweite*, Chef war seit vielen Jahren ein Albaner.« Aber nicht allen Albanern habe das Nebeneinander gepasst. Oft habe sie in der Stadt albanische Schüler getroffen, die sich von ihr abgewandt hätten, um sich tags darauf in der Schule weinend dafür zu entschuldigen: Die Eltern hätten ihnen verboten, Serben zu grüßen.

Orahovac sei nach dem Zweiten Weltkrieg zu sechzig Prozent serbisch gewesen, 1998 gerade noch zu fünfundzwanzig Prozent, etwa fünftausend Menschen. All die Jahre habe es immer wieder Morde an Serben und Anschläge auf serbische Einrichtungen gegeben. Aber wer darin eine rassistische Tat gesehen und das auch laut gesagt habe, sei wegen Beleidigung des albanischen Volkes ins Gefängnis gewandert. Trotzdem könne niemand sagen, dass das Zusammenleben überhaupt nicht funktioniert habe. Sie, Cica, habe zahllose albanische Freunde gehabt. In Orahovac habe sich sogar eine eigene Sprache entwickelt, die man auch in anderen Regionen spreche, so auch in Teilen der Stadt Nis. (Sie nannte mir für diese Sprache einen Fachausdruck, den ich leider vergessen habe.) »Was bedeutet das Wort *Orahovac*?«, fragte ich zwischendurch und erfuhr, dass man es am besten mit »Walnussstadt« übersetzen könne.

Jetzt gebe es hier noch knapp sechshundert Serben, das serbische Viertel, mit Abstand das älteste der Stadt, habe heute nicht viel mehr als hundert Meter im Durchmesser, verlassen könne man es nicht. Noch vor einigen Monaten sei ein alter Mann aus seinem Weingarten gekidnappt worden, trotz schärfster K-FOR-Kontrollen, er sei einfach spurlos verschwunden. Jede Woche gebe es einen Konvoi nach Kosovska Mitrovica, der größten serbischen Enklave im Kosovo. »Und das sieht so aus: Vorne zwei Panzer, dann unser Bus, dann wieder zwei Panzer.« So komme man in das sechzig Kilometer entfernte Mitrovica, wo man Freunde besuchen und einkaufen könne, dann ginge es im Konvoi wieder zurück. »Wir leben hier im Gefängnis und ich weiß jetzt, was es heißt, hinter Gittern zu leben.« Man werde krank. Vor ein paar Wochen habe ein Mann durchgedreht, sich absichtlich die Hände verstümmelt. Ihr selbst gehe es vergleichsweise sehr gut, sie habe die Schule, die Kinder sowie ihre Arbeit bei der OSZE. Früher habe sie ihr Lehrergehalt noch aus Belgrad bekommen, doch seit einigen Monaten komme von dort einfach nichts mehr. Jetzt werde sie von der OSZE bezahlt.

Wie sie zu K-FOR und UNO stehe, wollte ich wissen. Die Kontakte zu den deutschen Soldaten seien sehr gut (»very nice guys«). Anfangs seien sie von Holländern beschützt worden, worüber sie zunächst sehr froh gewesen sei, die hätten aber nur getrunken. Mit den Deutschen sei es dann besser geworden. Heidi sei eine großartige Frau, aber auch die anderen von der OSZE absolut in Ordnung. Besonders Daniel, ein junger Däne, der hier im serbischen Viertel eine Wohnung gemietet habe. »Stell dir vor, der hat sogar seine siebzehnjährige Schwester hierher gebracht. Ich habe, welch schöner Zufall, gerade aus ›Hamlet‹ gelesen, als plötzlich die Klassentür aufging und dieses tolle dänische Mädchen hereingekommen ist«, sagte Cica begeistert und verwischte hinter der dicken Brille eine Träne.

Ich lenkte das Gespräch auf den Bürgerkrieg, um zu erfahren, wie Cica die Ereignisse vom 17. Juli 1998 erlebt hatte. Abgesehen davon, dass sie den Schwerpunkt ihrer Schilderung auf den Angriff der UCK legte, passte ihre Version durchaus mit der heute Morgen aus albanischem Mund gehörten zusammen. Sie habe die Schießerei hautnah miterlebt, diese habe urplötzlich begonnen und zwar gleichzeitig an vielen Stellen in der Stadt, überall wo Serben lebten. Es sei unmöglich, für das ohrenbetäubende Knallen und für die Angst, die sie alle empfunden hätten, wenigstens halbwegs zutreffende Worte zu finden; überall hätten die Kugeln eingeschlagen, auch in ihrer Wohnung. Es habe schier ewig gedauert, bis endlich das Militär gekommen sei, und die UCK habe auch dann noch lange Widerstand geleistet.

»Wir haben gemeinsam gelitten«

Warum die Serben nicht an den Kommunalwahlen teilnehmen würden, war meine nächste Frage. Sie lachte: »Sollen wir einen von uns in den Stadtrat von Orahovac wählen? Der käme doch schon von der Angelobung nicht lebend zurück. Das weiß jeder, auch Herr Kouchner[184], das ist doch alles ein Witz.« Ob sie auf einen Sieg Rugovas hoffe? Nein, sie habe kein Vertrauen in Rugova. »His methods are different, but his aims are the same.« Der spiele den Heiligen, trage jedoch viel Schuld an der Entwicklung. Stets habe er einen unabhängigen Kosovo angestrebt, obwohl er gewusst habe, dass Serben in so einem Staat keinen Platz gehabt hätten. »Wir haben doch alle gemeinsam unter der Politik gelitten – denk an die UNO-Sanktionen –, Rugova sah nur das Leid der Albaner.« Natürlich könne man sagen, dass Jugoslawien in den letzten Jahren ein Polizeistaat gewesen sei, aber man müsse auch sehen, dass es eben sehr viele Verbrechen gegeben habe. Das habe sich gegenseitig in die Höhe geschaukelt und *alle* hätten darunter gelitten. Wenn ein Albaner getötet worden sei, dann seien es die rassistischen Serben gewesen, zu den getöteten Serben habe Rugova geschwiegen.

Welche Perspektive sie sehe? Sie glaube einfach daran, antwortete sie, dass sich die Wahrheit durchsetzen werde. Sehr viele Leute aus der ganzen Welt würden jetzt hierher kommen und sehen, dass die Dinge ganz anders liegen würden, als sie es früher geglaubt hätten. »Warum zerstören die Albaner unsere Kirchen? Aus Rache? Das glaubt doch kein Kind. Nein, es gibt leider sehr viele, denen es um die Zerstörung der Serben geht, die alles vernichten, was mit Serben zu tun hat. Die wollen nicht mit uns leben, genauso wenig wie mit den anderen Völkern, die im Kosovo waren. Das ist aber nicht neu und das hat gar nichts mit Milosevic zu tun; das Problem ist sehr viel älter.«

Dass Milosevic das Land in die Katastrophe geführt habe, sei offensichtlich, doch die Ursachen für die Katastrophe lägen weit tiefer und viele, die von außerhalb hierher kommen, hätten das inzwischen begriffen. »Die fragen sich doch auch, warum die Kroaten von hier flüchten mussten, warum Roma und Goranen – eine eigene jugoslawische Volksgruppe – zusammengeschossen, ihre Häuser abgebrannt wurden, wo die Juden von Pristina geblieben sind. Weil sie gemeinsam mit uns Serben die Albaner unterdrückt haben? Lächerlich! Dass man nicht rot wird, so etwas als Begründung für Mord und Vertreibung überhaupt auszusprechen.« Wie es weitergehe, wisse sie nicht. Sie und die anderen hier könnten nur ausharren und alles tun, damit mehr Serben zurückkehren wollten. In den letzten Monaten seien immerhin ein paar mehr gekommen, als weggezogen seien. Der Grund dafür liege allerdings auch darin, dass die Leute hier wenigsten zu essen hätten; aber immerhin.

Cica beeindruckte mich sehr. Zwar von zierlicher, fast zerbrechlicher Gestalt, vermittelte sie doch viel Kraft und Courage. Vor zehn Jahren sei sie einmal auf Einladung des UNHCR [UNO-Hochkommissariat für Flüchtlingsfragen] in New York gewesen. Da habe es im UNO-Gebäude einen Empfang mit Bob Dole gegeben, einem US-Senator, der stets gegen Jugoslawien agiert habe. »Wir standen in einer langen Reihe und gönnerhaft gab er jedem die Hand. Als er bei mir ankam, verschränkte ich die Arme vor der Brust und ignorierte seine ausgestreckte Rechte. Er sah mich erstaunt an und ich sagte ihm, ich komme aus Jugoslawien, aus Belgrad. Bob Dole murmelte ›pity‹ und ging weiter.«

Ich sprach sie auf ihr schwarzes Halstuch an und fragte, ob sie Trauer für Jugoslawien trage. Sie wurde sehr ernst: »No, my sister died four months ago.« Ich entschuldigte mich für die dumme Frage und erkundigte mich, wie es dazu gekommen sei. Nach einigem Zögern – sie spürte wohl, dass mich nicht Neugierde trieb – erzählte sie, dass ihre Schwester in Pristina gelebt habe, nach dem Einmarsch der K-FOR nach Belgrad geflüchtet sei, dort schwere Depressionen bekommen und sich schließlich das Leben genommen habe. »She died in the Dunav«, fügte sie leise hinzu.

»Was haben wir den Albanern getan?«

Ich wäre wohl nicht so rasch zu einer Fortsetzung des bisher eher lockeren Gespräches fähig gewesen, wenn uns nicht Leute vom Nachbartisch aufgefordert hätten, uns doch zu ihnen zu setzen. Da waren zwei junge Frauen, die energische Tanja, die hübsche Slavica, der Kellner und noch einige Gäste. Wir nahmen die Einladung an und wenig später wurde es sehr lebendig in der nunmehr größeren Runde. Kreuz und quer ging die Debatte, oft sprach ich mit fünf Leuten zugleich, über vier verschiedene Aspekte des Themas. Meine Anwesenheit war für die Leute offenbar eine willkommene Abwechslung und zu erzählen gab es mehr als genug. So chaotisch das Gespräch auch verlief, es war sehr interessant, einmal ein unverblümtes Stimmungsbild in einem serbischen Wirtshaus zu bekommen, und so will ich versuchen, einige Brocken davon wiederzugeben.

Was ich hier im Kosovo erlebe, hieß es gleich am Anfang, sei wohl eine der größten Irrsinnigkeiten, die je auf der Welt stattgefunden hätten. Kein Regisseur der Welt, nicht Fellini, nicht Kusturica, könne sich etwas derart Groteskes ausdenken: »Da fallen die mächtigsten und zivilisiertesten Nationen der Welt über ein kleines Land her, vernichten es unter Einsatz von Milliarden von Dollars, auf dass es ein Hort der Multiethnizität werde. Und dann gehen sie her und bauen es mit noch mehr Milliarden und unter den größten Sicherheitsvorkehrungen wieder auf. Mit dem Resultat, dass es heute wohl jenes Land der Erde ist, in dem die Rassen am schärfsten voneinander getrennt leben.«

Und warum das ganze Spektakel? »All because of what we did to the ethnic Albanians.« Da habe die großartige Welt einfach nicht länger zuschauen können.

Also, das sei die zentrale Frage: »What did we do to the Albanians?« Die Antwort bekam ich gleich wasserfallartig geliefert: »Sie sind zu uns gekommen, über die Berge, aus dem gelobten Albanien. Nicht wir sind zu ihnen gekommen. Sie konnten sich hier ansiedeln und ihre großen Familien gründen. Hier gab es alles fast zum Nulltarif: den Strom, die Kindergärten, Schulen, Bibliotheken und Krankenhäuser. Milliardenprojekte wurden im Kosovo realisiert.« Das Steueraufkommen der Albaner sei gleich null gewesen, worüber sich die reichen Slowenen und Kroaten stets am meisten aufgeregt hätten, was ich, falls ich es nicht glaube, in tausend Parlamentsprotokollen nachlesen könne. Doch Tito habe gesagt, das müsse so sein, also habe der Rest von Jugoslawien stets brav bezahlt. »This is what we did to the ethnic Albanians.«

Niemand habe das kulturelle Leben der Albaner gestört, auch 1999 habe es im Kosovo fünfzig albanischsprachige Zeitungen gegeben. Und Albaner seien, bis sie ihren eigenen Staat gründen wollten, in allen politischen Funktionen des Staates stets überrepräsentiert gewesen, hätten in Jugoslawien, auch nach Tito noch, Staatspräsidenten, Finanzminister und Chefs der Geheimpolizei gestellt. Immer schon habe man das Albanische gefördert, wo man nur konnte.

Als die Albaner in den sechziger Jahren eine eigene Universität wünschten, habe man sie gebaut, großteils mit serbischen Geldern. Egal wieviele Kinder eine Familie gehabt habe, alle hätten eine Ausbildung bekommen – gratis selbstverständlich. Tito habe gesagt, man müsse die Skipetaren schulen, dann würden sie von selbst ihre archaischen Bräuche vergessen, man müsse die Gesetze der Blutrache mit Bildung besiegen. Als dann sehr bald dreißigtausend Studenten in Pristina studierten und es zu wenig albanischsprachige Lehrer gab, habe man diese zu Hunderten aus Albanien geholt, damit sich nur ja niemand beschweren könne. Man habe die Freiheit der Wissenschaft hochgehalten und untätig zugeschaut, wie diese Marxisten aus Tirana ihre maoistischen Heilslehren verkündeten und Revolutionäre ausbildeten. Und auch als diese dann in den Untergrund gegangen seien, zahllose Anschläge auf Serben verübt hätten, habe man noch lange Zeit die Hände in den Schoß gelegt. »This is the truth and this is what we did to the ethnic Albanians.«

Der Wurm im Lügengebäude

Klar, dann sei Milosevic gekommen, ging es sarkastisch weiter, und der habe sie umbringen und in Massengräber verscharren lassen. »Doch wo sind diese Gräber?« Ganze Heerscharen von Experten aus allen Teilen der Welt seien hier gewesen, hätten alle verhört, hätten monatelang gesucht und gegraben. Mal habe es triumphierend geheißen, hier gäbe es Leichen, dann wieder am anderen Ende der Stadt. Schließlich habe man die Suche enttäuscht aufgegeben. Alle Albaner, die im Bürgerkrieg in Orahovac getötet worden seien, hätten ihr Grab, jeder für sich, am städtischen Friedhof. Doch wo seien die Serben geblieben? Achtundfünfzig Serben habe die UCK allein aus Orahovac einfach verschleppt, bis heute habe man nie mehr etwas von ihnen gehört. Und wenn man die Experten gefragt habe, warum sie nicht nach *serbischen* Leichen suchten, habe mancher gesagt: »Sorry, that's not our job.«

Tanjas Gatte sei Ende Juni 1999 verschleppt worden, vor den Augen der K-FOR, bis heute habe man nichts mehr über ihn gehört. »Gut, mein Fehler«, sagte Tanja, »ich bin nie in Tränen aufgelöst vor Fernsehkameras gerannt. Wir sind eben gefühllose Menschen. Uns ist es egal, wenn man unsere Männer und Kinder umbringt.«

An dem Tisch, an dem ich jetzt sitze, so ging es übergangslos weiter, seien schon viele gesessen. Ein Deutscher von der UNO beispielsweise, der habe ihnen von den hunderttausenden Türken in Berlin erzählt. Die würden, ähnlich wie hier die Albaner, auch viel mehr Kinder in die Welt setzen als die Deutschen und Berlin, so habe er gemeint, wäre in hundert Jahren wahrscheinlich eine türkische Stadt. Es sei ein lustiger Abend gewesen, sie hätten in allen Details durchgespielt, was passieren würde, wenn die Türken in Berlin eine türkische Republik ausriefen, so wie es Rugova vor zehn Jahren im Kosovo getan habe. Aber – es kam noch mehr schwarzer Humor ins Spiel – man wolle sich nicht mit Deutschland vergleichen. »Ihr seid ja zivilisierte Demokraten.« In Deutschland liebe man fremde Kulturen, da habe kein Milosevic eine Chance. Und man versprach mir, mich dereinst im deutschen Getto von Berlin zu besuchen.

Auch Journalisten aus allen Kontinenten seien hier gewesen – von der »Washington Post« über die »BBC« bis zum »Spiegel« – und alle hätten großes Verständnis für die Lage der Serben im Getto gehabt. Doch in deren hinterher verfassten Berichten hätte man dann immer wieder lesen müssen, dass sie, die uneinsichtigen Serben, blind dafür seien, »for what we did to the ethnic Albanians«. Und das heiße ja wohl, dass »wir hier letztlich unsere verdiente Strafe verbüßen«. Doch eines sei ganz sicher: Niemals, jedenfalls nicht bis die Nato mit dem Bombardieren begonnen habe, habe auch nur ein einziger Albaner das Land verlassen müssen, nur weil er Albaner war. Und weil dem so sei, fehle dem ganzen Nato-Spektakel jegliche Legitimität. Die neuen Herren in Pristina wüssten das ganz genau, doch sie könnten es nicht offen aussprechen, denn dann wäre ja die ganze Welt blamiert.

Und so werde denn wider jeden Augenschein das Märchen von der Vertreibung der Albaner weitererzählt und alle könnten zufrieden sein: Die Politiker hätten mal wieder Krieg spielen dürfen, die Militärs könnten hier jetzt ihre Manöver abhalten und die Albaner hätten endlich ihr Land. »Nur wir hier im Getto, wir sind der Wurm im Lügengebäude. – And that's why we stay here.«

Es war schon nach Mitternacht, als uns der Kellner bedeutete, dass der Akku der Neonröhre, in deren kaltem Lichtschein wir so heiß debattierten, bald aufgebraucht sei. Ich verabschiedete mich herzlich und passierte einen salutierenden deutschen Soldaten. Wilhelm Tell im Kopf, ein flaues Gefühl im Magen, rumpelte ich sodann im Eiltempo die hohle Gasse hinab.

Am nächsten Morgen, noch vor sieben Uhr früh, kratzte ich eine dicke Eisschicht von der Windschutzscheibe und startete Richtung Heimat. Am Ortsende von Orahovac fiel mir erstmals eine Tafel auf, die man auf den zweiten Blick als Ortsschild erkennen konnte. »Rrahovec« war zu darauf zu lesen. Die Tafel war ganz neu und offenbar im Auftrag der UNO erstellt. Da wurde mir bewusst, dass man »Walnussstadt« wohl tatsächlich bis auf weiteres wird vergessen können.

Es war Sonntag, die Verkehrslage gut, kurz von der Grenze tankte ich den Wagen sehr preiswert auf, der Liter war immerhin siebzig Pfennige billiger als in Deutschland. Am englischen Grenzposten gab es eine sehr penible Kontrolle, erstmals musste sogar das Reserverad raus. Und es gab auch ein kleines »Verhör« dazu, was ich denn im Kosovo gemacht habe. Schließlich wurde ich dann doch freundlich entlassen, und zwar mit den Worten: »The first tourist is leaving Kosovo.«

Die Kinder von Kragujevac

Jenseits der Grenze war die Verkehrslage allerdings noch deutlich »besser«. Nach einigen Kilometern sah ich einen heftig winkenden alten Mann am Straßenrand und ich blieb stehen. Er war schwer behindert, konnte sich nur mit Mühe am Stock in den Wagen zwängen. Er müsse nach Belgrad, sagte er, als er dann endlich bequem neben mir saß, denn er wolle noch einmal seinen greisen Vater im Krankenhaus besuchen. Ich staunte, wie gut er die deutsche Sprache beherrschte, denn zwar ganz langsam, mit Pause nach jedem Wort, bildete er sehr schöne Sätze.

Er habe lange in Klagenfurt gearbeitet, erklärte er mir. »Ich saß rund um die Uhr am Steuer eines Lkw und kenne jedes Land in Europa.« Zweitausend Schillinge habe er dort anfangs verdient, sein Chef sei Porsche und Mercedes gefahren, doch es sei eine sehr schöne Zeit gewesen und er habe jetzt eine Rente. Seine dreitausend Dinar – fünfundachtzig Mark – seien mehr, als viele andere hätten, und doch reichten sie nicht zum Leben, denn sechzehn Leute müssten mit diesem Geld das Auslangen finden. Seine Söhne seien seit zwei Jahren ohne Arbeit, ihre Frauen schon viel länger, sein Bruder mehr tot als lebendig. Den habe ein Nato-Geller am Kopf gestreift. Immer wieder deutete er aus dem Fenster, auf Treffer der Nato, auf Eisenbahnschienen, Kasernen, Bahnhöfe und Brücken.

Später auf der Autobahn, ich dachte, er schlafe gerade, zeigte er plötzlich auf eine große Tafel, auf der die Ausfahrt Richtung Kragujevac angekündigt wurde. »Kennen Sie die Geschichte der Kinder von Kragujevac?«, fragte er mich. Natürlich kannte ich sie, doch ich wollte wissen, wie *er* sie im Kopf hatte. »Nicht genau«, sagte ich, »erzählen Sie doch.«

Bedächtig, jedes Wort sorgfältig wählend, begann er: »Ja, das war am 21. Oktober 1941, vor neunundfünfzig Jahren.« Tito habe zehn Tage davor einen Überfall auf General Löhrs' 749. Regiment gemacht. Hundert Partisanen seien dabei ums Leben gekommen, aber auch zwanzig Deutsche und auch etliche Verletzte habe es auf deutscher Seite gegeben. »Und da gab es diesen Befehl von Hitler, dass für jeden getöteten deutschen Soldaten hundert Geiseln erschossen werden müssten und fünfzig für jeden Verletzten.« Und dieser Befehl sei dann wortgetreu ausgeführt worden. »Da haben sie alle Männer von Kragujevac eingefangen. Doch sie fanden in der ganzen Stadt nicht viel mehr als zweitausend. Und das waren ja zu wenig. Da sind sie rein in das Gymnasium und haben alle Lehrer herausgezerrt. Aber es waren noch immer nicht genug. Da sind sie dann nochmals in die Schule hinein und haben zweihundert Kinder herausgeholt. Und dann wurden sie alle zusammen erschossen. Ja, so war das mit den Kindern von Kragujevac. Merken Sie sich diese Geschichte!«

AM ENDE DES JAHRZEHNTS

Das Jahr 2000 neigte sich dem Ende zu und mit ihm, arithmetisch betrachtet, das Jahrhundert, das Jahrtausend gar. Zu Ende ging auch das Jahrzehnt, über das ich hier berichtet habe. Noch einmal fuhr ich in meine alte Heimat, ins Vorarlberger Ländle, und ich tat, was ich all die Jahre immer wieder verabsäumt hatte: Ich besuchte Milan, einen alten Freund, der früher einmal bei den jugoslawischen Vereinen in Vorarlberg an führender Stelle tätig war. In den achtziger Jahren war ich des Öfteren privat bei ihm eingeladen gewesen und ich fand ihn tatsächlich noch an seiner alten Adresse vor. So überraschend mein unangekündigtes Erscheinen nach so langer Zeit für ihn auch gewesen sein mag, die Freude über unser Wiedersehen war ehrlich.

Mehr als zehn Jahre lang hatten wir keinen Kontakt und die Kluft, die uns von den achtziger Jahren trennte, war in der Zwischenzeit abgrundtief geworden. Milan hatte über gemeinsame Bekannte schon vernommen, dass ich in Deutschland mit einer Kroatin zusammenlebe, und er war wohl ein wenig misstrauisch, was meine Sicht auf die jüngsten Kriege am Balkan betraf. »Glaubst auch du, dass wir Serben alle Schweine sind?«, fragte er mich ebenso unverblümt wie besorgt, als wir nach einiger Zeit auf Jugoslawien zu sprechen kamen. Ich hatte bis dahin nicht gewusst, dass Milan ein Serbe war, und vor zehn Jahren wäre dieser Umstand für mich völlig bedeutungslos gewesen. In diesem Moment war mir jedoch klar, dass mit dieser

Frage viel von dem Elend zum Ausdruck kam, in dem heute wohl ein jeder im Ausland lebende Serbe steckt.

Milan konnte es kaum glauben, dass ich mich all die Jahre so intensiv mit den Vorgängen in seiner Heimat auseinandergesetzt hatte. Und er kam aus dem Staunen nicht heraus, als ich ihm von Maria erzählte, von Josip, Nina, Cupe und Mitscha und davon, wie etwa die Sprengung serbischer Häuser in Zadar oder die Dalmatinische Kristallnacht mein Bild über die Entwicklung in Jugoslawien geprägt haben.

Auch Milan hatte viel zu erzählen, wenngleich nichts Erfreuliches. Er lebe jetzt allein, seine Frau, eine Kroatin, habe ihn, wie er mich aufklärte, vor Jahren verlassen und mit ihr die zwei fast erwachsenen Söhne. Freundschaftsfeste unter Jugoslawen, lachte er bitter auf, gebe es schon lange nicht mehr. Einige Vereine von damals existierten zwar noch heute, doch alles sei streng nach Nationen getrennt. Man sei sich sehr oft in die Haare geraten, Kroaten, Serben und Muslime, am Arbeitsplatz, auf der Straße und in Kneipen. »Ist ja kein Wunder, unsere Verwandten in Jugoslawien bringen sich gegenseitig um und wir arbeiten hier nebeneinander in der selben Firma, wohnen Tür an Tür.«

Nur wenige Freunde seien ihm geblieben. Anstelle des Vereinslebens, das früher fast seine gesamte Freizeit ausfüllte, verdiene er sich jetzt jedes Wochenende als Taxifahrer ein paar Hunderter dazu, die von Verwandten in der Heimat dringend benötigt würden. Andere Vorarlberger Serben hätten sich neu organisiert, auch Demonstrationen gegen die Bomben auf Belgrad veranstaltet, doch er sei zu Hause geblieben. »Ich hätte auch gerne mitgemacht, was glaubst du, wie ich mich gefühlt habe? Doch ich hatte keine Kraft und letztendlich bringt es ja doch nichts, nur noch mehr Hass. Wir haben ohnehin schon fast alles verloren.«

»Ich habe etwas für dich«, rief Milan plötzlich und legte nach kurzem Suchen eine Videokassette in den Recorder. Wenige Augenblicke später waren längst vergessene Szenen am Bildschirm zu sehen: ausgelassen tanzende Menschen, lachende Gesichter – eines jener vielen jugoslawischen Freundschaftsfeste von damals.

»Das war nur eine Illusion«, stellte Milan tonlos fest. Ein paar Mal unterbrach er das Band, um mir etwas vom weiteren

Schicksal der einen oder anderen gezeigten Person zu erzählen. Meist stand es in krassem Gegensatz zur fröhlichen Unbeschwertheit, die das Video zeigte.

Solche Filme sind rasch ermüdend, das wusste auch Milan; doch eine Stelle musste er mir noch zeigen. Er fand sie recht schnell, hatte sie sich wohl des Öfteren angesehen. Die Musikgruppe des Vorarlberger Jugoslawenvereines »Mladost«, in der damals Serben aus Nis und Slowenen aus Maribor gemeinsam tanzten, sangen und spielten, interpretierte in diesem Ausschnitt ein mir sehr gut bekanntes Lied. Zahllose Male sangen es die Vereine damals speziell für mich – »za Kurta« (für Kurt), wie der Sänger dann ins Mikrophon zu brüllen pflegte –, denn es war allgemein bekannt, wie sehr es mir gefiel. Es hieß »Jugoslavijo« und war das wohl berühmteste, jedenfalls das schönste jugoslawische Lied. Stumm hörten wir es gemeinsam an.

1   Die Europäische Union (EU) wurde erst später gegründet, sie hieß damals noch Europäische Gemeinschaft (EG).

2   Siehe Literaturverzeichnis, z. B. Beham, Bittermann, Elsässer, Olschewski, Ulfkotte.

3   Peter Handke: »Eine winterliche Reise«, Frankfurt/Main 1996, Seite 31.

4   Hannes Hofbauer (Hg.): »Balkankrieg«, Wien 1999, Seite 61.

5   Auch die manchmal als Beispiel herangezogene Trennung Norwegens von Schweden im Jahre 1905 ist nur sehr bedingt vergleichbar.

6   Beide Zitate: Frankfurter Allgemeine Zeitung, 29. 7. 1991, Seite 8.

7   Frankfurter Allgemeine Zeitung, 2. 7. 1991, Seite 1.

8   Prinz von Savoyen, am französischen Königshof verschmäht, in Diensten der Habsburger erfolgreicher Feldherr.

9   Jugoslawischer Schriftsteller (u. a. »Die Brücke über die Drina«), 1961 mit dem Literaturnobelpreis geehrt.

10 Josip Strossmajer (1815 – 1905), Vorkämpfer für die Vereinigung der Südslawen.

11 Brockhaus Enzyklopädie in 24 Bänden, 19. Auflage, Mannheim 1990, Band 1, Seite 340.

12 Stichwortartige Darstellung der Balkanwirren am Beispiel der Geschichte der Stadt Belgrad: »Herren« über Belgrad waren (mit Angabe des jeweiligen Eroberungsjahres): Ungarn 1427, Türken 1521, Österreicher 1688, Türken 1690, Österreicher 1718, Türken 1738, Österreicher 1784, Türken 1791, Serben 1806, Türken 1813, Serben 1839, Österreicher 1915, Serben 1918, Deutsche 1941, Serben 1944.

13 Siehe etwa Karlheinz Deschner: »Katholische Schlachtfeste in Kroatien«, in: »Mit Gott und dem Führer«, Köln 1988.

14 Vgl. Karlheinz Deschner, Milan Petrovic: »Krieg der Religionen«, München 1999, Seite 258.

15 »Tito«, von »ti – to« (deutsch: »Du – das«), nach einem häufig gebrauchten Befehl. »Du (mach) das!« soll Josip Broz so oft angeordnet haben, bis ihn alle nur noch »Ti – to« bzw. »Tito« nannten.

16 Brockhaus Enzyklopädie, Band 11, Seite 270; Angaben für 1981.

17 Zwei besonders stark durchmischte Regionen: Vojvodina mit starker ungarischer Minderheit, Kosovo mit albanischer Mehrheit.

18 Serbien, Kroatien, Bosnien, Mazedonien; Montenegro, falls auch dieses sich abspaltete, wäre der fünfte Staat.

19 Vgl. Deschner, Petrovic, 12. Kapitel.

20 Riesiger Finanzskandal; Chef der Firma war Fikret Abdic, der später in Bosnien nochmals Bedeutung erlangte.

21 Kroatische nationalistische Erhebung, von Tito rigoros abgewürgt.

22 Der Spiegel, 16.4.1990, Seite 174.

23 Vgl. Mira Beham: »Kriegstrommeln«, München 1996, Anmerkung 36, Seite 252.

24 Vgl. auch Malte Olschewski: »Von den Karawanken bis zum Kosovo«, Wien 2000, Seite 47 ff.

25 Siehe Literaturverzeichnis, z. B. Glenny, Beham, Bittermann, Brey, Elsässer.

26 Bestialisch an vielen Fronten mordende Privatarmee von Zeljko Raznatovic, »Arkan« genannt, einem reichen serbischen Geschäftsmann, der wegen zahlreicher Verbrechen seit Jahren auf internationalen Fahndungslisten stand; am 15. Januar 2000 in Belgrad ermordet.

27 Vgl. News 14/94, Seite 50 ff.

28 Der Spiegel, 26.7.1999, S. 143.

29 »Danke Deutschland, meine Seele brennt. Danke Deutschland für das lieb' Geschenk. Danke Deutschland, vielen Dank, wir sind jetzt nicht allein. Und die Hoffnung kommt ins zerstörte Heim.« (Süddeutsche Zeitung, 17.1.1992, Seite 8)

30 Nach kroatischen Angaben wurden dabei 350 Serben getötet, 1200 verwundet. Vgl. Olschewski: »Von den Karawanken bis zum Kosovo«, Seite 149.

31 Vgl. ebenda, Seite 169.

32 http://groups.yahoo.com/group/decani

33 Vgl. Jacques Merlino, in: Bittermann (Hg.): »Serbien muss sterbien«, Berlin 1994, Seite 160.

34 Richard Holbrooke: »Meine Mission«, München 1998, Seite 52.

35 Vgl. Beham, Seite 221.

36 Brockhaus Enzyklopädie, Band 3, Seite 563; Angaben für 1981.

37 Vgl. Jacques Merlino, in: Bittermann (Hg.): »Serbien muss sterbien«, Seite 161.

38 Zitiert nach Beham, Seite 223; siehe dort auch Anmerkungen 42 bis 47, Seite 253.

39 Zitiert nach Holbrooke, Seite 54.

40 Zitiert nach Hofbauer, Seite 85.

41 Vgl. Erich Rathfelder: »Sarajevo und danach«, München 1998, Seite 53.

42 Vgl. Der Spiegel, 15.2.1993, Seite 153.

43 Süddeutsche Zeitung, 22.5.1992, Seite 4.

44 Die Angaben über die Opfer des Massakers von Srebrenica sind sehr unterschiedlich: Die UNO spricht von »bis zu 8.000«, Olschewski von »mehr als 3.000«, das deutsche Bundesverteidigungsministerium von »30.000 Toten«. Zur Chronologie des Grauens muss erwähnt werden, dass die UNO-Schutzzone Srebrenica in den Jahren vor dem Massaker von muslimischer Seite als Ausgangsbasis für Gräueltaten in der Umgebung missbraucht wurde, bei denen über 1.000 serbische Zivilisten massakriert, Tausende verstümmelt und Dutzende Dörfer zerstört wurden.

45 Zu Ahmici und Stupni Do vgl. Olschewski: »Von den Karawanken bis zum Kosovo«, Seite 121f.; zu Sijekovac vgl. Beham, Seite 221f.

46 Cyrus Vance, ehemaliger Außenminister der USA, bereits Vermittler im Kroatienkrieg; Lord David Owen, ehemaliger Außenminister Großbritanniens; Thorwald Stoltenberg, ehemaliger Außenminister Norwegens.

47 Beide Zitate: Boutros Boutros-Ghali: »Hinter den Kulissen der Weltpolitik«, Hamburg 2000, Seite 91.

48 Vgl. z.B.: Der Spiegel, 28.11.1994, Seite 140.

49 Holbrooke, Seite 152.

50 Stellvertretender Außenminister der USA.

51 Holbrooke, Seite 160.

52 Ebenda, Seite 166.

53 Ebenda, Seite 207.

54 Ebenda, Seite 446.

55 Ebenda, Seite 466.

56 Ebenda, Seite 470.

57 Ebenda.

58 Boutros-Ghali, Seite 297.

59 Beide Zitate dieses Absatzes: Holbrooke, Seite 551.

60 Ebenda, Seite 491.

61 Beide Zitate: Hanspeter Born, in: Bittermann (Hg.): »Serbien muss sterbien«, Seite 80.

62 Alle Zitate dieses Absatzes: Martin Lettmayer, in: Bittermann (Hg.): »Serbien muss sterbien«, Seite 42–48.

63 The Pittsburgh Post Gazette, 7.11.1999, Decani News Group.

64 Siehe etwa in Bittermann (Hg.): »Serbien muss sterbien«: Peter Brock, Seite 17, Dorothea Razumovsky, Seite 96.

65 Zeljko Vukovic, der dieses unsagbare Verbrechen dokumentierte, war von 1986 bis 1992 Vorsitzender des bosnisch-herzegowinischen Journalistenverbandes. Zufällig war er schon fünf Minuten nach Edins Tod an Ort und Stelle. Das Verbrechen selbst wurde vertuscht, es ist bis heute ungesühnt. Vgl. Zeljko Vukovic, in: Bittermann (Hg.): »Serbien muss sterbien«, Seite 145 f.

66 Damals noch »I-FOR« genannt (Implementation Forces), heute S-FOR (Stabilisation Forces).

67 Originaltitel: »Les vérités yougoslaves ne sont pas toutes bonnes à dire«.

68 Jacques Merlino, in: Klaus Bittermann (Hg.): »Serbien muss sterbien«, Seite 154–157.

69 Ruder Finn Global Public Affairs, Washington DC, M Street.

70 Beham, Seite 157.

71 Die Zeit, 2.9.1994, Seite 44.

72 Vgl. Beham, Seite 162.

73 Vgl. Malte Olschewski: »Der Krieg um den Kosovo«, Bad Vilbel 1999, Seite 50.

74 Die Zeit, 2.9.1994, Seite 44.

75 Siehe Kapitel »Serbien im Winter nach den Natobomben«.

76 Fortsetzung der Reise in Serbien, ebenda.

77 Die Albaner, unter denen es zahlreiche verschiedene Gruppen gibt, lebten vorwiegend in weit verzweigten Großfamilien, die vielfach als »Clans« bezeichnet werden.

78 Chef der kommunistischen Partei Albaniens; mit Hilfe Titos an die Macht gekommen; ab 1948 in Stalins Auftrag erbitterter Gegner Titos; Diktator Albaniens bis zu seinem Tode im Jahre 1985.

79 Brockhaus Enzyklopädie, Band 12, S. 401.

80 Nach letzten Schätzungen leben in Deutschland 400.000 Albaner, in Italien 260.000, in der Schweiz 130.000, in Österreich 30.000, in den USA 200.000, in der Türkei 400.000, in Jugoslawien – außerhalb des Kosovo – 150.000. Zahlen nach Olschewski: »Der Krieg um den Kosovo«, Seite 248.

81 Vgl. Frankfurter Allgemeine Zeitung, 12.7.1991, Seite 6.

82 Vgl. Robert Pichler, in: Wolfgang Petritsch, Karl Kaser, Robert Pichler: »Kosovo – Kosova«, Klagenfurt 1999, Seite 155.

83 Vgl. Dorothea Razumovsky: »Der Balkan«, München 1999, Seite 353; Olschewski: »Von den Karawanken bis zum Kosovo«, Seite 364.

84 Pichler, in: Petritsch, Kaser, Pichler, Seite 158.

85 Vgl. Olschewski: »Der Krieg um den Kosovo«, Seite 180–182.
86 Beide Zitate nach Matthias Küntzel: »Der Weg in den Krieg«, Berlin 2000, Seite 22.
87 28. Juni 1989. 1389: Die Türken erringen auf dem Amselfeld, Kosovo Polje genannt, einen historischen Sieg über die Serben und erobern in den folgenden Jahrhunderten große Teile des Balkans. Der überlieferte serbische Heldenmut, mit dem die Serben damals das Abendland verteidigten, wird in Serbien Jahr für Jahr gefeiert.
88 Süddeutsche Zeitung, 31.3.1989; Quelle: Küntzel, Seite 26.
89 Rugova am 23.5.1993 (International Herald Tribune), zitiert nach Küntzel, Seite 32.
90 Derzeit der weltweit meistgesuchte Terrorist; verantwortlich gemacht etwa für die Anschläge auf die US-Botschaften in Kenia und Tansania (8.8.1998).
91 Kettenbriefartiges Glücksspiel, bei dem viele Albaner Hab und Gut verloren haben.
92 »Zeri i Kosove – E perditshme informative shyiptare«; Quelle: http://www.zik.com; Übersetzung: http://home.t-online.de/home/h.-j.werner/uck.htm. Siehe auch: http://www.kosova press.com/deutsch/index.htm.
93 Siehe beispielsweise drei Beiträge aus »Der Spiegel«: »Wehrlose Aufpasser« (9.11.1998), »Interview mit einem UCK-Kommandeur« (1.2.1999), »Bereit zum Heldentod« (21.12.1998).
94 Vgl. Pichler, in: Petritsch, Kaser, Pichler, Seite 211.
95 Vgl. Olschewski: »Der Krieg um den Kosovo«, Seite 17.
96 Heinz Loquai: »Der Kosovo-Konflikt«, Baden-Baden 2000, Seite 25.
97 Profil, 31.8.1998, Seite 36.
98 Vgl. Lagebericht des deutschen Außenministeriums, in: Ulrich Cremer, Dieter S. Lutz (Hg.): »Vor dem Krieg ist nach dem Krieg«, Hamburg 1999, Seite 219.
99 Der Spiegel, 9.11.1998, Seite 210.
100 Im Interview mit »Deutschlandradio Berlin«; Quelle: http://www.jungewelt.de (26.3.1999).
101 ARD-Sendung von Ende Oktober 1999; Quelle: Videoaufzeichnung des Autors.
102 Loquai, Seite 35.
103 ARD-Dokumentation vom 29.10.1999; Quelle: Jürgen Elsässer: »Kriegsverbrechen«, Hamburg 2000, Seite 154.
104 Vgl. etwa Udo Ulfkotte: »So lügen Journalisten«, München 2001.
105 Zitiert nach Klaus Bittermann, in: Bittermann (Hg.): »Serbien muss sterbien«, Seite 182.

106 Beide Zitate nach Jürgen Elsässer (Hg.): »Nie wieder Krieg ohne uns«, Hamburg 1999, Seite 55.
107 Der Spiegel, 19.10.1998, Seite 31.
108 Zitiert nach Elsässer (Hg.): »Nie wieder Krieg ohne uns«, Seite 57.
109 Engl.: auslösendes Ereignis.
110 Beide Zitate: Frankfurter Rundschau, 25.3.2000, Seite 1.
111 Wolfgang Petritsch, in: Petritsch, Kaser, Pichler.
112 Ebenda, Seite 272.
113 Der Spiegel, 8.2.1999, Seite 150.
114 Die Außenminister der USA, Englands, Frankreichs, Deutschlands, Italiens und Russlands.
115 Petritsch, in: Petritsch, Kaser, Pichler, Seite 251.
116 Zum Beispiel ebenda, Anhang Seite I – XLIII.
117 Vojislav Seselj, Vorsitzender der ultranationalistischen »Radikalen Partei« Serbiens.
118 Petritsch, in: Petritsch, Kaser, Pichler, Seite 320.
119 http://www.kosovapress.com/english/index.htm.
120 Der Spiegel, 1.3.1999, Seite 156.
121 Der russische Außenminister Iwanow in »Newsweek«, 26.7.1999; Quelle: Olschewski, »Der Krieg um den Kosovo«, Seite 254.
122 Petritsch, in: Petritsch, Kaser, Pichler, Seite 296.
123 Ebenda, Seite 297.
124 Der Spiegel, 1.3.1999, Seite 156.
125 Der Spiegel, 10.1.2000, Seite 136.
126 Petritsch, in: Petritsch, Kaser, Pichler, Seite 301.
127 Ebenda, Seite 308.
128 ARD-Sendung vom 25.10.1999, zitiert nach Loquai, Seite 180.
129 Der Spiegel, 10.1.2000, Seite 136.
130 Vgl. Olschewski: »Von den Karawanken bis zum Kosovo«, Seite 384. Siehe auch: http://www.nato-tribunal.de
131 »Monitor« (WDR) Meldung Nr. 452 vom 22.7.1999: »Kosovo-Bilanz: Panzer intakt, Umwelt zerstört.«
132 http://www.crisisweb.org.
133 Vgl. Olschewski: »Von den Karawanken bis zum Kosovo«, Seite 394 ff. Unter dem Titel »Terror in Thacistan« ist hier eine unfassbare, wenngleich bei weitem nicht vollständige Aufzählung der UCK-Verbrechen zu finden.
134 Elsässer: »Kriegsverbrechen«, Seite 154 f.
135 Quelle: http://www.nato.int/kosovo/repo2000/progress.htm.
136 Der Spiegel, 13.12.1999, Seite 19.
137 Siehe Kapitel »Bosnien am Ende des Jahrhunderts«.
138 Meine Begegnungen in Bosnien, ebenda.

139 Bürogebäude des Zentralkomitees der Sozialistischen Partei Serbiens.

140 Der Spiegel, 17.1.2000, Seite 157.

141 Sprich »Kneesch«!

142 Gemeint ist Ante Markovic, der mehrfach erwähnte letzte gesamtjugoslawische Ministerpräsident, ein Kroate.

143 Was Mitscha da anspricht, spielte sich während des Slowenien-Krieges ab. Vgl. Thomas Brey: »Die Logik des Wahnsinns«, Freiburg i. B. 1993, Seite 139.

144 Mitscha spricht den Vance-Owen-Plan an.

145 »Vreme«: Oppositionelle serbische Wochenzeitschrift; »Danas« und »Blic« sind Tageszeitungen. Studio B: Oppositioneller Fernsehkanal, damals meist nur in Belgrad bzw. größeren Städten zu empfangen.

146 Der TV-Direktor wurde später verhaftet, im Frühjahr 2001 aus der Haft entlassen, kurz danach infolge massiver Proteste erneut inhaftiert. Der Fall scheint noch nicht endgültig geklärt.

147 Angesprochen wird hier der UNO-Embargobeschluss gegen Serbien und Montenegro vom 30.5.1992.

148 Arbeiten.

149 Köstliche Mischung aus Paprika und diversen Gewürzen.

150 Das Verbot für ausländische Investitionen in Serbien blieb auch nach Aufhebung des Handelsembargos aufrecht.

151 Gemeint war jener in den USA lebende serbische Millionär, der kurzfristig jugoslawischer Ministerpräsident war; kurz erwähnt im Kapitel »Titos Gräuel«.

152 Dr. Reinhard Gasser: »Nietzsche und Freud«, Berlin 1997.

153 Dr. Kurt Greussing u.a.: »Die Erzeugung des Antisemitismus in Vorarlberg um 1900«, Bregenz 1992.

154 Der Spiegel, 4.12.2000, Seite 222.

155 Vgl. Loquai, Seite 16.

156 Vgl. ebenda, Seite 43.

157 Zitiert nach Cremer, Lutz (Hg.), Seite 221.

158 Quelle: http://www.unhcr.ch

159 OSZE-Bericht »As seen, as told«, Kapitel 14, Quelle: http://www.osce.com.

160 Zitiert nach Loquai, Seite 138.

161 Ebenda, Seite 138ff.

162 In einem offenen Brief an den französischen Präsidenten, Le Monde, 13.5.1999; Quelle: http://www.jungewelt.de (17.5.1999).

163 Vgl. Olschewski: »Von den Karawanken bis zum Kosovo«, Seite 372.

164 Peter Schatzer, Direktor für Außenbeziehungen bei der Internationalen Organisation für Migration, der mit einer UNO-Delegation zwölf Tage lang die Kriegsgebiete bereiste. Quelle: Der Spiegel, 31.5.1999.

165 Vgl. Elsässer:»Kriegsverbrechen«, Seite 154.

166 Quelle für alle Zitate dieses Absatzes: ebenda, Seite 92ff.

167 Quelle für alle Zitate dieses Absatzes: ebenda, Seite 99f.

168 Frankfurter Allgemeine Zeitung, 29.6.1999, Seite 54.

169 El Pais, 23.9.1999. Quelle: Decani News Group.

170 Olschewski:»Von den Karawanken bis zum Kosovo«, Seite 400f.

171 Quelle: Decani-News-Group. Dokumentation des Stratforberichtes: http://www.jungewelt.de (28. und 29.10.1999).

172 Zitiert nach Elsässer:»Kriegsverbrechen«, Seite 98.

173 http://www.jungewelt.de (24.3.1999).

174 Siehe beispielsweise: Olschewski, Loquai, Elsässer.

175 Die Woche, 13.8.1999.

176 Siehe Kapitel VII der UN-Charta. Quelle: http://www.un.org/Overview/Charter/chapter7.html.

177 Siehe: http://www.osce.org/indexe-se.htm.

178 Quelle: http://home.t-online.de/home/Peter.Teuchert/Kosovo Recht.html; hier sind auch noch weitere von der Nato verletzte Gesetze und Verträge angeführt.

179 Genfer Abkommen, Zusatzprotokoll I vom 8.6.1997, Art. 52 Abs. 2. I. Satz.

180 Vgl. Olschewski:»Von den Karawanken bis zum Kosovo«, Seite 304; Elsässer (Hg.):»Nie wieder Krieg ohne uns«, Seite 65f.

181 Olschewski:»Von den Karawanken bis zum Kosovo«, Seite 304.

182 Matthias Rüb:»Kosovo«, München 1999, Seite 83.

183 Einen noch höheren Blutzoll forderte der irrtümliche Angriff auf Korisa in der Nähe von Prizren.

184 Chef der UNMIK,»United Nations Mission in Kosovo«.

DIE NATO-LUFTSCHLÄGE IN ZAHLEN UND STICHWORTEN

- Nur vierzig Prozent der Angriffe waren gegen rein militärische Ziele gerichtet; die Mehrzahl also gegen Einrichtungen, die überwiegend oder ausschließlich zivilen Zwecken dienten: Krankenhäuser, Kindergärten, Schulen, Telekommunikation, Straßen, Brücken, Eisenbahnschienen, Bahnhöfe, Stromversorgungsanlagen, Fabriken, Ölraffinerien und -lager, Tiefkühlhäuser, Kläranlagen u.a. Hundertfünf große Industrieanlagen – Lebensgrundlage für Millionen – wurden zerstört.
- Durch das Bombardieren petrochemischer Anlagen, Düngemittel- und anderer Chemiefabriken etwa in Pancevo sind tausende Tonnen hochgiftiger Chemikalien – Quecksilber, Salzsäure, Ätznatron, Chlor u.a. – ausgetreten; sie stellen eine schwer wiegende und langfristige Belastung der Wasserversorgung und der Landwirtschaft dar.
- Irrläufer töteten viele Menschen: z.B. zwölf in einer Wohnung in Aleksinac, zehn in einem Personenzug bei Gredelica, vierundsiebzig in einem Flüchtlingskonvoi in Djakovica und achtzig in Korisa, elf in einem Wohnviertel und sechzehn in einer Lungenheilanstalt in Sudurlica, vierzig in einem Bus bei Luzane – um nur einige jener »Kollateralschäden« zu nennen, die die Nato offiziell bestätigt hat (»Nato deeply regrets«).
- Die unmittelbaren Zerstörungen werden auf sechsundzwanzig Milliarden Mark, die volkswirtschaftlichen Schäden auf sechsunddreißig Milliarden geschätzt. Die Zahlen über die Schäden an der Infrastruktur schwanken zwischen fünfundsiebzig und hunderteinundachtzig Milliarden Mark.
- Die Kosten allein für Munition und Ersatz von militärischen Geräten beziffert die Nato auf elf Milliarden Mark. Für die Stationierung der K-FOR-Truppen und der internationalen Kosovo-Polizei wird sehr viel mehr Geld aufzuwenden sein.
- Trotz eines noch nie dagewesenen Einsatzes von Hightech-

Geräten – Radarflugzeuge, Drohnen, Weltraumsatelliten u.a. – mussten Nato-Experten später feststellen, dass man zahllose Male von primitiven Attrappen – aufblasbaren Gummi-Panzern, Ofenrohren u.a. – getäuscht worden war.

- Die serbische Armee konnte nach achtunddreißigtausend Einsätzen, an denen zwölfhundert Nato-Flugzeuge beteiligt waren, weitgehend unbeschadet abziehen – ganze fünfzehn Panzer wurden zerstört, bescheiden im Vergleich zu den auf Nato-Videos bejubelten hundertzwanzig Volltreffern.

- Viele Bomben, etwa hundert Streubomben, sind nicht explodiert und stellen auf lange Zeit eine Gefahr für Zivilisten dar. (Eine Streubombe besteht aus zweihundertzwei »Bomblets«, die jeweils dreihundert Splitter in einen Umkreis von hundertfünfzig Metern verschleudern. Sie können Flächen von bis zu zwanzig Fußballfeldern zerstören.) Allein im Juli 1999, nach dem Bombardement also, sollen hundertsiebzig Menschen durch solche Blindgänger ums Leben gekommen sein.

- Die eingesetzte Munition aus abgereichertem Uran stellt nach Ansicht vieler Experten eine noch nicht absehbare, jedenfalls aber ernste und langfristige Bedrohung dar.

- Die Lehren, die Generäle und Politiker aus dem militärischen Debakel ziehen, lassen Schlimmes erahnen: Neue Waffensysteme, noch größere Vorräte an Präzisionsmunition und Transportkapazitäten werden gefordert, was zusätzliche Summen verschlingen und jedenfalls zu Lasten *vorbeugender* Konfliktlösungs-Strategien gehen wird.

- Die Zerstörung der Zukunftsperspektive von Millionen Menschen – auch weit über Jugoslawien hinaus – sowie die Folgen der Torpedierung des Völkerrechtes lassen sich nicht in Zahlen fassen, sie fallen jedoch am schwersten ins Gewicht.

- Die mit »Rambouillet«, den Luftschlägen und dem K-FOR-Einsatz untrennbar verbundene Aufwertung der UCK brachte für den südlichen Balkan genau jene Destabilisierung, die man unter allen Umständen vermeiden wollte. Eine Katastrophe für die dort lebenden Menschen, die auch den Westen noch sehr teuer zu stehen kommen könnte.

(Technische Angaben und Zahlen im Wesentlichen aus: »Spektrum der Wissenschaft« Nr. 1/2000)

ZEITTAFEL

28.06.1389	Schlacht auf dem Amselfeld; türkischer Vormarsch auf dem Balkan.
29.09.1529	Beginn der ersten Belagerung Wiens durch die Türken.
14.07.1683	Zweite Belagerung Wiens durch die Türken.
27.12.1806	Serben befreien Belgrad von türkischer Besatzung; 1830 erste serbische Verfassung.
13.07.1878	Abschluss des Berliner Kongresses; ein Resultat: Serbien wird 1882 Königreich.
07.10.1908	Österreich-Ungarn annektiert Bosnien-Herzegowina.
01.12.1912	Ende der türkischen Vorherrschaft auf dem Balkan.
28.06.1914	Attentat auf den österreichischen Thronfolger Franz Ferdinand in Sarajevo.
28.07.1914	Österreich erklärt Serbien den Krieg, Beginn des Ersten Weltkrieges.
01.12.1918	Gründung des »Königreiches der Serben, Kroaten und Slowenen«.
06.01.1929	Auflösung des jugoslawischen Parlamentes, Beginn der so genannten »Königsdiktatur«.
09.10.1934	Attentat auf den jugoslawischen König Aleksandar I. in Marseille.
25.03.1941	Jugoslawien tritt dem Dreimächtepakt (Deutschland, Italien, Japan) bei.
27.03.1941	Militärputsch in Belgrad, Flucht des Königs.
06.04.1941	Beginn des deutschen Angriffs auf Jugoslawien, Bombardement Belgrads.
10.04.1941	Gründung des »Unabhängigen Staates Kroatien« (Ustascha-Staat).
30.11.1943	Ausrufung der »Föderativen Volksrepublik Jugoslawien« durch Tito in Jajce.

20.10.1944	Befreiung Belgrads durch die Partisanen und die Rote Armee.
28.06.1948	Bruch zwischen Stalin und Tito.
01.12.1972	Ende der zweijährigen nationalistischen Erhebung »Kroatischer Frühling«.
21.02.1974	Inkrafttreten einer neuen Verfassung Jugoslawiens; Jugoslawien wird Bundesrepublik.
04.05.1980	Tod Titos.
11.03.1981	Auftakt der Unruhen im Kosovo.
24.09.1987	Slobodan Milosevic erringt die alleinige Macht in Serbien.
19.01.1989	Bildung der letzten gesamtjugoslawischen Regierung unter Ante Markovic.
28.06.1989	Feier des 600. Jahrestages der Schlacht auf dem Amselfeld (Kosovo).
28.03.1989:	Verfassungsänderung in Serbien beendet die umfassende Autonomie des Kosovo.
30.05.1990	Wahl von Franjo Tudjman zum kroatischen Präsidenten.
02.07.1990	Albanische Abgeordnete des Kosovo-Parlamentes rufen die »Republik Kosova« aus.
05.07.1990	Auflösung des Kosovo-Parlamentes durch Serbien.
22.12.1990	Verabschiedung einer minderheitenfeindlichen Verfassung Kroatiens.
23.12.1990	Referendum in Slowenien, 89 Prozent für die Unabhängigkeit.
19.05.1991	Referendum in Kroatien, 93 Prozent für die Unabhängigkeit.
19.06.1991	Erklärung der KSZE über die territoriale Unverletzbarkeit Jugoslawiens.
25.06.1991	Unabhängigkeitserklärungen von Slowenien und Kroatien.
07.07.1991	Konferenz von Brioni, Aussetzung der Unabhängigkeitserklärungen für drei Monate.
08.09.1991	Referendum in Mazedonien, 74 Prozent für die Unabhängigkeit.
26.09.1991	Referendum (inoffiziell) im Kosovo, 100 Prozent der Teilnehmer für die Unabhängigkeit.

18.10.1991	Ausrufung der »Republik Kosova«.
24.10.1991	Bosnien beschließt Sezession für den Fall der Sezessionen Sloweniens und Kroatiens.
15.12.1991	Entscheidendes EG-Außenministertreffen in Maastricht, Anerkennungsbeschlüsse.
19.12.1991	Ausrufung der »Serbischen Republik Krajina«.
21.12.1991	Bosnische Serben beschließen Sezession für den Fall der Sezession Bosnien-Herzegowinas.
29.02.1992	Referendum in Bosnien, 94 Prozent für die Unabhängigkeit (ohne serbische Beteiligung).
01.03.1992	Referendum in Montenegro, 96 Prozent für den Verbleib bei Jugoslawien.
06.04.1992	Anerkennung von Bosnien-Herzegowina durch die EG-Staaten, Kriegsbeginn.
07.04.1992	Ausrufung der serbisch-bosnischen Republik »Republika Srpska«.
27.04.1992	Gründung der neuen Bundesrepublik Jugoslawien (Serbien und Montenegro, »Rest-Jugoslawien«).
24.05.1992	Wahlen (inoffiziell) im Kosovo, I. Rugova gewinnt 99,5 Prozent, seine Partei alle Sitze.
27.05.1992	»Brotschlangen-Massaker« in Sarajevo (27 Tote).
30.05.1992	Verhängung von Wirtschaftssanktionen gegen die BR Jugoslawien durch die UNO.
02.07.1992	Ausrufung der kroatisch-bosnischen Republik »Herceg-Bosna«.
02.01.1993	Vance-Owen-Plan: Teilung von Bosnien in zehn Bezirke, Erhalt des Gesamtstaates.
05.02.1994	Erstes »Marktplatz-Massaker« von Sarajevo (68 Tote).
28.02.1994	Abschuss von vier serbisch-bosnischen Flugzeugen (erste scharfe Nato-Schüsse).
01.03.1994	Gründung der muslimisch-kroatischen Föderation in Bosnien auf Druck der USA.
28.08.1994	BR Jugoslawien bricht Beziehungen zur Republika Srpska ab.
28.08.1995	Zweites »Marktplatz-Massaker« von Sarajevo (41 Tote).

30.08.1995	Beginn eines 15-tägigen Nato-Bombardements gegen die bosnischen Serben.
21.11.1995	Abschluss der Konferenz von Dayton.
12.02.1996	Erste UCK-Anschläge auf serbische Flüchtlingslager im Kosovo.
23.02.1998	US-Gesandter R. Gelbard besucht Jugoslawien, bezeichnet UCK als Terrororganisation.
28.02.1998	Erste Großoffensive Serbiens gegen die UCK, erste Massaker im Kosovo.
25.03.1998	Erste internationale Interventionsdrohungen gegen Serbien wegen der Kosovopolitik.
15.05.1998	Milosevic und Rugova vereinbaren in Belgrad friedliche Beilegung des Konfliktes.
17.07.1998	UCK erobert Orahovac; Beginn der zweiten serbischen Gegenoffensive.
13.10.1998	Holbrooke-Abkommen: serb. Truppenrückzug, OSZE-Mission und Autonomie im Kosovo.
16.10.1998	Bundestag beschließt deutsche Beteiligung an möglichen Nato-Luftschlägen.
15.01.1999	Massaker von Racak (45 Tote).
06.02.1999	Beginn der Konferenz von Rambouillet.
18.03.1999	Thaci und Rugova unterschreiben das Interimsabkommen von Rambouillet.
24.03.1999	Beginn des Nato-Bombardements auf Jugoslawien.
09.06.1999	Beendigung des Nato-Bombardements auf Jugoslawien.
05.10.2000	Umsturz in Belgrad; Vojislav Kostunica wird jugoslawischer Bundespräsident.
21.11.2000	400 UCK-Terroristen dringen aus dem Kosovo in Südserbien ein, töten vier Polizisten.
25.01.2001	Zoran Djindjic wird zum Ministerpräsidenten Serbiens gewählt.
20.02.2001	200 UCK-Terroristen dringen in Mazedonien ein; Auftakt des fünften Balkankrieges?
28.06.2001	Auslieferung von Milosevic an das Internationale Kriegsverbrechertribunal in Den Haag.
29.06.2001	Geberkonferenz gewährt Jugoslawien Kredite über rund drei Milliarden Mark.

LITERATUR

Achenbach, Marina: Auf dem Weg nach Sarajevo. Berlin 1994.

Andric, Ivo: Die Brücke über die Drina. München 1995.

Andric, Ivo: Wesire und Konsuln. München 1993.

Beham, Mira: Kriegstrommeln. Medien, Krieg und Politik. München 1996.

Binder, David: Wessen ethnische Säuberung? In: Blätter für deutsche und internationale Politik, Heft 5/2000. Bonn 2000

Bittermann, Klaus (Hg.): Serbien muss sterbien. Berlin 1994.

Bittermann, Klaus/Deichmann, Thomas (Hg.): Wie Dr. Joseph Fischer lernte, die Bombe zu lieben. Berlin 1999.

Boutros-Ghali, Boutros: »Hinter den Kulissen der Weltpolitik«, Hamburg 2000.

Brey, Thomas: Die Logik des Wahnsinns. Freiburg i. B. 1993.

Cremer, Ulrich/Lutz, Dieter S. (Hg.): Nach dem Krieg ist vor dem Krieg. Hamburg 1999.

Dedijer, Vladimir: Das jugoslawische Auschwitz und der Vatikan. Freiburg 1988.

Deschner, Karlheinz: Mit Gott und dem Führer. Köln 1988.

Deschner, Karlheinz/Petrovic, Milan: Krieg der Religionen. München 1999.

Dingemann, Rüdiger: Die Krisenherde der Welt. Braunschweig 1966.

Dedovic, Dragoslav: Von edlen Mördern und gedungenen Humanisten. Klagenfurt 1997-

Dolecek, Rajko: I Accuse! Prag 2000.

Dorin, Alexander: In unseren Himmeln kreuzt der fremde Gott. Freiburg 2001

Draschtak, Raphael: Die militärischen Handlungsschemata der Konfliktparteien im ehemaligen Jugoslawien. Diss., Wien 2002

Elsässer, Jürgen (Hg.): Nie wieder Krieg ohne uns. Hamburg 1999.

Elsässer, Jürgen: Kriegsverbrechen. Hamburg 2000.

FRY, Federal Ministry for Foreign Affairs: Nato Crimes in Yugoslavia. Belgrad 1999.

Glenny, Mitscha: Jugoslawien: Der Krieg, der nach Europa kam. München 1993.

Hartmann, Ralph: Die ehrlichen Makler. Berlin 1999.

Hofbauer, Hannes (Hg.): Balkankrieg. Die Zerstörung Jugoslawiens. Wien 1999.

Handke, Peter: Eine winterliche Reise. Frankfurt/Main 1996.

Holbrooke, Richard: Meine Mission. München 1998.

Kolko, Gabriel: Das Jahrhundert der Kriege. München 1991.

Küntzel, Matthias: Der Weg in den Krieg. Berlin 2000.

Loquai, Heinz: Der Kosovo-Konflikt. Wege in einen vermeidbaren Krieg. Baden-Baden 2000.

Magenschab, Hans: Der Krieg der Großväter 1914–1918. Wien 1993.

Merlino, Jacques: Les vérités yougoslaves ne sont pas toutes bonnes à dire. Paris 1993.

Olschewski, Malte: Der Krieg um den Kosovo. Bad Vilbel 1999.

Olschewski, Malte: Von den Karawanken bis zum Kosovo. Wien 2000.

Oschlies, Wolf: Kosovo '98. Bundesinstitut für ostwissenschaftliche und internationale Studien. Köln 1998.

Petritsch, Wolfgang/Kaser, Karl/Pichler, Robert: Kosovo – Kosova. Klagenfurt 1999.

Pohrt, Wolfgang: Das Jahr danach. Berlin 1992.

Randjelovic, Slavoljub (Hg.): Trace of Inhumanity. Belgrad 1999.

Rathfelder, Erich: Sarajevo und danach. München 1998.

Razumovsky, Dorothea: Der Balkan. München 1999.

Ronnefeldt Clemens: Die Neue NATO, Irak und Jugoslawien. Minden 2002.

Rüb, Matthias: Kosovo. München 1999.

Schmid, Thomas (Hg.): Krieg im Kosovo. Hamburg 1999.

Schmidt-Eenboom, Erich: Der Schattenkrieger. Klaus Kinkel und der BND. Düsseldorf 1995.

Schneider Christian: Kroaten, Serben, Bosnier. Schkeuditz 2001.

Schneider, Wolfgang (Hg.): Bei Andruck Mord. Hamburg 1997.

Seierstad Asne: Mit dem Rücken zur Welt. Gifkendorf 2001.

Senft, Gabriele: Die Brücke von Varvarin. Berlin 2002.

Sherman, Arnold: Die Zerschlagung Jugoslawiens. Freiburg i. B. 1995.

Tisma, Aleksandar: Der Gebrauch des Menschen. München 1996.

Ulfkotte, Udo: So lügen Journalisten. München 2001.

Wolf, Winfried: Bombengeschäfte. Hamburg 1999.

DER AUTOR

Kurt Köpruner wurde 1951 in Bregenz am Bodensee geboren. Bis 1989 lebte er in Vorarlberg, Österreichs westlichstem Bundesland. Nach einer kaufmännischen Ausbildung übernahm er die Leitung eines Institutes für Erwachsenenbildung, später wurde er Landessekretär des Österreichischen Gewerkschaftsbundes in Vorarlberg; als Mitglied der Sozialdemokratischen Partei Österreichs bekleidete er auch eine Reihe politischer Funktionen.

Im Alter von achtunddreißig Jahren übersiedelte er nach Deutschland, wo er eine völlig neue berufliche Laufbahn einschlug: Er gründete und leitete eine Firma im Bereich der internationalen Beschaffung von Maschinenbauteilen. Diese Tätigkeit führte ihn häufig in verschiedene Regionen des früheren Jugoslawiens. Seit Beginn der neunziger Jahre lebt er in Lebensgemeinschaft mit einer Kroatin und ihren zwei Kindern in Regensburg.

Vielfältige geschäftliche und private Kontakte ließen ihn den Zerfall Jugoslawiens intensiv miterleben und insbesondere die große Diskrepanz zwischen dem, was er selbst an Ort und Stelle erlebte, und dem, wie in Deutschland und Österreich darüber berichtet und – darauf aufbauend – Politik gemacht wurde, veranlasste ihn schließlich, seine Eindrücke niederzuschreiben.

Informationen und Kontakt: www.koepruner.de

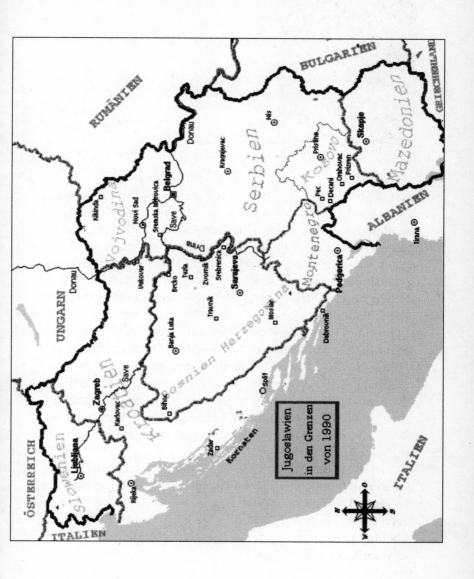

Jugoslawien in den Grenzen von 1990

351

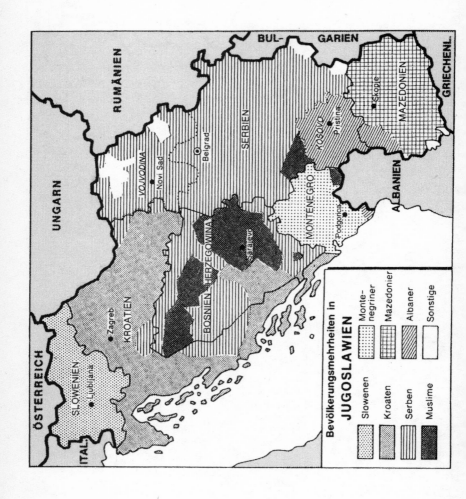

Bevölkerungsmehrheiten in

JUGOSLAWIEN

Slowenen
Kroaten
Serben
Muslime

Monte-
negriner
Mazedonier
Albaner
Sonstige